Zeitgeschichte

Zeitgeschichte
Ullstein Buch Nr. 33036
im Verlag Ullstein GmbH,
Frankfurt/M – Berlin – Wien

Unveränderter Nachdruck
der im arani-Verlag, Berlin,
erschienenen 2. durchgesehenen
Auflage

Umschlagentwurf:
Hansbernd Lindemann
Photo:
Ullstein Bilderdienst

Printed in Germany 1983
Druck und Verarbeitung:
Mohndruck Graphische Betriebe GmbH, Gütersloh
ISBN 3 548 33036 3

Oktober 1983

CIP-Kurztitelaufnahme
der Deutschen Bibliothek

Das **Dritte Reich und die Juden** / Léon
Poliakov; Joseph Wulf. – Unveränd.
Nachdr. d. im Arani-Verl. (Berlin)
erschienenen 2., durchges. Aufl. –
Frankfurt/M; Berlin; Wien: Ullstein, 1983.
(Ullstein-Buch; Nr. 33036: Zeitgeschichte)
ISBN 3-548-33036-3
NE: Poliakov, Léon [Hrsg.]; GT

Léon Poliakov
Joseph Wulf

Das Dritte Reich und die Juden

Zeitgeschichte

Über die Autoren

Joseph Wulf wurde 1912 in Chemnitz als Sohn polnischer Juden geboren, wuchs in Krakau auf und studierte Judaistik und Landwirtschaft. Im Zweiten Weltkrieg war er Mitglied einer jüdischen Widerstandsgruppe. Das Kriegsende erlebte er im Konzentrationslager Auschwitz. Von 1945 bis 1947 war er Exekutiv-Mitglied der ›Zentralen Jüdischen Historischen Kommision‹ in Polen, von 1948 bis 1950 in der Leitung der ›Zentrale für die Geschichte der polnischen Juden‹ in Paris. Mitte der 50er Jahre siedelte er nach Berlin über und arbeitete an Dokumentationen über das Dritte Reich. Im Oktober 1974, nach Jahren größter finanzieller Not, setzte Joseph Wulf seinem Leben ein Ende.

Léon Poliakov wurde 1910 in Petersburg (Leningrad) geboren, übersiedelte aber schon 1920 nach Frankreich. Nach Abschluß eines Jurastudiums in Paris arbeitete er zunächst als Journalist, wandte sich dann aber historischen Forschungen zu. In der Bundesrepublik ist er besonders durch seine zusammen mit Joseph Wulf verfaßten Dokumentationen über das Dritte Reich, seinen Rassismus und seine weltanschauliche Struktur, bekannt geworden.

INHALT

Ein genaues Inhaltsverzeichnis der Dokumente, Aufsätze, Fotokopien und Fotografien befindet sich zu Beginn jedes Kapitels

Ein Mahnmal [1]

Als ich gefragt wurde, ob ich heute, hier, aus diesem Anlaß ein Wort zu sagen bereit sei, habe ich ohne lange Überlegung mit Ja geantwortet. Denn ein Nein der Ablehnung, der Ausrede, wäre mir als eine Feigheit erschienen, und wir Deutschen wollen, sollen und müssen, will mir scheinen, tapfer zu sein lernen gegenüber der Wahrheit, zumal auf einem Boden, der von den Exzessen menschlicher Feigheit gedüngt und verwüstet wurde. Denn die bare Gewalttätigkeit, die sich mit Karabiner, Pistole und Rute verziert, ist in einem letzten Winkel immer feige, wenn sie, gut gesättigt, drohend und mitleidlos, zwischen schutzloser Armut, Krankheit und Hunger herumstolziert.

Wer hier als Deutscher spricht, muß sich die innere Freiheit zutrauen, die volle Grausamkeit der Verbrechen, die hier von Deutschen begangen wurden, zu erkennen. Wer sie beschönigen oder bagatellisieren wollte oder gar mit der Berufung auf den irregegangenen Gebrauch der sogenannten „Staatsraison" begründen wollte, der würde nur frech sein.

Aber nun will ich etwas sagen, das manchen von Ihnen hier erstaunen wird, das Sie mir aber, wie ich denke, glauben werden, und das mancher, der es am Rundfunk hört, nicht glauben wird: Ich habe das Wort Belsen zum erstenmal im Frühjahr 1945 aus der BBC gehört, und ich weiß, daß es vielen in diesem Lande ähnlich gegangen ist. Wir wußten — oder doch ich wußte — Dachau, Buchenwald bei Weimar, Oranienburg, Ortsnamen bisher heiterer Erinnerungen, über die jetzt eine schmutzige braune Farbe geschmiert war. Dort waren Freunde, dort waren Verwandte gewesen, hatten davon erzählt. Dann lernte man frühe das Wort Theresienstadt, das am Anfang sozusagen zur Besichtigung durch Neutrale präpariert war, und Ravensbrück. An einem bösen Tage hörte ich den Namen Mauthausen, wo sie meinen alten Freund Otto Hirsch „liquidiert" hatten, den edlen und bedeutenden Leiter der Reichsvertretung deutscher Juden. Ich hörte das Wort aus dem Munde seiner Gattin, die ich zu stützen und zu beraten suchte. Belsen fehlte in diesem meinem Katalog des Schreckens und der Scham, auch Auschwitz.

---

[1] *Wir geben hier den Wortlaut der Rede des Herrn Bundespräsidenten Prof. Dr. THEODOR HEUSS vom 30. November 1952 in Belsen bei Bergen, die er im Rahmen eines feierlichen Staatsaktes zur Weihe eines Mahnmals für die Opfer des Konzentrationslagers Bergen-Belsen hielt.*

Diese Bemerkung soll keine Krücke sein für diejenigen, die gern erzählen: Wir haben von alledem nichts gewußt. Wir haben von den Dingen gewußt. Wir wußten auch aus den Schreiben evangelischer und katholischer Bischöfe, die ihren geheimnisreichen Weg zu den Menschen fanden, von der systematischen Ermordung der Insassen deutscher Heilanstalten. Dieser Staat, der menschliches Gefühl eine lächerliche und kostenverursachende Sentimentalität hieß, wollte auch hier tabula rasa, „reinen Tisch" machen, und der reine Tisch trug Blutflecken, Aschenreste — was kümmerte das? Unsere Phantasie, die aus der bürgerlichen und christlichen Tradition sich nährte, umfaßte nicht die Quantität dieser kalten und leidvollen Vernichtung.

Dieses Belsen und dieses Mal sind stellvertretend für ein Geschichtsschicksal. Es gilt den Söhnen und Töchtern fremder Nationen, es gilt den deutschen und ausländischen Juden, es gilt auch dem deutschen Volk und nicht bloß den Deutschen, die auch in diesem Boden verscharrt wurden.

Ich weiß, manche meinen: War dieses Mal notwendig? Wäre es nicht besser gewesen, wenn Ackerfurchen hier liefen, und die Gnade der sich ewig verjüngenden Fruchtbarkeit der Erde verzeihe das Geschehene? Nach Jahrhunderten mag sich eine vage Legende vom unheimlichen Geschehen an diesen Ort heften. Gut, darüber mag man meditieren; und Argumente fehlen nicht, Argumente der Sorge, daß dieser Obelisk ein Stachel sein könne, der Wunden, die der Zeiten Lauf heilen solle, das Ziel der Genesung zu erreichen nicht gestatte.

Wir wollen davon in allem Freimut sprechen. Die Völker, die hier die Glieder ihres Volkes in Massengräbern wissen, gedenken ihrer, zumal die durch Hitler zu einem volkhaften Eigenbewußtsein schier gezwungenen Juden. Sie werden nie, sie können nie vergessen, was ihnen angetan wurde; die Deutschen dürfen nie vergessen, was von Menschen ihrer Volkszugehörigkeit in diesen schamreichen Jahren geschah.

Nun höre ich den Einwand: Und die anderen? Weißt du nichts von den Internierungslagern 1945/46 und ihren Roheiten, ihrem Unrecht? Weißt du nichts von den Opfern in fremdem Gewahrsam, von dem Leid der formalistisch-grausamen Justiz, der heute noch deutsche Menschen unterworfen sind? Weißt du nichts von dem Fortbestehen der Lagermißhandlung, des Lagersterbens in der Sowjetzone, Waldheim, Torgau, Bautzen? Nur die Embleme haben sich dort gewandelt.

Ich weiß davon und habe nie gezögert, davon zu sprechen. Aber Unrecht und Brutalität der anderen zu nennen, um sich darauf zu berufen, das ist das Verfahren der moralisch Anspruchslosen, die es in allen Völkern gibt, bei den Amerikanern so gut wie bei den Deutschen oder den Franzosen und so fort. Es ist kein Volk besser als das andere, es gibt in jedem solche und solche. Amerika ist nicht „God's own country", und der harmlose Emanuel Geibel hat einigen subalternen Unfug verursacht mit dem Wort, daß am deutschen Wesen noch einmal die Welt genesen werde.

Und waren die Juden das „auserwählte Volk", wenn sie nicht gerade auch zu Leid und Qual auserwählt wären? Mir scheint, der Tugendtarif, mit dem die Völker sich selber ausstaffieren, ist eine verderbliche und banale Angelegenheit. Er gefährdet das klare, anständige Vaterlandsgefühl, das jeden, der bewußt in seiner Geschichte steht, tragen wird, das dem, der die großen Dinge sieht, Stolz und Sicherheit geben mag, ihn darum aber nicht in die Dumpfheit einer pharisäerhaften Selbstgewißheit verführen darf. Gewalttätigkeit und Unrecht sind keine Dinge, die man für eine wechselseitige Kompensation gebrauchen soll und darf. Denn sie tragen die böse Gefahr in sich, im seelischen Bewußtsein sich zu kumulieren; ihr Gewicht wird zur schlimmsten Last im Einzelschicksal, ärger noch, im Volks- und Völkerschicksal. Alle Völker haben ihre Rachebarden, oder, wenn diese ermüdet sind, ihre Zweckpublizisten in Reserve.

Es liegen hier die Angehörigen mancher Völker. Die Inschriften sind vielsprachig, sie sind ein Dokument der tragischen Verzerrung des europäischen Schicksals. Es liegen hier auch viele deutsche Opfer des Terrors, und wie viele am Rande anderer Lager? Aber es hat einen tiefen Sinn, daß Nachum Goldman hier für alle sprach. Denn hier, in diesem Belsen, sollten gerade die Juden, die noch irgendwo greifbar waren, vollends verhungern oder Opfer der Seuchen werden. Goldman hat von dem schmerzvollen Weg des jüdischen Volkes und seiner den Geschichtskatastrophen trotzenden Kraft gesprochen. Sicher ist das, was zwischen 1933 und 1945 geschah, das Furchtbarste, was die Juden der Geschichte gewordenen Diaspora erfuhren. Dabei war etwas Neues geschehen. Goldman sprach davon. Judenverfolgungen kennt die Vergangenheit in mancherlei Art. Sie waren ehedem teils Kinder des religiösen Fanatismus, teils sozialökonomische Konkurrenzgefühle. Von religiösem Fanatismus konnte nach 1933 nicht die Rede sein. Denn den Verächtern der Heiligen Schriften des Alten und des Neuen Bundes, den Feinden aller religiösen Bindungen, war jedes metaphysische Problem denkbar fremd. Und das Sozialökonomische reicht nicht aus, wenn es nicht bloß an Raubmord denkt.

Aber das war es nicht allein. Im Grunde drehte es sich um etwas anderes. Der Durchbruch des biologischen Naturalismus der Halbbildung führte zur Pedanterie des Mordens als schier automatischem Vorgang, ohne das bescheidene Bedürfnis nach einem bescheidenen quasi-moralischen Maß. Dies gerade ist die tiefste Verderbnis dieser Zeit. Und dies ist unsere Scham, daß sich solches im Raum der Volksgeschichte vollzog, aus der Lessing und Kant, Goethe und Schiller in das Weltbewußtsein traten. Diese Scham nimmt uns niemand, niemand ab.

Mein Freund Albert Schweitzer hat seine kultur-ethische Lehre unter die Formel gestellt: „Ehrfurcht vor dem Leben." Sie ist wohl richtig, so grausam paradox die Erinnerung an dieses Wort an einem Orte klingen mag, wo es zehntausendfach verhöhnt wurde. Aber bedarf sie nicht einer Ergänzung: „Ehrfurcht vor dem Tode"?

Ich will eine kleine Geschichte erzählen, die manchen Juden und manchen Nichtjuden mißfallen mag. Von beiden Seiten werden sie sagen: Das gehört doch nicht hierher! Im ersten Weltkrieg sind 12 000 junge Menschen jüdischen Glaubens für die Sache ihres deutschen Vaterlandes gefallen. Im Ehrenmal meiner Heimatstadt waren auch sie in ehernen Lettern mit den Namen aller anderen Gefallenen eingetragen. Kamerad neben Kamerad, „als wär's ein Stück von mir". Der nationalsozialistische Kreisleiter ließ die Namen der jüdischen Toten herauskratzen und den Raum der Lücken mit irgendwelchen Schlachtennamen ausfüllen. Ich spreche davon nicht, weil Jugendfreunde von mir dabei ausgewischt wurden. Das war mein schlimmstes Erkennen und Erschrecken, daß die Ehrfurcht vor dem Tode, dem einfachen Kriegstode, untergegangen war, während man schon an neue Kriege dachte.

Das Sterben im Kriege, am Kriege hat dann die furchtbarsten Formen gewählt. Auch hier an diesem Ort Belsen hat der Krieg dann mit Hunger und Seuchen als kostenlosen Gehilfen zur Seite gewütet. Ein zynischer Bursche, ein wüster Gesell mochte sagen: In der Hauptsache waren es ja bloß Juden, Polen, Russen, Franzosen, Belgier, Norweger, Griechen und so fort. Bloß? Es waren Menschen wie du und ich, sie hatten ihre Eltern, ihre Kinder, ihre Männer, ihre Frauen! Die Bilder der Überlebenden sind die schreckhaftesten Dokumente.

Der Krieg war für dieses Stück Land hier im April 1945 vorbei. Aber es wurde als Folge von Hunger und Seuchen weiter gestorben. Britische Ärzte haben dabei ihr Leben verloren. Aber ich bin in den letzten Tagen von hervorragender jüdischer Seite gebeten worden, gerade in dieser Stunde auch ein Wort von diesem Nachher zu sagen, von der Rettungsleistung an den zum Sterben bestimmten Menschen, die durch deutsche Ärzte, durch deutsche Pfleger und Schwestern im Frühjahr und Frühsommer 1945 vollbracht wurde. Ich wußte von diesen Dingen nichts. Aber ich ließ mir erzählen, wie damals vor solchem Elend Hilfswille bis zur Selbstaufopferung wuchs, ärztliches Pflichtgefühl, Scham, vor solcher Aufgabe nicht zu versagen, christliche, schwesterliche Hingabe an den Gefährdeten, der eben immer „der Nächste" ist. Ich bin dankbar dafür, daß mir dies gesagt und diese Bitte ausgesprochen wurde. Denn es liegt in dieser Bewährung des unmittelbar Rechten und Guten doch ein Trost.

In den Worten des englischen Land Commissioner ist Rousseau berufen worden. Rousseau beginnt eines seiner Bücher mit der apodiktischen Erklärung: „Der Mensch ist gut." Ach, wir haben gelernt, daß die Welt komplizierter ist als die Thesen moralisierender Literaten. Aber wir wissen auch dies: der Mensch, die Menschheit ist eine abstrakte Annahme, eine statistische Feststellung, oft nur eine unverbindliche Phrase; aber die Menschlichkeit ist ein individuelles Sich-Verhalten, ein ganz einfaches Sich-Bewähren gegenüber dem anderen, welcher Religion, welcher Rasse, welchen Standes, welchen Berufes er auch sei. Das mag ein Trost sein.

Da steht der Obelisk, da steht die Wand mit den vielsprachigen Inschriften. Sie sind Stein, kalter Stein. Saxa loquuntur, Steine können sprechen. Es kommt auf den Einzelnen, es kommt auf dich an, daß du ihre Sprache, daß du diese ihre besondere Sprache verstehst, um deinetwillen, um unser aller willen!

Einleitung

Das in der vorliegenden Dokumentensammlung behandelte Thema weist einige besonders hervorstechende Charaktermale auf. Im wesentlichen umfassen sie den Komplex, der unter der Bezeichnung „Endlösung der Judenfrage“ bekanntgeworden ist. Die annähernde Zahl der Vergasten und auf andere Weise Ermordeten ist bekannt. Auch über die zu diesem Zweck vom hitleristischen Verwaltungsapparat aufgezogene Maschinerie ist man ziemlich genau unterrichtet. Aber wie kam es zu dieser ausschlaggebenden Entscheidung? Ist es richtig, wenn einige Erzählungen oder Hinweise die Vermutung erlauben, daß Goebbels und Heydrich die Triebfedern dieses Unternehmens waren, während Heinrich Himmler den kategorischen Befehl des Führers erst nach heftigem Widerstreben ausführte? Welche Beamten und Verwaltungsangestellten wurden davon in Kenntnis gesetzt? Auch heute noch — 10 Jahre nach den Ereignissen — besitzt der Geschichtsschreiber hierüber keine einzige verläßliche Unterlage, ganz in dem Sinne wie Himmler selbst einmal sagte: „Es ist ein Ruhmesblatt unserer Geschichte, aber es wird niemals beschrieben sein.“

Ohne den entsprechenden Abstand ist in diesem Falle eine Geschichtsschreibung besonders schwierig und heikel. Doch kommt noch ein weiteres erschwerendes Moment hinzu. Eine jüdische Feder — und wenn sie noch so gewissenhaft sein will — muß, in die undankbare Rolle des Anklägers gezwungen, Gefahr laufen, den rechten Ton zu verfehlen oder an den beiden gleicherweise gefährlichen Klippen scheitern, daß sich der Historiker erstens jeglichen — wenn auch verständlichen — Ressentiments zu enthalten hat und zweitens übermenschliche „wissenschaftliche“ Objektivität besitzen muß, die jedem angesichts von 6 Millionen Leichen — einem Drittel des gesamten jüdischen Volkes — schwerfallen dürfte. Aus diesem Grunde wurde die einzig vollkommen neutrale und vorurteilslose Form einer Sammlung von Dokumenten und unbeeinflußbaren Zeugenaussagen — sie stammen größtenteils aus den Archiven des Dritten Reiches selbst — gewählt.

Dadurch erübrigt es sich, den schmerzlichen, als „kollektive Schuldfrage“ bereits in die Geschichte eingegangenen Fragenkomplex zu erörtern. Ohne nochmals auf dieses Thema zurückzukommen, möchten wir uns hier mit folgender Bemerkung begnügen:

In allen zivilisierten Ländern sind zwischen 1945 und 1955 zahlreiche Werke erschienen; Juden und Nichtjuden haben sich mit dem in der Geschichte unserer Zivilisation neuen Komplex des industrialisierten Mordens an Männern, Frauen und Kindern befaßt, denen nichts anderes zum Vorwurf gemacht wurde, als daß sie in diesem und nicht in jenem Bett geboren waren ...

Ausgerechnet im pedantischen Deutschland ist dieses Thema — außer in einigen Schriften ganz allgemeiner Art — bisher keiner einzigen ernsthaften Untersuchung gewürdigt worden. Weshalb ein solches Mißverhältnis? Ist denn nicht das Wissen davon, was geschah und wie es geschah, einem Stillschweigen vorzuziehen, welches verschiedene, unter Umständen sich sogar widersprechende Beweggründe haben könnte? Dem Außenstehenden will erscheinen, als sei gerade das Gewissen der untadeligsten und kultiviertesten Deutschen am meisten durch jene Verbrechen belastet, an denen sie selbst keinerlei Anteil hatten; Verbrechen jedoch, die in ihrem Namen, im Namen des gesamten deutschen Volkes, begangen wurden ... Wenn nun auch die strikte Verneinung (in unseren Tagen leider nur allzu häufig!) keinesfalls eine Lösung darstellt, so ist zurückhaltendes Schweigen bestimmt erst recht keine. Wenn die vorliegende Studie zur Zerstreuung nicht gerechtfertigten Unbehagens, zur besseren Erkenntnis der Zusammenhänge und zu ihrem Bewußtwerden beitragen und eine sorgfältige Nachforschung anregen würde, ist die Arbeit der Herausgeber dieses Buches nicht umsonst gewesen.

Sonderbar sind die Verkettungen der deutschen Geschichte mit dem jüdischen Schicksal. Deutschland ist nahezu das einzige Land Westeuropas, in welchem die Juden im Laufe ihrer tausendjährigen Geschichte niemals des Landes verwiesen wurden. So entstand auch die Nationalsprache der Juden Osteuropas, das Yiddisch, aus dem Deutschen. Es ist eine Abart des Mittelhochdeutschen. Bis zu einem gar nicht weit zurückliegenden Zeitpunkt waren die Juden unermüdliche Träger und Verbreiter deutscher Kultur und deutscher Wissenschaft. Die deutschen Juden Marx, Freud und Einstein trugen entscheidend zur universellen Ideenentwicklung bei, und auch die Juden Haber und Rathenau, die bekanntlich während des ersten Weltkrieges 1914—1918 in Deutschland eine Rolle spielten, waren Deutsche; genau wie Theodor Herzl seine Schriften — 50 Jahre später sollten sie zur Errichtung des Staates Israel führen — in Deutsch verfaßte ...

Welche Spannungen sich hier bergen und ob diese außerordentlichen geistigen Kraftströme in irgendeinem Verhältnis zu dem Boden stehen, auf dem die Katastrophe entstand, oder um welche Beziehungen es sich da handeln könnte, möge hier nur erwähnt werden, um anzudeuten, daß auch vom allgemein kulturhistorischen Gesichtspunkt aus ein Studium dieser Frage zu fruchtbaren Ergebnissen führen würde.

Nun einige Worte hinsichtlich des Plans, der für die vorliegende Sammlung gewählt wurde. Sie besteht aus fünf Teilen.

Raub: Das Motiv der Gewinnsucht mannigfaltigster Art, die — man muß es schon sagen — unzählige Sphären des deutschen Lebens umfaßte, hat allen Phasen der Tragödie den Stempel aufgedrückt. Die Dokumente des ersten Teils beleuchten diesen vorherrschenden Aspekt eindeutig.

Überall stoßen wir auf rücksichtslosen Ehrgeiz von Wirtschaftsführern, die nur zu geneigt waren, sich ihren Anteil am großen Arisierungsprogramm zu sichern; wir haben es mit der Besitzgier ihrer Rivalen — der neuen Herren — zu tun, die Leiter blühender Wirtschaftsunternehmen der SS waren. Andererseits handelte es sich darum, daß die im Osten Kämpfenden von Juden erbeutete Ringe oder Uhren schnell als Geschenk an Braut und Kind schickten, letzten Endes noch um die apathische Nutznießerei des armen Schluckers, der die ihm freigebig vom Winterhilfswerk spendierten Kleidungsstücke, die man ermordeten Juden abgestreift hatte, anzog. Alles hat seine Bedeutung, denn der Mensch ist ein Kind seiner Umgebung ... Zwischen diesen beiden Extremen bereichern sich jedenfalls die Krämernaturen — ob nun Kaufleute, Ärzte oder andere Akademiker — am jüdischen Unglück.

Aber dies ist nicht die einzige Art des Gewinns, und sie kann auch nicht als entscheidend bezeichnet werden, denn jeder eigennützige Beweggrund — wenn auch noch so schmutzig und abstoßend — hat zumindest einen auf allgemein bekannte menschliche Eigenschaften zurückzuführenden und mit ihnen in Einklang zu bringenden Sinn. Das Ausschlaggebende ist vielmehr die absolute Sinnlosigkeit des Amokläufers. Ausrotten ... Ausrotten ...! Und damit wären wir beim Wesentlichen angelangt.

In der Trunkenheit des Sieges gab es auch in früheren Zeiten schon Massenmorde. Frauen und Kinder wurden auf Schwerter gespießt. In unseren Tagen erlebten wir Dresden und Hiroshima, eine dem ewigen Zauberlehrling dienstbar gemachte grausame Folgeerscheinung der Technologie. Noch nie aber wurde der Massenmord zum primären Zweck, zu einem stur verfolgten Selbstzweck, erhoben.

Die Technik in den Dienst methodischer Verneinung des Lebens zu stellen, blieb allein dem Dritten Reich vorbehalten. Kapital und Energie wurden investiert — bedeutende Kapitalien und ungeheure Energien —, von denen die Dokumentensammlung einen Begriff geben will, dienten dem Tode, nicht dem Leben. Massenmord als Selbstzweck! Was das bedeutet, muß man nicht nur einen Augenblick überlegen. Tausende von kriegsverwendungsfähigen Männern wurden nicht etwa an den deutschen Fronten, sondern zum Massenmord an Frauen und Kindern eingesetzt; endlose Geleitzüge transportierten die Opfer statt Kampftruppen; begabte Architekten, tüchtige Chemiker erhielten den Auftrag, Grundrisse für Riesenkrematorien zu entwerfen oder ihr Talent mörderischer Technik zu widmen. Als letzten Tribut an die menschliche Lebensbejahung verschleierte man diese ganze vielseitige Aktivität als „geheime Staatsaufträge" und trachtete danach, den Schleier ebenso undurchsichtig zu gestalten wie jenen, der Hitlers Geheimwaffen umgab. Während die

Geheimwaffen versagten, war den „geheimen Staatsaufträgen" ein wahrhaft vollständiger Erfolg vergönnt. Mit allem Drum und Dran entstand eine vollkommen neue Industrie — Hauptzentren Auschwitz, Treblinka und Sobibor —, und hier funktionierte das komplizierte Räderwerk mit einer Präzision, wie man sie von der deutschen Organisationsfähigkeit nicht anders erwarten konnte. Dies war die eine der großen technischen Neuerungen des letzten Krieges; daß die andere im gegnerischen Lager geboren und deutscher Erfindergeist daran gehindert wurde, Wunderdinge auf dem Gebiet der Atomforschung zu vollbringen, geschah wohl nur deshalb, weil es sich dabei für den Staatschef und seine Trabanten um eine vielleicht zu jüdische Lehre handelte.[1])

Die im zweiten Teil zusammengestellten Unterlagen dokumentieren diese wesentliche Frage und vermitteln andererseits wertvolles statistisches Material.

Das Bild wäre kaum vollständig, wenn es nicht auch einige Berichte Überlebender aufzuweisen hätte. Die betreffenden Zeugen, der Hölle von Auschwitz oder einem ähnlichen Inferno entronnen, könnten begreiflicherweise gewisser Ressentiments verdächtigt werden. Unter den zur Verfügung stehenden Zeugenaussagen sind deshalb nur zwei Arten ausgewählt: Aussagen von Wissenschaftlern, bei denen Beobachtung und intellektuelle Neugierde die Gefühle temperieren und in Schranken halten, sowie Erzählungen von Kindern, denn diese sind unvoreingenommene Beobachter und noch unfähig, sich nationalen, rassischen oder gar politischen Erwägungen hinzugeben.

Hitleriana: Das ist der Titel des vierten Teiles, in dem Einzeldokumente zusammengefaßt wurden, die sich über barocke Umwege und Absurditäten im logischen Schluß zum Hitlerismus vereinen. Lachen ist gesund und kann manches offenbaren.

Es gilt aber auch, derjenigen zu gedenken, die sich nicht fügten, sondern im Namen der Lebensbejahung dem totalitären Staat die Stirn zu bieten wagten. Von ihnen erzählt der fünfte Teil des Buches. Ihre Zahl ist glücklicherweise groß. Sie waren über alle besetzten Gebiete verstreut und lebten in Deutschland selbst. Sie gehörten allen Schichten, allen Konfessionen und jedem Milieu an. Diesen Deutschen gebührt jedoch unsere besondere Hochachtung und Anerkennung. Man hat hier aufs neue Veranlassung, bei gewissen Einzelheiten des deutschen Schicksals an das der Juden zu denken. Von 1940 bis 1944 ergaben sich in den Ghettos des Ostens Situationen und Konflikte, für die es oft nur zwei Möglichkeiten, zwei Lösungen gab: absolute Schurkerei oder wahrhaftes Heldentum. Ein Drittes war fast unmöglich. Immer und überall ergaben sich derartige Umstände; zahlreiche Deutsche wurden vor die gleiche Wahl gestellt. Auf diese oder jene Art hatten sie die Entscheidung zu treffen. Dem Gedenken jener, die das Heldentum wählten — ob gläubig oder ungläubig, Sozialist oder Konservativer, ob in Schloß oder Hütte —, widmen die Herausgeber dieses Buch. Auch des mutigen Oberzahlmeisters aus Leipzig, der 1940 einem der Herausgeber ermöglichte, der Gefangenschaft zu entgehen, und des KZ-Postens, der dem anderen — sogar in Auschwitz — einmal Brot schenkte, sei hier gedacht.

---

[1]) *Das Einstein-Dokument,* *siehe Seite 315.*

Die in dieser Sammlung zusammengestellten Dokumente stammen aus drei verschiedenen Quellen:

1. den umfangreichen Archiven des Centre de Documentation Juive Contemporaine in Paris. Sie sind — großenteils bisher noch nie veröffentlicht — mit der Kennziffer des Instituts versehen, d. h. mit einer römischen Ziffer, die durch eine arabische Zahl vervollständigt wird. Zum Beispiel: CXLV — 594.

2. handelt es sich um Material aus dem Archiv des Internationalen Militärgerichtshofes in Nürnberg, welches die Nummern der Beweisurkunden aufweist, eine Verbindung von Buchstaben und Zahlen, wie: NG 2586.

3. sind die Dokumente schon erschienenen Werken entnommen. In diesem Fall wird, wie üblich, auf die betreffende Veröffentlichung hingewiesen.

Es ist nicht ausgeschlossen, daß in gewissen Fällen ein Dokument zu den beiden letztgenannten Kategorien gehört.

Sämtliche Fotografien und Fotokopien ohne Quellenangabe stammen aus dem Archiv des Centre de Documentation Juive Contemporaine in Paris.

Die für die einzelnen Dokumente gewählten Titel stammen ebenso wie die gelegentlich notwendigen Erläuterungen von den Herausgebern. Letztere in Kursivschrift.

Schließlich sei an dieser Stelle den nachstehenden Institutionen und Persönlichkeiten, die sich liebenswürdigerweise zur Verfügung stellten und unsere Arbeit unterstützten, aufrichtiger Dank ausgesprochen.

In Berlin: Frau Iris von Stryk und den Herren Dr. K. D. Bracher (Institut für politische Wissenschaft), Dr. K. Kettig (Deutsche Hochschule für Politik), O. Most, B. Osadczuk, L. Saczek, G. Vetter, M. Zarzycki.

In München: den Herren B. Lewytzkyj, L. Saerer, Dr. Th. Vogelsang (Institut für Zeitgeschichte).

Amsterdam: Herrn Dr. L. de Jong (Rijksinstituut voor Oorlogsdocumentatie).

Paris: den Herren J. Billig, P. Hosiasson, M. Mazor und A. Reiter vom Centre de Documentation Juive Contemporaine, sowie Herrn Z. Shuster (American Jewish Commitee).

New York: Dr. Ph. Friedman (Columbia University).

Léon Poliakow — Josef Wulf

KAPITEL I

Raub und Plünderung

INHALTSVERZEICHNIS

Fotografien

Vorwort

Den organisierten Raub jüdischen Eigentums durch den Nazistaat, seine Organe und Anhänger, spiegeln die in diesem Kapitel zusammengestellten Dokumente wider. Der „Führer“ selbst führt die Liste an, denn genau wie die erste Garnitur seiner Gefolgschaft gierte er nach wertvollem Raubgut, nach Pretiosen aller Art, vor allem nach Kunstwerken.

Dieser Spitzengruppe nachgeordnet und wie diese von dem Willen beherrscht, sich zu bereichern, folgt die Schar der Nutznießer. Ihre Mittel: raffinierte, für die Außenwelt oft kaum wahrnehmbare finanzielle Machenschaften, aber auch schamlos offene Plünderungen wie in der „Kristallnacht“.

Traten zuerst die Plünderer auf den Plan, so kamen später die Leichenfledderer dazu. Ihr offizieller Auftrag lautete, die ermordeten Juden zu berauben. Auch dieses Unternehmen war methodisch organisiert und ein Teil der „Aktion Reinhard“.

Wie im nächsten Kapitel erkennbar wird, war der SS-Obergruppenführer Reinhard Heydrich mit der „Endlösung der Judenfrage“ beauftragt worden. Es bestand unter diesem Titel ein bis in die diffizilsten Einzelheiten ausgearbeiteter Plan, der allerdings erst durchgeführt wurde, als Heydrich — inzwischen „Reichsprotektor von Böhmen und Mähren“ geworden — in Lidice unter den Kugeln von tschechischen Patrioten fiel.

Als in der Folgezeit die Frage auftauchte, was mit dem Raubgut der ermordeten Juden geschehen sollte, wurden die dafür ausgearbeiteten Richtlinien zur Erinnerung an Heydrich als „Aktion Reinhard“ designiert.

Grundsätzlich waren die Früchte dieser Aktion dem Nazistaat zugedacht, doch sollten auch die unmittelbar Beteiligten einen Nutzen davontragen. Man billigte ihnen ein gewisses Vorkaufsrecht zu; ein Privileg, von dem — wie zu erkennen sein wird — besonders die deutschen Dienststellen in Polen weitherzig Gebrauch machten.

Geburtstagsgeschenke für Hitler ...[1]

673/R/Ma. Den 16. März 1943

Mein Führer!

In dem Wunsche, Ihnen, mein Führer, zu Ihrem Geburtstage eine Freude zu bereiten, gestatte ich mir, Ihnen eine Mappe mit Fotos einiger der wertvollsten Bilder zu überreichen, die mein Einsatzstab im Vollzuge Ihres Befehls in den besetzten westlichen Gebieten aus herrenlosem, jüdischem Kunstbesitz sichergestellt hat. Diese Bildermappe stellt eine Ergänzung zu den aus dieser Aktion Ihrer Sammlung bereits seinerzeit zugeführten 53 wertvollsten Kunstwerken dar. Auch diese Mappe vermittelt nur einen schwachen Eindruck von dem außerordentlichen Wert und Umfang der von meiner Dienststelle in Frankreich erfaßten und im Reich sicher geborgenen Kunstwerte.

Ich bitte Sie, mein Führer, mir bei meinem nächsten Vortrag Gelegenheit zu geben, Ihnen über den gesamten Umfang und den Stand dieser Kunsterfassungsaktion mündlich Bericht erstatten zu dürfen. Ich bitte Sie, als Grundlage dieses späteren mündlichen Berichts

---

[1]) *Schreiben Rosenbergs an Hitler, Dokument PS — 015.*

einen kurzen schriftlichen Zwischenbericht über Verlauf und Umfang der Kunsterfassungsaktion sowie drei Bände des vorläufigen Bilderkatalogs, der auch erst einen Teil der zu Ihrer Verfügung stehenden Sammlungen umfaßt, entgegenzunehmen. Die weiteren Kataloge, die sich in Bearbeitung befinden, werde ich in entsprechenden Zeitabständen überreichen. Ich werde mir erlauben, bei dem erbetenen Vortrag weitere 20 Bildermappen Ihnen, mein Führer, zu übergeben in der Hoffnung, daß durch diese kurze Beschäftigung mit den schönen Dingen der Ihnen so am Herzen liegenden Kunst ein Strahl von Schönheit und Freude in die Schwere und Größe Ihres gegenwärtigen Lebens fallen möge.

Heil, mein Führer!

F ü h r e r e r l a s s

Juden, Freimaurer und die mit ihnen verbündeten weltanschaulichen Gegner des Nationalsozialismus sind die Urheber des jetzigen gegen das Reich gerichteten Krieges. Die planmässige geistige Bekämpfung dieser Mächte ist eine kriegsnotwendige Aufgabe.

Ich habe daher den Reichsleiter Alfred Rosenberg beauftragt, diese Aufgabe im Einvernehmen mit dem Chef des Oberkommandos der Wehrmacht durchzuführen. Sein Einsatzstab für die besetzten Gebiete hat das Recht, Bibliotheken, Archive, Logen und sonstige weltanschauliche und kulturelle Einrichtungen aller Art nach entsprechendem Material zu durchforschen und dieses für die weltanschaulichen Aufgaben der NSDAP. und die späteren Wissenschaftlichen Forschungsarbeiten der Hohen Schule beschlagnahmen zu lassen. Der gleichen Regelung unterliegen Kulturgüter, die im Besitz oder Eigentum von Juden, herrenlos oder nicht einwandfrei zu klärender Herkunft sind. Die Durchführungsbestimmungen über die Zusammenarbeit mit der Wehrmacht erlässt der Chef des Oberkommandos der Wehrmacht im Einvernehmen mit dem

Führererlaß zum Raub von jüdischen Kulturgütern

- 2 -

Reichsleiter Rosenberg.

Die notwendigen Massnahmen innerhalb der in deutscher Verwaltung befindlichen Ostgebiete trifft Reichsleiter Rosenberg in seiner Eigenschaft als Reichsminister für die besetzten Ostgebiete.

Führerhauptquartier, den 1. März 1942

An alle Dienststellen
der Wehrmacht
der Partei und
des Staates

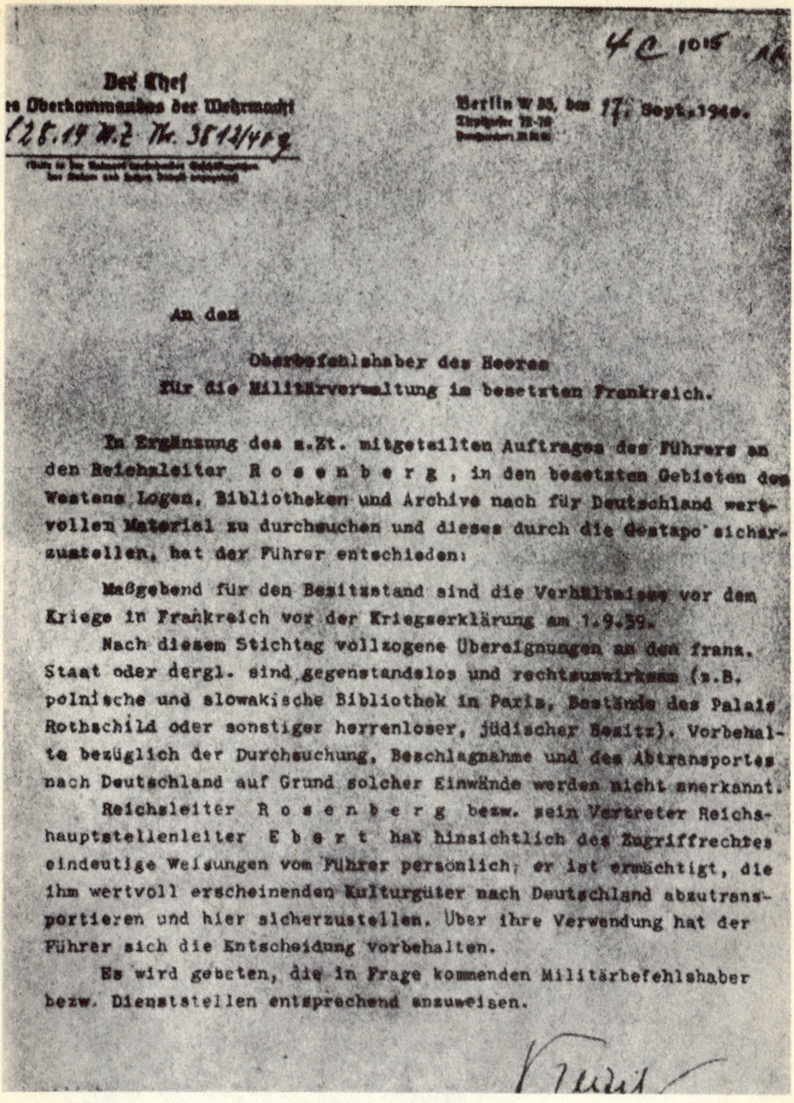

4 C 1015

Der Chef
des Oberkommandos der Wehrmacht
128.14 W.Z. Nr. 3812/40 g

Berlin W 35, den 17. Sept. 1940.

An den

Oberbefehlshaber des Heeres
für die Militärverwaltung im besetzten Frankreich.

In Ergänzung des z.Zt. mitgeteilten Auftrages des Führers an den Reichsleiter R o s e n b e r g , in den besetzten Gebieten des Westens Logen, Bibliotheken und Archive nach für Deutschland wertvollen Material zu durchsuchen und dieses durch die Gestapo sicherzustellen, hat der Führer entschieden:

Maßgebend für den Besitzstand sind die Verhältnisse vor dem Kriege in Frankreich vor der Kriegserklärung am 1.9.39.

Nach diesem Stichtag vollzogene Übereignungen an den franz. Staat oder dergl. sind gegenstandslos und rechtsunwirksam (z.B. polnische und slowakische Bibliothek in Paris, Bestände des Palais Rothschild oder sonstiger herrenloser, jüdischer Besitz). Vorbehalte bezüglich der Durchsuchung, Beschlagnahme und des Abtransportes nach Deutschland auf Grund solcher Einwände werden nicht anerkannt.

Reichsleiter R o s e n b e r g bezw. sein Vertreter Reichshauptstellenleiter E b e r t hat hinsichtlich des Zugriffrechtes eindeutige Weisungen vom Führer persönlich; er ist ermächtigt, die ihm wertvoll erscheinenden Kulturgüter nach Deutschland abzutransportieren und hier sicherzustellen. Über ihre Verwendung hat der Führer sich die Entscheidung vorbehalten.

Es wird gebeten, die in Frage kommenden Militärbefehlshaber bezw. Dienststellen entsprechend anzuweisen.

Schon in Frankreich unterstützt Keitel den Raub jüdischer Kulturgüter

Der Reichsmarschall
des Großdeutschen Reiches

Hauptquartier, den 1. Mai 41

Der Kampf gegen Juden, Freimaurer und der ihnen verbündeten und sonstigen weltanschaulichen und gegnerischen Mächte ist eine vordringliche Aufgabe des Nationalsozialismus während des Krieges.

Ich habe daher den Entschluß des Reichsleiters Rosenberg begrüßt, Einsatzstäbe in allen besetzten Gebieten zu errichten mit der Aufgabe, alles Forschungsmaterial und die Kulturgüter der so gekennzeichneten Kreise sicherzustellen und nach Deutschland abzutransportieren.

Alle Dienststellen von Partei, Staat und Wehrmacht sind daher angewiesen, dem Stabsführer der Einsatzstäbe des Reichsleiters Rosenberg, Reichshauptstellenleiter Pg. U t i k a l, und seinem Stellvertreter, DRK - Feldführer Pg. von B e h r, in Durchführung ihrer Aufträge jede nur denkbare Unterstützung und Hilfe angedeihen zu lassen. Die Obengenannten sind angewiesen, mir über die Arbeit, insbesondere aber über entstehende Schwierigkeiten zu berichten.

Göring, einer der Hauptnutznießer, begrüßt den Raub jüdischer Kulturgüter

Zwischenbericht
über die Erfassung herrenlosen jüdischen Kunstbesitzes
durch den Einsatzstab Reichsleiter Rosenberg in den besetzten Westgebieten[1])

Die Erfassungsaktion begann auf Grund des Führerbefehls vom 17. September 1940. Zuerst erfaßt wurden jene Kunstsammlungen, welche die aus den besetzten Gebieten Frankreichs geflüchteten Juden in Paris zurückgelassen hatten. Ausgedehnt wurde die Erfassungsaktion auf alle übrigen Städte und Orte des besetzten französischen Gebietes, wo versteckter jüdischer Kunstbesitz vermutet wurde. Es wurden unter Auswertung aller hierfür gegebenen Möglichkeiten in den Pariser Wohnungen der französischen Juden, in den Provinzschlössern und bei Speditionsfirmen und sonstigen Lagerstellen von den Juden versteckte Kunstwerte ausfindig gemacht und beschlagnahmt. Die Erfassungsaktion war zum Teil sehr schwierig und zeitraubend und ist auch jetzt noch nicht restlos abgeschlossen. Die geflüchteten Juden hatten es verstanden, die Depots ihrer Kunstwerke geschickt zu verschleiern, und die Arbeit wurde dadurch sehr erschwert, daß die mit der Verwaltung dieses versteckten jüdischen Kunstbesitzes beauftragten Franzosen die Nachforschungsarbeiten des Einsatzstabs stark behinderten. Es ist trotzdem dem Einsatzstab in Zusammenarbeit mit dem SD, dem Devisenschutzkommando und durch eigene Ermittlungsmaßnahmen gelungen, den wesentlichen Teil des in Frankreich von den geflüchteten Juden zurückgelassenen Kunstbesitzes zu erfassen und nach dem Reich zu bringen. Als wichtigster Bestand der Gesamtaktion wurden 79 Sammlungen bekannter jüdischer Kunstsammler in Frankreich erfaßt. Die Liste der Sammlungen ist in der Anlage beigefügt. An erster Stelle stehen hierbei die berühmten Sammlungen der Judenfamilie Rothschild. Die Schwierigkeit der Erfassungsaktion ergibt sich aus der Tatsache, daß die Sammlungen Rothschild an mehreren Stellen in Paris, in Bordeaux und in den Loire-Schlössern der Rothschilds verteilt waren und erst nach langwierigen Nachforschungen erfaßt werden konnten. Obwohl die Aktion sich bereits über zwei Jahre erstreckt, wurde erst im Herbst 1942 durch angesetzte Vertrauensleute ein noch sehr erheblicher Bestandteil der Sammlungen Rothschild ermittelt und sichergestellt.

Neben der Erfassung dieser geschlossenen jüdischen Kunstsammlungen wurden auch alle verlassenen jüdischen Wohnungen in Paris und anderen Orten nach zurückgelassenen

---

[1]) *Dokument PS — 015.*

Einzelkunstwerken durchsucht. Hier bestand die Hauptarbeit in der Ermittlung der Adressen aller aus dem besetzten Gebiet geflüchteten Juden, wobei große Schwierigkeiten seitens der französischen Polizeibehörden zu überwinden waren, die naturgemäß diese Aktion nach Möglichkeit erschwerten. Es sind auch bei dieser Durchsuchung der in die Hunderte gehenden jüdischen Einzelwohnungen sehr erhebliche Kunstwerte erfaßt worden.

Die auf diese Weise als Sammlungen und Einzelstücke erfaßten Kunstwerte wurden in ein Sammellager nach Paris in das frühere Ausstellungsgebäude, das sogenannte Jeu de Paume und in zur Verfügung gestellte Räume des Louvre verbracht. Hier wurden alle erfaßten Kunstwerte durch die kunstwissenschaftlichen Mitarbeiter des Einsatzstabes inventarisiert, fotografiert und fachgemäß verpackt. Die Inventarisierung war dadurch erschwert, daß die Sammlungen ohne Herkunftsangaben seitens der früheren Besitzer und ohne alle weiteren Anhaltspunkte für die Zuschreibung der einzelnen Werke erfaßt worden waren. Es mußte daher jedes erfaßte Kunstwerk einzeln bearbeitet und seine Herkunft nach Zeit, Meister und sammlerischer Provenienz ermittelt werden. Die Bearbeitung ist so erfolgt, daß nach Abschluß des Gesamtberichtes dieser als ein nach jeder Richtung hin unanfechtbares Dokument der in ihrer Art einmaligen und geschichtlich bedeutsamen Kunsterfassungsaktion angesehen werden kann. Es mußte bei dieser Art der Bearbeitung nicht nur der außerordentlich große materielle Wert der Kunstwerke, sondern auch ihr ideeller Wert und ihre kunstgeschichtliche Bedeutung berücksichtigt werden. Die jüdischen Sammler und Besitzer hatten diese Kunstwerke nur als materiellen Wert eingeschätzt und behandelt. Das erfaßte Material war daher im wesentlichen von seiner kunstgeschichtlichen Bedeutung her seitens der Juden weder gewertet, noch hatten die Juden ein Interesse, dieses Material der gesamten Kunstgeschichtsforschung nutzbar zu machen. Durch den Sonderstab „Bildende Kunst" des Einsatzstabs wurde mit der geringen Zahl der zur Verfügung gestellten Kunstwissenschaftler diese kunstgeschichtliche Bearbeitung des gesamten Materials durchgeführt. Die Ergebnisse dieser kunstwissenschaftlichen Bearbeitung werden in einem Gesamtkatalog zusammengefaßt, der in Bearbeitung ist und von dem bereits drei Bände in einer vorläufigen Fassung vorliegen.

Aus den besetzten Westgebieten wurden in 10 Transporten in der Zeit vom 17. September 1940 bis 7. April 1943 in die deutschen Bergungsorte 92 Waggons mit 2775 Kisten, enthaltend Gemälde, Plastiken, historische Möbel, Gobelins, Kunsthandwerk usw., gebracht. Außerdem wurden in Sondertransporten 53 Kunstgegenstände in den Führerbau nach München und 594 Gegenstände (Gemälde, Plastiken, Möbel, Textilien) in den Besitz des Herrn Reichsmarschalls übergeführt.

Als erstes Bergungslager war das Schloß Neuschwanstein bestimmt worden. Nach Belegung des Schlosses Neuschwanstein sind dann von der bayerischen Verwaltung der staatlichen Schlösser und Gärten auch Räume im Schloß Herrenchiemsee für die Unterbringung der weiteren Transporte zur Verfügung gestellt worden. Da beide Bergungsorte nicht ausreichten und die Verwaltung der bayerischen Schlösser und Gärten neue Bergungsorte aus staatlichem Besitz nicht mehr zur Verfügung stellen konnte, sind durch Vermittlung der zuständigen Gauleitungen zwei weitere in der Nähe gelegene Bergungsorte vom Herrn Reichsschatzmeister ermietet worden. Gemietet wurden Räume des ehemaligen Salesianerklosters Buxheim bei Memmingen/Schwaben und aus Privatbesitz Räume des Schlosses Kogl bei Vöcklabruck/Oberdonau. Die Lage und Art dieser beiden Bergungsorte entsprechen nach Prüfung durch die zuständigen Stellen dem geforderten Maximum in bezug auf Luftgefährdung, Feuersicherheit und Bewachungsmöglichkeit. Die gesamten Kunstwerte sind auf diese vier Orte so verteilt, daß sowohl die Möglichkeit der weiteren inventarmäßigen Bearbeitung, Katalogisierung sowie Pflege der Objekte gewährleistet ist und durch die wertmäßige Verteilung auf diese vier Orte die Ansammlung zu großer Werte an einem Ort vermieden wurde. Alle Bewachungs- und Feuerschutzmaßnahmen sind in Gemeinschaft mit der bayerischen Verwaltung der Schlösser und Gärten, den zentralen Stellen der Feuerschutzpolizei sowie in Zusammenarbeit mit den örtlichen Stellen des Staates und der Partei so geregelt, daß die höchste Sicherheit gewährleistet erscheint.

Von den in den Bergungsorten lagernden Kunstgegenständen sind mit dem Stand vom 1. April 1943 9455 Gegenstände abgeschlossen inventarisiert worden, und zwar im einzelnen:

5255 Gemälde,
297 Plastiken,
1372 Möbel und Einrichtungsgegenstände mit Kunstwert,
307 Textilien,
2224 Kleinkunst einschließlich Ostasiatica.

Die Inventarisierung erfolgt neben den für jeden Gegenstand vorliegenden Erfassungsprotokollen, allgemeinen Erfassungslisten und Transportlisten in der Form der im Muster beiliegenden Karteikarte. In diesen Karteikarten sind in den einzelnen Rubriken alle für die Kennzeichnung des Gegenstandes wichtigen Angaben, wie Herkunft, Meister, Technik, Maße usw., verzeichnet. Diese Karteikarten bilden zusammen mit den erweiterten Beschreibungen der Inventarlisten die Grundlage für die Bearbeitung des Gesamtkatalogs. Außerdem ist die dokumentarische Erfassung jedes Kunstgegenstandes in einer in der Zentralstelle in Berlin sowie in Neuschwanstein geführten Fotothek in Vorbereitung. Im Hinblick auf die kleine Zahl der Mitarbeiter und die Notwendigkeit, die Abtransporte von Paris möglichst rasch durchzuführen, sind nur die wertvollsten Gegenstände in Paris wissenschaftlich inventarisiert worden, so daß die Inventarisierung in den Bergungsorten fortgesetzt werden muß. Es sind nach dem jetzigen Stand schätzungsweise noch mindestens 10 000 Gegenstände inventarmäßig zu bearbeiten.

Nach dem gegenwärtigen Stand sind im Sammellager in Paris noch 400 versandfertige Kisten, die demnächst nach Erledigung der noch in Paris erforderlichen Vorarbeiten ins Reich gebracht werden. Für die Unterbringung weiterer Transporte sind, falls die bisherigen vier Bergungsorte nicht ausreichen sollten, noch zwei weitere Orte, und zwar Schloß Bruck bei Lienz und das Lager Seisenegg bei Amstetten/Niederdonau vorbereitet.

Aus Gründen der Feuersicherheit mußten sämtliche in den Bergungsorten befindlichen Kunstgegenstände fachgemäß ausgepackt werden. Diese Maßnahme war auch erforderlich, um neben der Fortsetzung der Inventarisationsarbeiten eine dauernde Pflege der wertvollen Kunstgegenstände durchführen zu können. Da viele der wertvollen Kunstgegenstände bereits bei der Übernahme sich in einem restaurierungsbedürftigen Zustand befanden, ist jetzt die Restaurierung in Angriff genommen worden. Gegenwärtig wird in Füssen eine Werkstatt mit allen erforderlichen Apparaturen eingerichtet, in der alle restaurierungsbedürftigen Gemälde, Möbel und sonstigen Gegenstände fachgemäß wieder instand gesetzt werden, um ihre Erhaltung zu sichern. Die Auspackarbeiten, die Fortsetzung der Inventarisation und der Aufbau der Fotothek sowie die Bearbeitung des Gesamtkataloges werden sich noch über einen längeren Zeitraum erstrecken.

Die Erfassungsaktion in Paris und den besetzten Westgebieten wird in einem eingeschränkten Umfange fortgeführt, da immer noch neue Kunstgegenstände von erheblichem Wert anfallen. Im Zusammenhang mit der Möbel-Erfassungsaktion des Ostministeriums hat der Einsatzstab auch die Erfassung der hier anfallenden Kunstwerte übernommen. Auch hier wurden in den letzten Monaten erhebliche Kunstwerte gesichert. Die aus dieser Möbelaktion anfallenden Kunstwerte werden gleichfalls in die Bergungsorte verbracht und ebenso wie die übrigen Gegenstände behandelt. Außer jenen Werken, deren Kunstwert als allgemein feststehend und gesichert angesehen werden kann, wurden auch einige hundert Gemälde der sogenannten modernen französischen Malerei erfaßt, die vom deutschen Standpunkt her nicht als Kunstwert anzusehen sind und die entsprechend der nationalsozialistischen Kunstanschauung eine erwünschte Bereicherung des deutschen Kunstbesitzes nicht darstellen. Diese Werke moderner französischer Malerei werden listenmäßig gesondert erfaßt, um eine spätere Entscheidung über die Art ihrer Verwertung abzuwarten.

Auf Befehl des Reichsmarschalls ist unter Benutzung günstiger Möglichkeiten im Pariser Kunsthandel eine Anzahl dieser Werke moderner und entarteter französischer Kunst gegen Gemälde von anerkanntem Kunstwert eingetauscht worden. Eingetauscht wurden auf diese Weise zu sehr günstigen Bedingungen 87 Werke alter italienischer, niederländischer und deutscher Herkunft von anerkannt hohem Wert. Soweit sich günstige Gelegenheiten ergeben, wird diese Tauschaktion fortgeführt. Bei Abschluß der Gesamtaktion wird ein Vorschlag über die Verwertung der nicht tauschbaren Restbestände moderner bzw. entarteter französischer Malerei vorgelegt werden.

Berlin, den 16. April 1943

Frans Hals:
„Porträt von Isabella Goymanns"

Zwei berühmte Bilder für Hitler bestimmt

Boucher:
„Die Marquise von Pompadour"

Archives photographiques, Paris

Atelier de VELASQUEZ PORTRAIT DE L'INFANTE MARGARETA-TERESA

Archives photographiques, Paris

FRAGONARD LA FILLETTE AU BOUDDHA

Vier berühmte Bilder von Göring für seine Privatsammlung ausgesucht

Archives photographiques, Paris

Van Gogh LE PONT DE LANGLOIS A ARLES

Archives photographiques, Paris

BONNARD LA TABLE DE TRAVAIL

„Wilde Expressionisten" und der Jude Pissarro[1]

I.

Aufzeichnung

für Herrn Botschafter Abetz

Geheim

Heute besuchte mich wiederum Comte de Lestang, der in der Angelegenheit der in Bordeaux beschlagnahmten Bilder seinerzeit die Vermittlung übernommen hatte.

Bei einer Besprechung vor einigen Tagen, hatten wir vereinbart, daß von den wilden Expressionistenbildern, die angeblich für die Franzosen einen erheblichen Wert darstellen, der größte Teil für uns ohne jegliches Interesse ist. Diese Bilder sollten abgeschätzt werden ebenso wie die Bilder dieser Sammlung, die wir zurückbehalten wollten, und dann der versprochene zehnprozentige Anteil dem Comte de Lestang und seinem Vertrauensmann Yves Perdoux in Form dieser Expressionistenbilder ausgezahlt werden.

Nun erscheint plötzlich heute Comte de Lestang und erklärt, es sei ihm peinlich mir mitteilen zu müssen, daß die Bordeaux-Angelegenheit schnellstens erledigt werden müsse, und zwar aus folgendem Grund: Wie er mir schon vor etwa 14 Tagen mitgeteilt habe, wisse sein Vertrauensmann Perdoux noch ein Lager jüdischer Bilder von wesentlich größerem Wert als das in Bordeaux. Die Adresse dieses Lagers würde er aber erst herausgeben, wenn die Bordeaux-Sache finanziell erledigt sei. Inzwischen habe eine sehr hochgestellte deutsche Persönlichkeit von dieser Sammlung erfahren und verlange die Herausgabe der Adresse. Nach längerem Befragen gab er zu, daß es sich um Reichsmarschall Göring handele.

---

[1]) *David Rousset: „Le pitre ne rit pas", Edition du Pavois, Paris 1948, S. 97 bis 100.*

II.

Aufzeichnung

für Herrn Botschafter Abetz

Geheim

Unter Bezug auf meine Aufzeichnungen vom 15. und 27. November, teile ich mit, daß heute Comte de Lestang und sein Vertrauensmann Yves Perdoux bei mir zu einer Rücksprache erschienen sind. Auf Grund der in der Aufzeichnung vom 27. November beigefügten Schätzungsliste, habe ich den Herren erklärt, daß ihre Schätzung, die ja annähernd das Tausendfache des von uns geschätzten Wertes beträgt, doch wohl über jegliche vernünftige Zusammenarbeit ginge und daß unter solchen Umständen eine Einigung kaum zu erzielen sei. Unter dem Eindruck der sehr genauen Schätzung erklärten sich daraufhin Comte de Lestang und sein Vertrauensmann Perdoux bereit, doch eventuell Bilder als Gegenwert in Zahlung anzunehmen. Ich führte daraufhin die beiden Herren nochmals in die inzwischen aufgehängte Sammlung und empfahl Ihnen, von den wilden Expressionisten in Sonderheit von den zahllosen Bildern von Braque und Picasso sich im Wert von 10 Prozent Gemälde auszusuchen. Die Herren lehnten jedoch diese modernen Bilder ab, da zur Zeit überhaupt kein Markt dafür bestünde, und erklärten sich bereit, gegen Aushändigung der zwei Gemälde:

Pissarro: „Winterlandschaft" (Schätzungswert 150 000 fr.),
„Tuileriengarten" (Schätzungswert 70 000 fr.)

sowie des

Renoir: „Junger weiblicher Akt im Freien" (Schätzungswert 200 000 fr.)

sich endgültig zufriedenzustellen. Ich schlug als Gegenleistung vor, eventuell an Stelle des Renoir, der immerhin auch für Deutschland einen gewissen Wert darstellt, den doppelt so wertvollen

Pissarro: „Garten und Pontoise" (Schätzungswert 400 000 fr.)

ihnen eventuell zu überlassen. Der letzte Pissarro stammt aus der Sammlung Rothschild und nicht wie die anderen aus der Sammlung Rosenberg. Da Pissarro Jude ist, nehme ich an, daß in Deutschland für diese Bilder kein Interesse besteht und daß man eher einen doppelt so wertvollen Pissarro ausliefern kann als einen Renoir.

Damit die Aktion Bordeaux mit dieser Lösung endgültig abgeschlossen sei, bitte ich nach Möglichkeit um umgehende Entscheidung, welche Bilder heute de Lestang und seinem Vertrauensmann ausgeliefert werden können.

Paris, den 28. November 1940

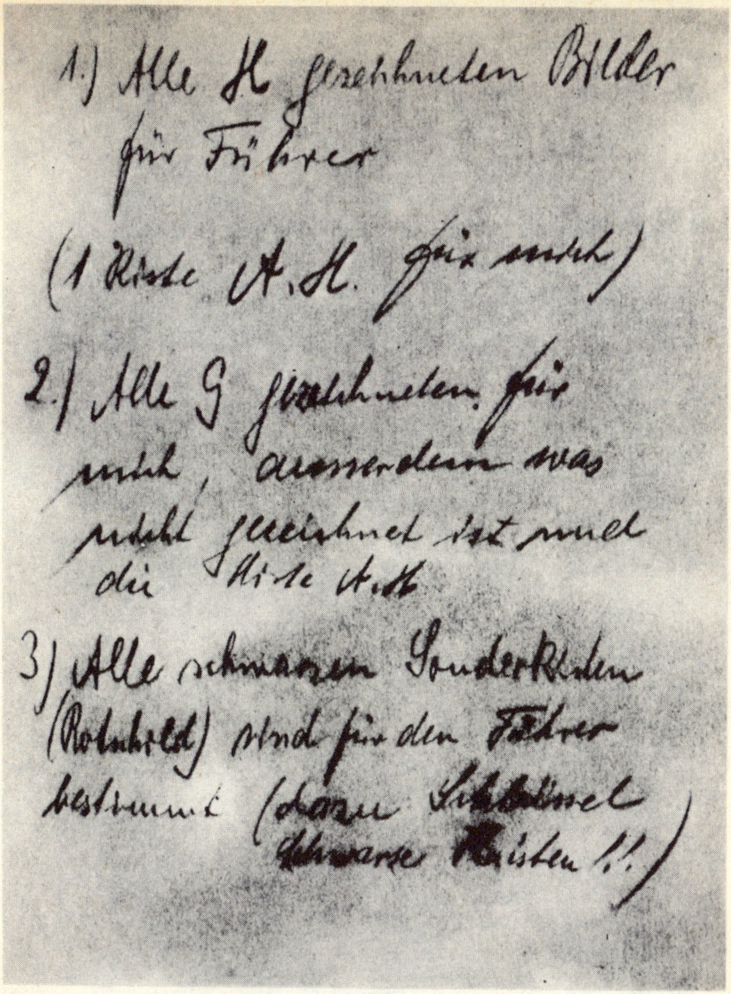
1.) Alle H gezeichneten Bilder für Führer
(1 Kiste A.H. für mich)
2.) Alle G gezeichneten für mich, ausserdem was nicht gezeichnet ist und die Kiste A.H.
3) Alle schwarzen Sonderkisten (Rothschild) sind für den Führer bestimmt (dazu Schlüssel schwarze Kisten!!)

Eigenhändige Notizen Görings[1])

1. Alle H gezeichneten Bilder für Führer
(1 Kiste A H für mich)
2. Alle G gezeichneten für mich, außerdem was nicht gezeichnet ist und die Kiste A H
3. Alle schwarzen Sonderkisten (Rothschild) sind für den Führer bestimmt (dazu Schlüssel schwarze Kisten!!)

---

[1]) Dokument NG 2426

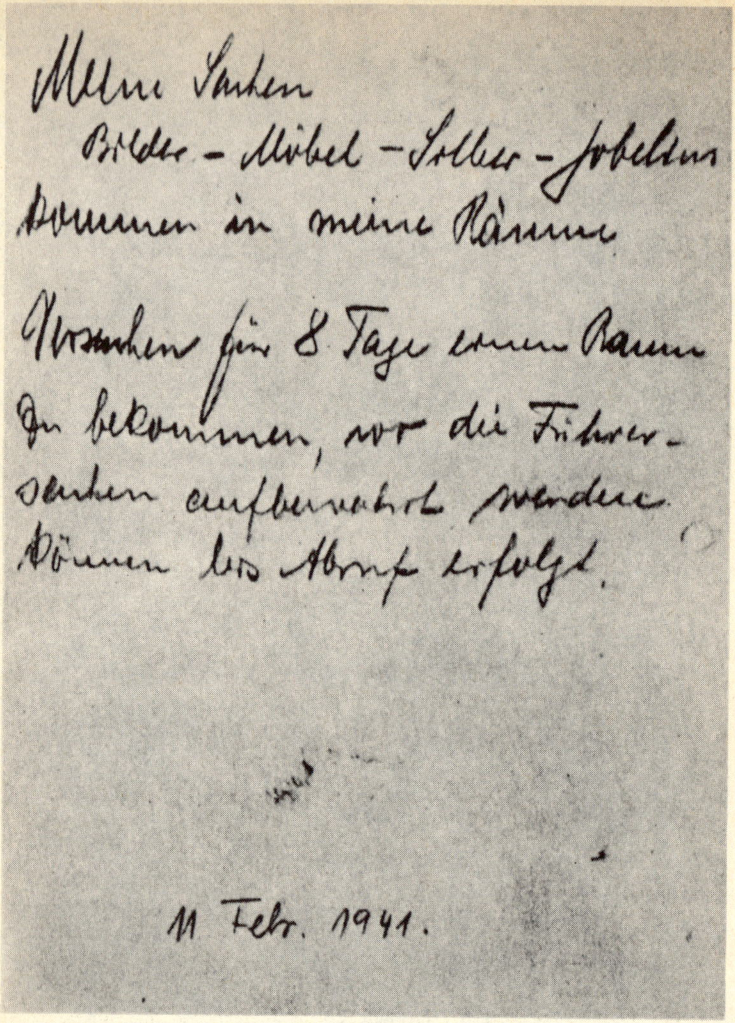
Meine Sachen
Bilder – Möbel – Silber – Gobelins
kommen in meine Räume
Versuchen für 8 Tage einen Raum
zu bekommen, wo die Führer-
sachen aufbewahrt werden
können bis Abruf erfolgt.
11. Febr. 1941.

Meine Sachen – Bilder, Möbel, Silber, Gobelins – kommen in meine Räume. Versuchen für 8 Tage einen Raum zu bekommen, wo die Führersachen aufbewahrt werden können bis Abruf erfolgt. 11. Febr. 1941

Die Bibliothek[1]

Einsatzstab Reichsleiter Rosenberg
für die besetzten Gebiete

Berlin-Charlottenburg 2,
Bismarckstr. 1 — Ruf: 34 00 18
den 12. Juli 1943
IIc/Dr.Wu/Zn.

Stabsführung
Abt. Erfassung und Sichtung

Aktenvermerk für den Reichsleiter!

Beiliegend übersende ich zur Kenntnisnahme eine Zusammenstellung von Parteigenossen Dr. Pohl über den bisherigen Bestand der Bibliothek zur Erforschung der Judenfrage, die sich fast ausschließlich aus Beständen des Einsatzstabes zusammensetzt.

Wunder
(Dr. Wunder)

Die Bibliothek zur Erforschung der Judenfrage
Hohe Schule, Außenstelle Frankfurt/Main
Institut zur Erforschung der Judenfrage.

Am 26. März 1941 eröffnete Reichsleiter Alfred Rosenberg als erste Außenstelle der Hohen Schule in Frankfurt am Main das Institut zur Erforschung der Judenfrage (Frankfurt am Main, Bochenheimer Landstraße 68).

Nach dem Befehl des Führers vom 29. Januar 1940 soll die Hohe Schule „die zentrale Stätte der nationalsozialistischen Lehre und Erziehung" darstellen; Reichsleiter Rosenberg wurde gleichzeitig beauftragt, alle erforderlichen Vorbereitungsmaßnahmen zur Errichtung der Hohen Schule auf dem Gebiet der Forschung und Einrichtung der Bibliotheken zu veranlassen.

---

[1]) *Dokument PS — 171.*

Die im Rahmen dieser Vorbereitungsarbeiten geschaffene Außenstelle in Frankfurt am Main, zuständig für das Sachgebiet „Judenfrage", umfaßt neben einer Forschungsabteilung und einem Archiv eine umfangreiche Bibliothek, von deren Beständen hier die Rede sein soll.

Grundstock der Bibliothek zur Erforschung der Judenfrage bilden die auf Grund der Führererlasse vom 5. Juli 1940, 17. September 1940 und 1. März 1942 der Bibliothek durch den Einsatzstab Reichsleiter Rosenberg zugeleiteten Büchersammlungen aus den besetzten Gebieten. Es handelt sich dabei um Büchermaterial aus jüdischem Besitz, das nun zentral gesammelt der Forschung und Erziehung des deutschen Menschen dienen soll.

Die bedeutsamsten Büchersammlungen, die heute zum Bestand der Bibliothek zur Erforschung der Judenfrage gehören: sind folgende:

1. Die Bibliothek der Alliance Israélite Universelle. Unter den ca. 400 000 Bänden dieser Bibliothek aus Paris (vorwiegend Judaica und Hebraica) befinden sich zahlreiche Zeitschriftenbände, ein umfangreiches Broschürenmaterial, eine sehr ergiebige Literatur und Zeitungsausschnittsammlung zur Dreyfus-Affäre, ca. 200 hebräische und ca. 30 anderssprachige Handschriften, ca. 20 Inkunabeln.

2. Die Bestände der Ecole Rabbinique bestehen vorwiegend aus Judaica und Hebraica und umfassen insgesamt ca. 10 000 Bände. Das jüdische Schrifttum dieser Pariser Rabbinerschule bietet u. a. wertvolles Talmudmaterial und vollständige Zeitschriftenreihen.

3. Die Bibliothek der Fédération de Sociétés des Juifs de France (ca. 4000 Bände) enthält neben allgemeinem Schrifttum über das Judentum vorwiegend russische Literatur zur Judenfrage.

4. Die Bestände der Pariser jüdischen Buchhandlung Lipschütz (ca. 20 000 Bände) bieten in ihrem wertvollsten Teil bibliographische Werke, Hebraica usw.

5. Die verschiedenen Büchersammlungen aus dem ehemaligen Besitz der Pariser Rothschilds stellen zwar im allgemeinen Repräsentationsbibliotheken dar, zeigen aber auch, daß die verschiedenen Mitglieder der Familie Rothschild jüdisches Schrifttum zur eigenen Orientierung sammelten. Es handelt sich im einzelnen um folgende Sammlungen:

a) die Sammlung Edouard Rothschild (ca. 6000 Bände),
b) „ „ Edouard und Guy Rothschild (ca. 3000 Bände),
c) „ „ Maurice Rothschild (ca. 6000 Bände),
d) „ „ Robert Rothschild (ca. 10 000 Bände),
e) „ „ der Familie Rothschild im Jagdschloß Armainvillers (ca. 3000 Bände).

Diese genannten Rothschild-Sammlungen enthalten neben den wertvollen Bücherbeständen wichtiges Archivmaterial, das über die Beziehungen zu Juden und Nichtjuden in Frankreich und im Ausland Aufschluß gibt. In diesem Zusammenhang sei bemerkt, daß der Außenstelle Frankfurt/Main auch das gesamte Archivmaterial des Pariser Bankhauses Rothschild aus den letzten hundert Jahren zugeführt wurde (760 Kisten).

6. Die Rosenthaliana aus Amsterdam mit 20 000 Bänden (meist deutschsprachige Literatur zur Judenfrage).

7. Die Bibliothek der sefardischen jüdischen Gemeinde in Amsterdam mit ca. 25 000 Bänden (vorwiegend Hebraica).

8. Die in den besetzten Ostgebieten sichergestellten Büchermassen (vorwiegend sowjetisch-jiddische und polnisch-jiddische Literatur), ein umfangreiches Talmudschrifttum, stammen aus den Sammelstellen Riga, Kauen, Wilna, Minsk und Kiew (ca. 280 000 Bände).

9. Büchersammlungen aus den jüdischen Gemeinden Griechenlands (ca. 100 000 Bände).

10. Büchermaterial aus einer Sonderaktion im Rheinland (Sammelstelle Neuwied) mit ca. 5000 Bänden.

11. Außer diesen unter 1 bis 10 genannten Büchersammlungen, die sämtlich durch den Einsatzstab Reichsleiter Rosenberg der Bibliothek zur Erforschung der Judenfrage zugeleitet wurden und die fortlaufend durch Neueingänge von seiten des Einsatzstabes ergänzt werden, gehören zum Bestand der Bibliothek zur Erforschung der Judenfrage noch ca. 100 000 Bände, die von anderer Seite (Finanzämter usw.) der Außenstelle zugeführt wurden.

Die Bibliothek zur Erforschung der Judenfrage umfaßt demnach beim Stand vom 1. April 1943

ca. 550 000 Bände (= ca. 3300 Bücherkisten)

einschließlich der für die Außenstelle bestimmten, aber noch in Berlin bei der Stabsführung lagernden ca. 325 Kisten (= ca. 24 000 Bände) und einschließlich der in den Einsatzorten des Einsatzstabes zum Versand nach Frankfurt/Main aussortierten ca. 220 000 Bände (= ca. 650 Kisten), die zum Teil bereits verpackt sind.

Im einzelnen beziehen sich diese in Berlin lagernden Bestände auf das gesamte Material der oben unter den Nrn. 3, 5b, d und e genannten Bibliotheken (= ca. 17 000 Bände), ferner auf Teilstücke der unter den Nrn. 5a und c erwähnten Sammlungen (= ca. 7000 Bände), die in den Einsatzorten zum Versand nach Frankfurt am Main fertigen Büchermassen erstrecken sich auf die gesamten Bestände der unter den Nrn. 6 und 7 genannten Sammlungen (= ca. 50 000 Bände), teilweise auf die im Osten sichergestellten Materialien (vgl. oben Nr. 8; so liegen bereits in Minsk ca. 20 000 Bände, in Wilna ca. 50 000 Bände und in Kiew ca. 100 000 Bände).

Diese im letzten Absatz genannten Bestände, die zur Zeit noch in Berlin bzw. in den Einsatzorten lagern, umfassen zusammen ca. 240 000 Bände. Bei der Außenstelle in Frankfurt/Main eingegangen sind bisher ca. 300 000 Bände (ca. 2325 Kisten).

Von diesen in der Bibliothek zur Erforschung der Judenfrage eingetroffenen ca. 2325 Bücherkisten wurden bisher ausgepackt und die Bücher auf Regale aufgestellt.

567 Kisten der Alliance Israélite Universelle (von insgesamt 656 Kisten),
165 „ „ Ecole Rabbinique (von insgesamt 243 Kisten),
50 „ „ Buchhandlung Lipschütz (von insgesamt 197 Kisten),

84 Kisten der Sammlung Edouard Rotschild (die restlichen 75 Kisten befinden sich noch in Berlin),

23 „ „ Sammlung Maurice Rothschild (die restlichen 39 Kisten befinden sich noch in Berlin),

159 „ „ Sammelstelle Riga (der gesamte Bestand).

Somit wurden 1048 Bücherkisten (= ca. 150 000 Bände) ausgepackt, d. h. die Hälfte der bisher in Frankfurt/Main eingetroffenen Bücherkisten.

Katalogisiert wurden in Frankfurt/Main seit dem 1. Mai 1941 (Beginn der Katalogisierungsarbeiten) bis zum 31. März 1943 insgesamt 27 848 Bände (Zettelkatalog nach Verfassern und Sachgebieten). Nach demselben Prinzip wurden ebenfalls die seit 1941 in die Bibliothek zur Erforschung der Judenfrage eingestellten Neuerscheinungen mit 9325 Bänden katalogisiert.

Abgesehen von der aktuellen Bedeutung der Judenfrage nimmt die Bibliothek zur Erforschung der Judenfrage mit ihrem augenblicklichen Gesamtbestand von ca. 550 000 Bänden im Kreise der deutschen Bibliotheken deshalb eine beachtliche Stelle ein, weil diese Frankfurter Bibliothek über die Literatur zur Judenfrage in einer solchen Vollständigkeit verfügt, wie sie vorher weder in Europa noch sonstwo erreicht werden konnte. Im Zuge der Neuordnung Europas wird in Frankfurt am Main die Fachbibliothek zur Judenfrage entstehen – nicht nur für Europa, sondern für die Welt.

29. April 1943

Dr. J. Pohl

Vielleicht ist es noch möglich, etwas zu schnappen ...[1]

Legationsrat Dr. Carltheo Zeitschel — Paris, den 20. Juni 1941
Deutsche Botschaft
Paris

Ein jüdischer deutscher Emigrant, der sich eine Zeitlang unter spanischen Schutz gestellt hat, wohnt Boul. d'Auteuil 45. Auf Veranlassung der Deutschen Botschaft wurde die spanische Unterschutzstellung vor kurzer Zeit aufgehoben. Gleichzeitig begann, wie Leutnant Faber, der im Nebenhause wohnt, mir mitteilte, der Jude seine gesamten Möbel in zahlreichen Lifts und Kisten abzutransportieren.

Ich habe leider die Mitteilung von dieser Angelegenheit erst heute bekommen, aber es sollen noch einige Kisten dort vorhanden sein. Vielleicht ist es noch möglich, etwas zu schnappen und festzustellen, wo die gesamten Kisten und Lifts untergestellt sind, und deren sofortigen Rücktransport evtl. zu erreichen.

Besonders im Hinblick auf die heute in der Presse veröffentlichte Polizeiverordnung, nach der es dem Juden verboten ist, Möbel aus der Wohnung zu entfernen.

Der Eingang zu diesem Hause befindet sich in der sogenannten Villa Persane Nr. 1, und in dem gleichen Eingang von der Straße, die in einen kleinen Platz mündet, Villa Persane 6, wohnt Lt. Faber, bisheriger Stellver. des Leiters der Propaganda-Abt. Frankreich. Lt. Faber oder seine Frau kann den Beamten des SD genauere Auskunft geben. Es empfiehlt sich, vielleicht vorher dort kurz anzufragen und dann die Aktion zu starten.

An den
Beauftragten des Chefs der
Sicherheitspolizei und des SD für Belgien und Frankreich,
z. Hd. Obersturmführer Danecker
Paris

[1]) *Dokument V — 114.*

Lösegeld[1]

An das
Reichswirtschaftsministerium
z. Hd. des Herrn Regierungsrat Meck,
Berlin W 8
Behrenstr. 8

5. August 1941
Kl.

Unsere Vertretung in Holland, die Handelstrust N.V., Amsterdam, ist verschiedentlich von holländischer Seite aus ersucht worden, sich unter gewissen im deutschen Reichsinteresse liegenden Voraussetzungen für die Freilassung von nichtarischen Holländern, die zurzeit in der Ostmark interniert sind, einzusetzen. Wie uns die Handelstrust heute fernmüdlich mitteilt, ist ihr im Augenblick folgender Fall im einzelnen bekannt geworden.

Herr Benjamin Soet, geboren am 2. März 1919, der zur Zeit im Lager Mauthausen/Oberdonau, Block XIV, Stube a (Internierungs-Nr. 1361) untergebracht ist, möchte zu seinen Eltern nach Holland zurückkehren. Bekannte aus der Schweiz haben bei der Schweizerischen Bankgesellschaft sfr. 20 000,— hinterlegt mit der Maßgabe, daß der Betrag der Dresdner Bank Berlin in dem Augenblick zur Verfügung steht, in dem Herr Benjamin Soet sich persönlich bei dem Schweizerischen Konsulat in Amsterdam zurückgemeldet hat. Die Schweizer Franken fallen dem Deutschen Reich zu. Die Auszahlung des Gegenwertes des sfr.-Betrages in Holland kann in holländischen Gulden erfolgen. Der Ordnung halber sei noch bemerkt, daß die Schweizerische Bankgesellschaft der Handelstrust die Hinterlegung des sfr.-Betrages inzwischen telegraphisch bestätigt hat.

Die Handelstrust hat den Holländern, welche ihr diesen Fall vorgetragen haben, zugesagt, einen diesbezüglichen Genehmigungsantrag über die Dresdner Bank Berlin stellen zu lassen. Wir bitten Sie höflichst, vorstehendes Ansuchen zu prüfen und uns Ihre Ansicht wissen zu lassen.

Dresdner Bank
Heil Hitler!

---

[1]) *Dokument NID — 8928.*

Lösegeld: der Preis wird höher[1]

Der Chef der Sicherheitspolizei und des S.D.
IV B 4a — 3135/42gRs (1352)

Berlin SW 11, den 24. November 1942

An den
Reichsführer-SS
und Chef der Deutschen Polizei
z. Z. Feldkommandostelle

Betrifft: Devisenbeschaffung zur Freiwilligen-Werbung für die Waffen-SS in Ungarn / Gewährung von Familienunterstützung an die Angehörigen der Freiwilligen.

Bezug: Befehl vom 19. August 1942 zum Bericht vom 13. August 1942 — IV B 4a — 3135/42g (1352) — in gleicher Angelegenheit.

In Ausführung des vorbezeichneten Befehls habe ich die mit der Frage der Beschaffung von Pengö zur Freiwilligen-Werbung für die Waffen-SS in Ungarn / Gewährung von Familienunterstützung an die Angehörigen der Freiwilligen zusammenhängenden Fragen mit dem SS-Hauptamt durchsprechen lassen.

Nachdem es nach Lage der Verhältnisse zumindest für die nächste Zeit nicht durchführbar ist, aus dem in Ungarn zurückgebliebenen Vermögen von Juden deutscher Staatsangehörigkeit für den beabsichtigten Zweck Pengö flüssig zu machen, ist dagegen folgender Weg gangbar:

---

[1]) *Dokument NO — 2408.*

Seit April d. J. werden auf Grund der Vorstellungen des Reichswirtschaftsministeriums und der Reichsbank im Hinblick auf die angespannte Devisenlage des Reiches von Fall zu Fall Anträge von alten Juden um Genehmigung der Auswanderung, sofern sie für ihre Person 100 000 sfr. (früher 50 000 sfr.) unter Verzicht auf den Gegenwert zur Verfügung stellen und keine besonderen sicherheitspolizeilichen Bedenken vorliegen, genehmigt.

Ähnlich dem in den besetzten niederländischen Gebieten gehandhabten Verfahren ist nunmehr auch vermögenden Juden mit slowakischer Staatsangehörigkeit — und nötigenfalls auch deren nächsten Angehörigen – die Ausreise aus der Slowakei in das Reichsgebiet zu ermöglichen. Gegen Zahlung eines angemessenen Betrages in Pengö wäre diesen Juden die weitere Auswanderung zu gestatten.

In diesem Zusammenhang wird berichtet, daß von den in den besetzten niederländischen Gebieten bisher von Juden beantragten 115 Genehmigungen zur ausnahmsweisen Auswanderung 8 Genehmigungen erteilt wurden. Von diesen erbrachten 6 Fälle für insgesamt 28 Juden, die bereits ansgewandert sind, 1 290 000 sfr. Zwei Genehmigungen für zusammen 8 Juden wurden gegen Lieferung größerer Mengen Ölsaat bzw. den Verkauf eines größeren industriellen Unternehmens erteilt.

In weiteren 28 Fällen ist die Prüfung bereits durchgeführt worden und kann nunmehr die Genehmigung zur Ausreise nach Eingang der Devisen erteilt werden. Dabei wird mit dem Aufkommen von 2 860 000 sfr. gerechnet.

79 Anträge wurden mangels der erforderlichen sicherheitspolizeilichen oder finanziellen Voraussetzungen abgelehnt.

Unter den gegebenen Voraussetzungen spricht die Wahrscheinlichkeit dafür, die von ᛋᛋ-Gruppenführer Berger zur Freiwilligenwerbung für die Waffen-ᛋᛋ in Ungarn / Gewährung von Familienunterstützung an die Angehörigen der Freiwilligen benötigten 30 Millionen Pengö unter Anwendung des bereits in den besetzten niederländischen Gebieten gehandhabten Verfahrens aus der Auswanderung von Juden slowakischer Staatsangehörigkeit zu schöpfen, ohne daß dabei irgendwelche Belange des Reiches gefährdet werden.

Hinsichtlich der finanztechnischen Einzelheiten wird der Chef des ᛋᛋ-Hauptamtes einen ᛋᛋ-Führer als Devisenfachmann zur Verfügung stellen. Der Chef des ᛋᛋ-Wirtschafts-Verwaltungshauptamtes — ᛋᛋ-Obergruppenführer Pohl — wird beteiligt.

Ich bitte um Zustimmung

In Vertretung
Unterschrift unleserlich

Wir Kruppianer sind keine Idealisten, sondern Realisten[1]

Ich, Alfried Krupp v. Bohlen und Halbach, Nürnberg, nachdem ich darauf aufmerksam gemacht worden bin, daß ich mich wegen falscher Aussage strafbar mache, stelle hiermit unter Eid freiwillig und ohne Zwang folgendes fest:

Ich, Alfried Krupp v. Bohlen und Halbach, erinnere mich an meine Vernehmung oder Folge von Vernehmungen, die ein amerikanischer Offizier in Recklinghausen kurz nach der amerikanischen Besetzung ungefähr am 15. April 1945 abhielt.

Ich glaube, daß der vernehmende Offizier den Namen Dr. Freudenberg führte.

Mr. Thayer hat mir die unten angeführten Ausführungen vorgelesen, und ich habe sie auf deutsch und englisch selbst gelesen.

Mr. Thayer hat mir Teile einer Erklärung vorgelesen, die angeblich von einem bestimmten Alex Raefaeli geschrieben wurde und die sich auf eine Vernehmung oder Folge von Vernehmungen bezieht, die zur selben Zeit und an demselben Ort stattgefunden haben. Ich erkenne an, daß diese Erklärungen und die Zitate, die mir zugeschrieben werden, dieselben sind, die ich während der Vernehmung oder der Folge von Vernehmungen, welche die Person, die mir als Dr. Freudenberg bekannt ist, abhielt, gemacht habe. Die Erklärungen, die unten angeführt werden und mir zugeschrieben werden, wurden mir auf englisch von Mr. Thayer vorgelesen, und ich selbst habe sie auf englisch und deutsch gelesen. Sie sind eine richtige Wiedergabe meiner Erklärungen, die ich zur Zeit dieser Vernehmung oder dieser Vernehmungen gemacht habe. Ich bestätige hiermit noch einmal, daß ich Erklärungen, wie unten angeführt, oder Erklärungen, die sich inhaltlich mit jenen decken, gemacht habe. Nur geht aus meinen Anworten, die sich auf die Unterstützung Hitlers durch das deutsche Volk beziehen, nicht klar genug hervor, daß ich dabei an die Periode von ungefähr 1933 bis 1936 gedacht habe.

[1]) *Dokument NIK — 10 746.*

In Antwort auf eine Frage, warum die Familie sich für Hitler erklärt hat, sagte ich:

„Die Wirtschaft braucht eine ruhige oder aufwärtssteigende Entwicklung. Infolge des Kampfes zwischen den vielen deutschen Parteien und der Unordnung gab es keine Möglichkeit für aufbauende Tätigkeit. Wir Kruppianer sind keine Idealisten, sondern Realisten. Mein Vater war Diplomat. Wir hatten den Eindruck, daß Hitler uns solch eine gesunde Entwicklung bescheren würde. Tatsächlich hat er das getan. Das Parteiwesen vorher war wild. Hitler plante und handelte. Im Anfang hatten wir für die Deutsche Volkspartei gestimmt, in der meines Wissens mein Onkel W. (Wilmowsky) führend tätig war. Aber der konservative Flügel konnte unser Land nicht regieren. Sie waren zu schwach."

„Es gibt keine Ideale. Das Leben ist ein Kampf für das »Am-Leben-Bleiben«, für Brot und Macht. Ich rede geradeheraus, denn das ist notwendig in dieser bitteren Stunde der Niederlage. In diesem harten Kampf brauchten wir harte und starke Führung. Hitler gab uns beides. Nach den Jahren seiner Führung fühlten wir uns alle viel besser."

Ich sagte, daß alle Deutschen sich hinter Hitler gestellt haben.

Die Mehrheit des Volkes stand hinter der Regierung. Vielleicht war das unsere Schwäche. Ich habe kürzlich Churchills Reden gelesen und bemerkte, wie er ständig seine Politik gegenüber der Kritik der Parteien vertreten und gegebenenfalls ändern mußte. Das gab es bei uns nicht. Aber grundsätzlich macht das sowieso nicht viel aus. Die ganze Nation trat für die Hauptlinien, die Hitler verfolgte, ein. Wir Kruppianer haben uns niemals viel um Leben gekümmert. Wir wollten nur ein System, das gut funktionierte und das uns eine Gelegenheit gab, ungestört zu arbeiten. Politik ist nicht unsere Sache."

In einer Besprechung über finanzielle Angelegenheiten, über die Adolf-Hitler-Spende der Deutschen Wirtschaft, über die Zerstörung der Werke und über die Frage der Sklavenarbeiter sagte ich, daß die Arbeiterinnen gut seien, aber daß die Leistungsfähigkeit der männlichen Arbeiter nur 70 Prozent von der der deutschen Arbeiter sei.

Als ich über die antijüdische Politik der Nazis befragt wurde und was ich davon wüßte, sagte ich, daß ich nichts von der Ausrottung der Juden gewußt habe und weiterhin daß: „Wenn man ein gutes Pferd kauft, muß man ein paar Mängel hinnehmen."

Ich habe jede der drei Seiten dieser Erklärung unter Eid sorgfältig durchgelesen und eigenhändig gegengezeichnet, habe die notwendigen Korrekturen in meiner eigenen Handschrift vorgenommen und mit meinen Anfangsbuchstaben gegengezeichnet und erkläre hiermit unter Eid, daß ich in dieser Erklärung nach meinem besten Wissen und Gewissen die reine Wahrheit gesagt habe.

A. Krupp v. Bohlen u. Halbach

Im Gau Franken[1)]

a) Arisierung von Grundstücken

... In Verfolg der Novemberdemonstrationen griff der stellvertretende Gauleiter Holz die Judenfrage auf. Seine erwähnten Beweggründe mögen hier auf Grund seiner Äußerung vom 25. März 1939 ausführlich wiedergegeben werden:

„Der 9. und 10. November 1938.

In der Nacht vom 9. auf 10. November und am 10. November 1938 trugen sich in ganz Deutschland Ereignisse zu, die ich als das Signal für eine völlig andere Behandlung der Judenfrage in Deutschland ansah. Es wurden die Synagogen und jüdischen Schulen niedergebrannt und es wurde das jüdische Eigentum sowohl in den Geschäften als auch in den Privathäusern zerschlagen. Außerdem wurde durch die Polizei eine große Anzahl namhafter Juden in die Konzentrationslager verbracht. Wir besprachen uns gegen Mittag im Hause des Gauleiters über diese Vorgänge. Jeder von uns war der Auffassung, daß wir nun in der Judenfrage vor einer vollkommen neuen Sachlage stünden. Durch die in der Nacht und am Morgen des 10. November vorgenommene große Aktion gegen die Juden waren alle Richtlinien und alle Gesetze auf diesem Gebiet illusorisch gemacht worden. Wir waren (und insbesondere war das meine Meinung) der Auffassung, daß nun in dieser Hinsicht selbständig zu handeln sei. Ich machte dem Gauleiter den Vorschlag, daß man in Anbetracht der bestehenden großen Wohnungsnot am besten die Juden in eine Art Internierungslager stecke. Dann würden die Wohnungen augenblick-

---

1) *Dokument PS — 1757.*

Auszüge aus dem Bericht der von Göring eingesetzten Prüfungskommission über die im Gau Franken zwischen dem 9. November 1938 und dem 9. Februar 1939 vorgenommenen „Arisierungen" jüdischer Betriebe. Der Bericht der Prüfungskommission umfaßt 299 Seiten.

lich frei und es könne die Wohnungsnot zum Teil wenigstens behoben werden. Außerdem hätte man die Juden unter Kontrolle und unter Bewachung. Ich setzte noch hinzu, „unseren Kriegsgefangenen und Kriegsinternierten ist es ja auch nicht anders gegangen." Der Gauleiter bezeichnete diesen Vorschlag als zunächst nicht durchführbar. Daraufhin machte ich ihm einen zweiten Vorschlag: Ich erklärte ihm, daß ich es für undenkbar halte, daß die Juden noch jetzt, nachdem man ihnen ihr Eigentum zerschlagen habe, Häuser und Grundstücke besitzen könnten. Ich machte den Vorschlag, daß ihnen diese Häuser und Grundstücke entzogen werden müßten und erklärte mich bereit, daß ich eine derartige Aktion durchführen würde. Ich erklärte, durch die Arisierung jüdischer Grundstücke und Häuser könnte man aus deren Erlös dem Gau einen großen Betrag zuführen. Ich nannte einige Millionen Mark. Ich erklärte, daß nach meiner Ansicht diese Arisierung ebenso legal durchgeführt werden könne wie die Arisierung der Geschäfte. Der Gauleiter erklärte hierauf etwa dem Sinn nach: „Wenn Sie glauben, dies durchführen zu können, dann tun Sie es. Der erlöste Betrag soll dann zum Bau einer Gauschule verwendet werden." Noch am selben Nachmittag begann ich die Arisierung jüdischer Grundstücke zu organisieren. Ich erklärte auch hier, ebenso wie in meiner Denkschrift, daß ich diese Arisierung jüdischer Grundstücke für eine logische weitere Aktion der Vorgänge vom 9. und 10. November gehalten habe. Ich war der Auffassung, daß ich mit dieser Aktion der Partei, dadurch, daß ich ihr Geldmittel zuzuführen versuchte, einen Dienst erweise. Ich war weiterhin der Auffassung, daß die Übergabe der Grundstücke und Häuser aus jüdischen in deutsche Hände eine nationalsozialistische Handlungsweise sei. Man hat mir entgegengehalten, daß im August 1938 eine Anweisung, die Arisierung jüdischer Betriebe betreffend, herausgegeben worden sei. Nach dieser Anweisung muß bei solchen Arisierungen die Genehmigung der Regierung eingeholt werden. Ich erkläre demgegenüber, daß ich mit der Arisierung jüdischer Betriebe nichts zu tun habe. Außerdem erklärte ich, daß durch die Vorgänge vom 9. und 10. November diese Richtlinien illusorisch gemacht worden waren. Wir sahen alle eine völlig neue Sachlage vor uns. Ich möchte sagen: eine Revolution auf dem Gebiet der Judenfrage. Ich bin überzeugt, kein Nationalsozialist in ganz Deutschland hat in diesen Tagen anders als ich gedacht. Außerdem weise ich ausdrücklich darauf hin, daß erst am 25. Februar 1939 in der Anordnung Nr. 43/39 Richtlinien auf diesem Gebiet von dem Parteigenossen, Reichsleiter Bormann, herausgegeben wurden. Das ist der schlagendste Beweis dafür, daß solche Richtlinien vorher nicht vorhanden waren. Es waren auch keine demgemäßen Gesetze vorhanden."

b) Oberführer König interessiert sich für Transformatoren

... Für die Entjudung der Firma Transformatoren- und Apparatefabrik Magnus, Nürnberg, Galgenhofstraße, interessierte sich Oberführer König, der Adjutant des Gauleiters. Da König wegen seiner exponierten Stellung als Bewerber persönlich nicht auftreten wollte, wurde der Ratsherr Max Schneider als „Strohmann" vorgeschoben. Schneider und König waren intern dahin übereingekommen, daß außer ihnen noch Kreiswirtschaftsberater Lang (Direktor der Auto-Union Nürnberg) und Brigadeführer Wurzbacher an dem Erwerb beteiligt werden.

Eine nur vorübergehende Abwesenheit des Juden Magnus, des Inhabers des Betriebes, wurde ausgenutzt, um einen Abwesenheitspfleger einsetzen zu lassen ...

c) Parteigenossen bereichern sich

... Am 3. Dezember 1938 fragte Sandreuter den Staatsrat Schmeer, der sich seinerzeit in Fürth aufhielt, was weiter aus den Arisierungen jüdischer Grundstücke werden sollte. Staatsrat Schmeer machte Sandreuter Vorhaltungen und erklärte: „Ihr werdet schon sehen, was werden wird; die Schweinereien, die in Nürnberg vorgekommen sind, nämlich, daß sich die Parteigenossen durch Grundstückskäufe bereichert haben, müssen nun aufhören, es wird auch ein diesbezügliches Gesetz kommen, das bei allen Grundstücksverkäufen die Genehmigung der Regierung voraussetzt ..."

d) Stadtrat Schneider

... Etwa Mitte Juni des vorigen Jahres fragte der Wirtschaftsberater Dr. König, ob Schneider Interesse an der Übernahme einiger jüdischer Hopfenfirmen habe.

Im Verlaufe längerer Verhandlungen, die sich vom Juni bis zum November 1938 hinzogen, wurden die jüdischen Hopfenfirmen

Moritz Rosenheim,
Siegmund Neuburger u. Co.,
Philipp Tuchmann,
Fritz Hirschmann,
Erlanger u. Co.,
Hopf u. Söhne,
Gebr. Hesselberger,
S. Krackenberger u. d. Fa.
Fleischmann u. Weilheimer

in Form einer Kommanditgesellschaft unter dem Namen „Riedl, Ludwig u. Co." arisiert. Der Organisationsdirektor Schneider ist an dieser Gesellschaft zu 51 Prozent mit einem Kapital von 37 500,– Mark beteiligt ...

e) Der Makler Wolf

... Der Makler Wolf, der seit 1933 Mitglied der NSDAP ist, ist in Nürnberg Gaufachschaftswalter bei der DAF (ehrenamtlich).

Nach der Judenaktion im November 1938 wurde Wolf vom Gauleiter-Stellvertreter Holz zusammen mit anderen Maklern mit der Arisierung jüdischen Grundbesitzes beauftragt. Wolf hatte ebenso wie die Makler Nagel und Schätzler den Auftrag, die jüdischen Grundstückseigentümer in Nürnberg zu veranlassen, ihre Grundstücke der Gauleitung Franken zu etwa 10 Prozent des Einheitswertes zum Kaufe anzubieten. Alle Juden, die sich weigerten, ein derartiges (notarielles) Kaufangebot abzugeben, übergab Wolf den bei der parteiamtlichen Arisierungsstelle tätigen SA-Männern „zur weiteren Behandlung". Wolf will nicht wissen, in welcher Form die Juden von den SA-Männern „behandelt" worden sind, er weiß jedoch recht gut, daß die Juden nach dieser Behandlung stets zur Aufgabe des Kaufangebotes bereit waren ...

f) Jüdische Kraftwagen kosten von 50 bis 200 Mark

... SA-Standartenführer Hutzler gehört der Kanzlei des Gauleiters Streicher als Referent an.

Anläßlich der Judenaktion in Nürnberg war er der Verantwortliche für die Durchführung der Arisierung von Kraftfahrzeugen.

Er hat etwa 40 Kraftwagen durch die Arisierungsstelle des Gaues Franken der NSDAP erfassen und an Parteigenossen, von denen ein größerer Teil der Gauleitung angehörte, zum Preise von 50,– bis 200,– RM verkaufen lassen ...

g) Die Astrologin Obermeier

... Die angebliche Schriftstellerin Maria Obermeier, geb. 7. Juli 1900, befaßt sich mit Astrologie und hat u. a. einer Reihe von maßgebenden Personen in der Gauleitung Franken Horoskope gestellt, auch dem Oberführer König. Im Laufe der Zeit entspann sich ein Freundschaftsverhältnis zwischen König und der Obermeier, das die Obermeier insofern bei den Arisierungen für sich auszunutzen wußte, als sie ihren Einfluß auf König entsprechend hervorhob und so erreichte, daß sie aus einigen Arisierungen den Betrag von 17 000,— RM als Provisionsanteil erhielt ...

Nach der „Kristallnacht“[1]

Der Chef der Sicherheitspolizei
II B 4 — 5716/38 g
Bitte in der Antwort vorstehendes Geschäftszeichen und Datum anzugeben

Berlin SW 11, den 11. November 1938
Prinz-Albrecht-Str. 8
Fernsprecher: A 2 Flora 0040
Geheim

Schnellbrief

An den
Herrn Ministerpräsidenten
Generalfeldmarschall Göring
z. Hd. von Ministerialdirektor Dr. Gritzbach

Berlin W 8,
Leipziger Str. 3

Betr.: Aktion gegen die Juden

Die bis jetzt eingegangenen Meldungen der Staatspolizeistellen haben bis zum 11. November 1938 folgendes Gesamtbild ergeben:

In zahlreichen Städten haben sich Plünderungen jüdischer Läden und Geschäftshäuser ereignet. Es wurde, um weitere Plünderungen zu vermeiden, in allen Fällen scharf durchgegriffen. Wegen Plünderns wurden dabei 174 Personen festgenommen[2]).

---

[1]) *Dokument PS — 3058.*

[2]) *Es ist kaum anzunehmen, daß die Polizei einschritt, um jüdisches Vermögen zu schützen. Göring selbst hat dies übrigens zynisch und sehr offen auf der Sitzung erklärt, die bei ihm am 11. November 1938 stattfand: „... Denn, meine Herren, diese Demonstrationen habe ich satt. Sie schädigen nicht den Juden, sondern schließlich mich, der ich die Wirtschaft als letzte Instanz zusammenzufassen habe ...“ (Dokument PS — 1816. Ausführlicher darüber auf S. 75—80.)*

Der Umfang der Zerstörungen jüdischer Geschäfte und Wohnungen läßt sich bisher ziffernmäßig noch nicht belegen. Die in den Berichten aufgeführten Ziffern: 815 zerstörte Geschäfte, 29 in Brand gesteckte oder sonst zerstörte Warenhäuser, 171 in Brand gesetzte oder zerstörte Wohnhäuser, geben, soweit es sich nicht um Brandlegungen handelt, nur einen Teil der wirklich vorliegenden Zerstörungen wieder. Wegen der Dringlichkeit der Berichterstattung mußten sich die bisher eingegangenen Meldungen lediglich auf allgemeine Angaben, wie „zahlreiche" oder „die meisten Geschäfte zerstört", beschränken. Die angegebenen Ziffern dürften daher um ein Vielfaches überstiegen werden.

An Synagogen wurden 191 in Brand gesteckt, weitere 76 vollständig demoliert. Ferner wurden 11 Gemeindehäuser, Friedhofskapellen und dergleichen in Brand gesetzt und weitere 3 völlig zerstört.

Festgenommen wurden rund 20 000 Juden, ferner 7 Arier und 3 Ausländer. Letztere wurden zur eigenen Sicherheit in Haft genommen.

An Todesfällen wurden 36, an Schwerverletzten ebenfalls 36 gemeldet. Die Getöteten bzw. Verletzten sind Juden. Ein Jude wird noch vermißt. Unter den getöteten Juden befindet sich ein, unter den Verletzten 2 polnische Staatsangehörige.

K.

Heydrich

„Aktion Reinhard"[1]

a) Abgelieferte Werte

Werte aus der Aktion „Reinhard" wurden zwecks Weiterleitung an die Reichsbank, bzw. an das Reichswirtschaftsministerium, beim ᛋᛋ-Wirtschafts-Verwaltungshauptamt, Berlin, abgeliefert, und zwar:

a) Reichsmark-Beträge im Gesamtwerte von	53 013 133,51 RM
b) Devisen in Banknoten aus allen Hauptländern der Erde (wobei besonders 1/2 Million Dollar bemerkenswert ist) im Gesamtwerte von	1 452 904,65 RM
c) Devisen in gemünztem Gold im Gesamtwerte von	843 802,75 RM
d) Edelmetalle (rund 1800 kg Gold und etwa 10 000 kg Silber in Barren) im Gesamtwerte von	5 353 943,— RM
e) Sonstige Werte wie Schmuckgegenstände, Uhren, Brillen usw. – (wobei besonders die Zahl der Uhren mit etwa 16 000 gebrauchsfähigen und etwa 51 000 reparaturbedürftigen bemerkenswert ist, die der Truppe zur Verfügung gestellt wurden)	26 089 800,— RM
f) Rund 1000 Waggons Spinnstoffe im Gesamtwerte von . . .	13 294 400,— RM
Zusammen:	100 047 983,91 RM

---

[1]) *Dokumente PS — 6024.*

Die „Aktion Reinhard" wurde durch ᛋᛋ-Gruppenführer Globocnik im „Generalgouvernement" in den Jahren 1942/43 durchgeführt.

Der frühere österreichische Gauleiter Globocnik soll nicht nur ein Großräuber jüdischen Vermögens, sondern auch der erste gewesen sein, der die Gaskammern anwandte. (Siehe Bericht Wisliceni, S. 87, und Bericht Gerstein, S. 101.)

An Spinnstoffen lagern noch rund 1000 Waggons, an anderen Werten etwa 50 Prozent der oben angeführten Werte — die noch der Zählung und Bewertung unterliegen — hier. Hervorzuheben ist hierbei, daß die eingesetzten Werte auf Grund der amtlich festgesetzten Kurse bzw. Preise ermittelt wurden, die jedoch als Verkehrswerte bedeutend höher liegen, beispielsweise bei Verkauf von Edelsteinen oder Edelmetallen ins Ausland, da die Flucht in feste Werte dort größer ist als bei uns. Außerdem bringen uns die Auslandsverkäufe Devisen. Wenn hier diese Preise als Wertunterlage genommen wurden, so geschah dies aus dem Grunde, um ein Bild über die abgelieferten Werte geben zu können, im allgemeinen ist diese Berechnung nicht so maßgebend. Der Wert der Vereinnahmung liegt hauptsächlich darin, daß dadurch so große Mengen an dringend notwendigen Rohstoffen gewonnen werden konnten, und daß auf Grund der erfaßten Werte eine Deviseneinnahme herbeigeführt werden kann, wodurch abermals Rohstoffe durch Reichsstellen eingekauft werden können.

Globocnik
SS-Gruppenführer
und Generalleutnant der Polizei

1 detaillierte Liste liegt bei.

b) EK nach Abschluß der Arbeiten ...

Der Höhere SS- und Polizeiführer
in der Operationszone
Adriatisches Küstenland
Gl./Go. – Tgb. No. 225/43

Triest, den 4. November 1943

An den
Reichsführer-SS und Chef der Deutschen Polizei
Heinrich Himmler
Berlin

Reichsführer!

Ich habe mit 19. Oktober 1943 die Aktion Reinhard, die ich im Generalgouvernement durchgeführt habe, abgeschlossen und alle Lager aufgelöst.

Als Abschlußdarstellung erlaube ich mir, beiliegende Mappe, Ihnen, Reichsführer, zu überreichen.

Meine Feststellungen in Lublin haben ergeben, daß es sich im Generalgouvernement und besonders aber im Distrikt Lublin um einen besonderen Ausstrahlungsherd gehandelt hat, und versuchte ich daher diese Gefahrenmomente bildlich festzuhalten. Es wird vielleicht für die Zukunft sich zweckmäßig erweisen, auf die Ausschaltung dieser Gefahr hinweisen zu können. Andererseits aber habe ich versucht, eine Darstellung über den Arbeitseinsatz zu geben, aus dem nicht nur die Arbeitsmenge zu ersehen ist, sondern auch, mit wie wenig Deutschen dieser Großeinsatz ermöglicht wurde. Er ist heute jedenfalls so angewachsen, daß sich namhafte Industrien hierfür interessieren.

Ich habe mittlerweile diese Arbeitslager an SS-Obergruppenführer Pohl übergeben.

Ich bitte, Reichsführer, diese Mappe durchzusehen.

Bei einem Besuch haben mir Reichsführer in Aussicht gestellt, daß für die besonderen Leistungen dieser harten Aufgabe einige EK's nach Abschluß der Arbeiten verliehen werden könnten. Ich bitte, Reichsführer, um Mitteilung, ob ich hierfür Vorschläge unterbreiten darf.

Ich darf mir erlauben, darauf hinzuweisen, daß für den Warschauer Einsatz, der einen verhältnismäßig kleinen Teil der Gesamtarbeit ausgemacht hat, an die Kräfte des dortigen SS- und Polizeiführers ebenfalls eine solche Verleihung bewilligt wurde.

Ich wäre Ihnen, Reichsführer, für eine positive Entscheidung diesbezüglich sehr dankbar, als ich gerne die harte Arbeit meiner Männer belohnt sehen möchte.

Heil Hitler!
Globocnik
SS-Gruppenführer
und Generalleutnant der Polizei

c) Große und einmalige Verdienste

Der Reichsführer-SS
RF/M.

Feld-Kommandostelle, den 30. November 1943

An den
Höheren SS- und Polizeiführer
in der Operationszone Adriatisches Küstenland
SS-Gruppenführer Globocnik
Triest

Lieber Globus!

Ich bestätige Ihren Brief vom 4. November 1943 und Ihre Meldung über den Abschluß der Aktion Reinhard. Ebenso danke ich Ihnen für die mir übersandte Mappe.

Ich spreche Ihnen für Ihre großen und einmaligen Verdienste, die Sie sich bei der Durchführung der Aktion Reinhard für das ganze deutsche Volk erworben haben, meinen Dank und meine Anerkennung aus.

Heil Hitler!
Herzlich Ihr
H. H.

Ein Formular für die Angehörigen der „Aktion Reinhard"[1]

Tgb. N. . . . /42 gRs. Lublin, den 18. Juli 1942

Verhandlung

über die Verpflichtung des . . . . als besonders beauftragte Person bei der Durchführung von Arbeiten bei der Judenumsiedlung im Rahmen des „Einsatzes Reinhard" beim ᛋᛋ- und Polizeiführer im Distrikt Lublin.

Der . . . . erklärt.

Durch ᛋᛋ-Hauptsturmführer Höfle als Leiter der Hauptabteilung „Einsatz Reinhard" beim ᛋᛋ- und Polizeiführer im Distrikt Lublin bin ich eingehend unterrichtet und belehrt worden:

1. darüber, daß ich unter keinen Umständen an Personen, die außerhalb des Kreises der Mitarbeiter im „Einsatz Reinhard" stehen, irgendwelche Mitteilungen über den Verlauf, die Abwicklung oder die Vorkommnisse bei der Judenumsiedlung mündlich oder schriftlich zukommen lassen darf;
2. darüber, daß die Vorgänge bei der Judenumsiedlung Gegenstand einer „Geheimen Reichssache" im Sinne der Verschl. V. sind;
3. über die entsprechenden Sonderbestimmungen der Geschäftsordnung des ᛋᛋ- und Polizeiführers im Distrikt Lublin unter ausdrücklichem Hinweis darauf, daß diese Vorschriften „Befehle in Dienstsachen" bzw. „Gebote und Verbote" im Sinne des § 92b R.St.G.B. sind;
4. über ein ausdrückliches Fotografier-Verbot in den Lagern des „Einsatzes Reinhard";
5. über §§ 88 bis 93 R.St.G.B. in der Fassung vom 24. April 1934 und über die Verordnung gegen Bestechung und Geheimnisverrat nichtbeamteter Personen vom 3. Mai 1917, 12. Februar 1920;

---

[1]) *„Akcje i Wysiedlenia", cz. I. Herausgeber: Dr. J. Kermisz. Zentrale Jüdische Historische Kommission, Lodz 1946, S. 40/41.*

6. über die §§ des R.St.G.B. 139 (Anzeigepflicht) und 353c (Verletzung des Amtsgeheimnisses).

Ich kenne die angeführten Bestimmungen und Gesetze und bin mir der Pflichten bewußt, die mir aus der übertragenen Aufgabe erwachsen. Ich verspreche, sie nach bestem Wissen und Gewissen wahrzunehmen. Mir ist bekannt, daß die Pflicht der Geheimnishaltung auch nach meinem Ausscheiden aus dem Dienst weiterbesteht.

V.g.u.

. . . .

G.w.o.
SS-Hauptsturmführer
als Hauptabteilungsleiter

Die Kartei[1])

Der SS- und Polizeiführer
Distrikt Lublin

Lublin, den 16. September 1942

Anordnung

zur

Führung einer Kartei bei den Lagern Trawniki, Chopinstr. 27, Chelm, Bekleidungswerk d. Wa-SS und Abt. IVa SS- und Polizeiführer

Es hat sich als notwendig erwiesen, daß die im Zuge der „Umsiedlung" anfallenden Werte, wie Bargeld, Devisen, Edelmetalle, oder Bekleidung, Wäsche und sonstige Sachwerte, mengenmäßig einheitlich erfaßt werden, sei es bei den einzelnen Lagern wie Trawniki, Chelm, Bekleidungswerk — SS, Chopinstr. 27, wie bei den Abt. IVa SS- und Pol. Führer. Der letzteren Dienststelle obliegt die Führung einer Zentralkartei, wo auch alle buchungsmäßigen Veränderungen bei den einzelnen Lagern aufscheinen und damit jederzeit ersichtlich ist, welche Stückzahl der gelagerten Sachwerte jeweils vorhanden ist.

---

[1]) *„Akcje i Wysiedlenia", cz. I. Herausgeber: Dr. J. Kermisz. Zentrale Jüdische Historische Kommission, Lodz 1946, S. 188/189.*

Hierzu ist erforderlich, daß die Abt. IVa über jede Bestandsveränderung mittels Scheinwechsel unterrichtet wird, und zwar sind Unterlagen gesammelt und wöchentlich sonnabends der Abt. IVa einzusenden. Es ist deshalb notwendig, zwecks Anlegung dieser Zentralkartei eine mengenmäßige Aufstellung unverzüglich, spätestens zum 25. September 1942, einzureichen, wobei zu berücksichtigen ist, daß die gelagerten Sachwerte nach ihrer Beschaffenheit, nach Sorten I und II getrennt, erfaßt werden.

Die Kartei, die mit dem der (Kartei) Abt. IVa gemeldeten Bestand beginnt, ist so erstellt, daß der tägliche Bestand jederzeit nachgewiesen werden kann und eine leichte Abstimmung mit der Zentralkartei ermöglicht.

Soweit es sich um Bargeld, Devisen, Edelmetalle, Uhren, Ringe, Schmuck u. dergl. handelt, haben die Lager keine Sortierung vorzunehmen, sondern diese Werte auf kürzestem Wege der Abt. IVa abzuliefern, da nur diese Dienststelle angewiesen ist, die Sortierung, mengenmäßige Erfassung und Verbuchung, vorzunehmen. Eine Verwendung der Kartei für Verbuchung des Bargeldes und Devisen ist unstatthaft, da die Reichskassenordnung HDV 325 bestimmte Verbuchungsart vorschreibt. Für die Nachweisung der Devisen in Zloten und gemünztem Gold ist ein Titelbuch Form 89 4. 37 bereits in Verwendung.

Es wird sich als zweckmäßig erweisen, vor Einführung der Kartei bei einzelnen Lagern eine Besprechung der einzelnen Buchhalter oder Lagerführer bei der Abt. IVa durchzuführen, um eine einheitliche Führung der Kartei zu gewährleisten.

gez. Globocnik

SS-Brigadeführer u.
Generalmajor der Polizei

Schriftgutverwaltung
Akt Nr Geh. / 181/6

<u>Aufstellung</u>

über die von den Lagern Lublin und Auschwitz auf Anordnung des SS-Wirtschafts-Verwaltungshauptamt abgelieferten Mengen an Textil-Altmaterial:

1. **<u>Reichswirtschaftsministerium</u>**

Männer-Altbekleidung ohne Wäsche	97 000 Garnituren		
Frauen-Altbekleidung ohne Wäsche	76 000 Garnituren		
Frauen-Seidenwäsche	89 000 Garnituren		
	insgesamt:	34 Waggons	

Lumpen	400 Waggons	2 700 000 kg
Bettfedern	130 Waggons	270 000 kg
Frauenhaare	1 Waggon	3 000 kg
Altmaterial	5 Waggons	19 000 kg
insgesamt:		2 992 000 kg

insgesamt: 536 Waggons
570 Waggons

2. **<u>Volksdeutsche Mittelstelle</u>**

<u>Männerbekleidung:</u>

Mäntel	99 000	Stck.
Röcke	57 000	"
Westen	27 000	"
Hosen	62 000	"
Unterhosen	38 000	"
Hemden	132 000	"
Pullover	9 000	"
Schals	2 000	"
Pyjamas	6 000	"
Kragen	10 000	"
Handschuhe	2 000	Paar
Strümpfe	10 000	"
Schuhe	31 000	"

<u>Kinderbekleidung:</u>

Mäntel	15 000	Stck.
Knabenröcke	11 000	"
Knabenhosen	3 000	"
Hemden	3 000	"
Schals	4 000	"
Pullover	1 000	"
Unterhosen	1 000	"
Mädchenkleider	9 000	"
Mädchenhemden	5 000	"
Schürzen	2 000	"
Schlüpfer	5 000	"
Strümpfe	10 000	Paar
Schuhe	22 000	"

<u>Frauenbekleidung:</u>

Mäntel	155 000	Stck.
Kleider	119 000	"
Jacken	26 000	"
Röcke	30 000	"
Hemden	125 000	"
Blusen	30 000	"
Pullover	60 000	"
Unterhosen	49 000	"
Schlüpfer	60 000	"
Pyjamas	27 000	"
Schürzen	36 000	"
Büstenhalter	25 000	"
Unterkleider	22 000	"
Kopftücher	85 000	"
Schuhe	111 000	Paar

<u>Wäsche usw.:</u>

Bettbezüge	37 000	Stck.
Bettlaken	46 000	"
Kopfkissenbezüge	75 000	"
Geschirrtücher	27 000	"
Taschentücher	135 000	"
Handtücher	100 000	"
Tischdecken	11 000	"
Servietten	8 000	"
Wolltücher	6 000	"
Krawatten	25 000	"
Gummischuhe und Stiefel	24 000	Paar
Mützen	9 000	Stck.

insgesamt: 211 Waggons

-2-

„Zusammen 825 Waggons"[1])

[1]) *Dokument No. 1257*

Persönlicher Stab Reichsführer-SS
Schriftgutverwaltung
Geh. / 184/6

3. Reichsjugendführung - Landdienst	
Männer-Altbekleidung	4 ooo Garnituren
Männer-Mäntel	4 ooo Stück
Männer-Schuhe	3 ooo Paar
Frauen-Altbekleidung	4 ooo Garnituren
Frauen-Mäntel	4 ooo Stück
Frauen-Unterwäsche	3 ooo Garnituren
Frauen-Pullover	2o ooo Stück
Frauen-Schürzen	5 ooo Stück
Schals versch. Art	6 ooo Stück
Frauen-Schuhe	3 ooo Paar
4. Unternehmen "HEINRICH"	
Männer-Altbekleidung	2 7oo Garnituren
5. I.G.Farbenindustrie Auschwitz	
Männer-Altbekleidung	4 ooo Garnituren
6. Organisation "TODT" - Riga	
Männer-Altbekleidung	1 5oo Garnituren
7. Generalinspektor des Führers für das Kraftfahrwesen	
Männer-Altbekleidung	1 ooo Garnituren
Männer-Unterwäsche	1 ooo "
Männer-Schuhe	1 ooo "
Männer-Mäntel	1 ooo Stück
8. Konzentrationslager	
Männer-Jacken	28 ooo Stück
Männer-Hosen	25 ooo "
Männer-Westen	7 ooo "
Männer-Hemden	44 ooo "
Männer-Unterhosen	34 ooo "
Männer-Pullover	1 ooo "
Männer-Mäntel	6 ooo "
Frauen-Mäntel	25 ooo "
Männer-Schuhe	1oo ooo Paar
insgesamt:	44 Waggons
zusammen:	825 Waggons

F.d.R.d.A.:

Kirsten

SS-Hauptsturmführer

Geraubte jüdische Vermögenswerte[1)]

... Gleichzeitig mit den Aussiedlungsaktionen wurde die Erfassung der jüdischen Vermögenswerte durchgeführt. Außerordentliche Werte konnten sichergestellt und dem Sonderstab „Reinhard" zur Verfügung gestellt werden. Außer den erfaßten Möbeln und großen Mengen an Textilien usw. wurden im einzelnen erfaßt und dem Sonderstab „Reinhard" abgeführt:

Stand vom 30. Juni 1943:

25,580	kg	Kupfermünzen
53,190	„	Nickelmünzen
97,581	„	Goldmünzen
82,600	„	Halsketten — Silber
6,640	„	Halsketten — Gold
4326,780	„	Silberbruch
167,740	„	Silbermünzen
18.490	„	Eisenmünzen
20,050	„	Messingmünzen
20,952	„	Eheringe — Gold
22,740	„	Perlen
11,730	„	Zahngold — Zahnprothesen

---

1) *Dokument L — 003.*
Aus dem Bericht des ϟϟ-Gruppenführers und Generalleutnants der Polizei Katzmann.

28,200	kg	Puderdosen — Silber oder Metall
44,655	„	Bruchgold
482,900	„	Silberbestecke
343,100	„	Zigarettendosen – Silber und Metall
20,880	„	Ringe, Gold, mit Steinen
39,917	„	Broschen, Ohrgehänge usw.
18,020	„	Silberringe
6,166	„	div. Taschenuhren
3,133	„	Taschenuhren – Silber
3,425	„	Armbanduhren – Silber
1,256	„	Armbanduhren – Gold
2,892	„	Taschenuhren – Gold
68		Fotoapparate
98		Ferngläser
7		Briefmarkensammlungen kompl.
5		Reisekörbe Briefmarken, lose
100,550	kg	3 Säcke mit unechten Ringen – Schmuck
3,290	„	1 Büchse mit Korallen
0,460	„	1 Kiste mit Korallen
0,280	„	1 Kiste mit Korallen
7,495	„	1 Koffer mit Füllhaltern und Drehbleistiften
1		Reisekorb mit Füllhaltern und Drehbleistiften
1		Koffer mit Feuerzeugen
1		Koffer mit Taschenmessern
1		Koffer mit Uhrenteilen

Banknoten: Papier – Metall

261 589,75	USA-Dollar – Papier
	Gold-Dollar 3 à 5, 18 à 10, 28 à 20
2 515,75	Kan. Dollar
124,—	Arg. Pesos
18 766,64	Ung. Pengö

231 789,—	Rubel — Papier
	Rubel — Gold 1 à $7\frac{1}{2}$, 11 à 10, 29 à 5
4 316,—	Rubel — Papier
513,—	Franz. Franc
2 460,—	Schwed. Kronen
52,—	Österr. Dukaten — Gold
	Österr. Kronen 36 à 10, 25 à 20, 8 à 100
2 229,18,60	Engl. Pfund
23,—	Afrik. Pfund
13 490,—	Rum. Lei
25 671,—	Russ. Tscherw.
4 600,70	Tschechenkronen — Papier
185,—	Holl. Fl.
5 277,—	Palästi. Pfund
9 300,—	Palästi. Mille
160,—	Lit. Öre
360,—	engl. Schilling
1,—	Irl. Pfund
1,—	ung. Pesos
2,—	mex. Pesos
10,—	norw. Kronen
3 817,70	slowak. Kronen
435,—	Karbowanez
16 795 000,—	Zloty

Bei der im Dezember 1941 durchgeführten Pelzaktion konnten 35 Waggon Pelze abgeliefert werden.

Uhrenverteilung an Angehörige der Waffen-SS[1]

Rapport an Himmler

Der Chef
des SS-Wirtschafts-Verwaltungshauptamtes
Verw./Reinh./Fu/Ro Geh. Tgb.-Nr. 91/44

Berlin, den 29. November 1944
Geheim

Betr.: Uhrenverteilung an Angehörige der Waffen-SS

An den
Reichsführer-SS

Berlin SW 11,
Prinz-Albrecht-Straße 8

Reichsführer!

Bei der Amtsgruppe D in Oranienburg lagern zur Zeit

20 000 Taschenuhren,
4 000 Armbanduhren,
3 000 Wecker und Stiluhren,
5 000 Füllfederhalter,
24 Blindenuhren,
80 Stoppuhren.

Die Uhren und Füllfederhalter sind instand gesetzt und stehen versandfertig.

Ich habe wie im Vorjahre gemäß anliegendem Verteiler an die Divisionen der Waffen-SS Kontingente zur Verfügung gestellt. Die Ausgabe dieser Gaben erfolgt in Ihrem Namen

[1]) *Aus dem Buch „Der lautlose Aufstand", Rowohlt-Verlag, Hamburg 1953, S. 257.*

an die bewährtesten und würdigsten Angehörigen der Divisionen. Infolge der noch zur Verfügung stehenden kurzen Zeit habe ich den Verteilerplan bereits genehmigt und bitte um Ihre Bestätigung.

Die 24 Blindenuhren sind für das Sanitätshauptamt, die 80 Stoppuhren für das ᛋᛋ-Führungshauptamt vorgesehen.

Insgesamt befinden sich bei der Amtsgruppe D zur Zeit in Reparatur

a) 100 000 Armbanduhren,
39 000 Taschenuhren,
7 500 Wecker und Stiluhren,
37 500 Drehbleistifte,
16 000 Füllfederhalter.

b) 350 Taschenuhren, Gold,
40 Taschenuhren, Gold mit Brillanten,
1 200 Armbanduhren, Gold,
175 Armbanduhren, Platin bzw. Gold mit Brillanten.

Sollten Sie weitere Verteilung wünschen, stehen ab 11. Dezember 1944 von den unter a) genannten Uhren 180 Stück zur Verfügung.

Die Reparaturen der unter b) genannten Uhren läßt sich infolge Mangel an Ersatzteilen und bei Beachtung der notwendigen Vorsichtsmaßnahmen nur langsam durchführen.

Heil Hitler!

gez.: Pohl
ᛋᛋ-Obergruppenführer und
General der Waffen-ᛋᛋ

Eine Bescheinigung[1)]

Der Oberbürgermeister von Litzmannstadt
Gettoverwaltung
Moltkestraße 157.

Bankverbindung:
Stadtsparkasse Litzmannstadt
Konto 700
Fernruf: 2 51 72—76.

Ihre Zeichen	Ihre Nachricht vom	Unsere Nachricht vom	Unsere Zeichen.
027/1/B/Ri			

Den 25. April 1942

Bescheinigung.

Der Abteilungsleiter Albert M e y e r , geb. am 25. April 1902, ist berechtigt, Barbeträge und Wertsachen, die aus ehemals jüdischem Besitz stammen, inzwischen von den Amtskommissaren und Bürgermeistern eingezogen worden sind, zu übernehmen und hierüber Quittung zu leisten.

Im Auftrage:

(Biebow),
Amtsleiter

---

1) *„Akcje i Wysiedlenia", cz. I. Herausgeber: Dr. J. Kermisz. Zentrale Jüdische Historische Kommission, Lodz 1946, S. 120.*

„Aus der bekannten Aktion"[1]

Waffen-SS
Standortverwaltung
Lublin
Az: 59 a/Rz

Lublin, den 6. Juni 1942
Generalgouvernement

Betrifft: Handkoffer
Bezug: ohne
Anlage: 1

An den
SS- u. Polizeiführer
— Reinhard —
Lublin
Chopinstr. 27

Die SS-Standortverwaltung Lublin bittet um Ausfolgung von 50 leeren aus der bekannten Aktion stammenden Koffer über Kleiderkasse.

Unterschrift unleserlich
SS-Brigadeführer

Wipper
SS-Sturmbannführer

---

[1]) *Dokument im Museum in Majdanek.*

Winterhilfswerk: Bekleidungsstücke mit Blutflecken und Judenstern[1])

I

Winterhilfswerk des Deutschen Volkes

Eing. 16. Januar 1943

Bankkonten: Städtische Sparkasse, Konto-Nr. 101.
Ostdeutsche Privatbank AG Posen, Konto-Nr. 1030.

Der Gaubeauftragte — Posen, den 9. Januar 1943
Aktenzeichen Da/Sp..Orga. — Fernruf Sammelnummer 7744
Bei Beantwortung unbedingt anzugeben.

An den
Herrn Oberbürgermeister
der Stadt Litzmannstadt
— Gettoverwaltung —
Litzmannstadt,
Moltkestraße 211.

Betr. Abgabe von Spinnstoffwaren an die NSV durch die Gettoverwaltung.

In obiger Sache nehme ich Bezug auf die seinerzeitige Rücksprache meines Hauptstellenleiters Parteigenossen Eichehorn und der späteren Verhandlung des Stellenleiters Parteigenossen Koalick mit Ihnen, wonach der NSV tragbare und aufgearbeitete Anzüge, Kleider und Wäschestücke in gereinigtem Zustande gegen entsprechende Begleichung der durch die Aufarbeitung und Reinigung entstandenen Kosten, überlassen werden sollten.

---

1) *„Dokumenty i Materialy z czasow okupacji niemieckiej w Polsce. I Obozy." Herausgeber: N. Blumental. Zentrale Jüdische Historische Kommission, Lodz 1946, S. 229—231.*

Die der Kreisamtsleitung Litzmannstadt-Land zugestellte erste Sendung von 1500 Anzügen entspricht in keiner Weise den seinerzeit in Augenschein genommenen Textilien, welche in Kulmhof zur weiteren Verfügung der Gettoverwaltung lagerten. Die von Ihnen gelieferten Anzüge sind in ihrer Qualität derart schlecht, daß sie zum größten Teil für Betreuungszwecke nicht verwendbar sind. Auch handelte es sich bei Ihrer Lieferung nicht um komplette Anzüge, sondern nur um zusammengestellte Einzelstücke. Ein großer Teil der Bekleidungsstücke ist stark befleckt und teilweise auch mit Schmutz und Blutflecken durchsetzt. Die Kragen der meisten Jaketts sind derartig speckig, daß eine nochmalige gründliche Reinigung notwendig ist.

Da die Kollis von der Kreisamtsleitung Litzmannstadt-Land ungeöffnet an verschiedene Kreisamtsleitungen im Gaugebiet weitergesandt wurden, hat es sich erst später bei Öffnen der Kollis herausgestellt, daß z. B. bei einer Sendung an die Kreisamtsleitung Posen-Stadt von 200 Röcken an 51 Röcken die Judensterne noch nicht entfernt waren! Da in den Kreislagern zum größten Teil polnische Lagerarbeiter verwendet werden müssen, besteht die Gefahr, daß die zur Betreuung im Winterhilfswerk vorgesehenen Rückwanderer von der Herkunft der Sachen Kenntnis erhalten und das WHW somit in Mißkredit kommt.

Mehrere Hauptstellenleiter der Abteilung Gesundheit in den Kreisen lehnen aus ärztlichen und hygienischen Gründen eine Ausgabe der Bekleidungsstücke an unsere Betreuten vor einer gründlichen chemischen Reinigung der Textilwaren ab.

Ich habe daher angeordnet, daß die bereits an die Kreise versandten Anzüge nochmals auf ihre Tragfähigkeit geprüft und die für die Betreuung geeigneten Stücke chemisch gereinigt und aufgebügelt werden. Die nicht geeigneten Anzüge werden Ihnen in einiger Zeit geschlossen durch die Kreisamtsleitung Litzmannstadt-Land zurückgegeben.

Der Kreisbeauftragte von Litzmannstadt-Land Parteigenosse Renkenberger und mein Mitarbeiter Parteigenosse Koalick wurden von mir beauftragt, sich mit Ihnen nochmals in Verbindung zu setzen, um eine Klärung in dieser Angelegenheit zu erreichen und mit Ihnen zu verhandeln, damit die zur Zeit noch in dem Lager der Kreisamtsleitung Litzmannstadt-Land befindlichen 1500 Anzüge und 1000 Frauenkleider nochmals von Ihnen auf ihre Verwendungsfähigkeit überprüft und aussortiert, gereinigt und ausgebügelt werden und daß — wenn möglich — komplette Anzüge zusammengestellt und geliefert werden.

Ich hoffe, daß Sie meine Beanstandungen anerkennen und einsehen, daß wir an unsere Rückwanderer keine solchen schlechten Bekleidungsstücke, sondern nur ordentliche Sachen ausgeben können.

Wenn Sie für meine Wünsche eine befriedigende Lösung finden, helfen Sie damit gleichzeitig dem WHW in seiner großen Betreuungsaufgabe.

Heil Hitler!
Unterschrift unleserlich
M. P. Der Gaubeauftragte für das WHW.

II.

Winterhilfswerk des Deutschen Volkes

Bankkonten: Städtische Sparkasse, Konto Nr. 101,
Ostdeutsche Privatbank AG., Posen, Konto Nr. 1030.

Der Gaubeauftragte — Posen, den 20. April 1943
Aktenzeichen Et/P (22. April 1943). — Fernruf: Sammelnummer 77 44
Bei Beantwortung unbedingt anzugeben.

Organisation

An den
Herrn Oberbürgermeister
– Gettoverwaltung –
Litzmannstadt,
Hermann-Göring-Str. 21.

Betr.: Abgabe von Spinnstoffwaren an das WHW.

Bezug: Dortiges Schreiben – Akz.: 027/15/Mey/L. –

Im Nachgang zu meinem Schreiben vom 9. April und in Beantwortung Ihres Schreibens vom 3. April teile ich mit, daß ich auf die Ihnen zurückgegebenen Anzüge nicht verzichten kann.

Die Besichtigung durch den Kreisbeauftragten für das WHW. hat ergeben, daß die Anzüge doch, wenn auch beschränkt, in der vom WHW. durchgeführten Betreuung Verwendung finden können.

Ich bitte jedoch zu veranlassen, daß die Anzüge vor der Rückgabe an das Lager des Kreisbeauftragten Litzmannstadt-Land nochmal nachgesehen werden. Wenn es auch nicht möglich ist, die vorhandenen Rostflecke zu beseitigen, so müssen aber die an den Anzügen teilweise noch vorhandenen Judensterne restlos entfernt werden.

Der Kreisbeauftragte für das WHW. Litzmannstadt-Land ist von mir angewiesen, sich wegen der Rücknahme der Anzüge mit Ihnen in Verbindung zu setzen.

Heil Hitler!
Leiter der Hauptstelle Organisation
(Neitz)
Abschnittsleiter

M. P.

Kleidungsstücke in der Baracke

Abschrift. Geheim Bestellt

No-1257

B/ den 6. Februar 1943

GXXXII-37

Bericht

über die bisherige Verwertung von Textil-Altmaterial aus der Judenumsiedlung.

Aus der anliegenden Aufstellung ist die bisher aus den Lagern Auschwitz und Lublin abgefahrene Menge an Altmaterial aus der Judenumsiedlung zu ersehen. Es muss hierbei besonders berücksichtigt werden, daß der Anfall an Lumpen ein sehr hoher ist. Hierdurch vermindert sich natürlich die verwertbare Altbekleidung, insbesondere an Männer-Garnituren. Eine Befriedigung der gestellten Anforderungen an Männer-Garnituren konnte daher nicht im vollen Umfange erfolgen.

Ganz besondere Schwierigkeiten machte der Abtransport mit der Bahn. Durch die dauernd einsetzend en Transportsperren stockte die Abfuhr, sodaß es zeitweilig zu Anhäufungen in den einzelnen Lagern kam.

Besonders bemerkbar machte sich die seit Dezember 1942 bestehende Transportsperre nach der Ukraine, welche verhinderte, daß die für die dortigen Volksdeutschen bestimmte Altbekleidung geliefert werden konnte. Die Gesamtlieferung für die Volksdeutschen in der Ukraine wurde daher von der Volksdeutschen Mittelstelle nach Litzmannstadt geleitet und dort in einem großen Lager untergebracht. Sofort bei Lockerung der Transportlage wird die Vomi die Verteilung durchführen.

Die Gestellung der in grosser Anzahl benötigten Waggons konnte bisher in engster Zusammenarbeit mit dem Reichswirtschaftsministerium durch dieses erfolgen. Auch in Zukunft wird das RWM bemüht bleiben, beim Reichsverkehrsministerium unter Hinweis auf die schlechte textile Rohstofflage Waggons für die Abfuhr von Altmaterial aus dem Generalgouvernement beschaffen.

gez.: Pohl

SS-Obergruppenführer und
General der Waffen-SS

F.d.R.d.A.
Kersten
SS-Hauptsturmführer

SS-Gruppenführer und General der Polizei Pohl hat Transportschwierigkeiten[1])

---

[1]) *Dokument No. 1257*

Vor Exekutionen die Goldzähne ausgebrochen[1]

I.

Der Generalkommissar
für Weißruthenien

Minsk, den 1. Juni 1943

Gauleiter/Wu
Tgb.-Nr. 414/43 g

Geheim!

An den
Herrn Reichsminister für
die besetzten Ostgebiete
Berlin

über den Herrn Reichskommissar
für das Ostland
Riga

Betrifft: Judenaktionen im Gefängnis von Minsk.

Die beiliegende dienstliche Meldung des Strafanstaltsverwalters vom Gefängnis in Minsk überreiche ich dem Herrn Reichsminister und dem Herrn Reichskommissar zur Kenntnis.

Anlage
zu I/1168/43 g

Der Generalkommissar in Minsk
gez. Unterschrift

---

[1]) *Dokumente R — 135.*

II.

Gerichtsgefängnis Minsk, den 31. Mai 1943

An den

Herrn Generalkommissar
für Weißruthenien

Minsk

Betr.: Judenaktionen

Bezug: mündlicher Bericht am 31. Mai 1943

Am 13. April 1943 wurde der deutsche ehemalige Zahnarzt Ernst Israel Tischauer und seine Frau Elisa Sara Tischauer geb. Rosenthal durch den SD (Hauptscharführer Rübe) ins Gerichtsgefängnis eingeliefert. Seit dieser Zeit wurden bei den eingelieferten deutschen und russischen Juden die Goldbrücken, Kronen und Blomben ausgezogen bzw. ausgebrochen. Dieses geschieht jedesmal 1–2 Stunden vor der betreffenden Aktion.

Es wurden seit dem 13. April 1943 516 deutsche und russische Juden erledigt. Nach genauer Feststellung wurden aber nur bei 2 Aktionen die Goldsachen abgenommen, und zwar am 14. April 1943 bei 172 und am 27. April 1943 bei 164 Juden. Ungefähr 50 % der Juden hatten Goldzähne, Brücken oder Blomben. Hauptscharführer Rübe vom SD war jedesmal persönlich zugegen und hat auch die Goldsachen mitgenommen.

Vor dem 13. April 1943 ist dieses nicht gemacht worden.

gez. Günther
Strafanstaltsverwalter

Depots in der Reichsbank[1)]

Ich, Emil Puhl, erkläre hiermit unter Eid:

1. Ich heiße Emil Puhl. Ich wurde am 28. August 1889 zu Berlin, Deutschland, geboren und wurde im Jahre 1915 zum Mitglied des Direktoriums der Reichsbank und im Jahre 1939 zum Vizepräsidenten der Reichsbank ernannt. Diese Positionen hatte ich laufend bis zu Deutschlands Kapitulation inne.

2. Im Sommer des Jahres 1942 hatte der Reichsbankpräsident und Reichswirtschaftsminister Walther Funk eine Unterredung mit mir und später mit Herrn Friedrich Wilhelm, einem Mitglied des Reichsbankdirektoriums. Funk sagte mir, daß er eine Vereinbarung mit dem Reichsführer Himmler getroffen habe, Gold und Schmuck für die SS in Verwahrung zu nehmen. Funk gab die Anweisung, daß ich die notwendigen Vereinbarungen mit Pohl treffen solle, der der Leiter der Wirtschaftsabteilung der SS war und dem die Verwaltung der ökonomischen Seite der Konzentrationslager unterstand.

3. Ich fragte Funk nach der Herkunft des Goldes, des Schmuckes, des Geldes und der anderen Gegenstände, die von der SS eingeliefert werden sollten. Funk erwiderte, daß es sich um beschlagnahmten Besitz aus den besetzten Ostgebieten handle und daß ich keine weiteren Fragen stellen solle. Ich protestierte dagegen, daß die Reichsbank diese Werte übernehme. Funk sagte, wir sollten die notwendigen Vereinbarungen für die Übernahme der Werte treffen und die Sache absolut geheimhalten.

4. Daraufhin traf ich die nötigen Vereinbarungen für die Entgegennahme der Werte mit zuständigen Beamten, die die Kasse und die Safes unter sich hatten, und bei der nächsten Konferenz berichtete ich dem Direktorium der Reichsbank über die getroffenen Maßnahmen. Am selben Tage rief mich Pohl von der Wirtschaftsabteilung der SS telefonisch an und fragte mich, ob ich über die Angelegenheit unterrichtet sei. Ich weigerte mich, die Angelegenheit am Telephon zu besprechen. Daraufhin kam er zu mir und sagte,

---

1) *Dokument PS — 3944.*

daß die SS einigen Schmuck bereit hätte, den sie der Reichsbank zur Aufbewahrung überführen wolle. Ich traf mit ihm die notwendigen Vereinbarungen für die Übergabe, und von diesem Zeitpunkt an wurden von Zeit zu Zeit Lieferungen gemacht, von August 1942 durch die folgenden Jahre.

5. Unter den Gegenständen, die von der SS deponiert wurden, befanden sich Schmuck, Uhren, Brillenrahmen, Goldfüllungen und andere Gegenstände in großer Menge, die von der SS den Juden, Konzentrationslageropfern und anderen Personen abgenommen worden waren. Dies gelangte dadurch zu unserer Kenntnis, daß die SS-Leute versuchten, dieses Material in Bargeld umzusetzen, und hierzu mit Funks Billigung und Wissen die Hilfe des Reichsbankpersonals in Anspruch nahmen. Außer Gold, Schmuck und anderen derartigen Gegenständen lieferte die SS auch Papiergeld, Devisen und Wertpapiere in die Reichsbank ein, die in der für solche Gegenstände üblichen legalen Weise gehandhabt wurden. Was den Schmuck und das Gold anlangte, sagte mir Funk, daß Himmler und der Reichsfinanzminister von Krosigk eine Vereinbarung getroffen hätten, nach der Gold und ähnliche Gegenstände auf Staatskonto deponiert waren und Beträge, die durch Verkauf dieser Gegenstände erzielt würden, der Staatskasse gutgeschrieben würden.

6. In der Ausübung meiner Pflichten besuchte ich von Zeit zu Zeit die Safes der Reichsbank und sah, was dort aufbewahrt wurde. Auch Funk besuchte die Safes von Zeit zu Zeit in Ausübung seiner Pflichten.

7. Unter Funks Anweisung errichtete die Golddiskontbank auch einen laufenden Fond, der schließlich 10 bis 12 Millionen Reichsmark betrug und der der Wirtschaftsabteilung der SS zur Verfügung stand für die Finanzierung der Herstellung von Materialien in SS-geleiteten Fabriken durch Arbeitskräfte aus Konzentrationslagern.

DR. OTTO AMBROS

I.G. FARBENINDUSTRIE AKTIENGESELLSCHAFT

LUDWIGSHAFEN A. RH., 12. April 1941/Si

Fernsprecher 6498

An die Herren
Direktor Dr. ter Meer
Direktor Dr. Struß
<u>I.G.-Frankfurt</u>

Sehr geehrte Herren!

In Anlage übersende ich Ihnen die Berichte über unsere Baubesprechungen, die regelmäßig wöchentlich einmal unter meiner Leitung stattfinden.

Sie entnehmen daraus die organisatorische Regelung und vor allem den Beginn unserer Tätigkeit im Osten.

Inzwischen fand auch am 7.4. die konstituierende Gründungssitzung in Kattowitz statt, die im großen und ganzen befriedigend verlief. Gewisse Widerstände von kleinen Amtsschimmeln konnten schnell beseitigt werden.

Dr. Eckell hat sich dabei sehr bewährt und außerdem wirkt sich unsere neue Freundschaft mit der SS sehr segensreich aus.

Anläßlich eines Abendessens, das uns die Leitung des Konzentrationslagers gab, haben wir weiterhin alle Maßnahmen festgelegt, welche die Einschaltung des wirklich hervorragenden Betriebs des KZ-Lagers zugunsten der Buna-Werke betreffen.

Ich verbleibe mit besten Grüßen
Ihr

Anlage

I. G. Farbenindustrie: „... außerdem wirkt sich unsere neue Freundschaft mit der ϟϟ sehr segensreich aus"

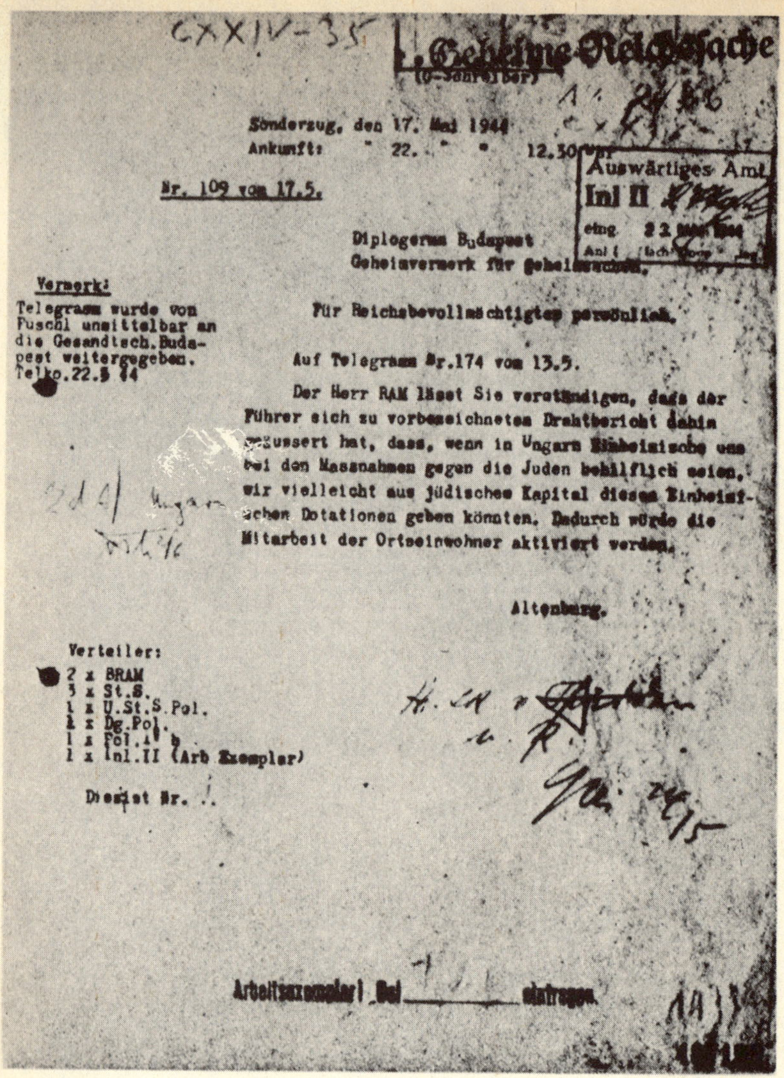

CXXIV-35

Geheime Reichssache
(O-Schreiber)

Sonderzug, den 17. Mai 1944
Ankunft: " 22. " " 12.30 Uhr

Auswärtiges Amt
Inl II
eing. 22 Mai 1944

Nr. 109 vom 17.5.

Diplogerma Budapest
Geheimvermerk für Geheimsachen.

Vermerk:
Telegramm wurde von Fuschl unmittelbar an die Gesandtsch. Budapest weitergegeben. Telko. 22.5 44

Für Reichsbevollmächtigten persönlich.

Auf Telegramm Nr. 174 vom 13.5.

Der Herr RAM lässt Sie verständigen, dass der Führer sich zu vorbezeichneten Drahtbericht dahin geäussert hat, dass, wenn in Ungarn Einheimische uns bei den Massnahmen gegen die Juden behilflich seien, wir vielleicht aus jüdischem Kapital diesen Einheimischen Dotationen geben könnten. Dadurch würde die Mitarbeit der Ortseinwohner aktiviert werden.

Altenburg.

Verteiler:
2 x BRAM
3 x St.S.
1 x U.St.S.Pol.
1 x Dg.Pol.
1 x Pol.I b
1 x Inl.II (Arb Exemplar)

Dienst Nr.

Arbeitsexemplar! Bei ______ eintragen.

Dotationen aus geraubtem Vermögen [1]

[1]) Dokument No. 2426

Diversa[1]

I.

Ein Antrag[2])

027/1/B/R Litzmannstadt, den 7. September 1942

An die
Abteilung Warenverwertung
z. Hd. Herrn Meyer
im Hause

Das Reservelazarett Sieradz hat den Antrag gestellt, folgende Artikel zu beschaffen, da in Sieradz einfach nichts zu bekommen ist, und die Ausrüstung des ganz neu eröffneten Lazaretts als katastrophal anzusehen ist.

30—40 Nachttischlampen (angefallen aus den auswärtigen Ghettos)
2 schwere Schneidereisen
2 leichte Schneidereisen
50 Füllfederhalter f. Verwundete (Lager Pabianice)
10 Wecker (Schützstelle Krause)
15 Taschenuhren (Beschlagnahme Landgebiete)
50 Taschenmesser (Lager Pabianice).

Ich bitte die Sachen zusammenstellen zu lassen und, nachdem der Gesamtpreis festgestellt ist, Sieradz anzurufen (Tel. 115) und zu ersuchen, die Dinge gegen Barzahlung hier in Empfang zu nehmen.

Ich hätte die Beschaffung abgelehnt, aber da es sich um Verwundete handelt, bedeutet es für mich eine Selbstverständlichkeit, für die Belieferung in vollem Umfange einzutreten.

gez. Biebow

---

[1]) *N. Blumental „Slowa Niewinne", Zentrale Jüdische Historische Kommission in Polen, 1947.*

[2]) *Seite 44.*

II.

Eine Armbanduhr[1])

Josef Költzen
st. Spark.-Leiter

Kalisch, den 22. März 1943
Postfach

Sehr geehrter Herr Hämmerle!

Für meinen Jungen, der in den nächsten Wochen zur Luftwaffe einberufen wird — er hat seine Aufnahmeprüfung in München, Frankfurt und Wiesbaden hinter sich — suche ich eine gute Armbanduhr zu kaufen, da es nicht möglich ist, im Altreich eine solche zu bekommen. Seine Uhr ist beim Segelfliegen im NS-Fliegerkorps in Bruch gegangen, und nicht mehr zu reparieren.

Nun ist mir noch bekannt, daß es möglich war für Soldaten oder Einberufene zur Wehrmacht eine Uhr durch Ghettoverwaltung zu bekommen. Wäre es möglich, daß ich eine Uhr für meinen Jungen bekommen könnte und was soll diese kosten?

Ich wäre Ihnen sehr zu Dank verbunden, wenn Sie mir behilflich sein könnten; daß mein Junge zu einer Uhr kommt.

Für eine recht baldige Antwort wäre ich Ihnen sehr dankbar und begrüße Sie mit

Heil Hitler!
Ihr
(Unterschrift)

III.

Eine Abrechnung[2])

Abrechnung über die Auflösung des Juden-Ghettos in Piontek.

Einnahmen:

4. 4. 1942	H. Würfel: 1 beschäd. Klavier	167,— RM
22. 4. 1942	E. Gruschka f. Mobilia	120,— „
	usw. usw. zusammen	5442,63 RM

Ausgaben:

13. 6. 1942	Waschen der jüdischen Wäsche	480,50 RM
27. 4. 1942	Desinfektionskosten	68,— „
13. 6. 1942	Wanzendesinfektion	223,40 „
13. 6. 1942	„	100,— „
29. 6. 1942	Miete f. Aufbewahrungsräume d. Maschinen usw.	17,50 „
	zusammen	889,40 RM

Piontek, den 9. Juli 1942

Kasse des Amtsbezirks Piontek

[1]) *Seite 61.*
[2]) *Seite 71—72.*

IV.

Eine Besprechung[1])

Staatliche Kriminalpolizei
Kriminalpolizeistelle
Tgb.-Nr. 3947/40/XII.

Litzmannstadt, den 23. Oktober 1940
Buschlinie 152
Fernsprecher 199—6065

Niederschrift über eine Besprechung am 23. Oktober 1940 zwischen der Ghettoverwaltung und der Kriminalpolizei. Dr. Zirpins. Kriminalsekretär Kelm.

a) Waren,

b) Gold- und Schmucksachen,

c) Devisen und Wertpapiere,

d) Bargeld,

die im Ghetto beschlagnahmt werden oder aber den Ghettojuden gehören, jedoch in Litzmannstadt aufgefunden werden, sofort über die Wirtschaftsstelle der Kripo (KS. Kelm) an die Ghettoverwaltung abgeliefert werden. Eine Ausnahme gilt lediglich bei Verwahrstücken für Strafverfahren.

4. Die Beamten der Kriminalpolizei, die im Ghetto tätig sind, haben an die Kriminaldirektion den Antrag gestellt, daß ihnen:

a) je ein Mantel und ein Anzug geliefert werden, weil die Durchsuchungen in den verwahrlosten Judenwohnungen einen nicht üblichen Verschleiß ihrer Kleidungen mit sich bringen, anderseits die Beamten keine besonderen Bezugscheine erhalten;

b) daß ihnen die gleiche Pauschale von 2,— RM bezahlt wird, die die Arbeiter der Stadt im Ghetto bekämen.

Die Abt. W. des Polizeipräsidiums hat sich für diese Anträge nicht zuständig erklärt. Unter Umständen wäre aber die Ghettoverwaltung bereit, von sich aus diesen Anträgen stattzugeben, da ja durch diese Tätigkeit der Kriminalpolizei im Ghetto die Ziele der Ghettoverwaltung gefördert werden und auf diese Weise der Ghettoverwaltung Einnahmen zufließen, die sie andernfalls überhaupt nicht haben würde.

7. Die Ghettoverwaltung hat ferner nicht das Geringste einzuwenden, wenn Kriminalbeamte auf bestimmte beschlagnahmte Gegenstände reflektieren und diese zu abzuschätzenden Preisen kaufen wollen. Kriminalsekretär Kelm übernimmt es, mit der Ghettoverwaltung auch bezüglich eines Kaufs durch Kriminalbeamte von Waren aus dem Lager der Ghettoverwaltung zu verhandeln.

Unterschrift unleserlich

---

[1]) *Seite 103—104.*

V.

An die NSV-Kreisleitung Lentschitz[1])

1. Der Amtskommissar des Amtsbezirks Piontek 9. Juli 1942.

Durchschlag

An die
NSV-Kreisleitung
Lentschitz

Rechnung

6. 6. 1942	100	Federbetten zu 1,50 RM	. . . .	150,— RM
15. 6. 1942	100	„ „ 1,50 „	. . . .	150,— „
23. 6. 1942	400	Kopfkissen „ 0,50 „	. . . .	200,— „
7. 7. 1942	55	Federbetten „ 1,50 „	. . . .	82,50 „
7. 7. 1942	55	Kopfkissen „ 0,50 „	. . . .	27,50 „
7. 7. 1942	4	Körbe gebrauchte Wäsche aus jüd. Besitz	.	10,— „
				567,50 RM

Die Zahlung bitte ich an die Ghetto-Verwaltung Litzmannstadt Konto 700 bei der Stadtsparkasse Litzmannstadt zu leisten.

VI.

Bettfedern aus Judenbesitz[2])

V. Oscar H. Jenequel
Einfuhr — Ausfuhr — Großhandel

Hamburg, den 29. September 1943
Mönckebergstraße 7

An die
Ghetto-Verwaltung Litzmannstadt
in Litzmannstadt

Betr.: Bestände an Bettfedern aus Judenbesitz.

Wie mir bekannt ist, lagern in einer Kirche im Ghetto große Bestände an Bettfedern aus jüdischem Besitz. Da dieser Artikel hier durch die vielen Fliegerschäden dringend benötigt wird und leider nicht zu haben ist, erlaube ich mir die Anfrage, ob es möglich ist, von diesen Beständen etwas freizubekommen. Die Reinigung und Entwesung könnte event. durch uns vorgenommen werden. Für einen baldigen Bescheid bin ich Ihnen sehr dankbar und zeichne mit

Heil Hitler
Oscar H. Jenequel

---

[1]) *Seite 108.*
[2]) *Seite 108.*

VII.

„... in angenehmer Erinnerung behalten werde"[1])

Herrn Berger
Amtskommissar
in Zelow, Kreis Lask

5. Januar 1942
027/21/Se/L.

Ich bestätige den Erhalt der mir am 21. Dezember 1942 mit Lastwagen übersandten in Ihrem früheren Ghetto noch sichergestellten Textilien, Nähmaschinen und sonstigen Werte. Ich nehme an, daß es sich dabei wohl um die letzte Sendung handeln dürfte und möchte nicht verfehlen, Ihnen bei dieser Gelegenheit meinen Dank und meine Anerkennung für die mir bei Aussiedlung der Zelower Juden und Liquidierung des dortigen Ghettos geleistete Mitarbeit und Unterstützung auszusprechen. Ich kann ohne Übertreibung sagen, daß es nur dank Ihrer Mithilfe und Umsicht möglich war, alle vorhandenen und zum großen Teil versteckt gewesenen Werte so restlos zu erfassen, wie es kaum bei einem anderen der vielen von geräumten Ghettos möglich war. Auch die Abrechnung der gegenseitigen Forderungen ging, dank der bei Ihnen vorgefundenen Ordnung, so reibungslos vonstatten, daß ich diese gemeinsame Zusammenarbeit stets in angenehmer Erinnerung behalten werde.

40/37

Heil Hitler!
gez. Ribbe

VIII.

„... und ob Sie am Kaufe dieses Friedhofs Interesse haben"[2])

Finanzamt Krenau (Oberschlesien)
Kassen- und Sprechstunden
werktäglich von 8—12.30 Uhr

Krenau, den 7. Januar 1944

Betrifft: Veräußerung von jüdischen Friedhofsgrundstücken.

Auf Grund eines Erlasses des Reichsministers der Finanzen vom Januar 1944, bin ich angewiesen, die jüdischen Friedhöfe den Gemeinden zum Ankauf anzubieten.

Ich habe noch nicht festgestellt, ob dieser, mir zugegangene Erlaß auch für das eingegliederte Ostgebiet gilt oder ob hier die HTO den Verkauf zu übernehmen hat. Ich bitte mir jedoch sogleich mitzuteilen, ob sich in der Stadt ein jüdischer Friedhof befindet und ob Sie am Kaufe dieses Friedhofs Interesse haben.

An die HTO bzw. Grundstücksgesellschaft wende ich mich gleichzeitig zur Klärung der Frage, ob sie oder die Reichsfinanzverwaltung den Verkauf zu übernehmen hat.

Beglaubigt:
Zajan, Angestellter Bürgermeister
der Stadt Schakowa O/S.

gez. Kohlisch
Oberregierungsrat

---

[1]) *Seite 173.*
[2]) *Seite 207.*

IX.

Hühner[1])

Pabianice. 027/21/Se/L.
23. März 1943

An den
Herrn Landrat

des Kreises L a s k
Ernährungsamt Abt. B.

Betrifft: Anmeldung von Hühnern.

In der Anlage erhalten Sie das an mein Arbeitslager Dombrowa gesandte Formular mit dem Hinweis zurück, daß die dort vorübergehend untergebrachten und aus jüdischem Besitz beschlagnahmten Hühner inzwischen an meine Gefolgschaftsmitglieder, die Herren Ribbe, Meyer und Seifert verkauft worden sind. Die Anmeldung der Hühner ist von den genannten Herren unter Abgabe ihrer Eierkarten bei dem Stadthauptamt in Pabianice. Zimmer 29, erfolgt.

40/37

Im Auftrage:
Unterschrift B.

---

[1]) *Seite 257.*

ANHANG

Generalplan der Ausplünderung (Auszüge)[1]

Stenographische Niederschrift von einem Teil der Besprechung über die Judenfrage unter Vorsitz von Feldmarschall Göring im RLM am 12. November 1938, 11 Uhr.

Göring: Meine Herren, die heutige Sitzung ist von entscheidender Bedeutung. Ich habe einen Brief bekommen, den mir der Stabsleiter des Stellvertreters des Führers, Bormann, im Auftrag des Führers geschrieben hat, wonach die Judenfrage jetzt einheitlich zusammengefaßt werden soll und so oder so zur Erledigung zu bringen ist. Durch telefonischen Anruf bin ich gestern vom Führer noch einmal darauf hingewiesen worden, jetzt die entscheidenden Schritte zentral zusammenzufassen.

Da das Problem in der Hauptsache ein umfangreiches wirtschaftliches Problem ist, wird hier der Hebel angesetzt werden müssen. Selbstverständlich ergeben sich daraus auch eine Reihe rechtlicher Maßnahmen, die sowohl in das Gebiet des Justizministers wie des Innenministers fallen, dann die daraus zu folgernden Propagandamaßnahmen, die in das Gebiet des Herrn Propagandaministers fallen, selbstverständlich auch Maßahmen des Finanzministers und des Wirtschaftsministers.

In der Sitzung, in der wir damals zum erstenmal über diese Frage sprachen und den Beschluß faßten, die deutsche Wirtschaft zu arisieren, den Juden aus der Wirtschaft heraus und in das Schuldbuch hineinzubringen, und auf die Rente zu setzen, haben wir leider Gottes nur sehr schöne Pläne gefaßt, die dann aber nur sehr schleppend verfolgt worden sind. Wir haben dann hier in Berlin eine Demonstration gehabt. Daraufhin ist dem Volk gesagt worden: Es geschieht jetzt etwas Entscheidendes. Es ist aber wieder nichts geschehen. Wir haben jetzt diese Sache in Paris gehabt. Darauf folgten wieder die Demonstrationen, und jetzt muß etwas geschehen!

---

[1]) *Dokument PS — 1816*

Denn, meine Herren, diese Demonstrationen habe ich satt. Sie schädigen nicht den Juden, sondern schließlich mich, der ich die Wirtschaft als letzte Instanz zusammenzufassen habe. Wenn heute ein jüdisches Geschäft zertrümmert wird, wenn Waren auf die Straße geschmissen werden, dann ersetzt die Versicherung dem Juden den Schaden — er hat ihn gar nicht —, und zweitens sind Konsumgüter, Volksgüter zerstört worden. Wenn in Zukunft schon Demonstrationen, die unter Umständen notwendig sein mögen, stattfinden, dann bitte ich nun endgültig, sie so zu lenken, daß man sich nicht in das eigene Fleisch schneidet. Denn es ist irrsinnig, ein jüdisches Warenhaus auszuräumen und anzuzünden, und dann trägt eine deutsche Versicherungsgesellschaft den Schaden, und die Waren, die ich dringend brauche — ganze Abteilungen Kleider und was weiß ich alles —, werden verbrannt und fehlen mir hinten und vorn. Da kann ich gleich die Rohstoffe anzünden, wenn sie hereinkommen.

Das Volk versteht das natürlich nicht, und deshalb müssen hier Gesetze gemacht werden, die dem Volk einwandfrei zeigen, daß hier etwas getan wird. Ich wäre wirklich dankbar, wenn durch die Propaganda einmal auf diesen Punkt hingewiesen werden könnte, daß der Schaden leider Gottes nicht den Juden trifft, sondern tatsächlich die deutschen Versicherungsgesellschaften.

Nun habe ich aber keine Lust, die deutschen Versicherungsgesellschaften diesen Schaden tragen zu lassen. Ich werde deshalb auf Grund meiner Vollmacht eine Anordnung erlassen und bitte da natürlich um die Mitarbeit der zuständigen Ministerien, damit das in das richtige Lot kommt und die Versicherungsgesellschaften den Schaden nicht zu tragen haben. Es taucht aber sofort ein zweites Moment auf: Diese Versicherungsgesellschaften können im Ausland rückversichert sein. Falls eine solche Rückversicherung hier in Frage kommt, möchte ich wieder nicht darauf verzichten, weil sie Devisen bringt. Das muß also untersucht werden. Aus diesem Grunde habe ich auch Herrn Hilgard von den Versicherungen hierher bestellt, der uns am besten darüber Auskunft geben kann, wieweit die Versicherungsgesellschaften durch Rückversicherungen gegen solche Schäden gedeckt sind. Denn darauf möchte ich auf keinen Fall verzichten.

Darüber möchte ich keinen Zweifel lassen, meine Herren: die heutige Sitzung ist nicht dazu da, sich erneut darüber zu unterhalten, was getan werden sollte, sondern es fallen jetzt Entscheidungen, und ich bitte die Ressorts inständig, nun aber Schlag auf Schlag die notwendigen Maßnahmen zur Arisierung der Wirtschaft zu treffen und mir vorzulegen, soweit das notwendig ist.

Bei der Arisierung der Wirtschaft ist der Grundgedanke folgender: Der Jude wird aus der Wirtschaft ausgeschieden und tritt seine Wirtschaftsgüter an den Staat ab. Er wird dafür entschädigt. Die Entschädigung wird im Schuldbuch vermerkt und wird ihm zu einem bestimmten Prozentsatz verzinst. Davon hat er zu leben.

Es ist selbstverständlich, daß wir diese Arisierung, wenn sie schnell erfolgen soll, nicht etwa zentral allein im Wirtschaftsministerium in Berlin machen können. Dann würde man damit nicht fertig. Auf der anderen Seite ist es aber unbedingt notwendig, ganz bestimmte Sicherheitskautelen einzuschalten, damit in der nächsten Instanz, bei den Statthaltern und

Gauleitern,[1]) die Dinge nun nicht unverständig gemacht werden. Es müssen hier also sofort genaue Richtlinien herausgebracht werden. Darüber hinaus ist selbstverständlich die Arisierung aller größeren Unternehmungen — vom Wirtschaftsministerium noch festzusetzen, welche und wie viele Unternehmungen das sind — mir vorzubehalten; sie darf nicht durch einen Statthalter oder durch untere Instanzen erfolgen, weil diese Dinge in den Außenhandel hinübergreifen und draußen oft große Probleme anrühren, die der Statthalter von seinem Ort aus unmöglich überblicken und lösen kann. Die muß ich mir vorbehalten, damit hier nicht ein größerer Schaden entsteht als der Nutzen, der erreicht werden soll.

Das Sichtbarste, meine Herren, für das Volk sind die jüdischen Kaufläden und nicht etwa die Beteiligungen. Deshalb muß hier begonnen werden, und zwar nach folgenden Thesen, die wir bereits festgelegt haben.

Zunächst gibt der Wirtschaftsminister bekannt, welche Geschäfte er überhaupt stilllegen will, weil sie übersetzt sind. Diese Geschäfte scheiden bei der Arisierung von vornherein aus. Die vorhandenen Waren sind für andere Geschäfte zum Verkauf freizustellen. Soweit sie nicht abgesetzt werden können, wird sich irgendein Weg finden, sie in die Winterhilfe hineinzuführen oder sonstwie zu verwerten. Es muß natürlich immer die kaufmännische Verwertung angestrebt werden; denn bei dieser ganzen Umwandlung soll der Staat nicht leiden, sondern soll einen Vorteil davon haben. Zweitens sind für die Kaufläden und Kaufhäuser — ich spreche jetzt nur von dem, was sichtbar zutage tritt — Kategorien aufzustellen entsprechend der Wichtigkeit der einzelnen Branchen.

Der Treuhänder des Staates schätzt das Geschäft ab und bestimmt, welchen Betrag der Jude bekommt. Dieser Betrag ist selbstverständlich an sich schon möglichst niedrigzuhalten. Das Geschäft wird dann von der Treuhand in arischen Besitz überführt, und hierbei ist der Aufschlag zu erzielen, d. h. das Geschäft ist entsprechend seinem normalen tatsächlichen Verkehrswert und Bilanzwert an den Mann zu bringen.

Hier setzen Schwierigkeiten ein. Es ist menschlich verständlich, daß in starkem Maße versucht wird, in diese Geschäfte Parteigenossen hineinzubringen und ihnen so gewisse Entschädigungen zu geben. Ich habe da entsetzliche Dinge in der Vergangenheit gesehen: daß sich kleine Chauffeure von Gauleitern derart bereichert haben, daß sie auf diese Weise schließlich eine halbe Million Vermögen an sich gebracht haben. Die Herren wissen Bescheid? Das stimmt doch?

(Zustimmung.)

Das sind natürlich Dinge, die unmöglich sind. Ich werde nicht davor zurückscheuen, dort, wo unsauber verfahren wird, rücksichtslos einzugreifen.[2]) Sollte es sich um eine prominente Person handeln, die das Delikt ermöglicht, so werde ich binnen zwei Stunden beim Führer sein und diese Schweinerei ganz nüchtern vortragen.

Wir müssen darauf drängen, daß der Arier, der das Geschäft übernimmt, aus der Branche ist und davon etwas versteht. Er muß normalerweise auch das Geld für das Geschäft aus

[1]) *Über die Gauleiter siehe Seite 37.*

[2]) *Siehe Dokument „Im Gau Franken" Seite 37—40.*

eigenem aufbringen. Anzustreben ist also ein normaler Geschäftsverkauf, wie er heute zwischen zwei Kaufleuten — dem einen, der sein Geschäft verkaufen will, und dem andern, der es kaufen will — stattfinden würde.

Sind nun unter den Bewerbern Parteigenossen, so sind sie, wenn sie dieselben Bedingungen erfüllen, vorzuziehen, und zwar selbstverständlich in erster Linie der Geschädigte, dann ungefähr dem Parteialter nach.

Es können nun natürlich Ausnahmen stattfinden. Ein Parteigenosse ist nachweisbar dadurch geschädigt worden, daß ihm der Staat Schuschnigg oder Prag die Geschäftskonzession entzogen hat, daß er dadurch pleite ging und kaputtgemacht wurde. Dieser Mann hat normalerweise Anrecht auf das Geschäft, und ihm wird auch geholfen, wenn er nicht die Mittel dafür besitzt. Die Treuhand kann das um so eher machen, je geschäftstüchtiger sie im sonstigen Verkehrsgang der Überführung verfährt. Diesem Parteigenossen kann das Geschäft möglichst billig übertragen werden. Man wird hier nicht den vollen Wert herausholen, sondern nur den Sperrwert, den der Jude bekommt. Unter Umständen wird man dem Mann auch noch ein Stützungsdarlehn geben, damit er zunächst zurechtkommt.

....

... Göring: Noch eine Frage, meine Herren: Wie beurteilen Sie die Lage, wenn ich heute verkünde, daß dem Judentum als Strafe diese eine Milliarde als Kontribution auferlegt wird?

Bürckel: Die Wiener werden sehr damit einverstanden sein.

Goebbels: Ich meine, ob die Juden die Möglichkeit haben, sich zu entziehen, etwas auf Seite zu schaffen.

Brinkmann: Dann machen sie sich schon strafbar.

v. Krosigk: Herr Fischböck, eine Frage: Kann man die Kontribution ausschreiben, ohne gleichzeitig ein Verbot der Versilberung herausgehen zu lassen? Es ist naturgemäß die Gefahr gegeben, daß sie ihre Anleihen auf den Markt schmeißen.

Funk: Das ist alles angemeldet. Das Geld müssen sie auch angeben.

v. Krosigk: Aber sie können vorläufig darüber verfügen.

Göring: Es nützt ihnen nichts, wenn sie das versilbern. Das Geld können sie nicht weggeben.

Funk: Wenn sie ihre Effekten verkaufen, haben sie den Schaden.

Fischböck: Die Gefahr hat schon etwas für sich. Aber ich glaube nicht, daß sie sehr groß ist. Das setzt allerdings voraus, daß man tatsächlich die anderen Maßnahmen im Laufe der nächsten Woche trifft.

v. Krosigk: Spätestens im Laufe der nächsten Woche müssen sie getroffen werden.

Göring: Das würde ich als Bedingung setzen.

Fischböck: Es ist vielleicht gut, wenn wir uns selbst auf diese Weise unter Druck setzen.

Göring: Ich werde den Wortlaut wählen, daß die deutschen Juden in ihrer Gesamtheit als Strafe für die ruchlosen Verbrechen usw. usw. eine Kontribution von einer Milliarde auferlegt bekommen. Das wird hinhauen. Die Schweine werden einen zweiten Mord so schnell nicht machen. Im übrigen muß ich noch einmal feststellen: ich möchte kein Jude in Deutschland sein.

v. Krosigk: Deswegen möchte ich erst einmal das stark unterstreichen, was Herr Heydrich zu Anfang gesagt hat: Wir müssen alles versuchen, im Wege eines zusätzlichen Exportes, die Juden herauszubringen ins Ausland. Das muß doch immer das Entscheidende sein, daß wir nicht das ganze Gesellschaftsproletariat hierbehalten. Es wird immer eine Last sein, sie zu behandeln, die fürchterlich ist.

(Frick: Und eine Gefahr.)

Ich stelle mir den Zwang zum Ghetto auch nicht gerade als angenehme Aussicht vor. Die Aussicht, zum Ghetto kommen zu müssen, ist auch keine angenehme. Infolgedessen muß das Ziel sein, was Heydrich gesagt hat: heraus, was herausgebracht werden kann!

Göring: Das zweite ist folgendes: Wenn das Deutsche Reich in irgendeiner absehbaren Zeit in außenpolitischen Konflikt kommt, so ist es selbstverständlich, daß auch wir in Deutschland in allererster Linie daran denken werden, eine große Abrechnung an den Juden zu vollziehen. Darüber hinaus wird der Führer jetzt endlich einen außenpolitischen Vorstoß machen zunächst bei den Mächten, die die Judenfrage aufgeworfen haben, um dann tatsächlich zur Lösung der Madagaskar-Frage zu kommen. Das hat er mir am 9. November auseinandergesetzt. Es geht nicht mehr anders. Er will auch den anderen Staaten sagen: „Was redet ihr immer von den Juden? — Nehmt sie!" Dann kann man noch einen Vorschlag machen: Die reichen Juden können in Nordamerika, Kanada oder sonstwo ein großes Territorium für ihre Glaubensgenossen kaufen.

Ich möchte noch einmal zusammenfassen. Der Wirtschaftsminister wird die Kommission leiten und wird alle Maßnahmen, die in dieser Richtung liegen, in wenigen Tagen in irgendeiner Form treffen.

Blessing: Ich habe Bedenken, daß die Juden in den nächsten Tagen ab Montag für Hunderttausende Reichsanleihe verkaufen, um sich Mittel zu beschaffen. Da wir den Kurs der Reichsanleihe halten im Hinblick darauf, daß wir weiter Reichsanleihe begeben wollen, müßte das Anleihekonsortium bzw. der Reichsfinanzminister diese Reichsanleihe aufnehmen.

Göring: In welcher Form kann der Jude seine Reichsanleihe auf den Markt bringen?

(Zuruf: Verkaufen!)

An wen?

(Zuruf: An der Börse. Er gibt Auftrag an eine Bank.)

Dann sperre ich den Verkauf der Reichsanleihe für drei Tage.

Blessing: Das müßte durch eine Verordnung geschehen.

Göring: Ich sehe nur keinen Vorteil für den Juden darin. Er weiß auch nicht, wieviel er selbst zu zahlen hat. Ich glaube im Gegenteil: er wird sich zunächst nicht rühren.

Goebbels: Im Augenblick ist er klein und häßlich und bleibt zu Hause.

Göring: Ich würde keine Logik darin sehen. Sonst muß man das tun. Weshalb ich die Veröffentlichung rasch haben will: wir haben zwar momentan Ruhe, aber wer garantiert mir dafür, daß am Sonnabend/Sonntag nicht eine neue Sache kommt. Ich will ein für allemal jede Sonderaktion endgültig beseitigen. Das Reich hat die Sache in die Hand genommen. Der Jude kann nur Sachen verkaufen. Er kann ja gar nichts machen. Da muß er das Geld abliefern. Den Schaden hat er so und so. Er weiß auch nicht, in welcher Höhe er drankommt. Der einzelne Jude wird jetzt zunächst nicht daran denken, etwas auf den Markt zu werfen, sondern jetzt wird ein Geschnattere kommen, dann wird der Sturmlauf bei uns losgehen usw. Dann werden sie sich erst mal alle die großen Arier aussuchen, von denen sie glauben, daß sie mit ihnen Glück haben, die sogenannten Reichsbriefkästen verschiedener Ordnung, wo sie ihre Beschwerden ablagern. Dann werden die auf mich losstürmen. Da vergeht schon eine ganze Menge Zeit, bis die Sache soweit ist.

Dalugue: Kann die Kraftfahrzeugbeschlagnahme heraus?

Göring: Ebenfalls muß das Innenministerium mit seiner Polizei überlegen, welche Maßnahmen nun ins Auge zu fassen sind.

Dann danke ich Ihnen.

(Schluß der Sitzung 2.40 Uhr.)

KAPITEL II

Ausrotten, ausrotten!

INHALTSVERZEICHNIS

Fotografien

Vorwort

Den Dokumenten dieses Kapitels ist folgende Ordnung gegeben: An die erste Stelle sind die Berichte von drei Männern gesetzt, die als Hauptzeugen der Ausrottungsaktion gelten können. Im einzelnen handelt es sich um die Aussagen von zwei Angehörigen des Sicherheitsdienstes (SD), die ihre Angaben nach der Verhaftung durch die Alliierten zu Protokoll gaben. Der dritte Berichterstatter dagegen war ein erbitterter Gegner des Naziregimes, der mit dem Willen, die ganze Wahrheit zu erfahren, in das streng gehütete Geheimnis vorgestoßen ist. Um dieses Ziel zu erreichen, hat er sich einer abenteuerlichen Camouflage bedient. Der Bericht Kurt Gersteins verdient besondere Aufmerksamkeit, weil seine Quelle die unmittelbare Anschauung der Schreckenskammern ist.

Diesen Berichten schließt sich ein Dokument grundsätzlicher Natur an, das unter der Bezeichnung „Wannsee-Protokoll" bekanntgeworden ist.

Die nächsten Schriftstücke befassen sich mit der Technik verschiedener Anwendungsarten des Vernichtungsplanes: Ermordung in Todeslagern oder Todeswagen und Mord unter freiem Himmel etc.

Zahlreiche andere Dokumente leuchten in die Einzelheiten hinein. Bei ihrem Studium ist zu beachten, daß sich die mit der Ausrottungsaktion Beauftragten, in dem Bemühen, ihr Geheimnis zu wahren, einer besonderen Terminologie befleißigten. Worte, wie „ausgesiedelt", „evakuiert" oder „sonderbehandelt" sind ausnahmslos Umschreibungen des Tatbestandes „ermordet".

Drei Auszüge aus Werken, die im Ausland erschienen, runden das Bild ab. Sie sollen vor allem die Mentalität und die eigentümliche Lebensphilosophie der Ausrotter deutlich machen.

Das Kapitel schließt mit einigen Akten und statistischen Erhebungen, die das Ausmaß des Blutbades zu erfassen suchen.

Vom „Madagaskar-Plan" bis zur „Endlösung"

(Bericht des SS-Hauptsturmführers Dieter Wisliceny)[1]

I.

Die Bearbeitung der jüdischen Probleme durch die Sicherheitspolizei und den SD bis 1939

Bis zum Jahre 1936 fand eine wirkliche Bearbeitung jüdischer Fragen durch den Sicherheitsdienst und der Geheimen Staatspolizei nicht statt. Das Sachgebiet „Judentum" gehörte bis Ende 1936 innerhalb des SD-Hauptamtes zum Referat „Freimaurerei" und wurde kaum behandelt. Lediglich ein alter russischer Emigrant, „Professor" Schwartz-Bostumitsch, galt als Sachkenner und verfaßte 1935 ein antisemitisches Tendenzbuch unter dem Titel „Jüdischer Weltimperialismus". Die Priorität lag in dieser Frage ausschließlich in den Händen der Partei und ihres Propagandaapparates. Erst durch die Errichtung eines eigenen „Juden-Referates" beim SD-Hauptamt im Herbst 1936 änderte sich die Lage. Der damalige Referatsleiter von Mildenstein war ein sehr guter, sachlicher Kenner aller innerjüdischen Probleme. Das Hauptgewicht der Bearbeitung lag auf dem Zionismus und den Auswanderungsfragen. Durch die antijüdischen Maßnahmen der Reichspolitik war bei dem überwiegenden Teil der in Deutschland lebenden Juden, nament-

---

[1]) *Dokument LXXXVIII — 67.*

Dieter Wisliceny, ein früherer Journalist, war der einzige aus der nächsten Umgebung Adolf Eichmanns (Hauptdurchführer der „Endlösung"), welcher von den Alliierten gefangengenommen wurde. Während seiner Gefangenschaft in Bratislawa (Preßburg) verfaßte er diese, vom 18. November 1946 datierte Aussage.

Hier handelt es sich nur um die ersten fünf Kapitel aus Wislicenys Bericht.

lich unter der jüngeren Generation, eine starke Auswanderungsbereitschaft vorhanden. Die bestehenden jüdischen Organisationen bemühten sich mit geringem Erfolg, diese Auswanderung zu organisieren und durch Umschulung vorzubereiten. Von seiten der Reichsbehörden geschah nichts, um die Auswanderung zu erleichtern, im Gegenteil, durch die deutsche Devisengesetzgebung und andere verwaltungsmäßige Schwierigkeiten wurde diese immer stärker behindert. Dazu kam noch, daß ein großer Teil der für eine Auswanderung in Frage kommenden Länder, besonders Nord- und Südamerika, sich immer stärker einer Einwanderung verschlossen. In einer Reihe von Denkschriften wies Mildenstein auf diese Situation hin und forderte Himmler auf, sich stärker in diese Frage einzuschalten und die Lösung des jüdischen Problems in Deutschland in einer weitgehenden Auswanderung zu suchen. Die sonstige Arbeit des „Judenreferats" fand ihren Niederschlag in einer von Heydrich unter dem Pseudonym „Dieter Schwarz" herausgegebenen Broschüre „Die jüdischen Weltorganisationen" (1938). Verfasser dieser Schrift, die im Eher-Verlag erschien, waren Professor F. A. Six, Amtschef im SD-Hauptamt, und der Referatsleiter Herbert Hagen. Erst 1938 fand die Forderung nach einer Erleichterung der jüdischen Auswanderung ihren ersten Niederschlag bei der Besetzung Österreichs. Auf Vorschlag Eichmanns, der aus dem Judenreferat des SD-Hauptamtes hervorgegangen war, erfolgte in Wien unter starker persönlicher Einschaltung von Heydrich die Gründung der „Zentralstelle für jüdische Auswanderung". Sie stellte eine Zusammenfassung aller an der Genehmigung der Auswanderung beteiligten Behörden in einem Amt dar. Auch die jüdischen Vereinigungen, in Wien die Kultusgemeinde und die zionistische Organisation, waren stärkstens eingeschaltet. Jüdische Persönlichkeiten wie Staffer, Löwenherz, Professor Neumann u. a. wurden ins Ausland geschickt, um Einwanderungsmöglichkeiten und Devisen aufzutreiben. Die Auswanderung nach Palästina wurde zu diesem Zeitpunkt noch als außerhalb deutscher Interessensphären liegend betrachtet und daher gefördert. Durch die Tätigkeit dieser Zentralstelle wanderten bis 1939 über 100 000 Juden aus Österreich aus. Nach der Besetzung der CSR gründete Eichmann im Auftrage Heydrichs in Prag eine ähnliche Dienststelle, das „Zentralamt zur Lösung der Judenfrage in Böhmen und Mähren", dessen Tätigkeit sich in den wenigen Monaten bis zum Ausbruch des Krieges nicht in dem Maße auswirken konnte wie die „Zentralstelle" in Wien. Die von Himmler und angeblich auch von Hitler gebilligte Linie hieß damals „Auswanderung der Juden um jeden Preis". Die Einschaltung Heydrichs in die Judenfrage beschränkte sich bis zum Sommer 1939 auf Österreich und Böhmen/Mähren. Im Reichsgebiet blieb die alte Lage zunächst bestehen. Bei der Gründung des „Reichssicherheitshauptamtes", der organisatorischen Zusammenfassung von SD und Staats- und Kriminalpolizei, berief Heydrich den bei ihm in höchster Gunst stehenden Eichmann nach Berlin und übergab ihm das „Judenreferat", IV B 4, im RSHA mit dem Auftrag, wie in Wien und Prag eine ähnliche Organisation für das gesamte Reichsgebiet aufzubauen. Der Ausbruch des Krieges, die schnelle Besetzung Polens und Hitlers Entschluß, die polnischen Gebiete zu annektieren, schufen eine völlig neue Situation und brachten neue Konsequenzen.

II.

„Der Madagaskar-Plan" (1939—1941)

Durch die Besetzung Polens im September 1939 kamen über 3 Millionen Juden in die deutsche Machtsphäre. Eichmann, der gerade kurz vorher sein Amt in Berlin angetreten hatte, faßte den Plan, die Juden aus dem Reichsgebiet, dem „Protektorat" und Österreich ebenfalls nach Polen abzuschieben, in der Annahme, daß die polnischen Gebiete über kurz oder lang doch wieder ein selbständiges Staatswesen würden. So organisierte er rasch ein Durchgangslager in Niszko am San und begann Juden aus Wien, Brünn und Mährisch-Ostrau nach dorthin abzuschieben. Gleichzeitig organisierte er die Abschiebung der Juden aus Posen und Westpreußen nach Zentralpolen. Diesen Transporten schloß er stillschweigend auch Juden aus Stettin und Pommern an. Die Ausrufung des „Generalgouvernements" als Teil des Reichsgebietes und ein Protestschritt des Generalgouverneurs Frank bei Göring machten dieser Tätigkeit Eichmanns im Dezember 1939 ein Ende. Er wandte sich wieder den alten Auswanderungsplänen zu, wobei er jetzt in seine Berechnungen das polnische Judentum einbeziehen mußte. Es war klar, daß Palästina niemals in der Lage sein würde, die etwa 3½ Millionen Juden aus Deutschland, Polen, CSR und Österreich aufzunehmen. Hinzu kam noch, daß auf italienischen Einfluß hin die Gründung des palästinensischen Judenstaates deutscherseits als unerwünscht mit Rücksicht auf arabische Forderungen betrachtet wurde. Trotzdem fand bis Ende 1940 noch eine Abwanderung nach Palästina aus dem Reichsgebiet statt, so z. B. September 1940 Transporte der Juden aus Danzig über Bratislava-Donau-Rumänien. Erst 1941 verbot Himmler die Palästinaauswanderung. Als Aufnahmeland für eine Massenauswanderung wurde von Eichmann die Insel Madagaskar in Betracht gezogen. Hierbei handelt es sich nicht um eine Erfindung von Eichmann. Madagaskar war als Auswanderungsziel häufig diskutiert worden, selbst Theodor Herzl hatte sich mit diesem Gedanken befaßt. 1937 hatte die französische Regierung eine Kommission dorthin entsandt, der auch jüdische Vertreter angehört hatten, um die Möglichkeit einer Besiedlung der Insel durch Europäer zu prüfen. Der rasche Sieg über Frankreich im Mai 1940 gab diesem Gedanken neuen Aufschwung. Ganz allgemein erwartete man ein baldiges Kriegsende. In einer ausführlichen Denkschrift schlug Eichmann, von Heydrich nachdrücklich unterstützt, Himmler die Insel Madagaskar als Umsiedlungsgebiet für das gesamte europäische Judentum vor. Dieser Vorschlag fand die Zustimmung Himmlers und Hitlers. Eichmann wurde beauftragt, einen genauen Plan auszuarbeiten. Er besorgte sich hierfür Unterlagen aus dem französischen Kolonialministerium in Paris, insbesondere die Jahresberichte der Generalgouverneure und die Untersuchungsergebnisse der vorerwähnten Kommission. Gleichzeitig zog er Fachleute aus der Schiffahrt zu Beratungen heran, um das Transportproblem zu lösen. Die Transporte sollten durch eine Arbeitsgemeinschaft von Hapag und Norddeutscher Lloyd organisiert werden unter Zugrundelegung verschiedener europäischer Einschiffungshäfen. Bei einem Friedensschluß sollte Frankreich gezwungen werden, Madagaskar als „Judenkolonie" herzugeben, und die europäischen Staaten sollten aufgefordert werden, einer Konvention beizutreten und sich dieser Umsiedlungsaktion anzuschließen. Hierzu waren folgende Voraussetzungen nötig:

1. Die Juden in den einzelnen Ländern mußten von den von ihnen bevorzugten intellektuellen Berufen auf handwerkliche und landwirtschaftliche Berufe umgeschult werden.

2. Das jüdische Vermögen mußte nach Möglichkeit bis zum Beginn der Umsiedlung erhalten bleiben, damit es für diesen Zweck eingesetzt werden könnte.

3. Die Aufstellung einer genauen jüdischen Statistik für alle europäischen Länder. Die Umsiedlungsaktion sollte von einer zentralen Stelle in Berlin geleitet werden. Den formellen Vorsitz dieses ganz Europa einbeziehenden „Umsiedlungsstabes" sollte Göring übernehmen, während der „Chef der Sicherheitspolizei und des SD" mit der technischen Durchführung beauftragt werden sollte. Letzteres bedeutete praktisch Eichmann. An diesem Plan hat Eichmann das Jahr 1940 bis zum Sommer 1941 gearbeitet. Im Oktober 1941 war dieser „Madagaskar-Plan" sogar noch Gegenstand von Besprechungen in Berlin, die Eichmann mit seinen Beauftragten in den einzelnen Ländern abhielt. Es handelte sich bei diesen Besprechungen besonders um den Stand der „Umschulung" und ihren weiteren Ausbau. Zur Vorbereitung des „Madagaskar-Planes" begann Eichmann ab August 1940, Beauftragte in einzelne von Deutschland besetzte oder mit ihm verbündete Länder zu entsenden. Diese waren entweder bei den einzelnen „Befehlshabern der SIPO und des SD" eingesetzt, oder als Gehilfen den Polizeiattachés beigegeben, in der Slowakei und Rumänien führten sie die Bezeichnung „Berater". Solche Beauftragte wurden entsandt (nach der Reihenfolge ihrer Beauftragung): Frankreich, Slowakei, Holland, Belgien, Kroatien, Rumänien, Bulgarien. (Die Entsendung von Kommandos nach Griechenland, Italien, Südfrankreich und Dänemark hing nicht mit dem „Madagaskar-Plan" zusammen und wird daher später ausgeführt.) Diesen Beauftragten gab Eichmann die oben angeführten Richtlinien, die bis Frühjahr 1942 nicht aufgehoben wurden. Die von Eichmann geplante Zentralorganisation wurde zunächst nicht geschaffen, man wollte erst das Kriegsende abwarten. Um jedoch die kommende Zuständigkeit des „Chefs der SIPO und des SD" für alle diese Probleme der Umsiedlung festzulegen, gab Göring in seiner Eigenschaft als Vorsitzender des „Reichsverteidigungsausschusses" einen Erlaß im Frühsommer 1941 heraus, der mit der Vorbereitung aller Umsiedlungsangelegenheiten der Juden den „Chef der SIPO und des SD" beauftragte. Damit besaß Eichmann auch das rechtliche Instrument, alle Einmischungen anderer Behörden in seine Maßnahmen auszuschalten. In diesem Erlaß kommt das Wort „Endlösung" vor. Der „Madagaskar-Plan" lief unter diesem Stichwort, erst später hat der Begriff „Endlösung" eine völlig andere Bedeutung bekommen und wurde als Tarnwort für die biologische Vernichtung des europäischen Judentums von Himmler und Eichmann benutzt. Dies wurde von Eichmann bewußt gemacht, um andere Behörden, die in die Umsiedlungspläne eingeweiht waren, mit der Anwendung des für die Umsiedlungsaktion bisher gebrauchten Kennwortes zu täuschen.

Vom Zeitpunkt des Ausbruches des Krieges mit Rußland und dem Kriegseintritt der USA begann sich eine grundlegende Wandlung in der Behandlung des jüdischen Problems zu vollziehen. Diese Wandlung erfolgte nicht von heute auf morgen, sondern stufenweise, und fand ihren endgültigen Höhepunkt erst im Frühjahr 1942. Bevor auf sie eingegangen wird, ist folgendes kurz zusammenzufassen: Im Reichsgebiet, Böhmen und Mähren und Österreich hatte sich bis zum Sommer 1941 die Lage der Juden allgemein kaum gegenüber der Situation vor Ausbruch des Krieges verändert. Die wirtschaftlichen Maßnahmen (Arisierung) liefen weiter, die Auswanderung gelangte infolge der fortschreitenden Kriegsereignisse allmählich ganz zum Stillstand. In Polen lag die Behandlung aller jüdischen Probleme in den Händen des „Höheren SS- und Polizeiführers“ und den ihm unterstellten „SS- und Polizeiführern“ bei den einzelnen Gouverneuren. Ganz allgemein war die Absperrung der Juden in Ghettos mit eigener Verwaltung durchgeführt worden. In diese Ghettos waren in immer stärkerem Maße Betriebe der Rüstungsindustrie, besonders der Heeresausrüstung, verlegt worden. Die Lage der Juden war, was Ernährung, Unterbringung usw. anbelangt, ganz unterschiedlich je nach der Haltung des zuständigen „SS- und Polizeiführers“. Eichmann hat sich bis zum Sommer 1941 relativ wenig um die Juden in Polen gekümmert. Er beschränkte sich, soweit mir bekannt ist, auf die Herausgabe allgemeiner Richtlinien über die Ghettobildung, Einsetzung jüdischer „Ältestenräte“ und ähnliches. In den besetzten Gebieten und den mit Deutschland verbündeten Ländern, in denen Beauftragte Eichmanns tätig waren, lag das Hauptgewicht auf der Vorbereitung des „Madagaskar-Planes“. Von einzelnen Maßnahmen, die örtlicher Initiative der „Befehlshaber der SIPO und des SD“ oder der Militärverwaltungen entsprangen, soll bei dieser Aufstellung bewußt abgesehen werden, da nur die „große Linie“ der Entwicklung aufgezeigt werden soll. Bevor auf die Entwicklung seit Ausbruch des Russenkrieges eingegangen wird, muß kurz ein Gebiet gestreift werden, das bei allen Darstellungen dieser Ereignisse bisher kaum berührt wurde, ohne das aber eine Klärung des Tatbestandes nicht möglich ist, nämlich die Gründe, die Hitler und Himmler zur Vernichtung des europäischen Judentums bewogen.

III.

Himmlers antisemitische „Weltanschauung“

Der Antisemitismus bildete eine der Hauptgrundlagen des NS-Parteiprogramms. Er resultierte im wesentlichen aus zwei Anschauungen: 1. den pseudowissenschaftlichen biologischen Feststellungen von Professor Günther und 2. aus einer mystisch-religiösen Vorstellung, daß die Welt von guten und bösen Kräften gelenkt würde. Das böse Prinzip stellten nach dieser Ansicht die Juden dar, deren Hilfsorganisationen die Kirche (Jesuitenorden), Freimaurerei und Bolschewismus waren. Die Literatur dieser Richtung ist bekannt, das ältere Schrifttum der NSDAP wimmelt von dieser Vorstellungswelt. Von den „Protokollen der Weisen von Zion“ bis zu Rosenbergs „Mythos“ führt eine gerade Linie. Besonders ausgeprägt finden sich diese Gedanken im Schrifttum der Mathilde Ludendorff, von deren allzu sektiererischen Ansichten man sich allerdings später distanzierte. Dieser Vorstellungswelt ist mit logischen oder Vernunftgründen absolut nicht beizukommen, sie ist eine Art Religiosität, die zur Sektenbildung drängt. Millionen von Menschen haben unter dem Einfluß dieser Literatur an diese Dinge geglaubt, ein Vorgang, der nur mit ähnlichen Erscheinungen des Mittelalters verglichen werden kann, etwa dem Hexenwahn. Gegenüber dieser Welt des Bösen stellten die Rassenmystiker die Welt des Guten, des Lichtes, verkörpert im blonden, blauäugigen Menschen, von dem allein alle kulturschöpferische, staatenbildende Kraft ausgehen sollte. Diese beiden Welten lagen nun angeblich im ständigen Kampf und der Krieg von 1939, den Hitler begonnen hat, stellte nur die endgültige Auseinandersetzung zwischen diesen Kräften dar. Man ist meist geneigt, in Himmler einen eiskalten, zynischen Politiker zu sehen; diese Ansicht ist sicher nicht richtig. Himmler war seiner ganzen Haltung nach ein Mystiker, der dieser „Weltanschauung" mit religiösem Fanatismus huldigte.

Im Besitze der notwendigen Macht, begann er seine neue „Religion der Rasse" mit eiskaltem Fanatismus, der ja für einen vom religiösen Wahn Befallenen kennzeichnend ist, in die Tat umzusetzen. So wollte er aus der Parteiformation der SS den „nordischen Sippenorden" als „Bollwerk gegen Judentum, Kirche und Bolschewismus" formen. Alle Erscheinungen des Lebens, die in diese Vorstellung nicht paßten, wurden entweder beiseite geschoben oder vernichtet. Während er auf der einen Seite Astrologen zu Rate zog und allen Geheimwissenschaften sich zuneigte, entstand aus der SS heraus allmählich eine neue Art religiöser Sekte, mit eigenen Formen und Brauchtum, in der grober Materialismus sich mit verschwommenen, deistischen Vorstellungen mengte. Nicht mehr die persönliche Leistung wurde anerkannt, sondern Beförderungen waren an Kinderzahl, Kirchenaustritte und andere Dinge gebunden. Gegenüber der „Welt des Untermenschen" forderte Himmler schärfste Maßnahmen. So entstanden die KZ. Humanität war nach Himmlers Ansicht christliche „Rückenmarkserweichung". Nietzsches Satz „Gelobt sei, was hart macht", hing auf Himmlers Befehl als Wandspruch in fast allen SS-Dienststellen. Es ist fraglos, daß Hitler diese Einstellung Himmlers kannte und sie billigte, da auch seine eigene Vorstellungswelt ihr ähnlich war. Je mehr Himmlers innenpolitische Machtsphäre sich verbreitete, um so stärker gerieten auch die Juden und ihr Schicksal unter seine Zuständigkeit. Die Lösung der Judenfrage in einer Auswanderung oder kolonialen Siedlung zu suchen, war nach Himmlers Ansicht keine Lösung, sondern nur eine Verlagerung des Problems, je stärker der Gedanke der „Weltherrschaft" von ihm Besitz ergriff. Sicherlich hatte er, wie Eichmann einmal äußerte, dem Madagaskar-Plan nur mit Rücksicht auf die Weltöffentlichkeit und aus politischen Motiven zugestimmt. Daß er im Inneren an eine Vernichtung des europäischen Judentums dachte, zeigen die Ereignisse nach Ausbruch des Krieges mit Rußland. Er, sowohl wie Heydrich und seine Gefolgsleute Müller und Eichmann, waren entschlossen, dem „Judentum einen Schlag zu versetzen, von dem es sich nicht mehr erholen wird", wie Eichmann es 1944 in zynischer Offenheit aussprach.

IV.

„Kommissarerlaß" und „Endlösung" (1941—1944)

Der Befehl Hitlers, alle Kommissare und kommunistischen Parteifunktionäre zu beseitigen, der zu Beginn des Krieges mit der Sowjetunion gegeben wurde, kennzeichnet eine neue Phase der Brutalisierung des Krieges. Der Sowjetunion gegenüber glaubte Hitler keine Rücksicht nehmen zu müssen wie den Westmächten gegenüber, die die Genfer Konvention und Haager Landkriegsordnung anerkannten. Dieser „Kommissarerlaß" wurde von Himmler und Heydrich auf alle russischen Juden ausgedehnt, in denen sie aus ihrer oben aufgezeigten Ideologie die Träger der kommunistischen Weltanschauung sahen. Die Vernichtung des russischen Judentums wurde durch Massenerschießungen durchgeführt, mit deren Ausführung die sogenannten „Einsatzgruppen" der Sicherheitspolizei beauftragt waren. Es erübrigt sich, auf diese Dinge näher einzugehen, da sie durch Ohlendorfs Aussage in Nürnberg bekannt sind[1]). In diesem „Kommissarerlaß" sah Eichmann eine Möglichkeit, auch das übrige Judentum zu vernichten. Im Einverständnis mit Müller und Heydrich begann er im Herbst 1941 Juden aus dem Reichsgebiet, Österreich und Böhmen-Mähren nach Gebieten zu deportieren, in denen der „Kommissarerlaß" Gültigkeit hatte, besonders nach Riga und Minsk. In Riga war Eichmanns Freund, Stahlecker, Chef der „Einsatzgruppe". Diese Deportation entsprang Eichmanns privater Initiative, wie er selbst zugegeben hat, andrerseits wurde in dieser Zeit Theresienstadt als „Musterghetto" aufgebaut. Schon hieraus — aus diesem Widerspruch ist die ganze Entwicklung als stufenweiser Ablauf gekennzeichnet. Seit Sommer 1941 begann sich Eichmann in immer stärkerem Maße mit dem Judentum in Polen zu befassen. Verschiedentlich hat er, angeblich auf Befehl Himmlers, auch in Polen Massenexekutionen selbst durchgeführt. Besonders eng wurde sein Verhältnis mit dem „SS- und Polizeiführer" Lublin, dem früheren österreichischen Gauleiter Odilo Globocnik[2]), den Eichmann schon aus Österreich kannte. Nach Eichmanns eigenen Angaben, die er mir gegenüber machte, hat Globocnik als erster Gaskammern zur Massenextermination von Menschen angewandt. Globocnik hatte in seinem Kommandobereich große Arbeitslager für Juden errichtet; der Nichtarbeitsfähigen entledigte er sich auf die angegebene Weise. Wie Eichmann ausführte, war dieses „Verfahren" des Globocnik „unauffälliger" als die Massenerschießungen, da sich verschiedentlich Polizeiverbände geweigert hatten, die Exekutionen von Frauen und Kindern durchzuführen. Außerdem hatte man zur Beseitigung der Spuren der Exekutionen ein eigenes Kommando,

---

[1]) *Hier seine Aussage am 3. Januar 1946 auf dem Nürnberger Prozeß:*

General Nikitchenko: „In Ihrer Aussage behaupten Sie, daß die Einsatzgruppe die Aufgabe hatte, Juden und Kommissare auszurotten. Ist das wahr?"

Ohlendorf: „Ja."

General Nikitchenko: „Zu welcher Kategorie rechneten Sie die Kinder? Weshalb sind die denn massakriert?"

Ohlendorf: „Dem Wortlaut des Befehls entsprechend war die gesamte jüdische Bevölkerung auszurotten."

General Nikitchenko: „Die Kinder einbegriffen?"

Ohlendorf: „Ja."

General Nikitchenko: „Dann wurden also auch alle jüdischen Kinder umgebracht?"

Ohlendorf: „Ja."

[2]) *Siehe Seite 104.*

das Eichmann formell unterstellt war, das „Kommando 1005" unter Standartenführer P l o b e l aufgestellt. Die zweite Welle der Verschärfung trat nach dem Kriegseintritt der USA ein. Auch in der innerdeutschen Propaganda war dies deutlich spürbar. Äußerlich trat sie in Erscheinung durch die Einführung des „gelben Sterns" als Kennzeichen für Juden. Es sei in einem Zusammenhang auch auf den Goebbels-Artikel „Die Juden sind schuld" in einer Ausgabe der Zeitschrift „Das Reich" verwiesen. In diesen Zeitabschnitt, nach dem Kriegsbeginn mit den USA, muß meiner Überzeugung nach, der Entscheid Hitlers fallen, der die biologische Vernichtung des europäischen Judentums befahl. Klarheit in diese Zusammenhänge könnte meines Erachtens nur Eichmanns eigene Aussage oder die von M ü l l e r bringen, wenn nicht P o h l die genauen Zusammenhänge kennt. Der mir von Eichmann im August 1942 gezeigte Befehl Himmlers datierte vom Frühjahr 1942; sicher ist der Befehl Hitlers aber schon einige Zeit vorher gegeben worden, da in dem Himmler-Befehl die Zurückstellung der arbeitsfähigen Juden den Hauptgegenstand bildete.

Zusammenfassend stelle ich auf Grund Eichmanns Angaben fest:

1. Der Madagaskar-Plan wurde im Winter 1941/1942 endgültig fallengelassen. Die Gründe hierfür waren ideologischer Art.

2. Bis zum Einsetzen der Deportierung aus Europa und der Massenvernichtung der Juden im Sommer 1 9 4 2 waren Vorstufen vorhanden, die vom „Kommissar"-Befehl ausgelöst wurden.

3. Diese radikale Änderung war bis zum Sommer 1942 nicht erkennbar; sie wurde sorgfältig getarnt und der Öffentlichkeit als Umsiedlung nach Polen mit gleichzeitiger verstärkter antisemitischer Propaganda erklärt.

4. Von der biologischen Vernichtung hat Himmler, auf eigene Initiative oder Vorschlag Pohls, die arbeitsfähigen Juden zurückgestellt, die er als Arbeitssklaven in den großen Betrieben der KZs einsetzen wollte. Auch andere Arbeitsvorhaben wollte er von diesen Arbeitssklaven ausführen lassen, wie die Anpflanzung eines Waldgürtels in Osteuropa zur Klimaverbesserung (Äußerung Eichmanns).

Seit März/April 1942 begann Eichmann, im Besitze der entsprechenden Befehle, die Deportation und Vernichtung des europäischen Judentums zu organisieren. Als Vernichtungslager wurden Auschwitz und einige Lager bei Lublin eingerichtet. Die Reihenfolge der einzelnen Länder war von Eichmann nicht besonders festgelegt worden. Er ließ sich Zeit für die Aktion, da ihm offenbar die Vernichtung des polnischen Judentums und die Deportierung aus dem Reichsgebiet vordringlich erschien.

Die Deportation und Vernichtung der Juden lief unter der Bezeichnung „Endlösung", unter der bisher der Madagaskar-Plan gelaufen war. Die Deportierung aus dem Reichsgebiet und den besetzten Gebieten, ja selbst in Polen, lief nicht sehr schnell ab, da die Juden vielfach im Wirtschaftsprozeß eingeschaltet waren und zum Teil im großen Maßstab in der Rüstungsindustrie arbeiteten. Das Lager Theresienstadt, ursprünglich als Ghetto für die tschechischen Juden gedacht und dann in ein sogenanntes „Altersghetto" für bevorzugte jüdische Familien umgewandelt, blieb zunächst bestehen. Auf Theresienstadt und dem Kampf seiner Erhaltung bis Kriegsende, wird weiter unten eingegangen.

V

Zeitlicher Ablauf in den einzelnen Ländern und Stop der Vernichtungsaktion 1944

Mit der Durchführung der Deportation nach den Lagern Auschwitz und Lublin waren in Österreich und Böhmen/Mähren die „Zentralstelle" in Wien bzw. das „Zentralamt" in Prag beauftragt. Im Reichsgebiet waren hierfür die örtlichen Staatspolizeistellen und in Polen die „SS- und Polizeiführer" zuständig. In die besetzten Gebiete hatte Eichmann zumeist eigene Kommandos entsandt, die organisatorisch bei dem „Befehlshaber der SIPO und des SD" eingebaut waren. Bei der Deportation aus den besetzten Gebieten und den mit Deutschland verbündeten Ländern ging Eichmann von den gegebenen politischen Möglichkeiten aus, wobei er es zunächst vermied, durch Anwendung von politischer Pression außenpolitische Schwierigkeiten hervorzurufen. Dieses Vorgehen entsprach auch dem Bemühen, die ganze Aktion so unauffällig und geheim wie möglich ablaufen zu lassen. Erst später 1943/44 ist er von diesem Prinzip abgegangen. Daß diese Behauptung richtig ist, zeigt am besten die Gegenüberstellung der Ereignisse in der Slowakei — und auch in Rumänien. Die Deportation aus europäischen Ländern begann gleichzeitig in Frankreich, Holland, Belgien und der Slowakei im März/April 1942. In allen diesen Ländern bemühte sich Eichmann besonders, die arbeitsfähigen Juden als erstes zu erfassen, da die Vernichtungslager in Auschwitz und Lublin erst im Entstehen waren. In Frankreich wurden zuerst die jüdischen Emigranten von der Aktion erfaßt, während die Vichy-Regierung der Deportation französischer Staatsangehöriger erst später zustimmte. In Holland und Belgien waren die Verhältnisse ähnlich. In der Slowakei lag ein klares Angebot der damaligen slowakischen Regierung zur Deportation der jüdischen Arbeitskräfte und anschließend ihrer Familien vor. Wie vorsichtig Eichmann hierbei vorging, da es sich um das erste nicht besetzte Land handelte, zeigt, daß er die Forderung auf Aberkennung der Staatsangehörigkeit und Zahlung eines „Umsiedlungsbeitrages" stellte. Er hat eine derartige Forderung später in keinem anderen Lande wiederholt. Die Annahme von Eichmanns Verlangen durch die damalige slowakische Regierung zeigt, daß diese ein Interesse an der Deportation hatte. Hätte ein solches freiwilliges Angebot nicht vorgelegen, so wäre die Slowakei vermutlich vor 1944 nicht in die Deportation einbezogen worden, denn auch Ungarn und Rumänien wurden aus politischen Gründen von Eichmann zunächst zurückgestellt. In Rumänien bemühte sich der dortige „Berater" und Polizeiattaché, Richter, auf Eichmanns Befehl im Sommer 1942, die rumänische Regierung zu bewegen, auch die dortigen Juden nach Polen zu deportieren. Antonescu lehnte dies jedoch ab und führte eine eigene Aktion unter Abschiebung der Juden in die von Rumänien besetzten russischen Gebiete, besonders den Raum von Odessa, durch. Tatsächlich sind aus Rumänien keine Juden nach den polnischen Vernichtungslagern deportiert worden, so sehr sich Eichmann auch später noch in dieser Richtung bemühte.[1]) Während des Sommers/Herbst 1942 liefen also Aktionen aus Frankreich, Holland, Belgien und der Slowakei. Aus Kroatien wurde meines Wissens

---

[1]) *Siehe Seite 409.*

nur ein Transport aus Agram deportiert, die übrigen Juden waren entweder ins italienische oder das Partisanengebiet geflüchtet. Gegen Ende des Sommers 1942 trat ein allgemeiner Stillstand der Deportation ein. In allen Ländern hatte sich der Widerstand gegen die Deportation versteift. Dies hing besonders mit dem allgemeinen Bekanntwerden der tatsächlichen Verhältnisse zusammen. Bis zum Herbst 1942 hielt Eichmann die „Endlösung" auch vor seinen Mitarbeitern geheim. Dies war umso leichter, als diese nur höchst selten, wenn sie von Eichmann befohlen wurden, nach Berlin kamen: Erst im November 1942 hat er auf einer Tagung in Berlin einzelnen seiner Untergebenen Mitteilung von der Vernichtungsaktion gemacht. Derartige Tagungen hielt Eichmann jährlich nur einmal ab. Im Januar 1943 sandte Eichmann seinen Vertreter Günther nach Saloniki, um mit der dortigen deutschen Militärverwaltung wegen der Juden in Nordgriechenland, der deutschen Zone, zu verhandeln. Die Militärverwaltung plante eine Ghettobildung und örtlichen Arbeitseinsatz der Juden im Rahmen der OT. Als ich im Februar 1943 nach Saloniki ging, gab mir Eichmann noch diesen Auftrag, gleichzeitig sandte er aber Brunner nach Saloniki mit dem Befehl, die Deportation vorzubereiten.[1]) Da die Militärverwaltung sich Brunners Vorschlägen anschloß, führte dieser die Deportation aus Mazedonien ab Ende März bis Mitte Mai durch. Ein Versuch von mir, Eichmann unter Hinweis auf eine Fleckfieberepidemie und die ungeheure Entfernung zur Aufschiebung der Aktion zu veranlassen, scheiterte. Nach Abschluß der Deportation in Mazedonien wurde Brunner, der Eichmanns höchste Gunst besaß, nach Frankreich mit seinem Kommando gesandt, um dort die Deportation zu aktivieren, da Eichmann den „Befehlshaber der SIPO" in Paris, Dr. Knochen, der Sabotage seiner Maßnahmen beschuldigte. Brunner betätigte sich besonders in Südfrankreich und dem früher unbesetzten französischen Gebiet. Auch aus Holland/Belgien gingen ab Frühjahr 1943 wieder Transporte. Gleichzeitig mit der Aktion aus Mazedonien liefen einige Transporte aus Bulgarien und zwar aus dem früher griechischen Gebiet von Thrazien, die von dem im Auftrage Eichmanns beim Polizeiattaché in Sofia tätigen Dannecker veranlaßt worden waren. Nach der italienischen Kapitulation im September 1943 wurde Dannecker von Eichmann nach Rom entsandt. Die italienische Regierung hatte sich trotz verschiedentlicher Bemühungen Himmlers bei Mussolini der Deportation nicht angeschlossen, ja sogar im Fall Saloniki ihre jüdischen Staatsangehörigen nach Italien repatriiert. Dannecker, und seit 1944 Boßhammer, haben aus Italien einige Transporte deportiert, jedoch ist der Hauptteil der italienischen Juden wegen der schnell fortschreitenden Kriegsereignisse in diesem Lande und der Partisanentätigkeit nicht erfaßt worden. Im September 1943 sandte mich Eichmann nach Athen mit dem Befehl, die Juden aus Südgriechenland unverzüglich zu deportieren. Da ich diesen Befehl bis Januar 1944 nicht durchführte, obgleich die Möglichkeit hierfür gegeben war, wurde ich abgelöst und Burger nach Athen entsandt, der im Frühsommer 1944 einige Transporte organisierte. Im Frühjahr 1944 ging Eichmanns Vertreter, Günther, mit einem Kommando nach Kopenhagen, um die dänischen Juden zu deportieren. Da die Aktion aber rechtzeitig bekannt wurde, flüchteten diese zum größten Teil nach Schweden. Nur einige

---

[1]) *Es ist verständlich, daß Wisliceny hier nicht erwähnt, daß er der Verantwortliche für die im März 1943 erfolgten Juden-„Aussiedlungen" aus Saloniki ist. (Ausführlich darüber in den zwei Büchern: „In Memoriam" und „Hommage aux victimes des Nazis en Grèce", Saloniki 1948 und 1949).*

hundert wurden verhaftet, aber nicht nach Auschwitz gebracht, sondern in Theresienstadt untergebracht. Sie verdankten dies dem mutigen Eintreten des dänischen Königs[1]). Bis zum Frühjahr 1944 hatten also in fast allen Ländern, die unter deutschem Einfluß standen, Deportationen stattgefunden. Überall aber waren die Aktionen nicht abgeschlossen worden oder ganz ungleichmäßig verlaufen. Nur zwei Länder waren von Eichmanns Maßnahmen bisher verschont geblieben, Ungarn und Rumänien. Rumänien hat sich auch bis zum Kriegsende der Deportation nach Polen nicht angeschlossen, während Ungarn im März 1944 an die Reihe kam. Je mehr der Krieg fortschritt und es immer klarer wurde, daß ein deutscher Sieg ausgeschlossen war, um so stärker drang Eichmann auf die restlose Durchführung der Deportation und der Vernichtung. Aus diesem Grunde ging er auch persönlich nach Budapest mit einem Kommando, zu dem er die meisten seiner Mitarbeiter beordert hatte. Nur Brunner blieb in Frankreich und Boßhammer in Italien. Für die Dauer seines Budapester Aufenthalts übernahm seine Vertretung in Berlin Rolf Günther. Die in Ungarn stationierten Polizeikräfte und Eichmanns Kommando hätten an sich nicht ausgereicht, die Deportation der ungarischen Juden durchzuführen. Eichmann fand aber die retslose Unterstützung der Staatssekretäre Endre und Baky im ungarischen Innenministerium, die den Apparat der ungarischen Gendarmerie vollständig einsetzten. Eichmanns Ziel war die Durchführung einer „Blitzaktion", und er hat diesen Plan auch verwirklicht. Lediglich die Deportation der Juden aus Budapest gelang ihm nicht, da diese Aktion, die besonders geheim vorbereitet worden war, rechtzeitig verraten wurde und Horthy auf Intervention neutraler Diplomaten die Aktion verbot. Auf diese Dinge wird weiter unten noch eingegangen. Die seit Frühjahr 1944 in Budapest laufenden Bemühungen von Vertretern des „Joint Distribution Committee" führten dann im Oktober 1944 zu einem Befehl Himmlers, der die „Endlösung" stornierte. Die letzte Aktion, die Eichmann noch durchführte, obgleich er über den Stand der Verhandlungen mit Himmler unterrichtet war, war die Deportierung der restlichen Juden aus der Slowakei. Brunner, der aus Frankeich zurückgekehrt war, wurde im September 1944 nach Bratislava entsandt und deportierte in größter Eile die Juden, die er erfassen konnte. Aber selbst nach den Erlaß Himmlers von Oktober 1944 gab Eichmann sich noch nicht zufrieden. Der Erlaß verbot nämlich nur die Vernichtung der Juden, und so machte er sich daran, aus Budapest Juden als Arbeitskräfte für die KZs und für den Stellungsbau bei Wien zu rekrutieren. Im Dezember 1944 mußte er auch diese Tätigkeit einstellen, da Budapest von russischen Streitkräften eingeschlossen wurde. Seit Februar 1945 befand sich Eichmanns Referat in voller Auflösung. Er selbst und der Hauptteil seiner Mitarbeiter ist bei dem Zusammenbruch im Mai 1945 untergetaucht. Abschließend möchte ich die Gründe feststellen, warum Eichmann mit seiner Aktion einen solchen Erfolg haben konnte.

1. Eichmann besaß das vollste Vertrauen von Himmler, Heydrich und Müller. Auch unter Kaltenbrunners Amtsführung blieb seine Vertrauensstellung absolut erhalten.

2. Auf Grund des Göring-Erlasses vom Sommer 1941 konnte Eichmann die Einsprüche unterer Dienststellen glatt ausschalten.

---

[1]) *Siehe Seite 407—415.*

3. In bezug auf die besetzten Gebiete und die verbündeten Länder wurde Eichmann von Ribbentrop und dem Auswärtigen Amt in keiner Weise an seiner Tätigkeit gehindert. Das Auswärtige Amt hatte sich völlig Eichmanns Initiative untergeordnet.

4. Das Reichsverkehrsministerium hat Eichmann, trotz aller Schwierigkeiten bei der Beschaffung des Waggonmaterials, stets bevorzugt die notwendigen Transportmittel zur Verfügung gestellt. Mit der Gestellung der Waggons stand und fiel die gesamte Deportation. Das zeigte sich ganz klar im Fall Griechenland und Ungarn.

5. Eichmanns Mitarbeiter waren gewöhnt, blind Befehle auszuführen. Einen Widerstand hat außer mir, nur noch in Ungarn Obersturmbannführer Krumey versucht. Es war, wie ich oft versucht habe, unmöglich, unter Appell an die Vernunft, diese Leute zu einer stillen Sabotage oder zu einer Verlangsamung, die ja bei der raschen Entwicklung des Krieges die Rettung von Tausenden von Menschen bedeutete, zu bewegen. Eichmanns persönlicher Einfluß auf diese zumeist völlig primitiven Menschen war zu groß.

Auf Grund meiner persönlichen Erfahrungen stelle ich nochmals fest, daß Eichmanns, obgleich durch Befehle von Hitler und Himmler gedeckt, persönlicher Anteil an dieser Tat, der Dezimierung des europäischen Judentums, entscheidend ist und er voll dafür verantwortlich gemacht werden muß, da es andere Möglichkeiten gab, den Hitler-Befehl zu umgehen.

Nach Himmlers Meinung war die Zahl getöteter Juden größer als 6 Millionen ...[1]

Ich, Wilhelm Hoettl, sage hiermit unter Eid aus:

Mein Name ist Dr. Wilhelm Hoettl, ϟϟ-Sturmbannführer (Major der ϟϟ). Meine Beschäftigung bis zum deutschen Zusammenbruch war die eines Referenten und stellvertretenden Gruppenleiters im Amt VI des Reichssicherheitshauptamtes.

Das Amt VI des RSHA war das sogenannte Auslandsamt des SD und beschäftigte sich mit dem Nachrichtendienst in allen Ländern der Erde. Es entspricht etwa dem englischen Intelligence Service. Die Gruppe, der ich angehörte, beschäftigte sich mit dem Nachrichtendienst im Südosten Europas (Balkan).

Ende August 1944 unterhielt ich mich mit dem mir seit 1938 bekannten ϟϟ-Obersturmbannführer Adolf Eichmann. Die Unterhaltung fand in meiner Wohnung in Budapest statt.

Eichmann war zu diesem Zeitpunkte nach meinem Wissen Abteilungsleiter im Amte IV (Gestapo) des Reichssicherheitshauptamtes und darüber hinaus von Himmler beauftragt, in allen europäischen Ländern die Juden zu erfassen und nach Deutschland zu transportieren. Eichmann stand damals stark unter dem Eindruck des in diesen Tagen erfolgten Kriegsaustrittes Rumäniens. Deswegen war er auch zu mir gekommen, um sich über die militärische Lage zu informieren, die ich täglich vom Ungarischen Honved(Kriegs)-Ministerium und dem Befehlshaber der Waffen-ϟϟ in Ungarn bekam. Er gab seiner Überzeugung Ausdruck, daß der Krieg nunmehr für Deutschland verloren sei und er damit für seine Person keine weitere Chance mehr habe. Er wisse, daß er von den Vereinigten Nationen als einer der Hauptkriegsverbrecher betrachtet würde, weil er Millionen von Judenleben auf dem Gewissen habe. Ich fragte ihn, wie viele das seien, worauf er antwortete, die Zahl sei zwar ein großes Reichsgeheimnis, doch würde er sie mir sagen, da ich auch als Historiker dafür Interesse haben müßte und er von seinem Kommando nach Rumänien wahrscheinlich doch nicht

---

[1]) *Dokument PS — 2738.*

mehr zurückkommen würde. Er habe kurze Zeit vorher einen Bericht für Himmler gemacht, da dieser die genaue Zahl der getöteten Juden wissen wollte. Er sei auf Grund seiner Informationen dabei zu folgendem Ergebnis gekommen:

In den verschiedenen Vernichtungslagern seien etwa vier Millionen Juden getötet worden, während weitere zwei Millionen auf andere Weise den Tod fanden, wobei der Großteil davon durch die Einsatzkommandos der Sicherheitspolizei während des Feldzuges gegen Rußland durch Erschießen getötet wurde.

Himmler sei mit dem Bericht nicht zufrieden gewesen, da nach seiner Meinung die Zahl der getöteten Juden größer als 6 Millionen sein müsse. Himmler hatte erklärt, daß er einen Mann von seinem statistischen Amt zu Eichmann schicken werde, damit dieser auf Grund des Materials von Eichmann einen neuen Bericht verfasse, wo die genaue Zahl ausgearbeitet werden sollte.

Ich muß annehmen, daß diese Information Eichmanns mir gegenüber richtig war, da er von allen in Betracht kommenden Personen bestimmt die beste Übersicht über die Zahl der ermordeten Juden hatte. Erstens „lieferte" er sozusagen durch seine Sonderkommandos die Juden zu den Vernichtungsanstalten und kannte daher diese Zahl genau, und zweitens wußte er als Abteilungsleiter im Amte IV des RSHA, der auch für die Judenangelegenheiten zuständig war, bestimmt am besten die Zahl der auf andere Weise umgekommenen Juden.

Dazu kam, daß Eichmann zu diesem Augenblick durch die Ereignisse bestimmt in einer solchen seelischen Verfassung war, daß er gar nicht die Absicht hatte, mir etwas Unwahres zu sagen.

Ich selbst weiß die Einzelheiten dieses Gespräches deswegen so genau, weil es mich erklärlicherweise sehr bewegt hatte und ich auch bereits vor dem deutschen Zusammenbruch nähere Angaben darüber an eine amerikanische Stelle im neutralen Ausland machte, mit der ich zu diesem Zeitpunkt in Verbindung stand.

Ich schwöre, daß ich die obigen Angaben freiwillig und ohne Zwang gemacht habe und daß die obigen Angaben nach meinem besten Wissen und Gewissen der Wahrheit entsprechen.

Dr. Wilhelm Hoettl

Augenzeugenbericht über Massenvergasungen[1]

(Kurt Gerstein)

Tübingen (Württemberg), Gartenstraße 24, den 4. Mai 1945
z. Z. Rottweil

Zur Person Kurt Gersteins, Bergassessor außer Dienst, Diplom-Ingenieur, am 27. September 1936 wegen staatsfeindlicher Betätigung aus dem Höheren Preußischen Berg-Dienst entfernt.[2])

Geboren am 11. August 1905 zu Münster (Westfalen), Teilhaber der Maschinenfabrik De Limon Fluhme & Co. zu Düsseldorf, Industriestraße 1—17, Spezialfabrik für automatische Schmieranlagen für Lokomotiven, Knorr- und Westinghouse-Bremsen.[3])

Lebenslauf: 1905—1910 in Münster (Westfalen). 1910—1919 Saarbrücken. 1919 bis 1921 Halberstadt. 1921—1925 Neuruppin bei Berlin. Dort 1925 Abitur am humanistischen Gymnasium. Studien: Universität Marburg a. Lahn 1925—1927. Berlin 1927—1931, Technische Hochschule Aachen 1927. Diplom-Ingenieur-Examen 1931 in Berlin-Charlotten-

---

[1]) *Dem „Vierteljahreshefte für Zeitgeschehen", 1. Jahrg., 1953, 2. Heft, April, S. 185—196, entnommen. Sämtliche Fußnoten sind den Vorbemerkungen und Fußnoten des Herausgebers entnommen. Auf Seite 104 schreibt Kurt Gerstein über die Vernichtungslager Belcec und Tréblinca. Gemeint ist „Belzec" und „Treblinka".*

[2]) Urkundlich bezeugt und im Original eingesehen ist der Schutzhaftbefehl vom 26. September 1936 (Saarbrücken-B Nr. 5748—II A 2—2199/36). Zusammen mit der Verhaftung (obiges Datum) wird Suspension vom Amt erfolgt sein. Die formelle Entlassung aus dem Staatsdienst erfolgte erst am 9. Februar 1937 (gez. Oberberghauptmann Schlattmann. Gesch.Z. G 313/15).

[3]) Es folgen weitere Angaben rein familiärer Art.

burg. Seit 1925 aktives Mitglied der organisierten evangelischen Jugend (CVJM-YMCA) und der Bibelkreise an Höheren Schulen.

Politische Betätigung: Aktiver Anhänger von Brüning und Stresemann. — Seit Juni 1933 von der Gestapo verfolgt wegen christlicher Betätigung gegen den Nazistaat. Am 2. Mai 1933 Eintritt in die NSDAP, am 2. Oktober 1936[4]) Ausschluß aus der NSDAP wegen staatsfeindlicher (religiöser) Betätigung für die Bekenntniskirche. Gleichzeitig Ausschluß als Beamter aus dem Staatsdienst.[5]) — Am 30. Januar 1935 wegen Störung einer Parteiweihefeier im Stadttheater Hagen (Westfalen) — Aufführung des Dramas „Wittekind" — öffentlich verprügelt und verletzt. — Am 27. November 1935 Bergassessorexamen vor dem Wirtschaftsministerium in Berlin, sämtliche Examen mit Prädikat. Bis zur Verhaftung am 27. September 1936 Staatsbeamter der Saargrubenverwaltung in Saarbrücken. Diese erste Verhaftung erfolgte wegen Versendung von 8500 staats(nazi)feindlichen Broschüren an sämtliche Ministerialdirektoren und hohen Justizbeamten in Deutschland.[6]) — Einem Lieblingswunsch entsprechend, studierte ich alsdann in Tübingen am Deutschen Institut für Ärztliche Mission Medizin. Dies wurde mir durch meine wirtschaftliche Unabhängigkeit ermöglicht. Als Teilhaber der Firma De Limon Fluhme & Co. in Düsseldorf bezog ich ein durchschnittliches Einkommen von jährlich 18 000 Reichsmark. Etwa ein Drittel dieses Einkommens pflegte ich für meine religiösen Ideale auszugeben. Insbesondere habe ich rund 230 000 religiöse und nazifeindliche Broschüren drucken lassen und dieselben auf meine Kosten versandt.

Am 14. Juli 1938 erfolgte meine zweite Verhaftung und Einlieferung in das Konzentrationslager Welzheim wegen staatsfeindlicher Betätigung.[7]) Ich wurde vorher häufig von der Gestapo verwarnt und verhört und bin mit einem Redeverbot für das ganze Reichsgebiet belegt worden.

Als ich von der beginnenden Umbringung der Geisteskranken in Grafeneck und Hadamar und andernorts hörte, beschloß ich, auf jeden Fall den Versuch zu machen, in diese Öfen und Kammern hineinzuschauen, um zu wissen, was dort geschieht. Dies um so mehr,

---

[4]) Der Ausschluß geschah tatsächlich durch einstweilige Verfügung vom 15. Oktober 1936, wie aus dem Urteil des Obersten Parteigerichts (München, 22. Juni 1939. Gesch.Nr. I/332/39) hervorgeht.

[5]) Siehe Anm. 2

[6]) Das Oberste Parteigericht (Anm. 29) weiß von der Versendung von je vier Brosch. d. Bekenntniskirche an 380 höhere Justizbeamte im Sommer 1938. Der verstorbene Präsident des Bundestages, Dr. Hermann Ehlers, bezeugt (a. a. O.), daß einzelne dieser Broschüren in „Auflagen von mehr als 100 000 Stück verbreitet worden" sind.

[7]) Der (2.) Schutzhaftbefehl ist datiert vom 23. Juli 1938 (Original auf himbeerrotem Papier. Geh. Staatspolizeiamt Berlin SW. B. II D Haft-Nr. W 2171 (gez. Dr. Best). — Einlieferung in Welzheim durch angehefteten weißen Zettel bestätigt.

als eine angeheiratete Schwägerin — Bertha Ebeling — in Hadamar zwangsgetötet wurde.[8]) Mit zwei Referenzen der Gestapobeamten, die meine Sache bearbeiteten,[9]) gelang es mir unschwer, in die SS einzutreten. Die Herren waren der Ansicht, daß mein Idealismus, den sie wohl bewunderten, der Nazisache zugute kommen müßte. — Am 10. März 1941 trat ich in die SS ein. Ich erhielt meine Grundausbildung in Hamburg-Langehorn, in Arnhem-Holland und in Oranienburg. In Holland nahm ich sofort die Fühlung mit der holländischen Widerstandsbewegung auf (Diplomingenieur Ubbink, Doesburg). Wegen meines Doppelstudiums wurde ich bald in den technisch-ärztlichen Dienst übernommen und dem SS-Führungshauptamt, Amtsgruppe D, Sanitätswesen der Waffen-SS, Abteilung Hygiene, zugeteilt. Die Ausbildung machte ich mit einem Ärztekursus von 40 Ärzten. — Beim Hygienedienst konnte ich mir meine Tätigkeit selbst bestimmen. Ich konstruierte fahrbare und ortsfeste Desinfektionsanlagen für die Truppe, für Gefangenenlager und Konzentrationslager. Hiermit hatte ich unverdientermaßen große Erfolge und wurde von da ab für eine Art technisches Genie gehalten. In der Tat gelang es wenigstens, die schreckliche Fleckfieberwelle von 1941 in den Lagern einigermaßen einzudämmen. Wegen meiner Erfolge wurde ich bald Leutnant und Oberleutnant. — Weihnachten 1941 erhielt das Gericht, das meinen Ausschluß aus der NSDAP verfügt hatte, Kenntnis von meinem Eintritt in die SS an führender Stelle. Es folgte ein starkes Kesseltreiben gegen mich. Aber wegen meiner großen Erfolge und wegen meiner Persönlichkeit wurde ich von einer Dienststelle geschützt und gehalten. Im Januar 1942 wurde ich Abteilungsleiter der Abteilung Gesundheitstechnik und gleichzeitig in Doppelstellung für den gleichen Sektor vom Reichsarzt SS und Polizei übernommen. Ich übernahm in dieser Eigenschaft den ganzen technischen Desinfektionsdienst einschließlich der Desinfektion mit hochgiftigen Gasen.

In dieser Eigenschaft erhielt ich am 8. Juni 1942 Besuch von dem mir bis dahin unbekannten SS-Sturmführer Günther vom Reichssicherheitshauptamt, Berlin W, Kurfürstenstraße. Günther kam in Zivil. Er gab mir den Auftrag, sofort für einen äußerst geheimen Reichsauftrag 100 kg Blausäure zu beschaffen und mit dieser mit einem Auto zu einem unbekannten Ort zu fahren, der nur dem Fahrer des Wagens bekannt sei. Wir fuhren alsdann einige Wochen später nach Prag. Ich konnte mir ungefähr die Art des Auftrags denken, übernahm ihn aber, weil mir hier durch Zufall sich eine von mir seit langem

---

[8]) Diese Tatsache und der Zusammenhang werden bestätigt durch Kirchenrat O. Wehr, Bevollmächtigten der Evangl. Kirche der Rheinprovinz für das Saarland, der bezeugt, die Urne der Tochter des verstorbenen Pfarrers Ebeling, die in Hadamar durch Vergasung umgebracht worden sei, selbst beigesetzt zu haben. Er fügt hinzu: Damals „teilte er (Gerstein) mir seinen Entschluß mit, er wolle dahinterkommen, was über die umlaufenden Gerüchte solcher und anderer verbrecherischer Aktionen den Tatsachen entspräche. Meinen sehr starken Bedenken gegen diesen Plan, in das Lager der dämonischen Mächte hineinzugehen, begegnete er mit leidenschaftlich bewegter Entschlossenheit". (Aussage des Kirchenrats O. Wehr, Saarbrücken, 24. Januar 1949, Tgb.-Nr. 138/49. gez. Haisch. Nach Abschrift beglaubigt durch Ev. Oberkirchenrat, Außenstelle Tübingen, 31. Januar 1949.)

[9]) Einer der beiden scheint der Kriminalsekretär Zerrer in Stuttgart gewesen zu sein, der die religiösen Schriften von G. seinem eigenen Sohn gegeben haben soll und sich G. hilfreich erwies.

ersehnte Gelegenheit ergab, in diese Dinge hineinzuschauen. Auch war ich als Sachverständiger für Blausäure so autoritär und kompetent, daß es mir auf jeden Fall ein Leichtes sein mußte, die Blausäure unter irgendeinem Vorwand als untauglich — weil zersetzt oder dergleichen — zu bezeichnen und ihre Anwendung für den eigentlichen Tötungszweck zu verhindern. Mit uns fuhr noch — mehr zufällig — der Professor Dr. med. Pfannenstiel, SS-Obersturmbannführer, Ordinarius der Hygiene an der Universität Marburg/Lahn.[10])

Wir fuhren alsdann mit dem Wagen nach Lublin, wo uns der SS-Gruppenführer Globocnek erwartete.[11]) In der Fabrik in Collin hatte ich absichtlich durchblicken lassen, daß die Säure für die Tötung von Menschen bestimmt sei. Prompt erschien denn auch nachmittags ein Mensch, der sich sehr stark für das Fahrzeug interessierte und, als er bemerkt wurde, in rasender Fahrt floh. Globocnek sagte: Diese ganze Angelegenheit ist eine der geheimsten Sachen, die es zur Zeit überhaupt gibt, man kann sagen die geheimste. Wer darüber spricht, wird auf der Stelle erschossen. Erst gestern seien zwei Schwätzer erschossen worden. Dann erklärte er uns:

Im Augenblick — das war am 17. August 1942 — haben wir drei Anstalten in Betrieb, nämlich:

1. Belcec, an der Chaussee und Bahnstrecke Lublin—Lemberg, an der Schnittlinie mit der Demarkationslinie mit Rußland. Höchstleistung pro Tag 15 000 Personen.

2. Tréblinca, 120 Kilometer nordöstlich von Warschau. Höchstleistung 25 000 Personen pro Tag.

3. Sobibor, auch in Polen, ich weiß nicht genau, wo. 20 000 Personen Höchstleistung pro Tag.

4. — Damals in Vorbereitung. — Maidanek bei Lublin.

Belcec, Tréblinca und Maidanek habe ich persönlich eingehend mit dem Leiter dieser Anstalten, dem Polizeihauptmann Wirth, zusammen besichtigt.

Globocnek wendete sich ausschließlich an mich und sagte: „Es ist Ihre Aufgabe, insbesondere die Desinfektion des sehr umfangreichen Textilgutes durchzuführen. Die ganze Spinnstoffsammlung ist doch nur durchgeführt worden, um die Herkunft des Bekleidungsmaterials für die Ostarbeiter usw. zu erklären und als ein Ergebnis des Opfers des deutschen Volkes darzustellen. In Wirklichkeit ist das Aufkommen unserer Anstalten das 10—20fache der ganzen Spinnstoffsammlung."

---

[10]) Die zufällige Begleitung wird bezeugt von Prof. Pfannenstiel in seiner Vernehmung im I. G. Farben-Prozeß (Interrogation Nr. 2288).

[11]) Odilo Globocnik, Höherer SS- und Polizeiführer, war österr. Nationalsozialist aus Kärnten und zeichnete sich beim „Anschluß" als Gauleiter von Wien aus. Er endete 1945 durch Selbstmord. Gerstein schreibt Globocnek.

Über Globocnik siehe Seite 93.

(Ich habe alsdann mit den leistungsfähigsten Firmen die Möglichkeit, solche Textilmengen — es handelte sich allein um einen aufgelaufenen Vorrat von etwa 40 Millionen Kilogramm = 60 komplette Güterzüge voll — in den vorhandenen Wäschereien und Desinfektionsanstalten zu desinfizieren, durchgesprochen. Es war aber völlig unmöglich, so große Aufträge unterzubringen. Ich benutzte alle diese Verhandlungen, um die Tatsache der Judentötung in geschickter Weise bekanntzumachen oder durchblicken zu lassen. Es genügte Globocnek alsdann, daß das ganze Zeug mit etwas Detenolin [?] übersprüht wurde, damit es wenigstens nach Desinfektion röche. Das ist denn auch geschehen.)

„Ihre andere noch weit wichtigere Aufgabe ist die Umstellung unserer Gaskammern, die jetzt mit Dieselauspuffgasen arbeiten, auf eine bessere und schnellere Sache. Ich denke da vor allem an Blausäure. Vorgestern waren der Führer und Himmler hier. Auf ihre Anweisung muß ich Sie persönlich dorthin bringen, ich soll niemand schriftliche Bescheinigungen und Einlaßkarten ausstellen."

Darauf fragte Pfannenstiel: „Was hat denn der Führer gesagt?" — Glob.: „Schneller, schneller die ganze Aktion durchführen.". Sein Begleiter, der Ministerialrat Dr. Herbert Lindner[12]), hat dann gefragt: „Herr Globocnek, halten Sie es für gut und richtig, die ganzen Leichen zu vergraben, anstatt sie zu verbrennen? Nach uns könnte eine Generation kommen, die das Ganze nicht versteht!"

Darauf Globocnek: „Meine Herren, wenn je nach uns eine Generation kommen sollte, die so schlapp und so knochenweich ist, daß sie unsere große Aufgabe nicht versteht, dann allerdings ist der ganze Nationalsozialismus umsonst gewesen. Ich bin im Gegenteil der Ansicht, daß man Bronzetafeln versenken sollte, auf denen festgehalten ist, daß wir den Mut gehabt haben, dieses große und so notwendige Werk durchzuführen."

Darauf der Führer: „Gut, Globocnek, das ist allerdings auch meine Ansicht!"

Später hat sich die andere Ansicht durchgesetzt. Die Leichen sind dann auf großen Rosten, die aus Eisenbahnschienen improvisiert wurden, verbrannt worden unter Zuhilfenahme von Benzin und Dieselöl.

Am anderen Tage fuhren wir nach Belcec. Ein kleiner Spezialbahnhof war zu diesem Zweck an einem Hügel hart nördlich der Chaussee Lublin—Lemberg im linken Winkel der Demarkationslinie geschaffen worden. Südlich der Chaussee einige Häuser mit der Inschrift „Sonderkommando Belcec der Waffen-ᛋᛋ". Da der eigentliche Chef der gesamten Tötungsanlagen, der Polizeihauptmann Wirth, noch nicht da war, stellte Globocnek mich dem ᛋᛋ-Hauptsturmführer Obermeyer (aus Pirmasens) vor. Dieser ließ mich an jenem Nachmittag nur das sehen, was er mir eben zeigen mußte. Ich sah an diesem Tag keine Toten, nur der Geruch der ganzen Gegend im heißen August war pestilenzartig, und Millionen

[12]) Schon der Ankläger im „Ärzte-Prozeß" korrigierte den Namen in Linden. Es handelt sich um den Ministerialrat Dr. Herbert Linden vom Reichsinnenministerium, der als Leiter der „Gemeinnützigen Transportgesellschaft" die Durchführung des Euthanasie-Programms seit 1939 betrieb. Im Taschenbuch für Verwaltungsbeamte (1942, Berlin, Verlag Heynemann, S. 13) erscheint Dr. L. als Ministerialrat und Referent in der Abt. IV Gesundheitswesen und Volkspflege des RMdL.

von Fliegen waren überall zugegen. — Dicht bei dem kleinen zweigleisigen Bahnhof war eine große Baracke, die sogenannte Garderobe, mit einem großen Wertsachenschalter. Dann folgte ein Zimmer mit etwa 100 Stühlen, der Friseurraum. Dann eine kleine Allee im Freien unter Birken, rechts und links von doppeltem Stacheldraht umzäunt, mit Inschriften: Zu den Inhalier- und Baderäumen! — Vor uns eine Art Badehaus mit Geranien, dann ein Treppchen, und dann rechts und links je 3 Räume 5 × 5 Meter, 1,90 Meter hoch, mit Holztüren wie Garagen. An der Rückwand, in der Dunkelheit nicht recht sichtbar, große hölzerne Rampentüren. Auf dem Dach als „sinniger, kleiner Scherz" der Davidstern!! — Vor dem Bauwerk eine Inschrift: Heckenholt-Stiftung! — Mehr habe ich an jenem Nachmittag nicht sehen können.

Am anderen Morgen kurz vor sieben kündigt man mir an: In zehn Minuten kommt der erste Transport! — Tatsächlich kam nach einigen Minuten der erste Zug von Lemberg aus an. 45 Waggons mit 6700 Menschen, von denen 1450 schon tot waren bei ihrer Ankunft. Hinter den vergitterten Luken schauten, entsetzlich bleich und ängstlich, Kinder durch, die Augen voller Todesangst, ferner Männer und Frauen. Der Zug fährt ein: 200 Ukrainer reißen die Türen auf und peitschen die Leute mit ihren Lederpeitschen aus den Waggons heraus. Ein großer Lautsprecher gibt die weiteren Anweisungen: Sich ganz ausziehen, auch Prothesen, Brillen usw. Die Wertsachen am Schalter abgeben, ohne Bons oder Quittung. Die Schuhe sorgfältig zusammenbinden (wegen der Spinnstoffsammlung), denn in dem Haufen von reichlich 25 Meter Höhe hätte sonst niemand die zugehörigen Schuhe wieder zusammenfinden können. Dann die Frauen und Mädchen zum Friseur, der mit zwei, drei Scherenschlägen die ganzen Haare abschneidet und sie in Kartoffelsäcken verschwinden läßt. „Das ist für irgendwelche Spezialzwecke für die U-Boote bestimmt, für Dichtungen oder dergleichen!" sagt mir der SS-Unterscharführer, der dort Dienst tut. —

Dann setzt sich der Zug in Bewegung. Voran ein bildhübsches junges Mädchen, so gehen sie die Allee entlang, alle nackt, Männer, Frauen, Kinder, ohne Prothesen. Ich selbst stehe mit dem Hauptmann Wirth oben auf der Rampe zwischen den Kammern. Mütter mit ihren Säuglingen an der Brust, sie kommen herauf, zögern, treten ein in die Todeskammern! — An der Ecke steht ein starker SS-Mann, der mit pastoraler Stimme zu den Armen sagt: „Es passiert euch nicht das Geringste! Ihr müßt nur in den Kammern tief Atem holen, das weitet die Lungen, diese Inhalation ist notwendig wegen der Krankheiten und Seuchen." Auf die Frage, was mit ihnen geschehen würde, antwortet er: „Ja, natürlich, die Männer müssen arbeiten, Häuser und Chausseen bauen, aber die Frauen brauchen nicht zu arbeiten. Nur wenn sie wollen, können sie im Haushalt oder in der Küche mithelfen." — Für einige von diesen Armen ein kleiner Hoffnungsschimmer, der ausreicht, daß sie ohne Widerstand die paar Schritte zu den Kammern gehen — die Mehrzahl weiß Bescheid, der Geruch kündet ihnen ihr Los! — So steigen sie die kleine Treppe herauf, und dann sehen sie alles. Mütter mit Kindern an der Brust, kleine nackte Kinder, Erwachsene, Männer, Frauen, alle nackt — sie zögern, aber sie treten in die Todeskammern, von den anderen hinter ihnen vorgetrieben oder von den Lederpeitschen der SS getrieben. Die Mehrzahl ohne ein Wort zu sagen. Eine Jüdin von etwa 40 Jahren, mit flammenden Augen, ruft das Blut, das hier vergossen wird, über die Mörder. Sie erhält 5 oder 6 Schläge mit der Reitpeitsche ins Gesicht, vom Hauptmann Wirth persönlich, dann verschwindet auch sie in der Kammer. Viele Menschen beten. Ich bete mit ihnen, ich drücke mich in eine Ecke und schreie laut zu meinem und ihrem Gott. Wie gerne wäre ich mit ihnen in die Kammer gegangen, wie gerne wäre ich ihren Tod mitgestorben. Sie hätten dann einen uniformierten SS-Offizier in ihren Kammern gefunden — die Sache wäre als Unglücksfall aufgefaßt und behandelt worden, sang- und klanglos verschollen. Noch also darf ich nicht. Ich muß noch zuvor künden, was ich hier erlebe! — Die Kammern füllen sich. Gut vollpacken — so hat es der Hauptmann Wirth befohlen. Die Menschen stehen einander auf den Füßen. 700—800 auf 25 Quadratmetern, in 45 Kubikmetern! Die SS zwängt sie physisch zusammen, soweit es überhaupt geht. — Die Türen schließen sich. Währenddessen warten die anderen draußen im Freien nackt. Man sagt mir: Auch im Winter genau so! Ja, aber sie können sich ja den Tod holen, sage ich. — Ja, grad for das sinn se ja doh! sagt mir ein SS-Mann darauf in seinem Platt. — Jetzt endlich verstehe ich auch, warum die ganze Einrichtung Heckenholt-Stiftung heißt. Heckenholt ist der Chauffeur des Dieselmotors, ein kleiner Techniker, gleichzeitig der Erbauer der Anlage. Mit den Dieselauspuffgasen sollen die Menschen zu Tode gebracht werden. Aber der Diesel funktioniert nicht! Der Hauptmann Wirth kommt. Man sieht, es ist ihm peinlich, daß das gerade heute passieren muß, wo ich hier bin. Jawohl, ich sehe alles! Und ich warte. Meine Stoppuhr hat alles brav registriert. 50 Minuten, 70 Sekunden — der Diesel springt nicht an! Die Menschen warten in ihren Gaskammern. Vergeblich! Man hört sie weinen, schluchzen[13]) . . . Der Hauptmann Wirth schlägt mit seiner Reitpeitsche den Ukrainer, der dem Unterscharführer Heckenholt beim Diesel helfen soll, 12-, 13mal ins Gesicht. Nach zwei Stunden 49 Minuten — die Stoppuhr hat alles wohl registriert — springt der Diesel an. Bis zu diesem Augenblick leben die Menschen in diesen 4 Kammern, viermal 750 Menschen in 4mal 45 Kubikmetern! — Von neuem verstreichen 25 Minuten. Richtig, viele sind jetzt tot. Man sieht das durch das kleine Fensterchen, in dem das elektrische Licht die Kammern einen Augenblick beleuchtet. Nach 28 Minuten leben nur noch wenige. Endlich, nach 32 Minuten ist alles tot! —

Von der anderen Seite öffnen Männer vom Arbeitskommando die Holztüren. Man hat ihnen — selbst Juden — die Freiheit versprochen und einen gewissen Promillesatz von allen gefundenen Werten für ihren schrecklichen Dienst. Wie Basaltsäulen stehen die Toten aufrecht aneinander gepreßt in den Kammern. Es wäre auch kein Platz hinzufallen oder auch nur sich vornüber zu neigen. Selbst im Tode noch kennt man die Familien. Sie drücken sich, im Tode verkrampft, noch die Hände, so daß man Mühe hat, sie auseinander zu reißen, um die Kammern für die nächste Charge freizumachen. Man wirft die Leichen — naß von Schweiß und Urin, kotbeschmutzt, Menstruationsblut an den Beinen, heraus. Kinderleichen fliegen durch die Luft. Man hat keine Zeit. Die Reitpeitschen der Ukrainer sausen auf die Arbeitskommandos. Zwei Dutzend Zahnärzte öffnen mit Haken den Mund und sehen nach Gold. Gold links, ohne Gold rechts. Andere Zahnärzte brechen mit Zangen und Hämmern die Goldzähne und Kronen aus den Kiefern. —

---

[13]) Hier folgt eine rein persönliche Notiz.

Unter allen springt der Hauptmann Wirth herum. Er ist in seinem Element. Einige Arbeiter kontrollieren Genitalien und After nach Gold, Brillanten und Wertsachen. Wirth ruft mich heran: „Heben Sie mal diese Konservenbüchse mit Goldzähnen, das ist nur von gestern und vorgestern!" In einer unglaublich gewöhnlichen und falschen Sprechweise sagt er zu mir: „Sie glauben gar nicht, was wir jeden Tag finden an Gold und Brillanten" — er sprach es mit zwei L — „und Dollar. Aber schauen Sie selbst!" Und nun führte er mich zu einem Juwelier, der alle diese Schätze zu verwalten hatte, und ließ mich dies alles sehen. Man zeigte mir dann noch einen früheren Chef des Kaufhauses des Westens in Berlin und einen Geiger: Das ist ein Hauptmann von der alten Kaiserlich-Königlich österreichischen Armee, Ritter des Eisernen Kreuzes I. Klasse, der jetzt Lagerältester beim jüdischen Arbeitskommando ist! — Die nackten Leichen wurden auf Holztragen nur wenige Meter weit in Gruben von 100 × 20 × 12 Meter geschleppt. Nach einigen Tagen gärten die Leichen hoch und fielen alsdann kurze Zeit später stark zusammen, so daß man eine neue Schicht auf dieselben draufwerfen konnte. Dann wurden zehn Zentimeter Sand darüber gestreut, so daß nur noch vereinzelte Köpfe und Arme herausragten. — Ich sah an einer solchen Stelle Juden in den Gräbern auf den Leichen herumklettern und arbeiten. Man sagte mir, daß versehentlich die tot Angekommenen eines Transportes nicht entkleidet worden seien. Dies müßte natürlich wegen der Spinnstoffe und Wertsachen, die sie sonst mit ins Grab nähmen, nachgeholt werden. Weder in Belcec noch in Tréblinca hat man sich irgendeine Mühe gegeben, die Getöteten zu registrieren oder zu zählen. Die Zahlen waren nur Schätzungen nach dem Waggoninhalt . . . — Der Hauptmann Wirth bat mich, in Berlin keine Änderungen seiner Anlagen vorzuschlagen und alles so zu lassen, wie es wäre und sich bestens eingespielt und bewährt habe. Die Blausäure habe ich unter meiner Aufsicht vergraben lassen, da sie angeblich in Zersetzung geraten sei.

Am anderen Tage — dem 19. August 1942 — fuhren wir mit dem Auto des Hauptmanns Wirth nach Tréblinca, 120 km NNO von Warschau. Die Einrichtung war etwa dieselbe, nur viel größer als in Belcec. Acht Gaskammern und wahre Gebirge von Koffern, Textilien und Wäsche. Zu unseren Ehren wurde im Gemeinschaftssaal im typisch Himmlerschen altdeutschen Stil ein Bankett gegeben. Das Essen war einfach, aber es stand alles in jeder Menge zur Verfügung. Himmler hatte selbst angeordnet, daß die Männer dieser Kommandos soviel Fleisch, Butter und sonstiges erhielten, insbesondere Alkohol, wie sie wollten.

Wir fuhren dann mit dem Auto nach Warschau. Dort traf ich, als ich vergeblich ein Schlafwagenbett zu erhalten versuchte, im Zug den Sekretär der Schwedischen Gesandtschaft in Berlin, Baron von Otter.[14]) Ich habe, noch unter dem frischen Eindruck der entsetzlichen Erlebnisse, diesem alles erzählt mit der Bitte, dies seiner Regierung und

---

[14]) Ein Schreiben des schwed. Außenministeriums (11. 11. 1949) an das Centre de Dokumentation Juive Contemporaine in Paris bestätigt, daß Gerstein in den letzten Tagen des August 1942 im Zug von Warschau v. Otter, einem Mitglied der Schwed. Gesandtschaft in Berlin, die betr. Aufklärungen gab, und daß sie an das Foreign Office weitergeleitet wurden. Siehe Anhang.

den Alliierten sofort zu berichten, da jeder Tag Verzögerung weiteren Tausenden und Zehntausenden das Leben kosten müsse. Er bat mich um eine Referenz, als welche ich ihm Herrn Generalsuperintendenten D. Otto Dibelius[15]), Berlin, Brüderweg 2, Lichterfelde-West, angab, einen vertrauten Freund des Pfarrers Martin Niemöller und Mitglied der kirchlichen Widerstandsbewegung gegen den Nazismus. Ich traf dann Herrn von Otter noch zweimal in der Schwedischen Gesandtschaft. Er hatte inzwischen nach Stockholm berichtet und teilte mir mit, daß dieser Bericht erheblichen Einfluß auf die schwedisch-deutschen Beziehungen gehabt habe. Ich versuchte, in gleicher Sache dem Päpstlichen Nuntius in Berlin Bericht zu erstatten. Dort wurde ich gefragt, ob ich Soldat sei. Daraufhin wurde jede weitere Unterhaltung mit mir abgelehnt, und ich wurde zum Verlassen der Botschaft seiner Heiligkeit aufgefordert. Beim Verlassen der Päpstlichen Botschaft wurde ich von einem Polizisten mit dem Rade verfolgt, der kurz an mir vorbeifuhr, abstieg, mich dann aber völlig unbegreiflicherweise laufen ließ. Ich habe dann alles dies Hunderten von Persönlichkeiten berichtet, u. a. dem Syndikus des katholischen Bischofs von Berlin, Herrn Dr. Winter, mit der ausdrücklichen Bitte um Weitergabe an den päpstlichen Stuhl. Ich muß noch hinzufügen, daß der ᛋᛋ-Sturmbannführer Günther vom Reichssicherheitshauptamt — ich glaube, er ist der Sohn des Rassen-Günther[16]) — Anfang 1944 nochmals sehr große Mengen Blausäure von mir verlangte für einen sehr dunklen Zweck. Er zeigte mir in der Kurfürstenstraße in Berlin einen Schuppen, in dem er die Blausäure zu lagern gedachte. Ich erklärte ihm darauf, daß ich dafür ausgeschlossenerweise die Verantwortung übernehmen könne. Es handelte sich um mehrere Waggons, genug, um viele Millionen Menschen damit umzubringen. Er sagte mir, daß er selbst noch nicht wisse, ob das Gift gebraucht würde, wann, für wen, auf welche Weise usw. Aber es müsse ständig verfügbar gehalten werden. Ich habe später oft an die Worte von Goebbels denken müssen. Ich kann mir denken, daß sie einen großen Teil des deutschen Volkes töten wollten, sicher einschließlich der Pfarrerschaft oder der mißliebigen Offiziere. Das sollte in einer Art Lesesälen oder Klubräumen geschehen, soviel entnahm ich den Fragen der technischen Durchführung, die Günther an mich richtete. Es kann auch sein, daß er die Fremdarbeiter umbringen sollte oder Kriegsgefangene — ich weiß es nicht. Auf jeden Fall richtete ich es so ein, daß die Blausäure sofort nach ihrer Ankunft in den beiden Konzentrationslagern Oranienburg und Auschwitz für irgendwelche Zwecke der Desinfektion verschwand. Das war etwas gefährlich für mich, aber ich hätte einfach sagen können, daß das Gift sich bereits in einer gefährlichen Zersetzung befunden habe. Ich bin sicher, daß Günther das Gift beschaffen wollte, um Millionen Menschen eventuell umzubringen. Es reichte für etwa 8 Millionen Menschen, 8500 Kilogramm. Über 2175 Kilogramm habe ich die Rechnungen eingereicht. Die Rechnungen ließ ich stets auf meinen Namen ausstellen, angeblich wegen der Diskretion, in Wahrheit, um in meiner Verfügung freier zu sein und um das Gift verschwinden lassen zu können. Vor allem vermied ich es, durch Vorlage von Rechnungen

[15]) Bischof Dibelius hat die Tatsache in einem Brief an das Institut für Zeitgeschichte in München bestätigt. (22. 11. 1949.)

[16]) Nach Auskunft des „Document Center" ist diese Vermutung unzutreffend.

die Sache immer wieder in Erinnerung zu bringen, sondern ließ die Rechnungen lieber völlig unbezahlt, unter Vertröstung der Firma[17]) . . .

Ich habe es im übrigen vermieden, allzu oft in Konzentrationslagern zu erscheinen, denn es war manchmal üblich, zu Ehren der Besucher Leute aufzuhängen oder Exekutionen vorzunehmen.

Alle meine Angaben sind wörtlich wahr. Ich bin mir der außerordentlichen Tragödie dieser meiner Aufzeichnungen vor Gott und der gesamten Menschheit voll bewußt und nehme es auf meinen Eid, daß nichts von allem, was ich registriert habe, erdichtet oder erfunden ist, sondern alles sich genau so verhält[18]).

---

17) Es folgen hier Angaben des Direktors der Degesch über den beabsichtigten Gebrauch von Blausäure auch in Theresienstadt, sowie sichtlich nicht selbst beobachtete Einzelheiten über die „scheußlichsten Konzentrationslager" (Auschwitz und Mauthausen), über die medizinischen Experimente und das Verschwinden der Homosexuellen in Oranienburg.

18) Es folgen Referenzen. Die Angaben über den Verkehr in seiner Wohnung (Herbst 1944) werden von Dr. Ehlers weitgehend bestätigt, der (a. a. O.) u. a. schreibt: „. . . Er hatte eine Haushälterin, die jahrelang bei einer jüdischen Familie gearbeitet hatte, von der SS zu entwürdigenden Säuberungsarbeiten im SS-Hauptamt verpflichtet und von Gerstein für seine Privatwirtschaft in Anspruch genommen worden war. Diese ältere Frau haßte die Nationalsozialisten noch glühender als Gerstein, so daß der Ton in dieser Wohnung außergewöhnlich radikal war. Im übrigen war Gerstein, wie immer, außerordentlich unvorsichtig. Der englische Sender wurde ständig abgehört und brüllte in ziemlicher Lautstärke durch die Wohnung. Offenbar nahmen die Mitbewohner des Hauses, die das zweifellos hörten, an, daß ein SS-Führer berechtigt sei, diese Sender in dienstlicher Eigenschaft abzuhören . . ."

ANHANG

I.

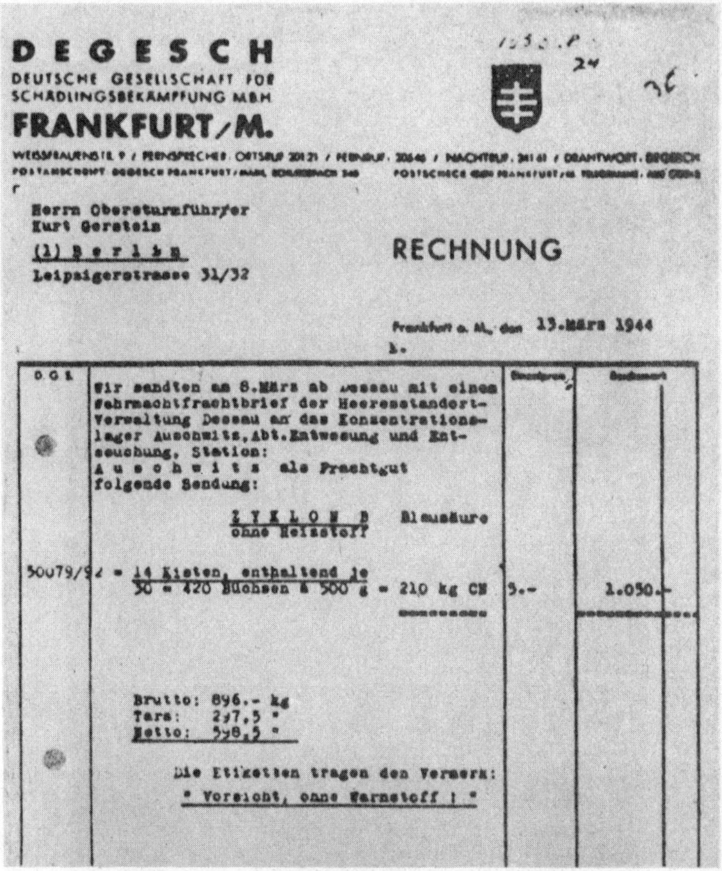

DEGESCH
DEUTSCHE GESELLSCHAFT FÜR SCHÄDLINGSBEKÄMPFUNG M.B.H.
FRANKFURT/M.

Herrn Obersturmführer
Kurt Gerstein
(1) B e r l i n
Leipzigerstrasse 31/32

RECHNUNG

Frankfurt a. M., den 13. März 1944

D.G.I.		Einzelpreis	Gesamtwert
	Wir sandten am 8. März ab Dessau mit einem Wehrmachtfrachtbrief der Heeresstandort-Verwaltung Dessau an das Konzentrationslager Auschwitz, Abt. Entwesung und Entseuchung, Station: A u s c h w i t z als Frachtgut folgende Sendung:		
	Z Y K L O N B Blausäure ohne Reizstoff		
50079/92	= 14 Kisten, enthaltend je 30 = 420 Büchsen à 500 g = 210 kg CN	5.-	1.050.-
	Brutto: 896.- kg Tara: 297,5 " Netto: 598,5 "		
	Die Etiketten tragen den Vermerk: " Vorsicht, ohne Warnstoff ! "		

Rechnung der Firma D e g e s c h an Kurt Gerstein über Zyklon B[1])

[1]) *Archiv des Instituts für Zeitgeschichte, München*

ZYKLON B
GIFTGAS!
Kühl und trocken lagern! Vor Sonne
offener Flamme schützen! Nur durch geübtes
Personal zu öffnen und zu verwenden!
CYANGEHALT:
200 g
KALIWERKE A. G. KOLIN.

III.

Die Ware ...[1])

Degesch, Deutsche Gesellschaft für Schädlingsbekämpfung m. b. H.

Herrn Obersturmbannführer II

Kurt Gerstein 1553 P. S.

(1) Berlin

Leipzigerstraße 31/32

Ihr Schreiben vom K/Ro. Frankfurt am Main

24. Mai 1944 7. Juni 1944

Herr Dr. Peters hat uns Ihr Schreiben zur Beantwortung übergeben. Anbei senden wir Ihnen zunächst eine Aufstellung über die unbezahlten Rechnungen bis zum 18. v. M. In dieser Aufstellung sind noch nicht berücksichtigt unsere beiden Rechnungen vom 30. Mai in Höhe von je RM 975,—.

Was nun Ihre Frage wegen der Lagerfähigkeit der Ware anbetrifft, so können wir Ihnen mitteilen, daß wir die Garantie für ein Jahr übernehmen. Wir zweifeln nicht daran, daß die Ware auch länger gelagert werden kann, möchten Sie jedoch bitten, in Anbetracht der heute besonders prekären Lage nach Möglichkeit die Lagerzeit nicht zu überschreiten, sondern die ältesten Sendungen schon für Entwesungszwecke mitzubenutzen. In diesem Zusammenhang müssen wir Ihnen mitteilen, daß unser Lieferwerk bei den Angriffen an den Pfingsttagen unangenehm getroffen worden ist, sodaß die Fabrikation vollkommen unterbrochen wurde. Wie wir von unserem Werk hören, werden zur Wiederherstellung ca. 3 Monate benötigt. In dieser Zeit sind wir also nicht in der Lage, unseren Verpflichtungen Ihnen gegenüber nachzukommen. Sollten Sie jedoch dringend um Ware verlegen sein, was wir allerdings — nach Ihren Zeilen zu urteilen — uns nicht recht vorstellen können, so bitten wir um Mitteilung. Vielleicht ist es uns in absehbarer Zeit möglich, in einem anderen Betrieb gewisse Mengen herstellen zu lassen.

Wegen der Haltbarkeit der Ware möchten wir noch besonders hervorheben, daß eine Zersetzung derselben kaum vorkommen kann, daß es aber immerhin möglich ist, daß die Dosen angegriffen werden. Kleinste Unreinigkeiten in dem Blech, die oft nur mikroskopisch wahrnehmbar sind, sind die Ursache für Anfressungen. Es entstehen daran kleine Löcher, durch die etwas Blausäure entweichen kann. Eine Gefahr besteht aber auch dann nicht, vorausgesetzt daß die Ware, wie auch von uns vorgeschrieben, in einem gut lüft-

---

[1]) *Archiv des Instituts für Zeitgeschichte, München.*

baren Lager aufbewahrt wird. Sollte also einmal Blausäuregeruch wahrgenommen werden, so ist zu empfehlen, die betreffenden Kisten zu untersuchen und die beschädigten Dosen baldigst zu gebrauchen.

Wir hoffen, daß Ihnen die vorstehenden Zeilen die gewünschte Aufklärung geben, andernfalls wollen Sie sich bitte wieder mit uns in Verbindung setzen, damit wir Ihnen gegebenenfalls weitere Fragen beantworten können.

Heil Hitler!

Neue Anschrift:
Degesch
Friedberg/Hessen

Deutsche Gesellschaft für
Schädlingsbekämpfung m. b. H.
gez. zwei Unterschriften

IV.

Brief vom schwedischen Außenministerium

Das Außenministerium

Stockholm, den 10. November 1949
1 Anhang

Sehr geehrter Herr,

Unter Bezugnahme auf Ihr Schreiben vom 19. Oktober 1949 bezüglich des früheren Mitglieds der Waffen-SS, Gerstein, habe ich die Ehre, Ihnen mitzuteilen, daß die Unterlagen, welche sich in den Archiven des schwedischen Außenministeriums befinden, die Erklärungen Gersteins bestätigen. Es stimmt, daß Gerstein sich auf einer Reise von Warschau nach Berlin mit einem Angehörigen der schwedischen Gesandtschaft in Berlin in Verbindung gesetzt hat (hierüber liegt eine Mitteilung aus den letzten Augusttagen des Jahres 1942 vor) — und zwar mit dem Baron von Otter, der mit ihm im gleichen Zug reiste. Der Bericht über diese Unterhaltung besteht in einem Aktenvermerk, den wir beifügen. Die Notiz wurde am 7. August 1945 in London verfaßt und dem britischen Außenministerium durch die dortige schwedische Gesandtschaft zur Verfügung gestellt, falls sie irgendwo von Nutzen sein könnte.

Empfangen Sie, sehr geehrter Herr, den Ausdruck meiner vorzüglichen Hochachtung

gez. Unterschrift

Herrn
L. Poliakoff
Wissenschaftlicher Leiter
Centre de Documentation Juive Contemporaine
Paris

V.

Aktenvermerk

Kungl. Utrikes
Departement

A b s c h r i f t

Betrifft: Zivilingenieur Kurt Gerstein, Angehöriger der „SS-Sanitätsabteilung", Giesebrechtstraße. Wahrscheinlich 1907 in Braunschweig geboren. (?) Adresse 1943: Berlin, Bülowstraße 49.

Im August 1942 stellte Gerstein eine Verbindung zum Angehörigen einer neutralen Gesandtschaft in Berlin her und erzählte ihm folgende Geschichte:

Er kam gerade von einem kurzen Kommando im Vernichtungslager Belsen bei Lublin zurück und erging sich ausführlich in Schilderungen über die dortigen Zustände (Gaskammern, Einstellung des SS-Personals, das Horten von Goldzähnen etc.). Er zeigte Unterlagen, Personalpapiere und Anweisungen des Lagerkommandanten für die Lieferung von Hydrocyanid-Säure.

Gerstein erklärte, er sei bestrebt, diese Zustände neutralen Beobachtern zur Kenntnis zu bringen, und sei fest davon überzeugt, sobald die Tatsache dieser Ausrottung breiten Schichten der deutschen Bevölkerung bekannt und von unparteiischen Ausländern bestätigt würde, duldete das deutsche Volk das Naziregime keinen Tag länger. Gerstein erklärte ferner, daß er bereits mit einer hohen Persönlichkeit der Kirche über diese Angelegenheit gesprochen habe, die ins Lager der Gegner gehörte, nämlich Superintendent Dibelius. (Dies wurde später durch Dibelius selbst bestätigt, der für Gersteins Zuverlässigkeit und Glaubwürdigkeit eintrat.)

Gründe für Gersteins Handlungsweise wurden erst später bekannt. Er hatte sich niemals irgendwie politisch betätigt, war kein Nazi und hatte sich der SS nur deshalb genähert, um darum zu bitten, in der „Sanitätsabteilung" Verwendung zu finden. Diese Sonderabteilung befaßte sich mit der Einrichtung der Vernichtungslager, und Gerstein suchte nach einer Bestätigung seiner Vermutungen hinsichtlich der außerordentlich hohen Sterblichkeitsziffer in den Irrenhäusern während der Jahre 1941/42. Eine nahe Verwandte Gersteins, der er sehr zugetan war, kam zu dieser Zeit in einem solchen Nervenheilsanatorium ebenfalls ums Leben. Was er dann später in den Vernichtungslagern erlebte, überzeugte ihn davon, daß seine Vermutungen nur allzu berechtigt waren.

Ein halbes Jahr später besuchte Gerstein den gleichen ausländischen Diplomaten eines neutralen Staates wiederum und fragte, ob es diesem inzwischen möglich gewesen sei, irgend etwas zu unternehmen. Danach hörte man nichts mehr von ihm.

Gersteins Kummer und Scham über die Zustände in den Vernichtungslagern schienen sowohl echt wie auch groß zu sein, und der Wunsch, die Außenwelt darüber zu unterrichten, um dadurch die Greuel zu beenden, dürfte ehrlich gewesen sein.
London, den 7. August 1945

WANNSEE-PROTOKOLL

I.

Organisatorische Vorbereitungen[1]

Der Reichsmarschall des Großdeutschen Reiches Berlin, den 7. 1941
Beauftragter für den Vierjahresplan
Vorsitzender
des Ministerrates für die Reichsverteidigung

An den

Chef der Sicherheitspolizei und des SD

ᛋᛋ-Gruppenführer Heydrich

Berlin

In Ergänzung der Ihnen bereits mit Erlaß vom 24. Januar 1939 übertragenen Aufgabe, die Judenfrage in Form der Auswanderung oder Evakuierung einer den Zeitverhältnissen entsprechend möglichst günstigen Lösung zuzuführen, beauftrage ich Sie hiermit, alle erforderlichen Vorbereitungen in organisatorischer, sachlicher und materieller Hinsicht zu treffen für eine Gesamtlösung der Judenfrage im deutschen Einflußgebiet in Europa.

Sofern hierbei die Zuständigkeit anderer Zentralinstanzen berührt werden, sind diese zu beteiligen.

Ich beauftrage Sie weiter, mir in Bälde einen Gesamtentwurf über die organisatorischen, sachlichen und materiellen Vorausmaßnahmen zur Durchführung der angestrebten Endlösung der Judenfrage vorzulegen.

Göring

---

[1]) *Dokument NG — 2586.*

Ein Teil des Krematoriums in Majdanek

Ein Berg von Asche im Vernichtungslager Treblinka[1])

[1]) *Archiv: „Bejt Lochamej Hagetaot" in Israel*

II.

Im Zuge der „Endlösung"[1])

(Stempel): Geheime Reichssache!

Besprechungsprotokoll

I. An der am 20. Januar 1942 in Berlin, Am Großen Wannsee Nr. 56—58, stattgefundenen Besprechung über die Endlösung der Judenfrage nahmen teil:

Gauleiter Dr. Meyer und Reichsamtsleiter Dr. Leibbrandt	Reichsministerium für die besetzten Ostgebiete
Staatssekretär Dr. Stuckart	Reichsministerium des Innern
Staatssekretär Neumann	Beauftragter für den Vierjahresplan
Staatssekretär Dr. Freisler	Reichsjustizministerium
Staatssekretär Dr. Bühler	Amt des Generalgouverneurs
Unterstaatssekretär Luther	Auswärtiges Amt
SS-Oberführer Klopfer	Partei-Kanzlei
Ministerialdirektor Kritzinger	Reichskanzlei
	(handschriftliche Notiz): D. III. 29 g. Rs.
SS-Gruppenführer Hofmann	Rasse- und Siedlungshauptamt
SS-Gruppenführer Müller SS-Obersturmbannführer Eichmann	Reichssicherheitshauptamt
SS-Oberführer Dr. Schoengarth, Befehlshaber der Sicherheitspolizei und des SD im Generalgouvernement	Sicherheitspolizei und SD
SS-Sturmbannführer Dr. Lange, Kommandeur der Sicherheitspolizei und des SD für den Generalbezirk Lettland, als Vertreter des Befehlshabers der Sicherheitspolizei und des SD für das Reichskommissariat Ostland	Sicherheitspolizei und SD

---

1) *Dokument NG — 2586.*

Auf zwei Sätze des vollständig wiedergegebenen Schriftstücks sei hier besonders hingewiesen:

a) „Unter entsprechender Leitung sollen im Zuge der Endlösung die Juden in geeigneter Weise im Osten zum Arbeitseinsatz kommen. In großen Arbeitskolonnen, unter Trennung der Geschlechter, werden die Arbeitsfähigen Juden straßenbauend in diese Gebiete geführt, wobei zweifellos ein Großteil durch natürliche Verminderung ausfallen wird . . ."

b) „Der allfällig endlich verbleibende Restbestand wird, da es sich bei diesem zweifellos um den widerstandsfähigsten Teil handelt, entsprechend behandelt werden müssen, da dieser, eine natürliche Auslese darstellend, bei Freilassung als Keimzelle eines neuen jüdischen Aufbaues anzusprechen ist. (Siehe Erfahrung der Geschichte.)" Seite 122 u. 123.

II. Chef der Sicherheitspolizei und des SD, SS-Obergruppenführer Heydrich, teilte eingangs seine Bestallung zum Beauftragten für die Vorbereitung der Endlösung der europäischen Judenfrage durch den Reichsmarschall mit und wies darauf hin, daß zu dieser Besprechung geladen wurde, um Klarheit in grundsätzlichen Fragen zu schaffen. Der Wunsch des Reichsmarschalls, ihm einen Entwurf über die organisatorischen, sachlichen und materiellen Belange im Hinblick auf die Endlösung der europäischen Judenfrage zu übersenden, erfordert die vorherige gemeinsame Behandlung aller an diesen Fragen unmittelbar beteiligten Zentralinstanzen im Hinblick auf die Parallelisierung der Linienführung.

Die Federführung bei der Bearbeitung der Endlösung der Judenfrage liege ohne Rücksicht auf geographische Grenzen zentral beim Reichsführer-SS und Chef der Deutschen Polizei (Chef der Sicherheitspolizei und des SD).

Der Chef der Sicherheitspolizei und des SD gab sodann einen kurzen Überblick über den bisher geführten Kampf gegen diese Gegner. Die wesentlichsten Momente bilden

a) die Zurückdrängung der Juden aus den einzelnen Lebensgebieten des deutschen Volkes,
b) die Zurückdrängung der Juden aus dem Lebensraum des deutschen Volkes.

Im Vollzug dieser Bestrebungen wurde als einzige vorläufige Lösungsmöglichkeit die Beschleunigung der Auswanderung der Juden aus dem Reichsgebiet verstärkt und planmäßig in Angriff genommen.

Auf Anordnung des Reichsmarschalls wurde im Januar 1939 eine Reichszentrale für jüdische Auswanderung errichtet, mit deren Leitung der Chef der Sicherheitspolizei und des SD betraut wurde. Sie hatte insbesondere die Aufgabe

a) alle Maßnahmen zur Vorbereitung einer verstärkten Auswanderung der Juden zu treffen,
b) den Auswanderungsstrom zu lenken,
c) die Durchführung der Auswanderung im Einzelfall zu beschleunigen.

Das Aufgabenziel war, auf legale Weise den deutschen Lebensraum von Juden zu säubern.

Über die Nachteile, die eine solche Auswanderungsforcierung mit sich brachte, waren sich alle Stellen im klaren. Sie mußten jedoch angesichts des Fehlens anderer Lösungsmöglichkeiten vorerst in Kauf genommen werden.

Die Auswanderungsarbeiten waren in der Folgezeit nicht nur ein deutsches Problem, sondern auch ein Problem, mit dem sich die Behörden der Ziel- bzw. Einwandererländer zu befassen hatten. Die finanziellen Schwierigkeiten, wie Erhöhung der Vorzeige- und Landungsgelder seitens der verschiedenen ausländischen Regierungen, fehlende Schiffsplätze, laufend verschärfte Einwanderungsbeschränkungen oder -sperren, erschwerten die Auswanderungsbestrebungen außerordentlich. Trotz dieser Schwierigkeiten wurden seit der Machtübernahme bis zum Stichtag 31. Oktober 1941 insgesamt rund 537 000 Juden zur Auswanderung gebracht. Davon

vom 30. Januar 1933 aus dem Altreich	rd.	360 000
vom 15. März 1938 aus der Ostmark	rd.	147 000
vom 15. März 1939 aus dem Protektorat Böhmen und Mähren	rd.	30 000

Die Finanzierung der Auswanderung erfolgte durch die Juden bzw. jüdisch-politischen Organisationen selbst. Um den Verbleib der verproletarisierten Juden zu vermeiden, wurde nach dem Grundsatz verfahren, daß die vermögenden Juden die Abwanderung der vermögungslosen Juden zu finanzieren haben; hier wurde, je nach Vermögen gestaffelt, eine entsprechende Umlage bzw. Auswandererabgabe vorgeschrieben, die zur Bestreitung der finanziellen Obliegenheiten im Zuge der Abwanderung vermögensloser Juden verwandt wurde.

Neben dem Reichsmark-Aufkommen sind Devisen für Vorzeige- und Landungsgelder erforderlich gewesen. Um den deutschen Devisenschatz zu schonen, wurden die jüdischen Finanzinstitutionen des Auslandes durch die jüdischen Organisationen des Inlandes verhalten, für die Beitreibung entsprechender Devisenaufkommen Sorge zu tragen. Hier wurden durch diese ausländischen Juden im Schenkungswege bis zum 30. Oktober 1941 insgesamt rund 9 500 000 Dollar zur Verfügung gestellt.

Inzwischen hat der Reichsführer-SS und der Chef der Deutschen Polizei im Hinblick auf die Gefahren einer Auswanderung im Kriege und im Hinblick auf die Möglichkeiten des Ostens die Auswanderung von Juden verboten.

III. **An Stelle der Auswanderung ist nunmehr als weitere Lösungsmöglichkeit nach entsprechender vorheriger Genehmigung durch den Führer die Evakuierung der Juden nach dem Osten getreten.**

Diese Aktionen sind jedoch lediglich als Ausweichmöglichkeiten anzusprechen, doch werden hier bereits jene praktischen Erfahrungen gesammelt, die im Hinblick auf die kommende Endlösung der Judenfrage von wichtiger Bedeutung sind.

Im Zuge dieser Endlösung der europäischen Judenfrage kommen rund 11 Millionen Juden in Betracht, die sich wie folgt auf die einzelnen Länder verteilen:

	Land	Zahl
A.	Altreich	131 800
	Ostmark	43 700
	Ostgebiete	420 000
	Generalgouvernement	2 284 000
	Bialystok	400 000
	Protektorat Böhmen und Mähren	74 200
	ESTLAND — judenfrei	
	Lettland	3 500
	Litauen	34 000
	Belgien	43 000
	Dänemark	5 600
	Frankreich, besetztes Gebiet	165 000
	unbesetztes Gebiet	700 000
	Griechenland	69 600
	Niederlande	160 800
	Norwegen	1 300

Land		Zahl
B. Bulgarien		48 000
England		330 000
Finnland		2 300
Irland		4 000
Italien, einschl. Sardinien		58 000
Albanien		200
Kroatien		40 000
Portugal		3 000
Rumänien, einschl. Bessarabien		342 000
Schweden		8 000
Schweiz		18 000
Serbien		10 000
Slowakei		88 000
Spanien		6 000
Türkei (europ. Teil)		55 500
Ungarn		742 800
UdSSR		5 000 000
Ukraine	2 994 684	
Weißrußland, ausschl. Bialystok	446 484	
	zusammen:	über 11 000 000

Bei den angegebenen Judenzahlen der verschiedenen ausländischen Staaten handelt es sich jedoch nur um Glaubensjuden, da die Begriffsbestimmungen der Juden nach rassischen Grundsätzen teilweise dort noch fehlen. Die Behandlung des Problems in den einzelnen Ländern wird im Hinblick auf die allgemeine Haltung und Auffassung auf gewisse Schwierigkeiten stoßen, besonders in Ungarn und Rumänien. So kann sich z. B. heute noch in Rumänien der Jude gegen Geld entsprechende Dokumente, die ihm eine fremde Staatsangehörigkeit amtlich bescheinigen, beschaffen.

Der Einfluß der Juden auf alle Gebiete in der UdSSR ist bekannt. Im europäischen Gebiet leben etwa 5 Millionen, im asiatischen kaum knapp ½ Million Juden.

Die berufsständische Aufgliederung der im europäischen Gebiet der UdSSR ansässigen Juden war etwa folgende:

in der Landwirtschaft	9,1 %
als städtische Arbeiter	14,8 %
im Handel	20,0 %
als Staatsarbeiter angestellt	23,4 %
in den privaten Berufen — Heilkunde, Presse, Theater usw.	32,7 %

Unter entsprechender Leitung sollen im Zuge der Endlösung die Juden in geeigneter Weise im Osten zum Arbeitseinsatz kommen. In großen Arbeitskolonnen, unter Trennung der Geschlechter, werden die arbeitsfähigen Juden straßenbauend in diese Gebiete geführt, wobei zweifellos ein Großteil durch natürliche Verminderung ausfallen wird.

Der allfällig endlich verbleibende Restbestand wird, da es sich bei diesen zweifellos um den widerstandsfähigsten Teil handelt, entsprechend behandelt werden müssen, da dieser, eine natürliche Auslese darstellend, bei Freilassung als Keimzelle eines neuen jüdischen Aufbaues anzusprechen ist. (Siehe die Erfahrung der Geschichte.)

Im Zuge der praktischen Durchführung der Endlösung wird Europa von Westen nach Osten durchgekämmt. Das Reichsgebiet einschließlich Protektorat Böhmen und Mähren wird, allein schon aus Gründen der Wohnungsfrage und sonstiger sozialpolitischen Notwendigkeiten, vorweggenommen werden müssen.

Die evakuierten Juden werden zunächst Zug um Zug in sogenannte Durchgangsghettos verbracht, um von dort aus weiter nach dem Osten transportiert zu werden.

Wichtige Voraussetzung, so führte SS-Obergruppenführer Heydrich weiter aus, für die Durchführung der Evakuierung überhaupt, ist die genaue Festlegung des in Betracht kommenden Personenkreises.

Es ist beabsichtigt, Juden im Alter von über 65 Jahren nicht zu evakuieren, sondern sie einem Altersghetto — vorgesehen ist Theresienstadt — zu überstellen.

Neben diesen Altersklassen — von den am 31. Oktober 1941 sich im Altreich und der Ostmark befindlichen etwa 280 000 Juden sind etwa 30 % über 65 Jahre alt — finden in den jüdischen Altersghettos weiterhin die schwerkriegsbeschädigten Juden und Juden mit Kriegsauszeichnungen (EK I) Aufnahme. Mit dieser zweckmäßigen Lösung werden mit einem Schlage die vielen Interventionen ausgeschaltet.

Der Beginn der einzelnen größeren Evakuierungsaktionen wird weitgehend von der militärischen Entwicklung abhängig sein. Bezüglich der Behandlung der Endlösung in den von uns besetzten und beeinflußten europäischen Gebieten wurde vorgeschlagen, daß die in Betracht kommenden Sachbearbeiter des Auswärtigen Amtes sich mit den zuständigen Referenten der Sicherheitspolizei und des SD besprechen.

In der Slowakei und Kroatien ist die Angelegenheit nicht mehr allzu schwer, da die wesentlichsten Kernfragen in dieser Hinsicht dort bereits einer Lösung zugeführt wurden. In Rumänien hat die Regierung inzwischen ebenfalls einen Judenbeauftragten eingesetzt. Zur Regelung der Frage in Ungarn ist erforderlich, in Zeitkürze einen Berater für Judenfragen der ungarischen Regierung aufzuoktroyieren.

Hinsichtlich der Aufnahme der Vorbereitungen zur Regelung des Problems in Italien hält SS-Obergruppenführer Heydrich eine Verbindung mit Polizei-Chef in diesen Belangen für angebracht.

Im besetzten und unbesetzten Frankreich hat die Erfassung der Juden zur Evakuierung aller Wahrscheinlichkeit nach ohne große Schwierigkeit vor sich gehen können.

Unterstaatssekretär Luther teilte hierzu mit, daß bei tiefgehender Behandlung dieses Problems in einigen Ländern, so in den nordischen Ländern, Schwierigkeiten auftauchen werden, und es sich daher empfiehlt, diese Länder vorerst noch zurückzustellen. In Anbetracht der hier in Frage kommenden geringen Judenzahlen bildet diese Zurückstellung ohnedies keine wesentliche Einschränkung. Dafür sieht das Auswärtige Amt für den Südosten und Westen Europas keine großen Schwierigkeiten.

ᛋᛋ-Gruppenführer Hofmann beabsichtigt, einen Sachbearbeiter des Rasse- und Siedlungshauptamtes zur allgemeinen Orientierung dann nach Ungarn mitsenden zu wollen, wenn seitens des Chefs der Sicherheitspolizei und des SD die Angelegenheit dort in Angriff genommen wird. Es wurde festgelegt, diesen Sachbearbeiter des Rasse- und Siedlungshauptamtes, der nicht aktiv werden soll, vorübergehend offiziell als Gehilfen zum Polizei-Attaché abzustellen.

IV. Im Zuge der Endlösungsvorhaben sollen die Nürnberger Gesetze gewissermaßen die Grundlage bilden, wobei Voraussetzung für die restlose Bereinigung des Problems auch die Lösung der Mischehen- und Mischlingsfragen ist.

Chef der Sicherheitspolizei und des SD erörtert im Hinblick auf ein Schreiben des Chefs der Reichskanzlei zunächst theoretisch die nachstehenden Punkte:

1. Behandlung der Mischlinge 1. Grades.
   Mischlinge 1. Grades sind im Hinblick auf die Endlösung der Judenfrage den Juden gleichgestellt.
   Von dieser Behandlung werden ausgenommen:
   a) Mischlinge 1. Grades verheiratet mit Deutschblütigen, aus deren Ehe Kinder (Mischlinge 2. Grades) hervorgegangen sind. Diese Mischlinge 2. Grades sind im wesentlichen den Deutschen gleichgestellt.
   b) Mischlinge 1. Grades, für die von den höchsten Instanzen der Partei und des Staates bisher auf irgendwelchen Gebieten (Lebens) Ausnahmegenehmigungen erteilt worden sind. Jeder Einzelfall muß überprüft werden, wobei nicht ausgeschlossen wird, daß die Entscheidung nochmals zuungunsten des Mischlings ausfällt.

   Voraussetzung einer Ausnahmebewilligung müssen stets grundsätzliche Verdienste des in Frage stehenden Mischlings selbst sein. (Nicht Verdienste des deutschblütigen Elternteiles oder Eheteiles.)

   Der von der Evakuierung auszunehmende Mischling 1. Grades wird, um jede Nachkommenschaft zu verhindern und das Mischlingsproblem endgültig zu bereinigen, sterilisiert. Die Sterilisation erfolgt freiwillig. Sie ist aber Voraussetzung für das Verbleiben im Reich. Der sterilisierte „Mischling" ist in der Folgezeit von allen einengenden Bestimmungen, denen er bislang unterworfen ist, befreit.

2. Behandlung der Mischlinge 2. Grades.
   Die Mischlinge 2. Grades werden grundsätzlich den Deutschblütigen zugeschlagen, mit Ausnahme folgender Fälle, in denen die Mischlinge 2. Grades den Juden gleichgestellt werden:
   a) Herkunft des Mischlings 2. Grades aus einer Bastardehe (beide Teile Mischlinge).
   b) Rassisch besonders ungünstiges Erscheinungsbild des Mischlings 2. Grades, das ihn schon äußerlich zu den Juden rechnet.

c) Besonders schlechte polizeiliche und politische Beurteilung des Mischlings 2. Grades, die erkennen läßt, daß er sich wie ein Jude fühlt und benimmt.

Auch in diesen Fällen sollen aber dann Ausnahmen nicht gemacht werden, wenn der Mischling 2. Grades deutschblütig verheiratet ist.

3. Ehen zwischen Volljuden und Deutschblütigen.

Von Einzelfall zu Einzelfall muß hier entschieden werden, ob der jüdische Teil evakuiert wird, oder ob er unter Berücksichtigung auf die Auswirkungen einer solchen Maßnahme auf die deutschblütigen Verwandten dieser Mischehe einem Altersghetto überstellt wird.

4. Ehen zwischen Mischlingen 1. Grades und Deutschblütigen.

a) ohne Kinder:

Sind aus der Ehe keine Kinder hervorgegangen, wird der Mischling 1. Grades evakuiert bzw. einem Altersghetto überstellt. (Gleiche Behandlung wie bei Ehen zwischen Volljuden und Deutschblütigen, Punkt 3.)

b) Mit Kindern:

Sind Kinder aus der Ehe hervorgegangen (Mischlinge 2. Grades), werden sie, wenn sie den Juden gleichgestellt werden, zusammen mit dem Mischling 1. Grades evakuiert bzw. einem Ghetto überstellt. Soweit diese Kinder Deutschblütigen gleichgestellt werden (Regelfälle), sind sie von der Evakuierung auszunehmen und damit auch der Mischling 1. Grades.

5. Ehen zwischen Mischlingen 1. Grades und Mischlingen 2. Grades oder Juden.
Bei diesen Ehen (einschl. der Kinder) werden alle Teile wie Juden behandelt und daher evakuiert bzw. einem Altersghetto überstellt.

6. Ehen zwischen Mischlingen 1. Grades und Mischlingen 2. Grades. Beide Eheteile werden ohne Rücksicht darauf, ob Kinder vorhanden sind oder nicht, evakuiert, bzw. einem Altersghetto überstellt, da etwaige Kinder rassenmäßig in der Regel einen stärkeren jüdischen Bluteinschlag ausweisen als die jüdischen Mischlinge 2. Grades.

SS-Gruppenführer Hofmann steht auf dem Standpunkt, daß von der Sterilisierung weitgehend Gebrauch gemacht werden muß, zumal der Mischling, vor die Wahl gestellt, ob er evakuiert oder sterilisiert werden soll, sich lieber der Sterilisation unterziehen würde.

Staatssekretär Dr. Stuckart stellt fest, daß die praktische Durchführung der eben mitgeteilten Lösungsmöglichkeiten zur Bereinigung der Mischehen-Mischlingsfragen in dieser Form eine unendliche Verwaltungsarbeit mit sich bringen würde. Um zum anderen auf alle Fälle auch den biologischen Tatsachen Rechnung zu tragen, schlug Staatssekretär Dr. Stuckart vor, zur Zwangssterilisierung zu schreiten.

Zur Vereinfachung des Mischlingsproblems müßten ferner Möglichkeiten überlegt werden mit dem Ziel, daß der Gesetzgeber etwa sagt: „Diese Ehen sind geschieden".

Bezüglich der Frage der Auswirkung der Judenevakuierung auf das Wirtschaftsleben erklärte Staatssekretär Neumann, daß die in kriegswichtigen Betrieben im Arbeitseinsatz stehenden Juden derzeit, solange noch kein Ersatz zur Verfügung steht, nicht evakuiert werden können.

ᛋᛋ-Obergruppenführer Heydrich wies darauf hin, daß diese Juden nach den von ihm genehmigten Richtlinien zur Durchführung der derzeit laufenden Evakuierungsaktionen ohnedies nicht evakuiert würden.

Staatssekretär Dr. Bühler stellte fest, daß das Generalgouvernement es begrüßen würde, wenn mit der Endlösung dieser Frage im Generalgouvernement begonnen würde, weil einmal hier das Transportproblem keine übergeordnete Rolle spielt und arbeitseinsatzmäßige Gründe den Verlauf dieser Aktion nicht behindern würden. Juden müßten so schnell wie möglich aus dem Gebiet des Generalgouvernements entfernt werden, weil gerade hier der Jude als Seuchenträger eine eminente Gefahr bedeutet und er zum anderen durch fortgesetzten Schleichhandel die wirtschaftliche Struktur des Landes dauernd in Unordnung bringt. Von den in Frage kommenden etwa 2½ Millionen Juden sei überdies die Mehrzahl der Fälle arbeitsunfähig.

Staatssekretär Dr. Bühler stellte weiterhin fest, daß die Lösung der Judenfrage im Generalgouvernement federführend beim Chef der Sicherheitspolizei und des SD liegt und seine Arbeit durch die Behörden des Generalgouvernements unterstützt würde. Er hätte nur eine Bitte, die Judenfrage in diesem Gebiet so schnell wie möglich zu lösen.

Abschließend wurden die verschiedenen Arten der Lösungsmöglichkeiten besprochen, wobei sowohl seitens des Gauleiters Dr. Meyer als auch seitens des Staatssekretärs Dr. Bühler der Standpunkt vertreten wurde, gewisse vorbereitende Arbeiten im Zuge der Endlösung gleich in den betreffenden Gebieten selbst durchzuführen, wobei jedoch eine Beunruhigung der Bevölkerung vermieden werden müsse.

Mit der Bitte des Chefs der Sicherheitspolizei und des SD an die Besprechungsteilnehmer, ihm bei der Durchführung der Lösungsarbeiten entsprechende Unterstützung zu gewähren, wurde die Besprechung geschlossen.

Der Kommandant von Auschwitz erzählt

I.

„... was eine Gesamtzahl von 3 000 000 Toten ausmacht"[1])

Ich, Rudolf Franz Ferdinand Höss, sage nach vorhergehender rechtmäßiger Vereidigung aus und erkläre wie folgt:

1. Ich bin sechsundvierzig Jahre alt und Mitglied der NSDAP seit 1922; Mitglied der SS seit 1934; Mitglied der Waffen-SS seit 1939. Ich war Mitglied ab 1. Dezember 1934 des SS-Wachverbandes, des sogenannten Totenkopfverbandes.

2. Seit 1934 hatte ich unausgesetzt in der Verwaltung von Konzentrationslagern zu tun und tat Dienst in Dachau bis 1938; dann als Adjutant in Sachsenhausen von 1938 bis zum 1. Mai 1940, zu welcher Zeit ich zum Kommandanten von Auschwitz ernannt wurde. Ich befehligte Auschwitz bis zum 1. Dezember 1943 und schätze, daß mindestens 2 500 000 Opfer dort durch Vergasung und Verbrennen hingerichtet und ausgerottet wurden; mindestens eine weitere halbe Million starben durch Hunger und Krankheit, was eine Gesamtzahl von ungefähr 3 000 000 Toten ausmacht. Diese Zahl stellt ungefähr 70 oder 80 Prozent aller Personen dar, die als Gefangene nach Auschwitz geschickt wurden; die übrigen wurden ausgesucht und für Sklavenarbeit in den Industrien des Konzentrationslagers verwendet. Unter den hingerichteten und verbrannten Personen befanden sich ungefähr 20 000 russische Kriegsgefangene (die früher von der Gestapo aus den Gefängnissen der Kriegsgefangenen ausgesondert waren); diese wurden in Auschwitz den Wehrmacht-Transporten, die von regulären Offizieren und Mannschaften der Wehrmacht befehligt wurden, ausgeliefert. Der Rest der Gesamtzahl der Opfer umfaßte ungefähr 100 000 deutsche Juden und eine große Anzahl von Einwohnern, meistens Juden, aus Holland, Frankreich, Belgien, Polen, Ungarn, Tschechoslowakei, Griechenland oder anderen Ländern. Ungefähr 400 000 ungarische Juden wurden allein in Auschwitz im Sommer 1944 von uns hingerichtet.

---

[1]) *Dokument PS — 3868 (5. April 1946).*

3. WVHA (Wirtschafts- und Verwaltungs-Hauptamt), das von Obergruppenführer Oswald Pohl geleitet wurde, war für alle Verwaltungsangelegenheiten, wie Unterkunft, Ernährung und ärztliche Fürsorge in den Konzentrationslagern verantwortlich. Vor Errichtung der RSHA waren das Geheime Staatspolizeiamt (Gestapo) und das Reichsamt der Kriminalpolizei für die Verhaftungen, Verschickungen in die Konzentrationslager, für die dortigen Bestrafungen und Hinrichtungen verantwortlich. Nach der Organisation der RSHA wurden alle diese Funktionen wie bisher ausgeübt, aber gemäß den Befehlen, die von Heydrich als Chef der RSHA unterzeichnet waren. Während Kaltenbrunner Chef der RSHA war, wurden die Befehle betreffend Schutzhaft, Verschickungen, Bestrafungen und Sonderhinrichtungen von Kaltenbrunner oder von Müller, dem Leiter der Gestapo, als Kaltenbrunners Vertreter, unterzeichnet.

4. Massenhinrichtungen durch Vergasung begannen im Laufe des Sommers 1941 und dauerten bis zum Herbst 1944. Ich beaufsichtigte persönlich die Hinrichtungen in Auschwitz bis zum 1. Dezember 1943 und weiß auf Grund meines laufenden Dienstes in der Überwachung der Konzentrationslager WVHA, daß diese Massenhinrichtungen wie vorerwähnt sich abwickelten. Alle Massenhinrichtungen durch Vergasung fanden unter dem direkten Befehl unter der Aufsicht und Verantwortlichkeit der RSHA statt. Ich erhielt unmittelbar von der RSHA alle Befehle zur Ausführung dieser Massenhinrichtungen.

5. Am 1. Dezember 1943 wurde ich Chef vom Amt I im Amt Gruppe D des WVHA und in diesem Amt war ich verantwortlich für die Zusammenstellung aller Angelegenheiten, die sich zwischen der RSHA und den Konzentrationslagern unter der Verwaltung des WVHA ergaben. Ich hatte diese Stellung bis zum Ende des Krieges inne. Pohl, als Chef des RVHA, und Kaltenbrunner, als Chef des RSHA, berieten sich betreffend der Konzentrationslager oft persönlich und traten mündlich und schriftlich häufig in Verbindung miteinander. Am 5. Oktober 1944 erstattete ich Kaltenbrunner in seinem Büro in der RSHA, Berlin, einen ausführlichen Bericht betreffend das Konzentrationslager Mauthausen. Kaltenbrunner bat mich um einen kurzen mündlichen Auszug aus diesem Bericht und sagte, er würde sich jede Entscheidung vorbehalten, bis er Gelegenheit haben würde, ihn in allen Einzelheiten zu prüfen. Dieser Bericht behandelte die Zuweisung zur Arbeit von mehreren hundert Gefangenen, die zum Tode verurteilt worden waren — sogenannte „namenlose Gefangene".

6. Die „Endlösung" der jüdischen Frage bedeutete die vollständige Ausrottung aller Juden in Europa. Ich hatte den Befehl, Ausrottungserleichterungen in Auschwitz im Juni 1942 zu schaffen. Zu jener Zeit bestanden schon drei weitere Vernichtungslager im Generalgouvernement: Belzec, Treblinka und Wolzek. Diese Lager befanden sich unter dem Einsatzkommando der Sicherheitspolizei und des SD. Ich besuchte Treblinka, um festzustellen, wie die Vernichtungen ausgeführt wurden. Der Lagerkommandant von Treblinka sagte mir, daß er 80 000 im Laufe eines halben Jahres liquidiert hätte. Er hatte hauptsächlich mit der Liquidierung aller Juden aus dem Warschauer Ghetto zu tun. Er wandte Monoxid-Gas an, und nach seiner Ansicht waren seine Methoden nicht sehr wirksam. Als ich das

Vernichtungsgebäude in Auschwitz errichtete, gebrauchte ich also Zyclon B, eine kristallisierte Blausäure, die wir in die Todeskammer durch eine kleine Öffnung einwarfen. Es dauerte 3 bis 15 Minuten, je nach den klimatischen Verhältnissen, um die Menschen in der Todeskammer zu töten. Wir wußten, wenn die Menschen tot waren, weil ihr Kreischen aufhörte. Wir warteten gewöhnlich eine halbe Stunde, bevor wir die Türen öffneten und die Leichen entfernten. Nachdem die Leichen fortgebracht waren, nahmen unsere Sonderkommandos die Ringe ab und zogen das Gold aus den Zähnen der Körper.

7. Eine andere Verbesserung gegenüber Treblinka war, daß wir Gaskammern bauten, die 2000 Menschen auf einmal fassen konnte, während die 10 Gaskammern in Treblinka nur je 200 Menschen faßten. Die Art und Weise, wie wir unsere Opfer auswählten, war folgendermaßen: zwei SS-Ärzte waren in Auschwitz tätig, um die einlaufenden Gefangenentransporte zu untersuchen. Die Gefangenen mußten bei einem der Ärzte vorbeigehen, der bei ihrem Vorbeimarsch durch Zeichen die Entscheidung fällte. Diejenigen, die zur Arbeit taugten, wurden ins Lager geschickt. Andere wurden sofort in die Vernichtungsanlagen geschickt. Kinder im zarten Alter wurden unterschiedslos vernichtet, da auf Grund ihrer Jugend sie unfähig waren, zu arbeiten. Noch eine andere Verbesserung, die wir gegenüber Treblinka machten, war diejenige, daß in Treblinka die Opfer fast immer wußten, daß sie vernichtet werden sollten, während in Auschwitz wir uns bemühten, die Opfer zum Narren zu halten, indem sie glaubten, daß sie ein Entlausungsverfahren durchzumachen hätten. Natürlich erkannten sie auch häufig unsere wahren Absichten und wir hatten deswegen manchmal Aufruhr und Schwierigkeiten. Sehr häufig wollten Frauen ihre Kinder unter den Kleidern verbergen, aber wenn wir sie fanden, wurden die Kinder natürlich zur Vernichtung hineingesandt. Wir sollten diese Vernichtungen im Geheimen ausführen, aber der faule und Übelkeit erregende Gestank, der von der ununterbrochenen Körperverbrennung ausging, durchdrang die ganze Gegend, und alle Leute, die in den umliegenden Gemeinden lebten, wußten, daß in Auschwitz Vernichtungen im Gange waren.

8. Von Zeit zu Zeit kamen Sonder-Gefangene an aus dem örtlichen Gestapo-Büro. Die SS-Ärzte töteten solche Gefangene durch Benzin-Einspritzungen. Die Ärzte hatten Anweisung, gewöhnliche Sterbeurkunden auszustellen und konnten irgendeine Todesursache ganz nach Belieben angeben.

9. Von Zeit zu Zeit führten wir medizinische Experimente an weiblichen Insassen aus, zu denen Sterilisierung und den Krebs betreffende Experimente gehörten. Die meisten dieser Menschen, die unter diesen Experimenten starben, waren schon durch die Gestapo zum Tode verurteilt worden.

10. Rudolf Mildner war in der Zeit von ungefähr März 1941 bis September 1943 Chef der Gestapo in Kattowitz, und als solcher Leiter der politischen Abteilung in Auschwitz, die die Verhöre dritten Grades leitete. In dieser Eigenschaft sandte er häufig Gefangene nach Auschwitz zur Einkerkerung oder Hinrichtung. Er besuchte Auschwitz bei verschiedenen Gelegenheiten. Der Gestapo-Gerichtshof, das SS-Standgericht, die Personen verhörten, die verschiedener Verbrechen beschuldigt wurden, wie Kriegsgefangene, die geflüchtet waren, etc. kamen häufig in Auschwitz zusammen und Mildner wohnte dem Ver-

hör solcher Personen oft bei, die gewöhnlich gemäß dem Urteilsspruch in Auschwitz hingerichtet wurden. Ich zeigte Mildner die Vernichtungsanlage in Auschwitz in ihrem ganzen Umfang und er war sehr interessiert, da er Juden aus seinem Gebiet zur Hinrichtung nach Auschwitz senden mußte.

Ich verstehe Englisch, wie es vorstehend geschrieben ist.

Die obigen Angaben sind wahr; diese Erklärung gab ich freiwillig und ohne Zwang ab. Nach Durchlesen der Angaben habe ich dieselben unterzeichnet und vollzogen in Nürnberg, Deutschland, am fünften Tage des April 1946.

Rudolf Franz Ferdinand Höss

Haupteingang zum KL Auschwitz

Das Tor des Todes[1])

(Einfahrt nach Birkenau – Auschwitz II –)

[1]) Archiv: „Bejt Lochamej Hagetaot“ in Israel

Brillen im Magazin des KL Auschwitz

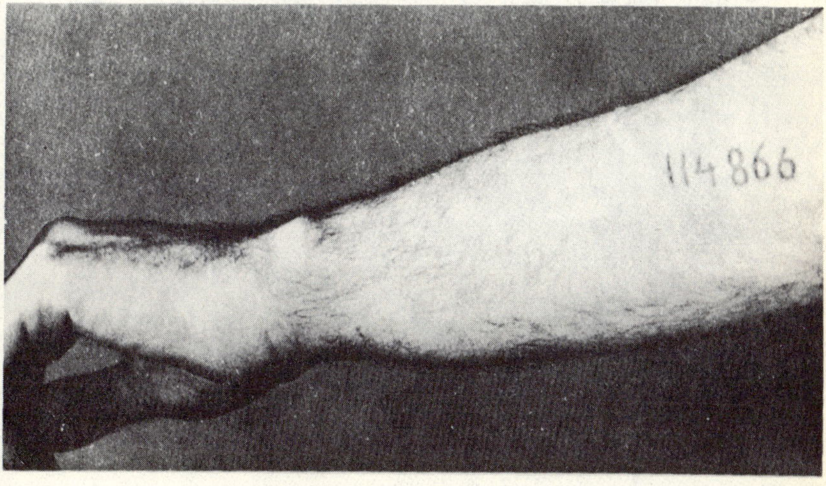

Tätowierte Nummer der Häftlinge im KL Auschwitz

Elektrisch geladener Stacheldrahtzaun des Konzentrationslagers Auschwitz

II.

„Ich frage Sie nach Ihrer Erfahrung, ob diese Menschen wußten, was ihnen bevorstand?"[1])

... Dr. Kauffmann: Und nach Ankunft der Transporte mußten die Opfer alles, was sie hatten, ablegen. Die Kleider niederlegen, sich völlig ausziehen, ihre Wertsachen abgeben? Ist das richtig?

Höss: Jawohl.

Dr. Kauffmann: Und gingen dann sofort in den Tod?

Höss: Jawohl.

Dr. Kauffmann: Ich frage Sie nach Ihrer Erfahrung, ob diese Menschen wußten, was ihnen bevorstand?

Höss: Zum größten Teil nicht, denn es waren Vorkehrungen getroffen, die sie darüber im Zweifel ließen, und bei ihnen nicht den Verdacht erregen konnten, daß sie in den Tod gehen sollten. So waren überall an den Türen und an den Wänden Schriften angebracht, die darauf hinwiesen, daß dies eine Entlausungs- bzw. eine Badevorkehrung sei. Dies wurde in mehreren Sprachen den Häftlingen durch Häftlinge, die früheren Transporten angehörten und bei der ganzen Aktion als Hilfsmannschaften gebraucht wurden, verkündet.

Dr. Kauffmann: Und der Tod durch Vergasung trat dann ein in einem Zeitraum von 3 bis 15 Minuten, sagten Sie mir unlängst. Ist das richtig?

Höss: Jawohl.

Dr. Kauffmann: Sie sagten mir weiter, daß schon vor diesem endgültigen Eintritt des Todes eine Betäubung der Opfer früher eingetreten sei?

Höss: Jawohl. So wie ich durch eigene Bemühung, beziehungsweise durch die Ärzte erfahren hatte, war je nach Temperatur und Zahl der in den Räumen vorhandenen Personen die Dauer des Eintritts der Betäubung, beziehungsweise des Todes, sehr verschieden. Die Betäubung fand in wenigen Sekunden beziehungsweise Minuten statt....

---

[1]) *Fragen von Rechtsanwalt Dr. Kurt Kauffmann (Kaltenbrunners Verteidiger) und Antworten des Kommandanten Höss vom KL Auschwitz auf dem Nürnberger Prozeß am 15. April 1946, vormittags.*

Der Dienstweg war folgender:[1]

... Was die Gaskammern- und Krematorien-Bauten anbetrifft, so war das die Verantwortung der Amtsgruppe C, nachdem solche Bauten von der Amtsgruppe D angefordert wurden. Der Dienstweg war folgender: Die Amtsgruppe D setzte sich mit der Amtsgruppe C in Verbindung. Das Amt C I fertigte die Pläne für diese Installation, soweit sie die Bauten selbst betraf, an, gab diese dann weiter an das Amt C III, welche die Bauten maschinentechnisch bearbeitete, d. h. Anlagen, die z. B. die Entlüftung der Gaskammern oder das Gaseinströmgerät betraf. Das Amt C III übergab dann diese Pläne einer Privat-Firma, welche die Spezialmaschinen oder Verbrennungsöfen zu liefern hatte. Auf dem weiteren Dienstweg informierte C III das Amt C V, welches über die Bau-Inspektion-West, Nord, Süd und Ost den Auftrag an die Zentralbauleitungen weiterleitete. Die Zentralbauleitung gab dann den Baubefehl an die jeweilige Bauleitung der Konzentrationslager, welche das wirkliche Bau-Unternehmen mittels Häftlingen, die von D II gestellt waren, durchführte. Die Amtsgruppe D gab der Amtsgruppe C Befehle und Anleitungen betreffs der Raumbedürfnisse und der Zwecke, für die diese Bauten ausgeführt wurden. Der eigentliche Auftraggeber für die Gaskammern und Krematorien war die Amtsgruppe D.

---

[1]) *Dokument No. 2154.*
Aussage von Wolfgang Grosch.

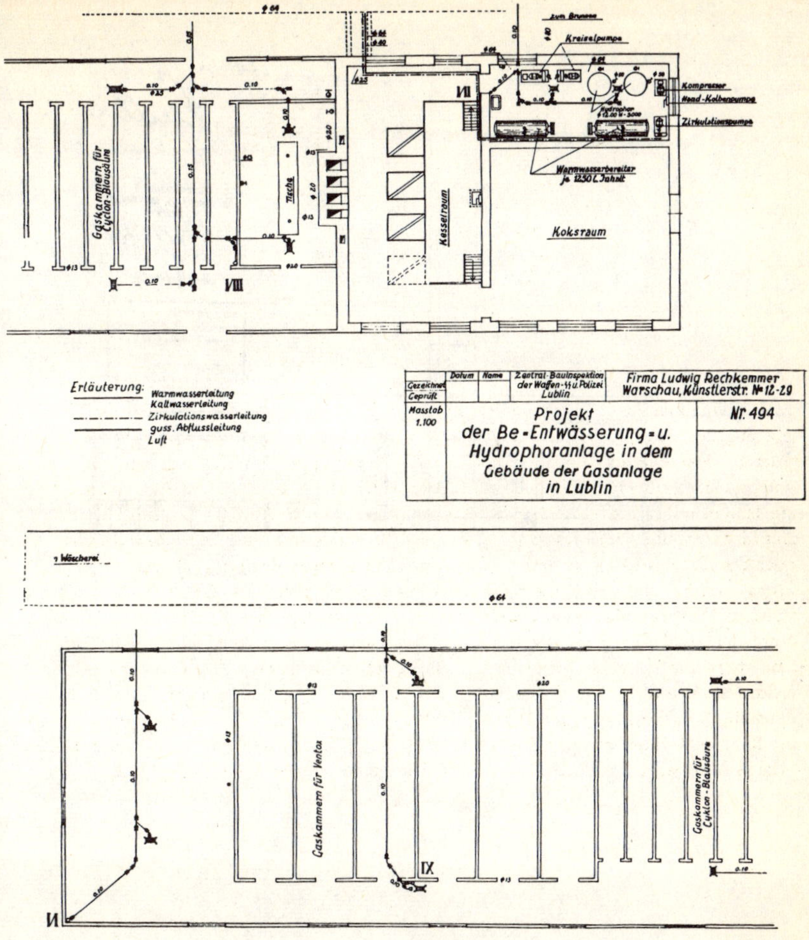

Plan für neue Gaskammern in Majdanek
Das Gebäude sollte 6 große Kammern für Ventox-Gas und 6 kleinere für Zyklon-B-Gas haben. (Museumsarchiv in Majdanek)

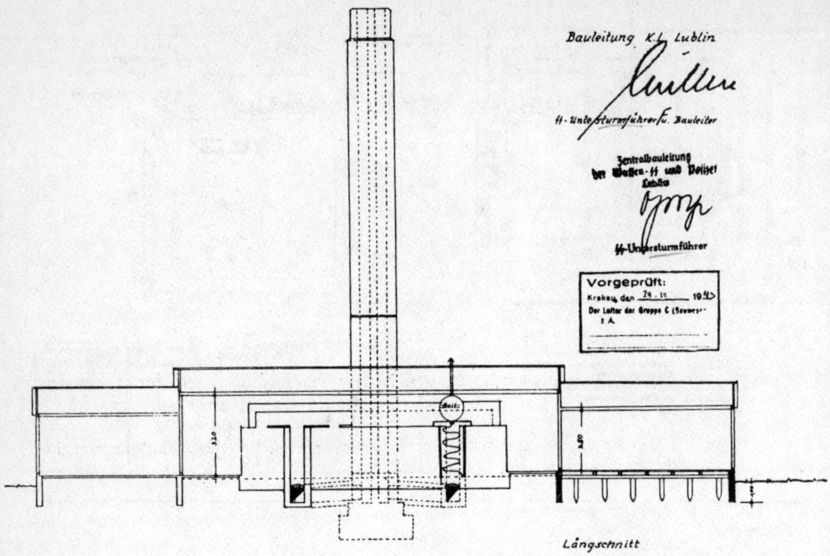

Plan für ein Krematorium in Majdanek
(Museumsarchiv in Majdanek)

Grünanlagen ums Krematorium[1)]

B e t r.: Abgabe von Pflanzenmaterial für die Anlage eines Grüngürtels für die Krematorien I und II in K. L.

B e z g.: Unterredung zwischen dem Lagerkommandanten ᛋᛋ-Obersturmbannführer H ö s s und ᛋᛋ-Sturmbannführer B i s c h o f f.

A n l g.: ———

An den
Leiter der Landwirtschaftlichen Betriebe
ᛋᛋ-Sturmbannführer (F) C a e s a r
in K. L. A u s c h w i t z O/S

Auf Grund einer Anordnung des Lagerkommandanten ᛋᛋ-Obersturmbannführer H ö s s sollen die Krematorien I und II in K. L. mit einem Grüngürtel als natürlicher Abschluß zum Lager hin versehen werden.

Zur Durchführung dieser Maßnahme wird folgendes Pflanzenmaterial aus Forstbeständen benötigt:

	200	Stück	Laubholzbäume 3—5 m hoch
	100	„	Laubholzheister 1½—4 m hoch
	300	„	Fichten und Kiefern 1½—4 m hoch
sowie	1000	„	verschiedene Deckstäucher 1—2½ m hoch

aus Baumschulbeständen.

Es wird um Verfügungstellung dieses Pflanzenmaterials gebeten.

Der Leiter der Zentralbauleitung
der Waffen-ᛋᛋ und Polizei Auschwitz.

---

1) *Dokument No. 4463.*

Nicht immer klappt der Vergasungswagen[1]

a) ᛋᛋ-Untersturmführer Dr. Becker hat Sorgen

Feldpostnummer 32 704 — Kiew, den 16. Mai 1942

B. Nr. 40/42 —

Geheime Reichssache!

An

ᛋᛋ-Obersturmbannführer Rauff

in Berlin

Prinz-Albrecht-Str. 8

Die Überholung der Wagen bei der Gruppe D und C ist beendet. Während die Wagen der ersten Serie auch bei nicht allzu schlechter Wetterlage eingesetzt werden können, liegen die Wagen der zweiten Serie (Saurer) bei Regenwetter vollkommen fest. Wenn es z. B. nur eine halbe Stunde geregnet hat, kann der Wagen nicht eingesetzt werden, weil er glatt wegrutscht. Benutzbar ist er nur bei ganz trockenem Wetter. Es tritt nun die Frage auf, ob man den Wagen nur am Orte der Exekution im Stand benutzen kann. Erstens muß der Wagen an diesen Ort gebracht werden, was nur bei guter Wetterlage möglich ist. Der Ort der Exekution befindet sich aber meistens 10—15 km abseits der Verkehrswege und ist durch seine Lage schon schwer zugänglich, bei feuchtem oder nassen Wetter überhaupt nicht. Fährt oder führt man die zu Exekutierenden an diesen Ort, so merken sie sofort, was los ist und werden unruhig, was nach Möglichkeit vermieden werden soll. Es bleibt nur der eine Weg übrig, sie am Sammelorte einzuladen und dann hinauszufahren.

---

[1]) *Dokumente PS — 501.*

Bevor die Monstre-Gaskammern in Treblinka, Auschwitz u. a. funktionierten, vernichtete man kleinere Judengruppen in Vergasungswagen. Diese Vergasungswagen wurden manchmal auch für lokale Aktionen eingesetzt.

Die Wagen der Gruppe D habe ich als Wohnwagen tarnen lassen, indem ich an den kleinen Wagen auf jeder Seite einen, an den großen auf jeder Seite zwei Fensterläden anbringen ließ, wie man sie oft an den Bauernhäusern auf dem Lande sieht. Die Wagen waren so bekannt geworden, daß nicht nur die Behörden, sondern auch die Zivilbevölkerung den Wagen als „Todeswagen" bezeichneten, sobald eines dieser Fahrzeuge auftauchte. Nach meiner Meinung kann er auch getarnt nicht auf die Dauer verheimlicht werden.

Der Saurerwagen, den ich von Simferopol nach Taganrog überführte, hatte unterwegs Bremsschaden. Beim S. K. in Mariupol wurde festgestellt, daß die Manchete der kombinierten Öl-Luftdruckbremse an mehreren Stellen gebrochen war. Durch Überredung und Bestechung beim H. K. P. gelang es, eine Form drehen zu lassen, nach der zwei Mancheten gegossen wurden. Als ich einige Tage später nach Stalino und Gorlowka kam, beklagten sich die Fahrer der Wagen über denselben Schaden. Nach Rücksprache mit den Kommandeuren dieser Kommandos begab ich mich nochmals nach Mariupol, um weitere Mancheten für diese Wagen anfertigen zu lassen. Auf Vereinbarung werden für jeden dieser Wagen zwei Mancheten gegossen, sechs Mancheten bleiben als Reserve in Mariupol für die Gruppe, und 6 Mancheten werden an SS-Untersturmführer Ernst für die Wagen der Gruppe C nach Kiew gesandt. Für die Gruppen B und A könnten die Mancheten von Berlin aus beschafft werden, weil der Transport von Mariupol nach dem Norden zu umständlich ist und zu lange dauern würde. Kleinere Schäden an den Wagen werden von Fachleuten der Kommandos bzw. der Gruppen in einer Werkstatt ausgeführt.

Durch das unebene Gelände und die kaum zu beschreibenden Wege- und Straßenverhältnisse lockern sich im Laufe der Zeit die Abdichtungen und Nietstellen. Ich wurde gefragt, ob in solchen Fällen der Wagen zur Reparatur nach Berlin überführt werden soll. Eine Überführung nach Berlin käme viel zu teuer und würde zu viel Betriebsstoff erfordern. Um diese Ausgabe zu sparen gab ich die Anordnung, kleinere undichte Stellen selbst zu löten und wenn das nicht mehr zu machen wäre, sofort Berlin durch Funk zu benachrichtigen, daß der Wagen Pol. Nr. . . . ausgefallen sei. Außerdem ordnete ich an, bei den Vergasungen, alle Männer vom Wagen möglichst fernzuhalten, damit sie durch evtl. ausströmende Gase gesundheitlich nicht geschädigt werden. Bei dieser Gelegenheit möchte ich auf folgendes aufmerksam machen: Verschiedene Kommandos lassen nach der Vergasung durch die eigenen Männer ausladen. Die Kommandeure der betreffenden S. K. habe ich darauf aufmerksam gemacht, welch ungeheure seelische und gesundheitliche Schädigungen diese Arbeit auf die Männer, wenn auch nicht sofort, so doch später haben kann. Die Männer beklagten sich bei mir über Kopfschmerzen, die nach jeder Ausladung auftreten. Trotzdem will man von dieser Anordnung nicht abgehen, weil man befürchtet, daß die für die Arbeit herangezogenen Häftlinge einen günstigen Augenblick zur Flucht benutzen könnten. Um die Männer vor diesen Schäden zu bewahren, bitte ich, dementsprechende Anordnungen herauszugeben.

Die Vergasung wird durchweg nicht richtig vorgenommen. Um die Aktion möglichst schnell zu beenden, geben die Fahrer durchweg Vollgas. Durch diese Maßnahme erleiden die zu Exekutierenden den Erstickungstod und nicht wie vorgesehen, den Einschläferungstod. Meine Anleitungen haben nun ergeben, daß bei richtiger Einstellung der Hebel der

Tod schneller eintritt und die Häftlinge friedlich einschlafen. Verzerrte Gesichter und Ausscheidungen wie sie seither gesehen wurden, konnten nicht mehr bemerkt werden.

Im Laufe des heutigen Tages erfolgt meine Weiterreise nach der Gruppe B, wo mich weitere Nachrichten erreichen können.

Dr. Becker
SS-Untersturmführer

b) 100 m Schlauch werden mitgegeben

Reichssicherheitshauptamt Berlin, den 22. Juni 1942
II D 3 a B. Nr. 240/42 g. RS

Geheime Reichssache!

1. FS

An den Befehlshaber der Sicherheitspolizei
und des SD Ostland
in Riga

Betrifft: S Wagen

Mit der Überstellung eines 5 t Saurer ist Mitte nächsten Monats zu rechnen. Das Fahrzeug befindet sich zur Instandsetzung und Vornahme kleinerer Änderungen z. Zt. beim Reichssicherheitshauptamt. 100 m Schlauch werden mitgegeben.

I. A.
(Unterschrift wie Kopf)

c) Die drei vorhandenen Wagen reichen nicht aus

REICHSSICHERHEITSHAUPTAMT
Nachrichtenübermittlung

N. Ü. Nr. 152452
RIGA 7082 — 15. 6. 42 — 1855 — BE. —
AN DAS RSHA. — ROEM. 2 D 3 A [1]) BERLIN. —
GEHEIME REICHSSACHE. —
BETRIFFT: S.-WAGEN. —

— BEIM KOMMANDEUR DER SIPO U.D.SD. WEISSRUTHENIE TRIFFT WÖCHENTLICH EIN JUDENTRANSPORT EIN, DER EINER SONDERBEHANDLUNG ZU UNTERZIEHEN IST.

DIE 3 DORT VORHANDENEN S-WAGEN REICHEN FÜR DIESEN ZWECK NICHT AUS! ICH BITTE UM ZUWEISUNG EINES WEITEREN S-WAGENS (5 TONNER). GLEICHZEITIG WIRD GEBETEN, FÜR DIE VORHANDENEN 3 S-WAGEN (2 DIAMOND, 1 SAURER) NOCH 20 ABGASSCHLÄUCHE MITZUSENDEN, DA DIE VORHANDENEN BEREITS UNDICHT SIND. — —

— DER BEF. DER SIPO U. D. OSTLAND
ROEM. 1 T — 126/42 GRS. —
A. GEZ. TRUEHESS. HSTUF !. —

---

[1]) *von * bis * T unterstrichen (Rot).*

Die Erschießung der Juden von Dubno[1])

Ich, Hermann Friedrich Graebe, erkläre unter Eid:

Von September 1941 bis Januar 1944 war ich Geschäftsführer und leitender Ingenieur einer Zweigstelle der Baufirma Josef Jung, Solingen, mit Sitz in Sdolbunow, Ukraine. Als solcher hatte ich die Baustellen der Firma zu besuchen. Für eine Heeresbaudienststelle hatte die Firma auf dem ehemaligen Flugplatz bei Dubno, Ukraine, Lagerhallen für die Lagerung von Getreide zu errichten.

Als ich am 5. Oktober 1942 das Baubüro in Dubno besuchte, erzählte mir mein Polier Hubert Moennikes, aus Hamburg-Harburg, Außenmühlenweg 21, daß in der Nähe der Baustelle in drei großen Gruben von je etwa 30 Meter Länge und 3 Meter Tiefe Juden aus Dubno erschossen worden seien. Man hätte täglich etwa 1500 Menschen getötet. Alle vor der Aktion in Dubno noch vorhandenen etwa 5000 Juden sollten liquidiert werden. Da die Erschießungen in seiner Gegenwart stattgefunden hatten, war er noch sehr erregt.

Daraufhin fuhr ich in Begleitung von Moennikes zur Baustelle und sah in der Nähe der Baustelle große Erdhügel von etwa 30 Meter Länge und etwa 2 Meter Höhe. Vor den Erdhügeln standen einige Lastwagen, von denen Menschen durch bewaffnete ukrainische Miliz unter Aufsicht eines SS-Mannes, getrieben wurden. Die Milizleute bildeten die Wache auf den Lastwagen und fuhren mit diesen von und zur Grube. Alle diese Menschen hatten die für die Juden vorgeschriebenen gelben Flecken auf der Vorder- und Rückseite ihrer Kleidung, so daß sie als Juden erkenntlich waren.

Moennikes und ich gingen direkt zu den Gruben. Wir wurden nicht behindert. Jetzt hörte ich kurz nacheinander Gewehrschüsse hinter einem der Erdhügel. Die von den Lastwagen abgestiegenen Menschen, Männer, Frauen und Kinder jeden Alters, mußten sich auf Aufforderung eines SS-Mannes, der in der Hand eine Reit- oder Hundepeitsche hielt,

---

1) *Dokument PS — 2992.*

ausziehen und ihre Kleidung nach Schuhen, Ober- und Unterkleidern getrennt an bestimmte Stellen ablegen. Ich sah einen Schuhhaufen von schätzungsweise 800 bis 1000 Paar Schuhen, große Stapel mit Wäsche und Kleidern. Ohne Geschrei oder Weinen zogen sich diese Menschen aus, standen in Familiengruppen beisammen, küßten und verabschiedeten sich und warteten auf den Wink eines anderen SS-Mannes, der an der Grube stand und ebenfalls eine Peitsche in der Hand hielt. Ich habe während einer Viertelstunde, als ich bei den Gruben stand, keine Klagen oder Bitten um Schonung gehört. Ich beobachtete eine Familie von etwa 8 Personen, einen Mann und eine Frau, beide von ungefähr 50 Jahren, mit deren Kindern, so ungefähr 1-, 8- und 10jährig, sowie 2 erwachsene Töchter von 20 bis 24 Jahren. Eine alte Frau mit schneeweißem Haar hielt das einjährige Kind auf dem Arm und sang ihm etwas vor und kitzelte es. Das Kind quietschte vor Vergnügen. Das Ehepaar schaute mit Tränen in den Augen zu. Der Vater hielt an der Hand einen Jungen von etwa 10 Jahren, sprach leise auf ihn ein. Der Junge kämpfte mit den Tränen. Der Vater zeigte mit dem Finger zum Himmel, streichelte ihn über den Kopf und schien ihm etwas zu erklären. Da rief schon der SS-Mann an der Grube seinem Kameraden etwas zu. Dieser teilte ungefähr 20 Personen ab und wies sie an, hinter den Erdhügel zu gehen. Die Familie, von der ich hier sprach, war dabei. Ich entsinne mich noch genau, wie ein Mädchen, schwarzhaarig und schlank, als sie nahe an mir vorbeiging, mit der Hand an sich herunter zeigte und sagte: „23 Jahre!". Ich ging um den Erdhügel herum und stand vor dem riesigen Grab. Dicht aneinandergepreßt lagen die Menschen so aufeinander, daß nur die Köpfe zu sehen waren. Von fast allen Köpfen rann Blut über die Schultern. Ein Teil der Erschossenen bewegte sich noch. Einige hoben ihre Arme und drehten den Kopf um, zu zeigen, daß sie noch lebten. Die Grube war bereits dreiviertel voll. Nach meiner Schätzung lagen darin bereits ungefähr 1000 Menschen. Ich schaute mich nach dem Schützen um. Dieser, ein SS-Mann, saß am Rand der Schmalseite der Grube auf dem Erdboden, ließ die Beine in die Grube herabhängen, hatte auf seinen Knien eine Maschinenpistole liegen und rauchte eine Zigarette. Die vollständig nackten Menschen gingen an einer Treppe, die in die Lehmwand der Grube gegraben war, hinab, rutschten über die Köpfe der Liegenden hinweg bis zur der Stelle, die der SS-Mann anwies. Sie legten sich vor die toten oder angeschossenen Menschen, einige streichelten die noch Lebenden und sprachen leise auf sie ein. Dann hörte ich eine Reihe Schüsse. Ich schaute in die Grube und sah, wie die Körper zuckten oder die Köpfe schon still auf den vor ihnen liegenden Körper lagen. Von den Nacken rann Blut. Ich wunderte mich, daß ich nicht fortgewiesen wurde, aber ich sah, wie auch zwei oder drei Postbeamten in Uniform in der Nähe standen. Schon kam die nächste Gruppe heran, stieg in die Grube hinab, reihte sich an die vorherigen Opfer an und wurde erschossen. Als ich um den Erdhügel zurückging, bemerkte ich wieder einen soeben angekommenen Transport von Menschen. Diesesmal waren Kranke und Gebrechliche dabei. Eine alte, sehr magere Frau mit fürchterlich dünnen Beinen wurde von einigen anderen, schon nackten Menschen, ausgezogen, während 2 Personen sie stützten. Die Frau war anscheinend gelähmt. Die nackten Menschen trugen die Frau um den Erdhügel herum. Ich entfernte mich mit Moennikes und fuhr mit dem Auto nach Dubno zurück.

Am Morgen des nächsten Tages, als ich wiederum die Baustelle besuchte, sah ich etwa 30 nackte Menschen in der Nähe der Grube, 30—50 Meter von dieser entfernt, liegen. Einige lebten noch, sahen mit stierem Blick vor sich hin und schienen weder die Morgenkälte noch die darumstehenden Arbeiter meiner Firma zu beachten. Ein Mädchen von etwa 20 Jahren sprach mich an und bat um Kleider und um Hilfe zur Flucht. Da vernahmen wir auch schon das Herannahen eines schnell fahrenden Autos und ich bemerkte, daß es ein SS-Kommando war. Ich entfernte mich zu meiner Baustelle. Zehn Minuten später hörten wir einige Schüsse aus der Nähe der Grube. Man hatte die Leichen durch die noch lebenden Juden in die Grube werfen lassen, sie selbst mußten sich daraufhin in diese legen, um den Genickschuß zu erhalten.

Ich mache die vorstehenden Angaben in Wiesbaden, Deutschland, am 10. November 1945. Ich schwöre bei Gott, daß dies die reine Wahrheit ist.

Fried Gräbe

Hermann Friedrich Graebe

Geheimbericht

über die von Einsatzgruppe A durchgeführte Massen-Ermordung von Juden in West- und Weißrußland, sowie in den baltischen Staaten[1])

a) 229 052 Juden exekutiert

Geheime Reichssache

Einsatzgruppe A

III.

Juden

Die systematische Säuberungsarbeit im Ostland umfaßte gemäß den grundsätzlichen Befehlen die möglichst restlose Beseitigung des Judentums. Dieses Ziel ist mit Ausnahme von Weißruthenien im wesentlichen durch die Exekutionen von bislang 229 052 Juden (s. Anlage) erreicht. Der in den baltischen Provinzen verbleibende Rest wird dringend zur Arbeit benötigt und ist in Ghettos untergebracht.

Zur Erreichung dieses Zieles waren in den verschiedenen Gebieten des Ostlandes verschiedenartige Maßnahmen erforderlich.

In den 3 baltischen Staaten Estland, Lettland und Litauen kam das Judentum erst nach der Machtübernahme durch den Bolschewismus entscheidend zur Geltung. Aber auch schon vorher waren der Einfluß der Juden einerseits und die antijüdischen Regungen der Bevölkerung andererseits sehr stark.

Im Nachstehenden werden die verschiedenen Gebiete des Ostlandes getrennt behandelt:

---

[1]) *Dokument PS — 2273. (Auszüge.)*

b) „In Estland gibt es keine Juden mehr"

1. Estland:

Da bis in die Mitte des vorigen Jahrhunderts Estland zu einer Sperrzone des russischen Reiches gehörte, in die der Zuzug jüdischer Elemente von auswärts verboten war, ist das Judentum im Lande zahlenmäßig stets unbedeutend gewesen.

Zu Beginn des Jahres 1940 lebten in Estland rund 4500 Juden bei einer Gesamtbevölkerung von 1,2 Mill. Wesentlich stärker als der Anteil der Juden an der Gesamtbevölkerung war ihr Einfluß auf das Wirtschaftsleben des Landes. Die estnische Industrie war z. B. zu 11 % in jüdischen Händen. Zur bolschewistischen Zeit wurde zwar das jüdische Privateigentum auch nationalisiert, die Juden selbst jedoch fast überall in ihren früheren Unternehmungen als Leiter belassen. Durch Verbindungen zur NKWD schafften sich die Juden eine sehr starke Position. Sie beherrschten die Presse, die Kulturinstitute, drängten sich in die freien Berufe, und hatten als einzige völkische Minderheit, neben den Deutschen, das Recht einer eigenen Kulturselbstverwaltung.

Mit dem Vormarsch der deutschen Truppen verließ die Mehrzahl der Juden, zusammen mit den sowjetrussischen Behörden, das Land. Etwa 2000 Juden verblieben im Lande zurück. Davon wohnten in Reval allein fast 1000.

Der mit dem Anrücken der Wehrmacht gebildete estnische Selbstschutz begann zwar sofort Juden festzunehmen, doch unterblieben spontane Pogrome. Erst von Sicherheitspolizei und SD wurden die Juden nach und nach, sowie sie im Arbeitsprozeß entbehrlich wurden, exekutiert.

Heute gibt es in Estland keine Juden mehr.

c) Exekutionen in Lettland

2. Lettland:

Die Gesamtzahl der Juden in Lettland betrug im Jahre 1935: 93 479 oder 4,79 % der Gesamtbevölkerung.

Bei der bolschewistischen Machtübernahme in Lettland im Juni 1940 gelang es den sowjetrussischen Rassegenossen den lettischen Juden, die vordem überwiegend zionistisch eingestellt waren, maßgebenden Einfluß zu verschaffen. Während es vor 1940 in Lettland keine Juden als Staatsbeamte gab und überhaupt kein Jude in der Staatsverwaltung tätig war, waren in der sowjetrussischen Republik schnell alle einflußreichen Staatsstellungen in den Händen der Juden. Die Hälfte aller Richter war jüdisch. In den höheren Instanzen, insbesondere im Tribunal, betrug die Zahl bis zu 80 %. Ebenso stark war der Einfluß der Juden auf die Wirtschaft und im kulturellen Leben.

Beim Einmarsch der deutschen Truppen gab es in Lettland noch 70 000 Juden. Der Rest war mit den Bolschewisten geflüchtet. Die verbliebenen Juden betätigten sich lebhaft als Saboteure und Brandstifter. So wurden in Dünaburg von den Juden derart viele Brände angelegt, daß ein großer Teil der Stadt vernichtet wurde.

Nach dem Terror der jüdisch-bolschewistischen Herrschaft — es wurden insgesamt 33 038 Letten verschleppt, verhaftet oder ermordet — wäre ein umfassendes Pogrom der Bevölkerung zu erwarten gewesen. Tatsächlich wurden jedoch durch einheimische Kräfte nur einige tausend Juden aus eigenem Antriebe beseitigt. Es war notwendig, in Lettland durch Sonderkommandos, unter Mithilfe ausgesuchter Kräfte der lettischen Hilfspolizei (meist Angehörige verschleppter oder ermordeter Letten) umfangreiche Säuberungsaktionen durchzuführen.

Bis zum Oktober 1941 wurden durch diese Sonderkommandos rund 30 000 Juden exekutiert. Die restlichen, noch mit Rücksicht auf Wirtschaftsbelange unentbehrlichen Juden, wurden in Ghettos zusammengefaßt, die in Riga, Dünaburg und Libau errichtet wurden.

Im Zuge der Bearbeitung von Strafsachen wegen Nichttragens des Judensterns, Schleichhandels, Diebstahls, Betruges, aber auch um der Seuchengefahr in den Ghettos vorzubeugen, wurden in der Folgezeit weiter Exekutionen durchgeführt. So wurden am 9. November 1941 in Dünaburg 11 034, Anfang Dezember 1941 durch eine vom Höheren SS- und Polizeiführer angeordnete und durchgeführte Aktion in Riga 27 800 und Mitte Dezember 1941 in Libau 2350 Juden exekutiert. Zurzeit befinden sich in den Ghettos (außer den Juden aus dem Reich) lettische Juden in

Riga	rund	2 500
Dünaburg . . .	„	950
Libau	„	300.

Diese sind als gute Fachkräfte für die Aufrechterhaltung der Wirtschaft z. Zt. noch unentbehrlich.

d) „Da die restlose Liquidierung der Juden ..."

3. Litauen:

Bis zum Einmarsch der Bolschewisten lebten nach einer Zählung im Jahre 1923 in Litauen 153 743 Juden, die damit 7,58 % der Gesamtbevölkerung darstellten. Während ihr Einfluß bis dahin im wesentlichen auf die Wirtschaft beschränkt war, nahmen die litauischen Juden, die auch vorher schon illegal für den Bolschewismus gearbeitet hatten, jetzt schnell einen beherrschenden Einfluß im öffentlichen Leben. Juden beiderlei Geschlechts unterstützten insbesondere die Tätigkeit der NKWD. Die Verschickung von 40 000 Litauern nach Sibirien ist auf die Vorarbeit der Juden zurückzuführen.

Beim Einmarsch der deutschen Truppen führte der Haß der Litauer gegen die Juden zu wirksamen Pogromen, zumal die jüdisch-kommunistische Jugend noch viele Städte, die von den deutschen Panzertruppen in wenig beschädigtem Zustande durchfahren worden waren, mit vorher bereitgestellten Benzinkanistern in Brand gesteckt hatte.

Bei den allerdings unter wesentlicher Mithilfe von Sipo und SD durchgeführten Pogromen von Litauern wurden in Kauen 3800, in den kleineren Städten rund 1200 Juden beseitigt.[1])

Soweit es Juden gelungen war, zu fliehen, wurden sie nicht selten von den Bauern den Behörden ausgeliefert.

Diese spontanen Reinigungsaktionen reichten aber nicht aus, um den rückwärtigen Frontabschnitt zu stabilisieren, zumal der Eifer der einheimischen Bevölkerung auch alsbald nachließ.

Daher wurden durch ausgewählte Kommandos — meist in der Stärke 1 : 8 — zunächst die Gefängnisse, dann systematisch Kreis für Kreis des litauischen Gebietes von Juden beiderlei Geschlechts gesäubert. In vielen Einzelaktionen wurden insgesamt 136 421 Personen liquidiert. Bemerkenswert ist, daß dabei mehrere Juden tätlich gegen die eingesetzten Beamten und litauischen Hilfskräfte vorgingen und vor der Exekution noch ihre bolschewistische Einstellung kundtaten, indem sie Hochrufe auf Stalin ausbrachten und Deutschland schmähten.

Da die restlose Liquidierung der Juden aus Gründen des Arbeitseinsatzes nicht durchzuführen war, wurden Ghettos gebildet, die zurzeit wie folgt belegt sind:

Kauen . .	rund	15 000	Juden
Wilna . .	„	15 000	„
Schaulen .	„	4 500	„

Diese Juden werden im wesentlichen für wehrwichtige Arbeiten verwandt. So sind z. B. bis zu 5000 Juden in 3 Schichten auf dem Flugplatz bei Kauen zu Erdarbeiten und dergleichen eingesetzt.

---

[1]) *Fast in sämtlichen Berichten der Einsatzgruppen gibt es Einzelheiten darüber, wie gewisse einheimische Bevölkerungsschichten zu Pogromen aufgehetzt wurden. So findet man z. B. im Bericht des Führers der Einsatzgruppe A, des SS-Brigadeführers Stahlecker (Dok. L—180), folgenden Passus: „... Ebenso wurden schon in den ersten Stunden nach dem Einmarsch, wenn auch unter erheblichen Schwierigkeiten, einheimische antisemitische Kräfte zu Pogromen gegen die Juden veranlaßt. Befehlsgemäß war die Sicherheitspolizei entschlossen, die Judenfrage mit allen Mitteln und aller Entschiedenheit zu lösen. Es war aber nicht unerwünscht, wenn sie zumindest nicht sofort bei den doch ungewöhnlich harten Maßnahmen, die auch in deutschen Kreisen Aufsehen erregen mußten, in Erscheinung trat. Es mußte nach außen gezeigt werden, daß die einheimische Bevölkerung selbst als natürliche Reaktion gegen jahrzehntelange Unterdrückung durch die Juden und gegen den Terror durch die Kommunisten in der vorangegangenen Zeit die ersten Maßnahmen von sich aus getroffen hat."*

e) die Einsatzgruppe A entschuldigt sich...

4. Weißruthenien:

Der weißruthenische Raum ist von allen Ländern im Ostland am dichtesten mit Juden besetzt. Im Jahre 1926 wurden in der damaligen BSSR weit über 400 000 Juden gezählt. Die letzte polnische Volkszählung ergab in den damals noch zu Polen gehörenden Wojewoydschaften Bialystock, Nowo Grodlek, Polesien und Wilna mehr als 500 000 Juden. Diese Zahlen sind jedoch ungenau und sicherlich zu niedrig gegriffen, was daraus hervorgeht, daß weit mehr Personen „Yiddisch" als ihre Muttersprache angegeben haben, als im gleichen Zählbezirk angeblich Juden vorhanden waren. Weitaus die Hälfte der Juden im weißruthenischen Siedlungsraum lebte bei Kriegsbeginn in den größeren Städten. In ganz besonderem Maße war Minsk mit Juden besetzt, wo es 1939 bei einer Einwohnerzahl von 238 000 rund 100 000 Juden gab.

Die soziologische Struktur des Judentums zeigte sowohl im ehem. polnischen Gebiet, wie auch in dem schon vor dem russisch-polnischen Kriege bolschewistischen Gebiet Weißrutheniens eine breite Unterschicht ausgesprochen armer Juden.

Die verhältnismäßig dünne Oberschicht beherrschte im ehem. polnischen Gebiet, insbesondere auf Grund ihrer starken wirtschaftlichen Position und im altrussischen Gebiet auf Grund ihres Einflusses in den führenden Parteistellen, schlechthin alle Lebensgebiete. Der Jude im ehemals polnischen Gebiet ist wegen seiner Intelligenz und Aktivität ein besonders gefährliches Element. Aber auch der sowjetrussische Jude hat in den 25 Jahren bolschewistischer Herrschaft ein sehr selbstbewußtes und arrogantes Wesen angenommen, das er sogar noch bei dem Einzug der deutschen Truppen beibehielt.

Die endgültige und grundlegende Beseitigung der nach dem Einmarsch der Deutschen im weißruthenischen Raum verbliebenen Juden stößt auf gewisse Schwierigkeiten. Das Judentum bildet gerade hier einen außerordentlich hohen Prozentsatz der Facharbeiter, die mangels anderweitiger Reserven im dortigen Gebiet unentbehrlich sind. Ferner hat die Einsatzgruppe A das Gebiet erst nach Eintritt des starken Frostes übernommen, die Massenexekutionen stark erschwerten. Eine weitere Schwierigkeit besteht darin, daß die Juden über das ganze Land weit verstreut wohnen. Bei den großen Entfernungen, den schwierigen Wegeverhältnissen, dem Mangel an Kraftfahrzeugen und Benzin und den geringen Kräften der Sicherheitspolizei und des SD sind die Erschießungen auf dem Lande nur unter Anspannung aller Kräfte möglich. Trotzdem wurden bisher 41 000 Juden erschossen. Hierin sind nicht die Zahlen der durch die früheren Einsatzkommandos durchgeführten Aktionen enthalten. Nach schätzungsweisen Angaben sind von der Wehrmacht bis Dezember 1941 ungefähr 19 000 Partisanen und Verbrecher, d. h. also in der Mehrzahl Juden erschossen worden. Zurzeit kann für das Gebiet des Generalkommissariats noch mit einer Gesamtzahl von rund 128 000 Juden gerechnet werden. In Minsk selbst leben zurzeit — ohne Reichsdeutsche — rund 18 000 Juden, deren Erschießung mit Rücksicht auf den Arbeitseinsatz zurückgestellt werden mußte.

Der Kommandeur in Weißruthenien ist trotz der schwierigen Lage angewiesen, die Judenfrage baldmöglichst zu liquidieren. Ein Zeitraum von ca. 2 Monaten wird jedoch — je nach Witterung — noch notwendig sein.

Die Abgrenzung der verbliebenen Juden in bes. Ghettos ist auch in den Städten in Weißruthenien nahezu abgeschlossen. Sie werden von Dienststellen der Wehrmacht, der Zivilverwaltung und deutschen Behörden zum Arbeitseinsatz in weitestgehendem Maße herangezogen.

Die Ernährung der Juden in den Ghettos bildet besonders in Weißruthenien, aber auch in Litauen, erhebliche Schwierigkeiten. Neben dem allgemeinen Nachlassen der Arbeitskraft liegt darin eine erhöhte Anfälligkeit gegenüber allen seuchenartigen Krankheiten.

f) „. . . ausgesondert und exekutiert“

5. Die Juden aus dem Reich:

Seit Dezember 1940 trafen aus dem Reich in kurzen Abständen Judentransporte ein. Davon wurden 20 000 Juden nach Riga und 7000 Juden nach Minsk geleitet. Die ersten 10 000 nach Riga evakuierten Juden wurden z. T. in einem provisorisch ausgebauten Auffanglager, z. T. in einem neu errichteten Barackenlager in der Nähe von Riga untergebracht. Die übrigen Transporte sind zunächst in einen abgetrennten Teil des Rigaer Ghettos eingewiesen worden.

Der Bau des Barackenlagers wird unter Einsatz aller arbeitsfähigen Juden so weiter geführt, daß im Frühjahr alle evakuierten Juden, die den Winter überstehen, in dieses Lager eingewiesen werden können.

Von den Juden aus dem Reich ist nur ein geringer Teil arbeitsfähig. Etwa 70—80 % sind Frauen und Kinder sowie alte, arbeitsunfähige Personen. Die Sterblichkeitsziffer steigt ständig, auch infolge des außergewöhnlich harten Winters.

Die Leistungen der wenigen einsatzfähigen Juden aus dem Reich sind zufriedenstellend. Sie sind als Arbeitskräfte auf Grund ihrer deutschen Sprache und ihrer verhältnism ä ß i g größeren Sauberkeit mehr begehrt als die russischen Juden. Bemerkenswert ist die Anpassungsfähigkeit der Juden, mit der sie ihr Leben den Umständen entsprechend zu gestalten versuchen.

Die in allen Ghettos vorhandene Zusammendrängung der Juden auf kleinstem Raum bedingt naturgemäß eine größere Seuchengefahr, der durch den Einsatz jüdischer Ärzte weitestgehend entgegengewirkt wird. In einzelnen Fällen wurden ansteckend erkrankte Juden unter dem Vorwand, in ein jüdisches Altersheim oder Krankenhaus verbracht zu werden, ausgesondert und exekutiert

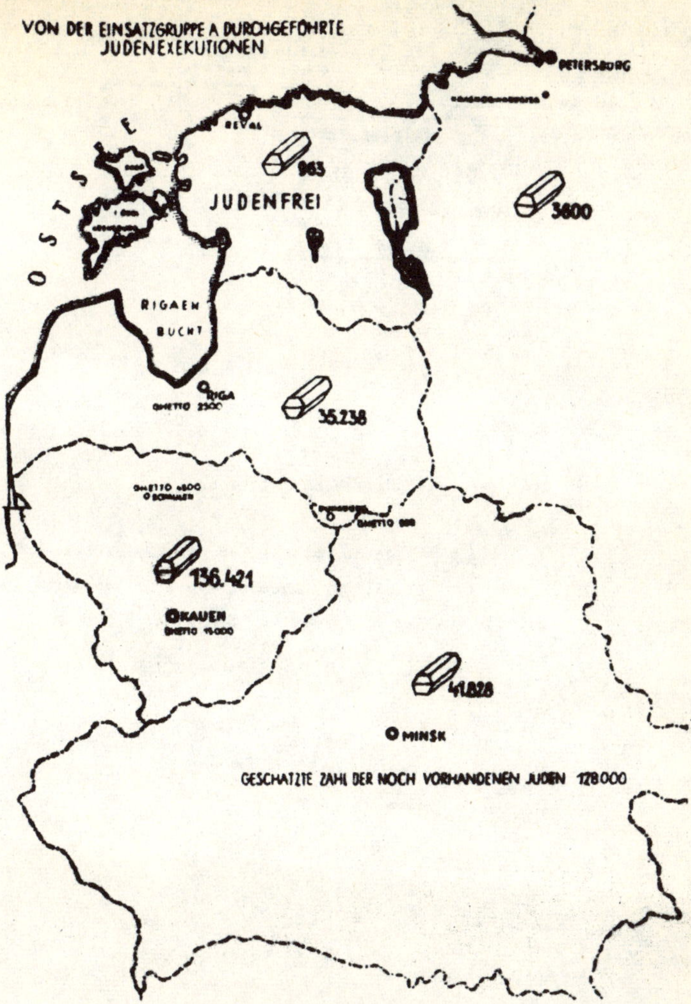

Karte der Judenausrottung

Anlage zum Geheimbericht über die von Einsatzgruppe A durchgeführte Massenermordung von Juden in West- und Weißrußland, sowie in den baltischen Staaten. (Dokument PS–2273)

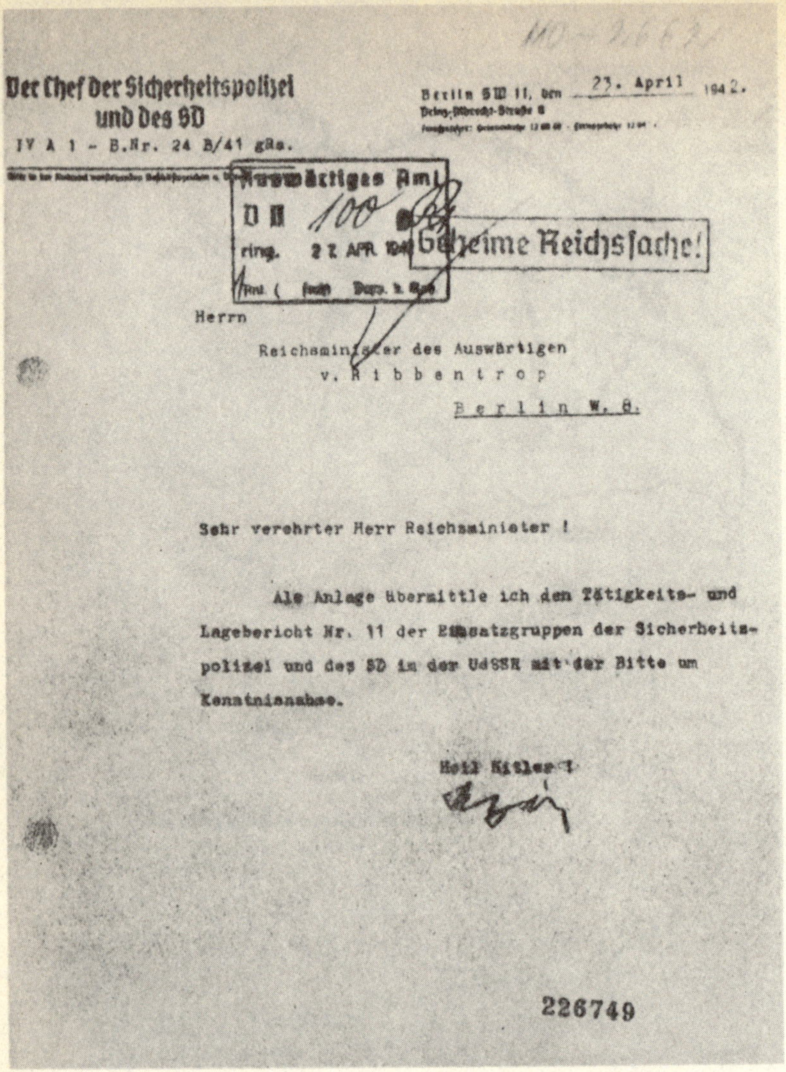

ND-2667[illegible]

Der Chef der Sicherheitspolizei
und des SD

IV A 1 – B.Nr. 24 B/41 gRs.

Berlin SW 11, den 23. April 1942.
Prinz-Albrecht-Straße 8

Auswärtiges Amt
D II 100
ring. 27. APR. 1942

Geheime Reichssache!

Herrn

Reichsminister des Auswärtigen
v. Ribbentrop

Berlin W. 8.

Sehr verehrter Herr Reichsminister !

Als Anlage übermittle ich den Tätigkeits- und Lagebericht Nr. 11 der Einsatzgruppen der Sicherheitspolizei und des SD in der UdSSR mit der Bitte um Kenntnisnahme.

Heil Hitler !

[Unterschrift]

226749

An das Auswärtige Amt: „... mit der Bitte um Kenntnisnahme“[1])

[1]) Dokument No. 2669

Liquidationszahlen: *„Stand vom 25. Oktober 1941"*

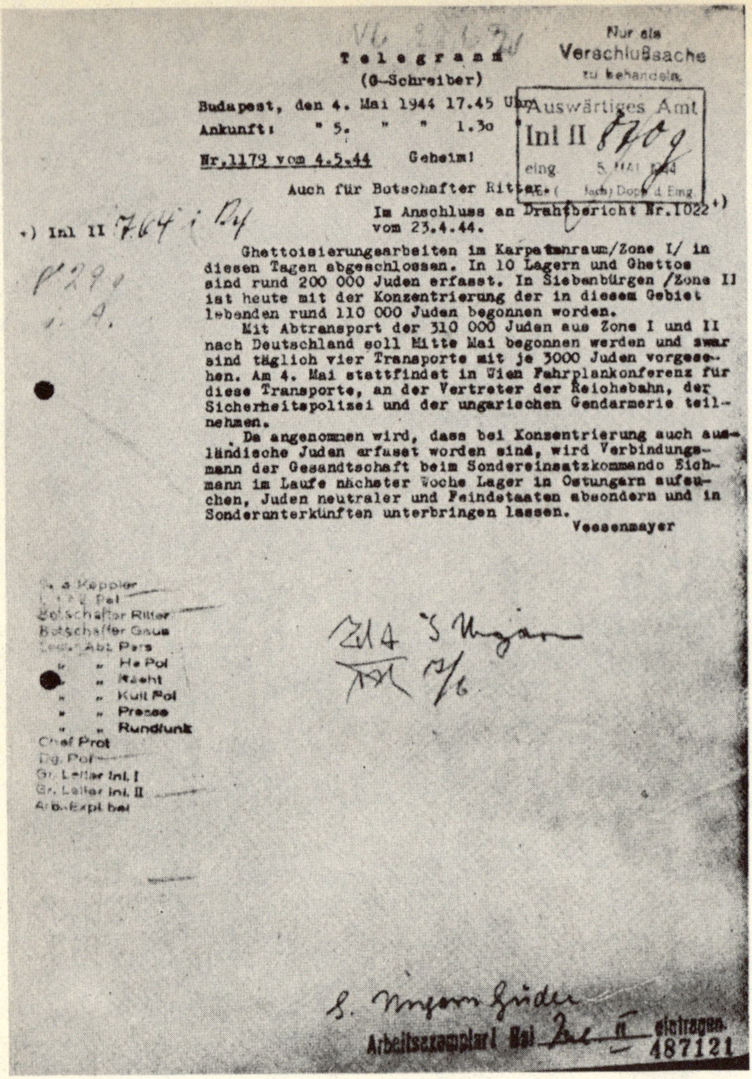

Nur als Verschlußsache zu behandeln

Telegramm
(G-Schreiber)

Budapest, den 4. Mai 1944 17.45 Uhr
Ankunft: " 5. " " 1.3o

Nr.1179 vom 4.5.44 Geheim!

Auswärtiges Amt
Inl II 8709
eing. 5. MAI 1944

Auch für Botschafter Ritter.

+) Inl II 764 i Bf

Im Anschluss an Drahtbericht Nr.1022+)
vom 23.4.44.

Ghettoisierungsarbeiten im Karpatenraum/Zone I/ in diesen Tagen abgeschlossen. In 10 Lagern und Ghettos sind rund 200 000 Juden erfasst. In Siebenbürgen /Zone II ist heute mit der Konzentrierung der in diesem Gebiet lebenden rund 110 000 Juden begonnen worden.

Mit Abtransport der 310 000 Juden aus Zone I und II nach Deutschland soll Mitte Mai begonnen werden und zwar sind täglich vier Transporte mit je 3000 Juden vorgesehen. Am 4. Mai stattfindet in Wien Fahrplankonferenz für diese Transporte, an der Vertreter der Reichsbahn, der Sicherheitspolizei und der ungarischen Gendarmerie teilnehmen.

Da angenommen wird, dass bei Konzentrierung auch ausländische Juden erfasst worden sind, wird Verbindungsmann der Gesandtschaft beim Sondereinsatzkommando Eichmann im Laufe nächster Woche Lager in Ostungarn aufsuchen, Juden neutraler und Feindstaaten absondern und in Sonderunterkünften unterbringen lassen.

Veesenmayer

Botschafter Ritter
Botschafter Gaus
" " Ha Pol
" " Recht
" " Kult Pol
" " Presse
" " Rundfunk
Chef Prot
Dg. Pol
Gr. Leiter Inl. I
Gr. Leiter Inl. II
Arb.-Expl. bei

Arbeitsexemplar! Bei ... eintragen.
487121

„*Auch für Botschafter Ritter*"

In Pinsk

„... in den Häusern zurückgelassene Kinder wurden sofort im Ghetto auf dem Hofe exekutiert"[1])

Erfahrungsbericht

Die Komp. erhielt am 27. Oktober 1942, nachdem der Befehl zum sofortigen Abmarsch aufgehoben war, den Befehl, am 28. Oktober 1942, 21 Uhr, in Kobryn einzutreffen. Die Komp. traf verlastet befehlsgemäß in Kobryn ein und wurde von hier nach Pinsk in Marsch gesetzt. Eintreffen am Westausgang Pinsk 29. Oktober 1942, 4.00 Uhr.

Die am 28. Oktober 1942 in Pinsk stattgefundene Besprechung bei H.Regt. Kommandeur Oberst Kurt ergab, daß 2 Batl. und zwar XX/Pol. 15 und R.A. 2. die äußere Absperrung übernehmen, während 10/Pol. 15 und 11./Pol. 11 ohne 2 Züge mit der Durchkämmung des Ghettos beauftragt wurden. 11./Pol. 11 ohne 1 Zug (dieser wurde am Nachmittag ebenfalls von der Durchkämmung entbunden) war für die Bewachung am Sammelplatz, Sicherung der einzelnen Transporte zum Exekutionsplatz, der etwa 4 km außerhalb Pinsk lag, und Absperrung des Exekutionsplatzes bestimmt. Für letztere Aufgabe wurden im weiteren Verlauf der Aktion teilweise Reiter eingesetzt. Diese Maßnahme bewährte sich tadellos, da bei einem Fluchtversuch von 150 Juden alle wieder ergriffen werden konnten, obwohl sich diese z. T. bis auf einige km entfernt hatten.

Die befohlene Absperrung stand um 4.30 Uhr und es zeigte sich, daß in Anbetracht der vorangegangenen persönlichen Erkundung der eingesetzten Führer unter Wahrung der Geheimhaltung die Absperrung in kürzester Zeit stand und ein Entweichen von Juden unmöglich war.

Mit der Durchkämmung des Ghettos sollte befehlsgemäß um 6.00 Uhr begonnen werden. Infolge der noch bestehenden Dunkelheit wurde der Beginn der Durchkämmung um eine halbe Stunde verschoben. Die Juden, nun aufmerksam geworden, sammelten sich zum größten Teil freiwillig auf allen Straßen, und mit Hilfe von 2 Wachtmeistern gelang es

---

[1]) *Dokument URSS — 119a.*

schon in der ersten Stunde, einige tausend zum Sammelplatz zu lotsen. Da nun der andere Teil der Juden sah, wohin es ging, schlossen sie sich dem Zuge an, so daß die vom SD am Sammelplatz in Aussicht genommene Sichtung auf Grund des starken und plötzlichen Anlaufs nicht mehr erfolgen konnte. (Man hatte für den ersten Tag der Durchkämmung nur mit 1000—2000 Personen gerechnet). Die erste Durchkämmung war um 17.00 Uhr beendet und verlief ohne Zwischenfälle. Am ersten Tag wurden ca. 10 000 Personen exekutiert. Für die Nacht lag die Komp. in Alarmbereitschaft im Soldatenheim.

Am 30. Oktober wurde das Ghetto zum zweiten, am 31. Oktober zum dritten und am 1. November zum vierten Male durchkämmt. Es wurden insgesamt ca. 15 000 Juden dem Sammelplatz zugeführt. Kranke Juden und einzelne in den Häusern zurückgelassene Kinder wurden sofort im Ghetto auf dem Hofe exekutiert. Im Ghetto wurden ca. 1200 Juden exekutiert. Zu Zwischenfällen kam es, bis auf einen Fall, nicht. Auf Grund dessen, daß den Juden, die Gold vergraben hatten und dieses anzeigten, das Leben versprochen wurde, meldete sich ein Jude, der vorgab, eine Menge Gold versteckt zu haben. Es ging ein Wachtmeister mit. Da der Jude jedoch dauernd zögerte und den Wachtmeister immer wieder aufforderte, mit auf den Dachboden zu gehen, brachte der Wachtmeister den Juden wieder zu einem Sammelplatz im Ghetto. Hier weigerte sich der Jude, sich wie alle anderen Juden auf den Boden zu setzen. Plötzlich sprang der Jude einen Angehörigen der Reiterschwadron an, entwendete ihm sein Gewehr und einen Stock und hieb mit letzterem auf den Angehörigen der Reiterschwadron ein. Nur durch das Dazwischentreten von Angehörigen der Kompanie konnte dieser Angriff vereitelt werden.

„Es gibt keinen jüdischen Wohnbezirk in Warschau mehr"

(Der Bericht von Jürgen Stroop)

Der ᛋᛋ-Brigadeführer und Generalmajor Jürgen Stroop war beauftragt, den Aufstand im Warschauer Ghetto niederzuschlagen.

Nach dem Kriege fanden die Alliierten seinen Bericht — sorgfältig in Leder gebunden — über den Kampf und die Abrechnung mit den jüdischen Aufständischen sowie die Schleifung des Warschauer Ghettos.

Der Bericht besteht aus drei Teilen.

Der erste Teil trägt den Titel: „Es gibt keinen jüdischen Wohnbezirk in Warschau mehr" (siehe Faksimile). Er enthält u. a. die Aufstellung der im Kampf „gegen Juden und Banditen" Verwundeten und „für den Führer" Gefallenen, eine Zusammenfassung der Geschichte des Warschauer Ghettos, des jüdischen Widerstandes, der „Großaktion" gegen die Aufständischen und über jüdische und polnische Fahnen im Warschauer Ghetto während des Kampfes, die Art der Waffen und Uniformierung sowie über chemische Mittel der Aufständischen. Von heldenhaft kämpfenden Frauen, über Juden, die mit beiden Händen zugleich schossen oder in brennenden Häusern aus dem Fenster sprangen, wird ebenfalls erzählt.

Der zweite Teil umfaßt Stroops tägliche Meldungen (siehe Faksimile) vom Kampfplatz an ᛋᛋ-Obergruppenführer und General der Polizei Krüger.

Diese Berichte sind von Stroop eigenhändig unterzeichnet.

Der Aufstand im Warschauer Ghetto brach am 19. April 1943 aus, und der erste Stroop-Rapport trägt das Datum des 20. April 1943. Der letzte Bericht, aus welchem wir u. a. erfahren, daß „180 Juden und Untermenschen vernichtet wurden" und daß die „Großaktion" mit der Sprengung der Synagoge (auf der Tlomackiestraße) um 20 Uhr 30 beendet wurde[1]) (siehe Fotografie), ist vom 16. Mai 1943.

Der dritte Teil des Stroop-Berichts umfaßt den „Bildbericht" (Faksimile).

Zusammen sind es — sehr sorgfältig ausgeführt — 53 Fotografien im Format 12 × 18.

---

[1]) Dokument PS — 1061 enthält auch ein Duplikat des Stroop-Berichts mit einem Tagesrapport vom 24. Mai 1943 (siehe Faksimile), der im Originalbericht fehlt.

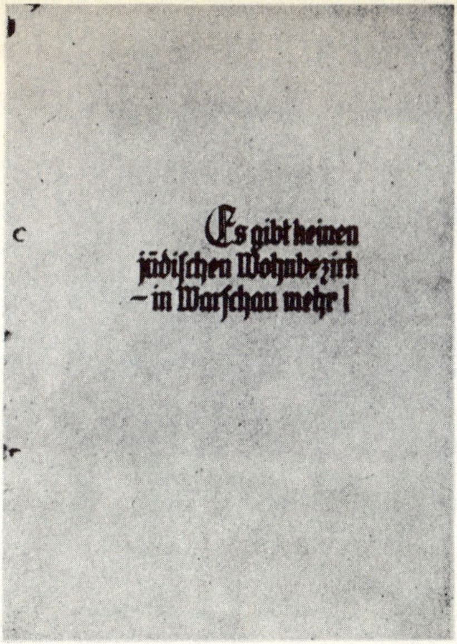
Es gibt keinen
jüdischen Wohnbezirk
– in Warschau mehr !

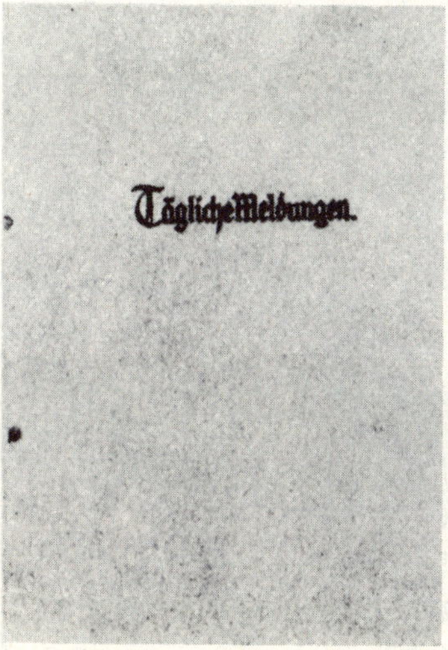
Tägliche Meldungen.

Bildbericht.

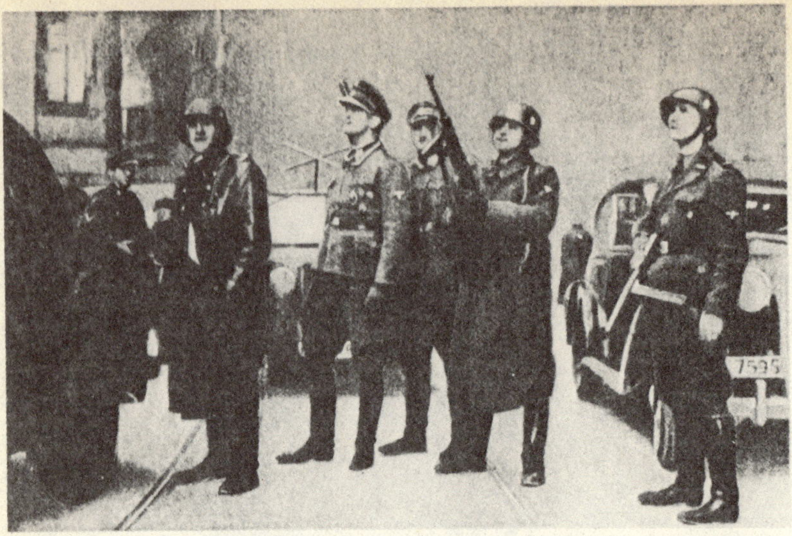

— Der Führer der Großaktion —

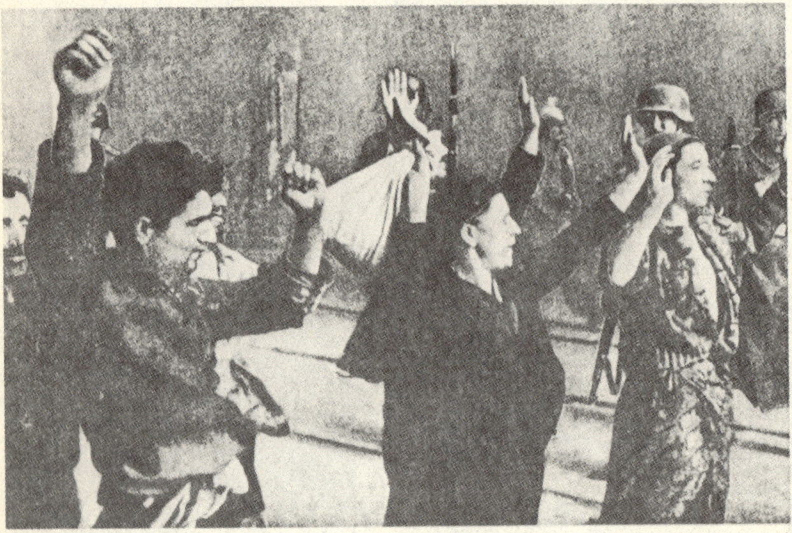

— Diese Banditen verteidigen sich mit der Waffe. —

Mit Gewalt aus den Bunkern herausgeholt

Durch einen Sprung vom ersten Stock versucht eine Frau dem Flammentod zu entgehen

Stroop gibt auf der Niskastraße Befehl, einige Häuserblocks anzuzünden

Menschen springen aus brennenden Häusern

Die Leichen der Herausgesprungenen

~ Im Kampf vernichtete Banditen. ~

Ein Stoßtrupp

Der erste Jude verläßt den durch Sprengung geknackten Bunker

Mit Gewalt aus den Bunkern herausgeholt

Abschrift Fernschreiben

Absender: Der ϟϟ- und Polizeiführer im Distrikt Warschau

Warschau, den 24. Mai 1943.

Az.: I ab -St/Gr- 16 07 - Tgb.Nr. 663/43 geh.
Betr.: Ghetto-Großaktion
Bezug: Dort. FS Nr. 946 v. 21.5.43

An den

Höheren ϟϟ- und Polizeiführer Ost
ϟϟ-Obergruppenführer und General d. Polizei
K r ü g e r - o.V.i.A.

K r a k a u

Obenbezeichnetes Fernschreiben beantworte ich wie folgt:

Zu Ziff. 1

Von den 56 065 insgesamt erfaßten Juden sind ca. 7 000 im Zuge der Großaktion im ehem. jüd. Wohnbezirk selbst vernichtet. Durch Transport nach T. II wurden 6 929 Juden vernichtet, so daß insges. 13 929 Juden vernichtet wurden. Über die Zahl 56 065 hinaus sind schätzungsweise 5 - 6 000 Juden bei Sprengungen und durch Feuer vernichtet worden.

Zu Ziff. 2

Es wurden 631 Bunker vernichtet.

Zu Ziff. 3 (Beute)

7 poln. Gewehre, 1 russ. Gewehr, 1 deutsches Gewehr,
59 Pistolen versch. Kalibers,
mehrere 100 Handgranaten, darunter polnische und selbstgefertigte,
einige 100 Brandflaschen,
selbstgefertigte Sprengkörper,
Höllenmaschinen mit Zündkabel.

Große Mengen Sprengstoffe, Munition für Waffen aller Kaliber, darunter auch MG-Munition.

Bei der Beute an Waffen ist zu berücksichtigen, daß die Waffen selbst in den meisten Fällen nicht erfaßt werden konnten, weil sie von den Banditen und Juden in nicht festzustellende oder auffindbare Verstecke und Löcher vor Gefangennahme weggeworfen wurden. Die Erfassung war auch wegen der Vernebelung der Bunker durch unsere Männer unmöglich. Da die Sprengung der Bunker sofort vorgenommen werden mußte, kam eine spätere Erfassung nicht in Betracht.

Die erbeuteten Handgranaten, die Sprengmunition und die Brandflaschen fanden bei Bekämpfung der Banditen durch uns sofort wieder Verwendung.

I....

089818

Stroops Tagesmeldung vom 24. Mai 1943

25/6

Weiter wurden erbeutet:

1 240 alte Waffenröcke (z.T. mit Ordensbändern - EK und Ostmedaille versehen-)
600 alte Hosen
Ausrüstungsstücke und deutsche Stahlhelme
108 Pferde, davon 4 noch im ehem. Ghetto (Leichenwagen).

Bis zum 23.5.43 wurden gezählt:

4,4 Mill. Zloty, außerdem ungezählt etwa 5 - 6 Mill. Zloty, eine große Menge Devisen, unter anderem 14 300 Dollar Papierscheine und 9 200 Golddollar, außerdem Schmucksachen (Ringe, Ketten, Uhren usw.) in großen Mengen.

Zu Ziff. 4

Bis auf 8 Gebäude (Polizeiunterkunft, Krankenhaus und vorgesehene Unterkunft für Werkschutz) ist das ehem. Ghetto vollständig zerstört. Soweit nicht Sprengungen durchgeführt wurden, stehen nur noch die Brandmauern. Aus den Ruinen sind aber noch Steine und Schrott in unübersehbarer Menge zu verwerten.

Der SS- und Polizeiführer
im Distrikt Warschau
gez. Stroop
SS-Brigadeführer
und Generalmajor d.Polizei.

F.d.R.:

SS-Sturmbannführer.

088819

Himmlers Befehl, das Warschauer Ghetto zu schleifen[1])

Der Reichsführer SS
Tgb.Nr. 38/33/43 g v

Feld-Kommandostelle,
den 16. Februar 1943

Geheim!

Stempel

Persönlicher Stab Reichsführer SS
Schriftgutverwaltung
Abt.Nr.Geh./9/43

An den
Höheren SS- und Polizeiführer Ost
SS-Obergruppenführer Krüger
Krakau

Aus Sicherheitsgründen ordne ich an, daß das Ghetto Warschau nach der Herausverlegung des Konzentrationslagers abzureißen ist, wobei alle irgendwie verwertbaren Teile der Häuser und Materialien aller Art vorher zu verwerten sind.

Die Niederreißung des Ghettos und die Unterbringung des Konzentrationslagers ist notwendig, da wir Warschau sonst wohl niemals zur Ruhe bringen werden und das Verbrecherunwesen bei Verbleiben des Ghettos nicht ausgerottet werden kann.

Für die Niederlegung des Ghettos ist mir ein Gesamtplan vorzulegen. Auf jeden Fall muß erreicht werden, daß der für 500 000 Untermenschen bisher vorhandene Wohnraum, der für Deutsche niemals geeignet ist, von der Bildfläche verschwindet und die Millionenstadt Warschau, die immer ein gefährlicher Herd der Zersetzung und des Aufstandes ist, verkleinert wird.

gez. Himmler

2.) Chef der Sicherheitspolizei und des SD
durchschriftlich mit der Bitte um Kenntnisnahme übersandt.

I. A.
gez.
SS-Obersturmbannführer

---

[1]) *Dokument CXXXIV — 37 (siehe nebenstehende Fotokopie).*

Der Reichsführer-SS

Tgb.Nr. 38/33/43 g

Feld-Kommandostelle, den 16 Febr. 1943

Geheim!

Persönlicher Stab Reichsführer-SS
Schriftgutverwaltung
Akt.Nr. Geh. / /43

An den
Höheren SS- und Polizeiführer O s t,
SS-Obergruppenführer K r ü g e r
K r a k a u

Aus Sicherheitsgründen ordne ich an, daß das Ghetto Warschau nach der Herausverlegung des Konzentrationslagers abzureißen ist, wobei alle irgendwie verwertbaren Teile der Häuser und Materialien aller Art vorher zu verwerten sind.

Die Niederreißung des Ghettos und die Unterbringung des Konzentrationslagers ist notwendig, da wir Warschau sonst wohl niemals zur Ruhe bringen werden und das Verbrecherunwesen bei Verbleiben des Ghettos nicht ausgerottet werden kann.

Für die Niederlegung des Ghettos ist mir ein Gesamtplan vorzulegen, Auf jeden Fall muß erreicht werden, daß der für 300.000 Untermenschen bisher vorhandene Wohnraum, der für Deutsche niemals geeignet ist, von der Bildfläche verschwindet und die Millionenstadt Warschau, die immer ein gefährlicher Herd der Zersetzung und des Aufstandes ist, verkleinert wird.

gez. H. H i m m l e r

2.) Chef der Sicherheitspolizei und des SD
durchschriftlich mit der Bitte um Kenntnisnahme übersandt.

I.A.

SS-Obersturmbannführer.

„Haluzzen“: Zionistische Jugendliche. Richtig heißt es Chaluzim, bedeutet „Pioniere“

II P.A. / 29a / Ko/Schü. Krakau, den 15. Februar 1944

A k t e n v e r m e r k

für

ʮ-Obergruppenführer u. General der Polizei K o p p e .

Betr.: Verleihung von Kriegsauszeichnungen an Btl. SCHÖPPE.

Das III./ʮ-Pol.Rgt. 22 hat für den Ghetto-Grosseinsatz – vom Reichsführer-ʮ verliehen – folgende Kriegsauszeichnungen erhalten:

1.) 1 Stück KVK.I.Kl.m.Schw. an Major Schöppe
2.) 5 " EK.II.Kl.
3.) 4 " KVK.II.Kl.m.Schw.

Weiter hat das Btl. in letzter Zeit erhalten:

1 Stück EK.II.Kl.

4 " KVK.II.Kl.m.Schw. (bereits erhalten)
24 " KVK.II.Kl.m.Schw. (genehmigte Vorschl.)
6 " KVK.II.Kl.m.Schw. (liegen zur Genehmigung vor)

34 Stück KVK.II.Kl.m.Schw.

Vom Btl. Schöppe sind noch eingegangen und in Bearbetiung:

9 Anträge zur Verleihung des EK.II.Kl. (davon 1 Antrag für Major Schöppe.)

1 Antrag zur Verleihung des EK.I.Kl. für Oblt.d.Res. Georg D i e h l , Zugführer 11./ʮ-Pol.Rgt. 22

1 Antrag zur Verl.d.KVK.I.Kl.m.Schw. anxOblt. STROBEL.

Weitere Anträge sind hier nicht eingegangen.

i.A.

ʮ-Hauptsturmführer.

Verleihung von Kriegsauszeichnungen für Ghetto-Liquidatoren[1])

[1]) „German Crimes in Poland" Warsaw 1947, Vol. II.

Das Warschauer Ghetto – in dem 1941 noch 500 000 Juden wohnten – nach Himmlers Befehl
(Aus dem Buche: Melech Neustadt, „Churbn un ojfshtand fun die Jidn in Warshe", Tel-Aviv, 1948)

Die große Synagoge in Warschau auf Tlomackiestraße wurde am 16. Mai 1943 gesprengt

Tagebuch eines Juristen

(Dr. Hans Frank und die Liquidation des polnischen Judentums)[1]

Judenstern

Herr Generalgouverneur ordnet an: Ferner soll eine Kennzeichnung der Juden (weiße Armbinde und blauer Davidstern) eingeführt werden, die von allen Juden und Jüdinnen vom 12. Lebensjahr ab zu tragen sei. Jede Zuwiderhandlung müsse entsprechend bestraft werden.

(10. November 1939)

Ghettos

Krakau: Gouverneur Dr. Fischer. Er betont, daß für die Juden ein besonderes Ghetto gebildet werden müsse. Herr Generalgouverneur billigt diese Maßnahme.

(25. Oktober bis 15. Dezember 1939)

---

[1]) *Im Mai 1945 fand der Lieut. Walter Stein von der VII. amerik. Armee im Appartement von Hans Frank im Hotel Berghof, nicht weit von Neuhaus in Bayern, 36 Bände, welche die Protokolle von Regierungssitzungen und Versammlungen der NSDAP im ehemaligen Generalgouvernement, sowie auch das Tagebuch des ehemaligen Generalgouverneurs selbst enthielten. Im allgemeinen bestehen die Dokumente aus Reden und amtlichen Ansprachen des damaligen Generalgouverneurs. Das Tagebuch wurde von Frank selbst oder seinem Sekretär geführt und erstreckt sich über die Jahre 1939—45. Wir geben hier Auszüge aus diesen Tagebüchern.*

Dokument PS — 2233 sowie PS — 3465 und D — 970.

Generäle in der judenreinsten Stadt

Er (Frank) habe gestern mit einigen Generälen über diese Frage gesprochen und dabei festgestellt, daß Generäle, die Divisionen kommandierten, angesichts der Notlage auf dem Wohnungsmarkt gezwungen seien, in Häusern zu wohnen, die außer dem General nur noch Juden als Mieter hätten.

Das gelte übrigens auch für alle Kategorien von Beamten. Dieser Zustand sei auf die Dauer vollkommen unerträglich. Wenn die Autorität des nationalsozialistischen Reiches aufrechterhalten werden solle, dann sei es unmöglich, daß die Repräsentanten dieses Reiches gezwungen seien, beim Betreten oder Verlassen des Hauses mit Juden zusammenzutreffen, daß sie der Gefahr unterlägen, von Seuchen befallen zu werden. Er beabsichtige deshalb, die Stadt Krakau bis zum 1. November 1940 soweit irgend möglich judenfrei zu machen, und eine große Aussiedlungsaktion der Juden in Angriff zu nehmen, und zwar mit der Begründung, daß es absolut unerträglich sei, wenn in einer Stadt, der der Führer die hohe Ehre zuteil werden lasse, der Sitz einer hohen Reichsbehörde zu sein, Tausende und aber Tausende von Juden herumschlichen und Wohnungen innehätten. Die Stadt Krakau müsse die judenreinste Stadt des Generalgouvernements werden...

(Abteilungsleitersitzung am 12. April 1940 in Krakau)

Einstweilen wird noch über Madagaskar gesprochen

Sehr wichtig ist auch die Entscheidung des Führers, die er auf seinen (Dr. Franks) Antrag gefällt hat, daß keine Judentransporte ins Generalgouvernement mehr stattfinden. Ich möchte allgemein politisch dazu sagen, daß geplant ist, die ganze Judensippschaft im Deutschen Reich, im Generalgouvernement und im Protektorat in denkbar kürzester Zeit nach Friedenschluß in eine afrikanische oder amerikanische Kolonie zu transportieren, man denkt an Madagaskar, das zu diesem Zweck von Frankreich abgetreten werden soll. Hier wird auf einer Fläche von 500 000 qkm reichlich Gelände für ein paar Millionen Juden sein. Ich habe mich bemüht, auch die Juden des Generalgouvernements dieses Vorteils teilhaftig werden zu lassen, sich auf neuem Boden ein neues Leben aufzubauen. Das wurde akzeptiert, so daß in absehbarer Zeit auch hier eine kolossale Entlastung gegeben sein wird.

(Abteilungsleitersitzung am 12. Juli 1940 in Krakau)

Erneute Heiterkeit

Dr. Frank: Der Führer hat weiter verlangt, daß Juden in das Generalgouvernement nicht mehr hereintransportiert werden. Im Gegenteil, auch die Juden, die im Generalgouvernement wohnen, werden sämtlich auf Grund eines besonderen Programms einheitlich behandelt, so daß auch das Generalgouvernement in absehbarer Zeit judenfrei wird. Sobald der Überseeverkehr die Möglichkeit des Abtransportes der Juden zuläßt (Heiterkeit), werden die Juden Stück um Stück, Mann um Mann, Frau um Frau, Fräulein um Fräulein abtransportiert werden. Ich nehme an, daß ich sie darum nicht zu sehr zu beklagen brauche (erneute Heiterkeit). Ich glaube also, daß wir, wie man so sagt, durch den dicksten Dreck hindurch sind, und daß es nunmehr möglich ist, uns nunmehr eine wirkliche, eine anständige, berufliche und auch menschliche Stadt für deutsche Volksgenossinnen und Volksgenossen zu errichten. Wenn wir das schon geschaffen haben, dann können wir auch noch weiteres erreichen.

Dieser Raum wird in den kommenden Jahrzehnten in zunehmendem Maße mit Angehörigen des deutschen Volkes durchsetzt werden.

(Eine Ansprache am 23. Juli 1940 in Krakau)

Eine halbe Million Juden im Warschauer Ghetto

Was die Behandlung der Juden anbelangt, so habe ich genehmigt, daß in Warschau das Ghetto geschlossen wird, vor allem weil festgestellt ist, daß die Gefahr von den 500 000 Juden so groß ist, daß die Möglichkeit des Herumtreibens unterbunden werden muß.

(Abteilungsleitersitzung am 12. September 1940 in Krakau)

Dauernde Heiterkeit über Läuse und Juden

Dr. Frank: Und noch eins hat mir der Führer vor wenigen Tagen in vollem Ernst gesagt, daß das alte japanische Sprichwort seine Geltung behalten soll, das da lautet: Nach dem Siege bindet den Helm fester, Kameraden, wir werden niemals wieder ein schwaches Reich sein. Die Wehrmacht wird die Krönung der Gemeinschaftserziehung darstellen. So wie die Nationalsozialistische Deutsche Arbeiterpartei die Krönung der sozialen, der politischen, der weltanschaulichen Führung ist, so wird auch die Wehrmacht der Inbegriff der Wehrerziehung, der stolzen und sauberen Haltung unseres Volkes sein. Und ihr könnt sagen: ihr seid als Soldaten dabei gewesen. Ich bin sehr glücklich über diese Stunde der Wehrmacht; denn sie verbindet uns alle. Von euch hat der eine seine Mutter, seine Eltern, der andere seine Frau, seine Braut, seine Kinder zu Hause. Die werden nun in allen diesen Wochen an euch denken und werden sich sagen: mein Gott, da sitzt der nun drüben in Polen, wo es so viele Läuse und Juden gibt. Vielleicht hungert und friert er. Er getraut sich vielleicht nicht, zu schreiben ... Da wäre es vielleicht ganz nett, wenn wir den Lieben zu Hause ein Bild schicken und ihnen sagen würden: Nun, es ist hier im Generalgouvernement schon etwas anders und besser geworden. Freilich in einem Jahre konnte ich weder sämtliche Läuse noch sämtliche Juden beseitigen (Heiterkeit). Aber im Laufe der Zeit und vor allem dann, wenn ihr mir helft, wird sich das schon erreichen lassen. Es ist ja auch nicht notwendig, daß wir alles in einem Jahr und alles gleich tun, denn was hätten sonst diejenigen, die nach uns kommen, noch zu schaffen?

(Eine Rede am 19. Dezember 1940 in Krakau)

Manche besorgte Mutter oder Gattin

Der Herr Generalgouverneur begibt sich in Begleitung des Polizeiobersten Müller zum Fest der Ordnungspolizei in deren Unterkunft in einem ehemaligen Priesterseminar. Dr. Frank: Kameraden der Polizei! Als ihr von der Heimat Abschied nahmt, da mag manche besorgte Mutter, manche besorgte Gattin zu euch gesagt haben: Was, zu den Polen gehst du, wo es lauter Läuse und so viele Juden gibt? Man kann natürlich in einem Jahr nicht sämtliche Läuse und Juden hinaustreiben, das wird im Laufe der Zeit geschehen müssen.

(Am 20. Dezember 1940 in Krakau)

Reste von Humanitätsphantasten

Dr. Frank: Solange die Juden hier sind, sollen sie arbeiten, freilich nicht in dem Sinne, wie die Juden es früher getan haben. Hier appelliere ich an Ihre Entschlossenheit. Wir haben immer noch Reste von Humanitätsphantasten und solche, die aus echt deutscher Gemütlichkeit die Weltgeschichte zu verschlafen pflegen. Das kann man von uns nicht verlangen, die wir mit dem Führer seit 20 Jahren in diesem Kampfe stehen, daß wir noch irgendwelche Rücksicht auf die Juden nehmen ... Wenn heute die Juden in der Welt um Mitleid bitten, so läßt uns das kalt.

(Parteikundgebung am 22. April 1941 in Lublin)

Eine Stadt wie Warschau kann nicht völlig verpestet werden

Der Herr Generalgouverneur will die Entscheidung darüber, ob das Warschauer Ghetto beibehalten oder wieder aufgelöst werden soll, von dem Ergebnis seiner demnächst dort stattfindenden Besichtigung abhängig machen. Auf keinen Fall könne er es zulassen, daß eine Stadt wie Warschau völlig verpestet werde.

(Arbeitssitzung 1941, Januar—Oktober)

Juden sind ohne Formalitäten zu erschießen

Amtschef in Warschau, Dr. Hummel: Die Gefahren des Fleckfiebers hätten sich infolge Nachlassens der Widerstandskraft der Bevölkerung und insbesondere der der Jugend vergrößert. Die Ernährung der Ghettobewohner sei unzureichend. Hinzu kommen der Mangel an Reinigungsmitteln und das enge Zusammenwohnen. Der gemeldete Fleckfieberstand im

Ghetto betrage heute 2405 Fälle. Der tatsächliche Stand sei aber viel höher. In Warschau habe man 503, in den Kreishauptmannschaften 589 an Fleckfieber erkrankte Polen feststellen können. An sich sei der Zusammenschluß der Juden im Ghetto ein Segen. Wichtig sei jetzt die vollkommene Abschließung des Ghettos. Dankbar habe man einen Schießbefehl des BdO, auf Grund dessen auf Juden auf den Landstraßen geschossen werden dürfe, begrüßt. Dr. Hummel berichtet dann über die praktische Auswirkung der Verhängung der Todesstrafe bei widerrechtlichem Verlassen des Ghettos. In Warschau habe man bis jetzt trotz Hinzunahme einer dritten Kammer erst 45 Todesurteile fällen können, und von diesen wären erst 8 vollstreckt worden, da über jeden einzelnen Fall die Gnadenkommission in Krakau die letzte Entscheidung treffen müsse. Weitere 600 Anträge auf Verurteilung liegen vor. Im Wege des Sondergerichtsverfahrens sei eine wirksame Absperrung der Ghettos unmöglich. Das Verfahren bis zur Liquidierung sei zu langwierig, es sei mit zu viel Formalitäten belastet und müsse vereinfacht werden.

(Am 9. September 1941)

Das Generalgouvernement muß judenfrei werden

Mit den Juden — das will ich Ihnen auch ganz offen sagen — muß so oder so Schluß gemacht werden. Der Führer sprach einmal das Wort aus: Wenn es der vereinten Judenschaft wieder gelingen wird, einen Weltkrieg zu entfesseln, dann werden die Blutopfer nicht nur von den in den Krieg gehetzten Völkern gebracht werden, sondern dann wird der Jude in Europa sein Ende gefunden haben. Ich weiß, es wird an vielen Maßnahmen, die jetzt im Reich gegenüber den Juden getroffen werden, Kritik geübt... Bewußt wird — das geht aus den Stimmungsberichten hervor — immer wieder versucht, von Grausamkeit, von Härte usw. zu sprechen. Ich möchte Sie bitten, einigen Sie sich mit mir zunächst, bevor ich weiterspreche, auf die Formel: Mitleid wollen wir grundsätzlich nur mit dem deutschen Volk haben, sonst mit niemandem auf der Welt... Die anderen haben auch mit uns kein Mitleid gehabt. Ich muß auch als alter Nationalsozialist sagen; wenn die Judensippschaft in Europa den Krieg überleben würde, wir aber unser bestes Blut für die Erhaltung Europas geopfert hätten, dann würde dieser Krieg doch nur einen Teilerfolg darstellen. Ich werde daher den Juden gegenüber grundsätzlich nur von der Erwartung ausgehen, daß sie verschwinden. Sie müssen weg. Ich habe Verhandlungen zu dem Zweck angeknüpft, sie nach dem Osten abzuschieben. Im Januar findet über diese Frage eine große Besprechung in Berlin statt, zu der ich Herrn Staatssekretär Dr. Bühler entsenden werde. Diese Besprechung soll im Reichssicherheitshauptamt bei SS-Obergruppenführer Heydrich gehalten werden. Jedenfalls wird eine große jüdische Wanderung einsetzen. Aber was soll mit den Juden geschehen? Glauben Sie, man wird sie im Ostland in Siedlungsdörfern unterbringen? Man hat uns in Berlin gesagt: Weshalb macht man die Scherereien. Wir können im Ostland oder im Reichskommissariat auch nichts mit ihnen anfangen. Liquidiert sie selbst. Meine Herren, ich muß Sie bitten, sich gegen alle Mitleidserwägungen zu wappnen.

Wir müssen die Juden vernichten, wo immer wir sie treffen und wo es irgend möglich ist, um das Gesamtgefüge des Reiches hier aufrechtzuerhalten. Das wird selbstverständlich mit Methoden geschehen, die anders sind als diejenigen, von denen Amtschef Dr. Hummel gesprochen hat. Auch die Richter der Sondergerichte können nicht dafür verantwortlich gemacht werden, denn das liegt eben im Rahmen des Rechtsverfahrens. Man kann bisherige Anschauungen nicht auf solche gigantischen, einmaligen Ereignisse übertragen. Jedenfalls müssen wir aber einen Weg finden, der zum Ziele führt. Und ich mache mir darüber meine Gedanken. Die Juden sind auch für uns außergewöhnliche, schädliche Fresser. Wir haben im Generalgouvernement schätzungsweise 2,5, vielleicht mit dem Jüdisch-Versippten und dem, was alles daran hängt, jetzt 3,5 Millionen Juden. Diese 3,5 Millionen Juden können wir nicht erschießen. Wir können sie nicht vergiften, werden aber doch Eingriffe vornehmen können, die irgendwie zu einem Vernichtungserfolg führen, und zwar im Zusammenhang mit den vom Reich her zu besprechenden großen Maßnahmen. Das Generalgouvernement muß genau so judenfrei werden, wie es das Reich ist. Wo und wie das geschieht, ist eine Sache der Instanzen, die wir hier einsetzen und schaffen müssen, und deren Wirksamkeit ich Ihnen rechtzeitig bekanntgeben werde.

(Am 9. September 1941)

Juden dürfen hungern

Der Herr Generalgouverneur ist der Auffassung, daß für die jüdische Bevölkerung weitere Lebensmittel nicht zur Verfügung gestellt werden könnten.

(Regierungssitzung am 15. Oktober 1941)

Sorgen um die Stadt Lublin

(Aus der Niederschrift über den Bericht des Stadthauptmannes Saurmann, Lublin). Die Stadt Lublin zählte 1939 rund 40 000 Juden. Es sind davon im Laufe der Zeit etwa 12 000 ausgesiedelt worden, aber fast dieselbe Anzahl ist bis heute wieder zugewandert. Zwar sind die Juden alle auf einen alten Stadtteil zusammengepfercht, dessen Grenze sie nicht ohne Genehmigung überschreiten dürfen, ein geschlossenes Ghetto gibt es jedoch bis heute nicht. Eine der wichtigsten Zugangsstraßen vom Osten her führt mitten durch diesen Stadtteil, so daß erst eine Umgehungsstraße gebaut werden mußte, die dieser Tage fertig wird, um dann das Ghetto mit Stacheldraht einzuzäunen und vollkommen abzuschließen. Man hätte von dieser Maßnahme auch noch weiterhin absehen können, nachdem bereits über ein Jahr kein Jude mehr in den übrigen Stadtteilen wohnt und kein jüdisches Geschäft sich mehr außerhalb des Ghettos befindet, wenn nicht die zuwandernden Juden in hohem Maße Flecktyphus und andere Krankheiten eingeschleppt hätten und dauernd Träger dieser Seuchen wären. Eine Klärung der Judenfrage wird natürlich endgültig erst dann zu erreichen sein, wenn der vollkommene Abtransport aller Juden bewerkstelligt werden kann. Das wird auch für die Stadt Lublin erst der Zeitpunkt sein, wo sich eine wesentliche Entspannung der augenblicklichen Wohnungsnot bemerkbar machen könnte.

(Regierungssitzung am 17. Oktober 1941 in Lublin)

Todesstrafe für Verlassen des Ghettos

Dr. Frank: Gegen das Verlassen des Ghettos durch Juden müsse und werde mit aller Schärfe vorgegangen werden. Die aus diesem Grunde gegen Juden verhängte Todesstrafe müsse fürderhin schnellstens vollstreckt werden.

(Regierungssitzung am 16. Dezember 1941 in Krakau)

Die Judenaktion verstärkt durchführen

Auf die Frage von Staatssekretär Dr. Bühler, ob eine Aussicht auf eine schnelle Verminderung der Ghettobevölkerung bestehe, erwiderte Staatssekretär Krüger, daß man darüber wohl im Laufe des August einen Überblick haben werde. Das Problem der Judenaussiedlung dränge zu einer Entscheidung. Für die Durchführung einer solchen Aktion sei die Gestellung von ausreichenden Transportzügen notwendig. Trotzdem für die nächsten 14 Tage eine restlose Zugsperre verordnet sei, habe er in Verhandlungen mit Präsident Gerteis erreicht, daß für den Abtransport von Juden ab und zu Züge bereitgestellt würden. Nach Ablauf der Sperrfrist müsse die Judenaktion verstärkt durchgeführt werden.

(Polizeisitzung am 18. Juni 1942 in Krakau)

Hans Frank versichert

Daher will ich zur Judenfrage nur das eine sagen: Dieses Problem lösen wir. Es wird kein Jude mehr nach Deutschland gehen.

(Großkundgebung der NSDAP, Distriktsstandortführung
Galizien in Lemberg am 1. August 1942 in Krakau)

Mitleid ist fehl am Platze

Über die Juden brauche ich nichts besonderes weiter zu sagen. Sie haben ihre gesamte Arbeitskraft uns zur Verfügung zu stellen. . . . Vor allem müssen wir uns darüber klar sein, daß hier ein Mitleid fehl am Platz wäre. Sie haben es auch nicht anders verdient, sind sie es doch, die den Krieg begonnen haben. . . .

Was war das doch vor 1939 für ein Drecksvolk von Juden, das sich hier breitmachte. Und wo sind die Juden heute? Man sieht sie kaum mehr. Wenn man sie sieht, dann arbeiten sie.

(Arbeitstagung politischer Leiter der NSDAP am 8. August 1942 in Krakau)

Typischer Jurist aus der Kampfzeit des Nationalsozialismus

Dr. Frank: Ich habe seit 1920 der Nationalsozialistischen Deutschen Arbeiterpartei stets meinen Dienst geweiht. . . . Als Nationalsozialist habe ich die Ereignisse vom November 1923 mitgemacht und dafür den Blutorden bekommen. Nach der Wiedererrichtung der Bewegung im Jahre 1925 begann meine eigentliche größere Wirksamkeit in der Bewegung, die mich zunächst in zunehmendem und später fast ausschließlichem Maße als Rechtsbeistand des Führers und der Reichsleitung der Nationalsozialistischen Deutschen Arbeiterpartei zum betonten Vertreter der Reichsinteressen des werdenden Drittes Reiches sowohl in rechtsideologischer wie rechtspraktischer Beziehung werden ließ. . . . Die Kulmination dieses Werkes erblicke ich in dem großen Leipziger Reichswehr-Prozeß, in dem es mir gelang, die Zulassung des Führers zu dem berühmten Legalitätseid zu erwirken — ein Umstand, der der Bewegung die Möglichkeit in juristischer Beziehung verschaffte, sich großzügig zu entfalten. Wohl in Anerkennung dieser Leistungen hatte der Führer mich schon 1926 zum Führer des Nationalsozialistischen Juristenbundes, 1929 zum Reichsleiter des Reichsrechtsamtes der Reichsleitung der NSDAP, 1933 zum bayerischen Justizminister, im gleichen Jahr zum Reichsjustizkommissar, 1934 zum Präsidenten der von mir gegründeten Akademie für deutsches Recht, im Dezember 1934 zum Reichsminister ohne Geschäftsbereich und 1939 endlich zum Generalgouverneur für die besetzten polnischen Gebiete berufen.

So war, bin und werde ich bleiben der ausgeprägte Jurist der Kampfzeit des Nationalsozialismus. . . .

(Kressendorf, am 28. August 1942. Abschließende Betrachtungen zur Entwicklung des letzten Vierteljahres)

Dr. Hans Frank: Ich habe die Ehre, Kriegsverbrecher Nr. 1 zu sein

Dr. Frank: . . . möchte ich eines betonen: zimperlich dürfen wir nicht sein, wenn wir die Zahl von 17 000 Erschossenen hören. Diese Erschossenen sind eben auch Kriegsopfer. . . . Wir wollen uns daran erinnern, daß wir alle miteinander, die wir hier versammelt sind, in der Kriegsverbrecherliste des Herrn Roosevelt figurieren. Ich habe die Ehre, Nummer 1 zu sein. Wir sind also sozusagen Komplizen im welthistorischen Sinne geworden. Gerade deshalb müssen wir uns zusammenfinden; wir müssen zusammen fühlen, und es wäre lächerlich, wenn wir irgendwelche Streitigkeiten über Methoden austragen wollten.

(Polizeisitzung am 25. Januar 1943 in Warschau)
Geheime Reichssache

Europäisches Interesse

Die Entjudung . . . sei für die Polizei eine der schwierigsten und unangenehmsten Aufgaben gewesen, habe aber auf Befehl des Führers durchgeführt werden müssen, weil es im europäischen Interesse notwendig sei.

(Arbeitssitzung am 31. Mai 1943 in Krakau. Polizei- und Sicherheitslage. Geheim.)

„Hier haben wir mit 3½ Millionen Juden begonnen"

Dr. Frank (Ansprache): Bei uns stehen die Dinge ganz klar. Einem, der sagt, was mag mit der NSDAP werden, können wir erwidern: Die NSDAP wird den Juden bestimmt überleben. Hier haben wir mit 3½ Millionen Juden begonnen, von ihnen sind nur noch wenige Arbeitskompanien vorhanden, alles ist — sagen wir einmal — ausgewandert.

(Empfang von 30 Reichsrednern im Königssaal zu Krakau am 2. August 1943.)

Es leben noch etwa 100 000 Juden

Juden haben wir im Generalgouvernement zur Zeit vielleicht noch 100 000.

(Dr. Frank an die Pressevertreter am 25. Januar 1944 in Berlin.)

Die Juden sind eine Rasse, die ausgetilgt werden muß

Dr. Frank: Wenn heute da und dort ein Wehleidiger mit Tränen in den Augen den Juden nachtrauert und sagt: Ist das nicht grauenhaft, was den Juden gemacht worden ist, dann muß man den Betreffenden fragen, ob er heute noch derselben Meinung ist. Wenn wir heute diese 2 Millionen Juden in voller Aktivität, und auf der anderen Seite die wenigen deutschen Männer im Lande hätten, würden wir nicht mehr Herr der Lage sein. Die Juden sind eine Rasse, die ausgetilgt werden muß; wo immer wir nur einen erwischen, geht es mit ihm zu Ende.

(Arbeitstagung der Redner der NSDAP am 4. März 1944, Krakau.)

Auszug aus der Zeugenaussage des Hans Frank

Ausgesagt in Nürnberg am 8. Oktober 1945, 16.45 Uhr, vor Oberstleutnant Thomas S. Minke.

Außerdem anwesend: Bernard Reyman, Dolmetscher, und der Gemeine Clair Van Vieck, Gerichtsberichterstatter.

F.: Sie haben mehrfach Ihr Tagebuch erwähnt. Können Sie sich daran erinnern?

A.: Ja.

F.: Links hinter Ihnen stehen zwei Kisten, die angeblich Ihr Tagebuch enthalten. Ich möchte Ihnen gern den Inhalt der beiden Kisten zeigen und Sie fragen, ob Sie diesen für identisch mit Ihren Tagebüchern erklären.

A. (nachdem er die Bücher untersucht hat): Ja.

F.: Es bezieht sich auf 8 grau und rot eingebundene Bücher. Identifizieren Sie diese 8 Bücher mit ihrem Tagebuch?

A.: Ich denke, daß sie es sind, ja.

F.: Sehen Sie sich die Bücher genau an und überlegen Sie sich, ob Sie irgendeinen Zweifel haben.

A.: Ja, ich selbst habe sie den Amerikanern gegeben.

F.: Ich zeige Ihnen eine Reihe anderer Dokumente in graugrünen Umschlägen. Gehören diese auch zu Ihrem Tagebuch?

A.: Ich will nichts verheimlichen. Es handelt sich um ein historisches Dokument.

F.: Identifizieren Sie diese Bände, die graugrünen Bände, auch als Ihr Tagebuch?

A.: Ja.

F.: Es sind da noch andere rot und grau eingebundene Bände, insgesamt 12, in der einen Kiste. Identifizieren Sie diese als Ihr Tagebuch?

A.: Ja. Das stimmt. Ich persönlich habe sie ausgehändigt.

F.: Außerdem sind da 19 Bände in der zweiten Kiste, auch rot und grau eingebunden. Bilden auch diese einen Teil Ihres Tagebuches?

A.: Ja. Ich selbst habe sie an die Amerikaner ausgeliefert.

F.: Das wären also insgesamt 31 Bände in den roten und grauen Einbänden, dazu noch die 5 grünlich eingebundenen Bände.

A.: Ja.

F.: Sind alle die in diesen Tagebüchern gemachten Angaben wahr und richtig und nach bestem Wissen und Gewissen gemacht?

A.: Nach meinem besten Wissen, besonders nach meinem besten Wissen.

Haupteingang des Ghettos in Krakau. Ursprünglich sollte laut Bestimmung des Generalgouverneurs Dr. Hans Frank dieses Ghetto in Krakau – der Hauptstadt des Generalgouvernements – ein Musterghetto sein ... Aus diesem Grunde das „stilvolle“ Eingangstor und die stilisierten Ghettomauern. Das war am 20. März 1941. Die Gaskammern in Belzec, Majdanek, Auschwitz und anderen Orten funktionierten noch nicht.
Am 13. März 1943 wurde auch das „Musterghetto“ liquidiert.

Typen im Wilnaer Ghetto, gezeichnet im Ghetto **selbst** *(1943) von Alexander Bogen*

Die Letzten . . . [1]

Regierung des Generalgouvernements
Abt. Bevölkerungswesen und Fürsorge Krakau

Krakau, den 14. Februar 1942
12.00 Uhr
Fernschreiben Nr. 165 — —

Gouverneur des Distrikts
Innere Verwaltung
Bevölkerungswesen und Fürsorge
L u b l i n.

Ich bitte, bei Aussiedlung von Juden die Mitglieder der Jüdischen Hilfskommittes bezw. Delegaturen als letzte auszusiedeln, um unter Hinzuziehung der Jüdischen Hilfskommitees bezw. Delegaturen eine leichtere Aussiedlung durchführen zu können.

gez. Heinrich
Regierung des Generalgouvernements
Abt. Bevölkerungswesen u. Fürsorge

---

[1]) *„Akcje i Wysiedlenia" cz. I. Herausgeber: Dr. J. Kermisz. Zentrale Jüdische Historische Kommission. Lodz 1946, Seite 50.*

„Sollen alle Juden im Ostland liquidiert werden?"[1]

I.

Der Reichsminister
für die besetzten Ostgebiete

Berlin W 35, den 31. Oktober 1941
Rauchstr. 17/18
Fernsprecher: 21 95 15 und 39 50 46
Drahtanschrift: Reichsministerost

Nr. I/2591/41
Es wird gebeten, dieses Geschäftszeichen und den Gegenstand bei weiteren Schreiben anzugeben.

An den
Reichskommissar Ostland
in Riga
Hermann-Göring-Str. 26

Von Seiten des Reichs- und Sicherheitshauptamtes wird Beschwerde darüber geführt, daß der Reichskommissar Ostland Judenexekutionen in Libau untersagt habe. Ich ersuche in der betreffenden Angelegenheit um umgehenden Bericht.

Im Auftrag
gez. Dr. Leibbrandt

Beglaubigt
(Unterschrift unl.)
Regierungsinspektor

---

[1]) *Dokumente PS — 3636, PS — 3666.*

II.

Der Reichskommissar f. d. Ostland — Riga, den 15. November 1941

IIa 4 M. 219/41 g

1. An

den Herrn Reichsminister

f. d. besetzten Ostgebiete

Berlin

Rauchstr. 17/18

Betr. Judenexekutionen

Bez. Erlaß v. 31. 10. 41 I/259 141

Berichterstatter: Reg.-Rat Trampedach

Ich habe die wilden Judenexekutionen in Libau untersagt, weil sie in der Art ihrer Durchführung nicht zu verantworten waren.

Ich bitte, mich zu unterrichten, ob Ihre Anfrage vom 31. Oktober als dahingehende Weisung aufzufassen ist, daß alle Juden im Ostland liquidiert werden sollen? Soll dieses ohne Rücksicht auf Alter und Geschlecht und wirtschaftliche Interessen (z. B. der Wehrmacht an Facharbeitern in Rüstungsbetrieben) geschehen? Selbstverständlich ist die Reinigung des Ostlandes von Juden eine vordringliche Aufgabe; ihre Lösung muß aber mit den Notwendigkeiten der Kriegswirtschaft in Einklang gebracht werden.

Weder aus den Anordnungen zur Judenfrage in der „braunen Mappe" noch aus anderen Erlassen konnte ich bisher eine solche Weisung entnehmen.

2 Wv. 1. 12. 41 — L. — Tr. 8. 11.

III.

Der Reichsminister
für die besetzten Ostgebiete

Berlin W 35, den 18. Dezember 1941
Rauchstr. 17/18
Fernsprecher: 21 95 15 und 39 50 46
Drahtanschrift: Reichsministerost

Nr. I/1/156/41 geh. Reichssache
Es wird gebeten, dieses Geschäftszeichen und den
Gegenstand bei weiteren Schreiben anzugeben.
Tgb.-Nr. 394/41 gRS.

Geheime Reichssache

An den
Herrn Reichskommissar für das Ostland
Riga/Leitort Tilsit
Adolf-Hitler-Straße

Betrifft: Judenfrage

Auf das Schreiben vom 15. November 1941

In der Judenfrage dürfte inzwischen durch mündliche Besprechungen Klarheit geschaffen sein. Wirtschaftliche Belange sollen bei der Regelung des Problems grundsätzlich unberücksichtigt bleiben. Im übrigen wird gebeten, auftauchende Fragen unmittelbar mit dem höheren SS- und Polizeiführer zu regeln.

Im Auftrag
Bräutigam

„Was ist dagegen Katyn?"[1]

Der Reichskommissar
für das Ostland
Tgb.-Nr. 3628/43 g

Riga, den 18. Juni 1943

Geheim!

An den
Herrn Reichsminister für die besetzten Ostgebiete
Berlin

Vom Generalkommissar Kube sind die beigefügten Geheimberichte eingegangen, die ganz besondere Beachtung verdienen.

Daß die Juden sonderbehandelt werden, bedarf keiner weiteren Erörterung. Daß dabei aber Dinge vorgehen, wie sie in dem Bericht des Generalkommissars vom 1. Juni 1943 vorgetragen werden, erscheint kaum glaubhaft. Was ist dagegen Katyn? Man stelle sich nur einmal vor, solche Vorkommnisse würden auf der Gegenseite bekannt und dort ausgeschlachtet! Wahrscheinlich würde eine solche Propaganda einfach nur deshalb wirkungslos bleiben, weil Hörer und Leser nicht bereit wären, derselben Glauben zu schenken. . . .

---

[1]) *Dokument R — 135.*

(Dr/B/H.)

Der Oberbefehlshaber des Heeres

Der Chef der Militärverwaltung
in Frankreich

Verwaltungsstab
Abteilung Verwaltung

Paris, den ...19. August 1940.

Aktenzeichen: V. zu 160

Betreff. Die Behandlung der Juden im besetzten Gebiet.

Sachbearbeiter:

Erledigungsvermerke:

1. Eintragen für Gruppe ....1..........

2. Vermerk:

Der Botschafter A b e tz hat in einer Besprechung am 17.8.40 angeregt, die Militärverwaltung in Frankreich möge

a) anordnen, dass mit sofortiger Wirkung keine Juden mehr in das besetzte Gebiet hereingelangen werden;

b) die Entfernung aller Juden aus dem besetzten Gebiet vorbereiten;

c) prüfen, ob das jüdische Eigentum im besetzten Gebiet enteignet werden kann.

3. An

Gruppe 1

zur Prüfung der sich aus den Anregungen des Botschafters Abetz ergebenden Fragen unter Beteiligung der Gruppen 2 und 8.

Im Auftrage:

„Die Entfernung aller Juden aus dem besetzten Gebiet vorbereiten“

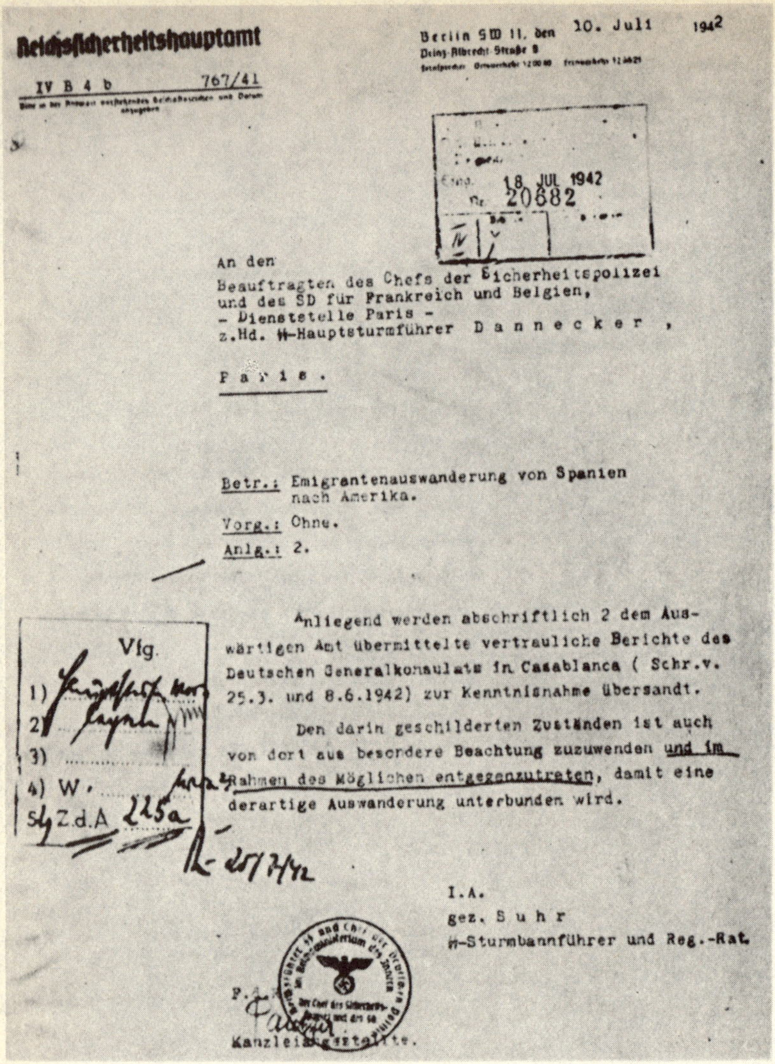

Reichssicherheitshauptamt

IV B 4 b 767/41

Berlin SW 11, den 10. Juli 1942
Prinz-Albrecht-Straße 8

Eing. 18 JUL 1942
Nr. 20682

An den
Beauftragten des Chefs der Sicherheitspolizei
und des SD für Frankreich und Belgien,
– Dienststelle Paris –
z.Hd. ##-Hauptsturmführer D a n n e c k e r ,

P a r i s .

Betr.: Emigrantenauswanderung von Spanien nach Amerika.
Vorg.: Ohne.
Anlg.: 2.

Anliegend werden abschriftlich 2 dem Auswärtigen Amt übermittelte vertrauliche Berichte des Deutschen Generalkonsulats in Casablanca (Schr.v. 25.3. und 8.6.1942) zur Kenntnisnahme übersandt.

Den darin geschilderten Zuständen ist auch von dort aus besondere Beachtung zuzuwenden und im Rahmen des Möglichen entgegenzutreten, damit eine derartige Auswanderung unterbunden wird.

Vfg.
1)
2)
3)
4) W.
5) Z.d.A. 225a

I.A.
gez. S u h r
##-Sturmbannführer und Reg.-Rat.

F.d.R.
Kanzleiangestellte.

Kein Entkommen

„Auf die Rundfrage . . . empfehle ich . . .“[1]

I.

Der Kreishauptmann in Lublin-Land
Distrikt Lublin
Generalgouvernement
Amt für Innere Verwaltung
G e h e i m.

Lublin, den 19. Mai 1942.
F/A.
Geheim!

An den

Herrn Gouverneur des Distrikts
L u b l i n,
Unterabteilung Bevölkerungswesen und Fürsorge,
L u b l i n.

Betrifft: Aus- und Umsiedlung von Juden.

Auf die Rundfrage vom 12. d. M. hin empfehle ich, bei sich bietender Gelegenheit folgende Juden abzuschieben, deren Aussiedlung zuerst nötig ist:

Lubartów	2 737
Ostrow-Stadt	3 062
Piaski	6 166
Belzyce	3 639
Bychawa	2 733
Chodel	1 398
	19 735

Ziegenmayer
Kreishauptmann.

---

[1]) *„Akcje i Wysiedlenia“, cz. I. Herausgeber: Dr. J. Kermisz. Zentrale Jüdische Historische Kommission. Lodz 1946, Seite 53 und 55.*

II.

22. Mai 1942.

Hrubieszów

Geheim!

Abt. 6/V/Fr.

An den

Herrn Gouverneur des Distriks Lublin
U-Abt. Bevölkerungswesen u. Fürsorge.
Lublin.

Betrifft: Aus- und Umsiedlung von Juden. —

Bezugnehmend auf Ihr Schreiben vom 12. Mai 1942 — Abt. Innere Verwaltung H/P — teile ich mit, daß in meinem Kreise die Juden 5 Ortschaften bewohnen.

Die Zahl und Wohnort derjenigen Juden, deren Aussiedlung zuerst als notwendig erscheint, stellt sich folgendermaßen dar:

1.	in Hrubieszów	5 690	Juden
2.	„ Uchanie	2 025	„
3.	„ Grabowiec	2 026	„
4.	„ Dubienka	2 907	„
5.	„ Belz	1 540	„

Der Kreishauptmann:
gez. Busse

Eidesstattliche Erklärung einer Oberschwester der Anstalt Hadamar[1]

Im Mai 1943 wurden Mischlinge (Halbjuden) — alles Kinder — nach der Anstalt Hadamar gebracht. Die Anzahl der Kinder kann ich nicht genau beziffern, aber nach meinem besten Wissen waren 15 bis 20 Mädchen dabei. Fast alle diese Kinder waren gesund. Einige hatten Hautausschläge. Diese Kinder wurden alle durch Injektionen getötet. Als ich im Oktober 1943 von einem 24-Tage-Urlaub nach Hadamar zurückkam, wurde mir gesagt, daß alle diese Kinder weg wären.

---

[1]) *Dokument No. 1427.*
(„Das Diktat der Menschenverachtung", Verlag Lambert Schneider, Heidelberg, Seite 134.)

Die Sonderbehandlung von rund 100 000 Juden[1)]

Reichsführer!

Die von Ihnen im Einvernehmen mit dem Chef des Reichssicherheits-Hauptamtes SS-Obergruppenführer Heydrich genehmigte Aktion der Sonderbehandlung von rund 100 000 Juden in meinem Gaugebiet wird in den nächsten 2—3 Monaten abgeschlossen werden können. Ich bitte Sie um die Genehmigung, mit dem vorhandenen und eingearbeiteten Sonderkommando im Anschluß an die Judenaktion den Gau von einer Gefahr befreien zu dürfen, die mit jeder Woche katastrophalere Formen annimmt.

Es befinden sich im Gau ca. 230 000 bisher erkannte Tbc-Kranke polnischer Volkszugehörigkeit. Von diesen wird die Zahl der mit offener Tuberkulose behafteten Polen auf ca. 35 000 geschätzt. Diese Tatsache hat in immer erschreckenderem Maße dazu geführt, daß Deutsche, welche vollkommen gesund in den Warthegau gekommen sind, sich angesteckt haben. Insbesondere wird die Ansteckungsgefahr bei deutschen Kindern mit immer größerer Wirkung gemeldet. Eine ganze Reihe namhafter, führender Männer, insbesondere auch aus der Polizei, sind in der letzten Zeit angesteckt worden und fallen durch die notwendig gewordene Behandlung für den Kriegseinsatz aus. Die effektiv immer größer werdenden Gefahrenmomente sind auch von dem Stellvertreter des Reichsgesundheitsführers, Pg. Prof. Dr. Blome, sowie von dem Führer des Röntgen-Sturmbanns, SS-Standartenführer Prof. Dr. Hohlfelder, erkannt und gewürdigt worden.

Wenngleich auch im Altreich mit entsprechend drakonischen Maßnahmen gegenüber dieser Volkspest nicht durchgegriffen werden kann, glaube ich es doch verantworten zu können, Ihnen vorzuschlagen, hier im Warthegau die Fälle der offenen Tbc. innerhalb des pol. Volkstums ausmerzen zu lassen. Selbstverständlich dürfte nur derjenige Pole einer solchen Aktion überstellt werden, bei dem amtsärztlich nicht nur die offene Tbc., sondern auch deren Unheilbarkeit festgestellt und bescheinigt worden ist.

---

1) *Dokument No. 246 — Brief des „Reichsstatthalters im Reichsgau Wartheland" Greiser an Himmler. 1. Mai 1942.*

(„Das Diktat der Menschenverachtung", Verlag Lambert Schneider, Heidelberg. Seite 142.)

Bei der Dringlichkeit dieses Vorhabens bitte ich möglichst schnell um Ihre grundsätzliche Genehmigung, damit jetzt während der ablaufenden Aktion gegen die Juden bereits die Vorbereitungen zum anschließenden Anlaufen der Aktion gegenüber den offen mit Tbc. behafteten Polen mit allen Vorsichtsmaßnahmen getroffen werden können.

Heil Hitler!
Greiser

„Sonderbehandelt" wurden ...[1]

Fernspruch.

W.V. — Hauptamt
Amt D II

8. März 43

Oranienburg.

Betr.: Abtransport von jüdischen Rüstungsarb.

Am 5. und 7. März trafen folgende jüdische Häftlingstransporte ein.

Transport aus Berlin, Eingang 5. März 43, Gesamtstärke 1128 Juden. Zum Arbeitseinsatz gelangten 389 Männer (Buna) und 96 Frauen. Sonderbehandelt wurden 151 Männer und 492 Frauen u. Kinder. Transport aus Breslau, Eingang 5. März 43, Gesamtstärke 1405 Juden. Zum Arbeitseinsatz gelangten 406 Männer (Buna) u. 190 Frauen. Sonderbehandelt wurden 125 Männer u. 684 Frauen u. Kinder.

Transport aus Berlin, Eingang 7. März 43, Gesamtstärke 690 einschließlich 25 Schutzhäftlingen. Zum Arbeitseinsatz gelangten 153 Männer u. 25 Schutzhäftlinge (Buna) und 65 Frauen. Sonderbehandelt wurden 30 Männer u. 417 Frauen u. Kinder.

gez. Schwarz
Obersturmführer

---

[1]) *„Dokumenty i Materialy z czasow okupacji niemieckiej w Polsce. I Obozy." Herausgeber: N. Blumental. Zentrale Jüd. Historische Kommission, Lodz 1946, Seite 110.*

434 329 Juden „ausgesiedelt“[1]

... In der Zwischenzeit wurde die weitere Aussiedlung energisch betrieben, so daß mit Wirkung vom 23. Juni 43 sämtliche Judenwohnbezirke aufgelöst werden konnten. Der Distrikt Galizien ist damit, bis auf die Juden, die sich in den unter Kontrolle des ϟϟ- und Polizeiführers stehenden Lagern befinden,

j u d e n f r e i.

Die noch vereinzelt aufgegriffenen Juden werden von den jeweiligen Ordnungspolizei- und Gendarmerieposten sonderbehandelt.

Bis zum 27. Juni 43 waren insgesamt

434 329 J u d e n

ausgesiedelt.

[1]) *Dokument L — 003.*

Aus dem Bericht des ϟϟ-Gruppenführers und Generalleutnants der Polizei K a t z m a n n.

„Ich teile hierdurch mit . . .[1]"

Generalgouvernement — Radom, den 4. August 1942
Distrikt Radom — Fernruf 2345 u. 2410
Der Kreishauptmann
des Kreises Radom-Land
Tgb.Nr. 366/42 g.

Geheim

An den
Herrn Gouverneur des Distrikts Lublin
Abteilung Innere Verwaltung
Bevölkerungswesen und Fürsorge
z. Hd. v. Herrn Unterabt.Leiter Hartig
— oder Vertreter im Amt —
Lublin

Betr.: Umsiedlung der Juden aus Ryczywól, Kreishauptmannschaft Radom-Land, nach Sobibor[2]), Distrikt Lublin.
Bezug: Mein Fernschreiben von 21. 7. 1942.
O. Beil.

Ich teile hierdurch mit, daß durch ein Sonderdienstkommando 69 Juden aus Ryczywól in das Lager Sobibor des SS- und Polizeiführers im Distrikt Lublin überführt worden sind.

In Vertretung
Unterschrift unleserlich

B. u. F. eing. 1. Aug. 1942.
Ref. I J/4/42 J

---

[1]) *„Akcje i Wysiedlenia", cz. I. Herausgeber: Dr. J. Kermisz. Zentrale Jüdische Historische Kommission. Lodz 1946, Seite 56.*
[2]) *Vernichtungslager, wo ca. 250 000 Juden vergast wurden.*

Betrifft: Schußwaffengebrauch[1)]

Ghettowache 6.

Litzmannstadt, 1. Dezember 1941

Bericht.

Betrifft: Schußwaffengebrauch.

Am 1. Dezember 1941 in der Zeit von 14.00 Uhr bis 16.00 befand ich mich auf Posten 4 in der Hohensteinerstraße. Um 15.00 Uhr sah ich, wie eine Jüdin auf den Zaun des Ghettos kletterte, den Kopf durch den Ghettozaun steckte und den Versuch machte, von einem vorüberfahrenden Wagen Rüben zu stehlen. Ich machte von meiner Schußwaffe Gebrauch. Die Jüdin wurde durch zwei Schüsse tödlich getroffen. Art der Schußwaffe: Karabiner 98.

Verschossene Munition: 2 Patronen.

gez. Naumann

Wachtm. d. Sch.P. d. Res.
1. Komp. Bl, — Batt. Ghetto.

[1)] *N. Blumental: „Slowa Niewinne".*
Zentrale Jüdische Historische Kommission in Polen. 1947. Seite 98.

Gefahrenzulage[1]

027/1/Lu/Po

Litzmannstadt, d. 29. Juni 1942

Streng vertraulich!

An die

Personalstelle

im Hause.

Betrifft: Gefahrenzulage für die bei der Sonderaktion Eingesetzten.

Den bei der Sonderaktion eingesetzten Leuten der Ghettoverwaltung wird seit Beginn dieser Tätigkeit eine Gefahrenzulage von täglich RM 6,— bewilligt, ganz gleich, ob es sich hierbei um Angestellte oder Arbeiter handelt.

In dieser Sonderzulage sind bereits die RM 2,— je Tag enthalten, die die Betreffenden bereits durch Ihre Tätigkeit auf dem Baluterring bekommen, so daß lediglich noch eine Nachverrechnung von RM 4,— täglich zu erfolgen hat.

Von Herrn Schwind als den Verantwortlichen für diesen Sondereinsatz sind monatlich namentliche Liste anzufordern und anhand dieser dann die zu zahlende Differenz-Gefahrenzulage von RM 4,— zu errechnen. Diese Differenzzahlung wird von dem Sonderkonto 12 300 bestritten; die in Frage kommenden Beträge sind monatlich bei Herrn Luchterhand anzufordern.

Zwei Listen über den Einsatz in der Zeit vom Beginn der Tätigkeit bis Ende Mai dieses Jahres liegen diesem Schreiben bei.

Biebow.

Anlagen

---

[1]) *„Akcje i Wysiedlenia", cz. I. Herausgeber: Dr. J. Kermisz. Zentrale Jüdische Historische Kommission. Lodz. 1946. Seite 76.*

Unentgeltliche Verpflegung[1)]

I.

Der Polizeipräsident
Abt. I — 20 —
1. Fs.

Sosnowitz, den 7. August 1943.

An den

Herrn Regierungspräsidenten

in Kattowitz

mit der Bitte um Weiterleitung an den Ido Schlesien

in Breslau.

Betrifft: Abgabe unentgeltlicher Verpflegung im Standort Sosnowitz.
Bezug: RdErl.d.RF ᛋᛋ ChdDtPol. v. 9. September 1939 O-Kdo — W 3 89 Nr 94/39 in Verbind. m RdErl.d.RF ᛋᛋ uChdDtPol. v. 10. Oktober 41 O-Kdo II W 3 89 Nr 219/41.

Die am 1. August 43 im Präsidialbezirk Sosnowitz begonnene Judenaktion ist noch nicht beendet. Zur Zeit befinden sich die 1. Polizei-Kompanie und die Ausbildungs-Komp. Maczki mit insgesamt 256 Mann noch weiter im Einsatz.

Im Anschluß an die vom Regierungspräsidenten Kattowitz durch FS. Nr 106 v. 9. August 1943 für diese Aktion erteilte Genehmigung zur Ausgabe unentgeltlicher Verpflegung an die Einsatzkräfte in Stärke von 252 Mann, bitte ich gem. Ziff. 2 des Bezugserlasses, die Ausgabe vom 13. August bis 16. August 1943 weiter zu verlängern.
2. Z.d.A.

Angenommen:
am: 11. 8. um: 1725 durch Rott
Befördert:
Nr. 233 am: 11. 8. um: 1733
an: durch: Rott.

I. A.
Unterschrift unleserlich

---

1) *„Akcje i Wysiedlenia", cz. I. Herausgeber: Dr. J. Kermisz. Zentrale Jüdische Historische Kommission. Lodz. 1946. Seiten 69, 71 und 72.*

II.

P/3

Polizeipräsidium Sosnowitz

Fernschreibstelle

Aufgenommen:

am: 12. 8. 43 um: 1055 durch: Foltys

Gleiches Fs. haben erhalten.

Fernschrift.

S 11 Bi

Breslau nr 397 12/8 1035 —

an den

herrn regierungspräsidenten

in kattowitz

an den

herrn polizeipräsidenten

in sosnowitz.

21 Infg. Duscha.

betrifft: abgabe unentgeltlicher amtlicher verpflegung im standort sosnowitz.

bezug: fs. kattowitz nr 165 vom 11. 8. 43.

da die aktion noch nicht beendet ist, verlängere ich die genehmigung zur abgabe unentgeltlicher verpflegung an die einsatzkräfte von 252 mann bis einschl. 16. 8. 1943.

schlesien.

w nr 1[6]-25/43 +

T

+ 3

312/8 1055 sam nr 397 (13 zl) pp swz/foltys +

III.

Der Polizeipräsident
Abt. I — 20 —
1. Fs. Sosnowitz, den 14. August 1943

An den
IdO Schlesien
in Breslau

mit der Bitte um Weiterleitung an
den RF ϟϟ uChdDtPol. im RMdI.

Betrifft: Abgabe unentgeltlicher Verpflegung im Standort Sosnowitz.

Bezug: RdErl. d. RF ϟϟ uChdDtPol. v. 9. 9. 1939 — O-Kdo. — W 3 89 Nr. 94/39 i. Verbdg. m. RdErl. d. RF ϟϟ uChdDtPol. v. 10. 10. 41 — O-Kdo II W 3 89 Nr. 219/41.

Anläßlich der am 1. August 1943 im hiesigen Präsidialbereich begonnenen Judenaktion befinden sich die 1. Pol.-Kompanie Sosnowitz und die Ausbildungskompanie Maczki im Großeinsatz.

Gemäß Bezugserlaß ist für diese Einsatzkräfte durch den Herrn Regierungspräsidenten Kattowitz und durch den IdO Breslau die Ausgabe unentgeltlicher Verpflegung bis zum 16. August 1943 genehmigt worden.

Im Anschluß an die vom IdO Breslau (F. Nr. 397) vom 12. August 1943 bis einschließlich 16. August 1943 erteilte Genehmigung, bitte ich gem. Ziff. 2 des Bezugserlasses die Ausgabe unentgeltlicher Verpflegung der Judenaktion weiter verlängern zu wollen.

I. A.
Unterschrift unleserlich

Angenommen:
am 14. August um: 1207 durch: Rott.

Befördert:
Nr. 286 am: 14. August um: 1507

an: Breslau durch: Kucharski.

Generalfeldmarschall von Reichenaus Befehl[1]

Armeeoberkommando 6 A. H. Qu., den 10. Oktober 1941

Abt. Ia — Az. 7 Geheim!

Betr.: Verhalten der Truppe im Ostraum.

Hinsichtlich des Verhaltens der Truppe gegenüber dem bolschewistischen System bestehen vielfach noch unklare Vorstellungen.

Das wesentlichste Ziel des Feldzuges gegen das jüdisch-bolschewistische System ist die völlige Zerschlagung der Machtmittel und die Ausrottung des asiatischen Einflusses im europäischen Kulturkreis.

Hierdurch entstehen auch für die Truppe Aufgaben, die über das hergebrachte, einseitige Soldatentum hinausgehen. Der Soldat ist im Ostraum nicht nur ein Kämpfer nach den Regeln der Kriegskunst, sondern auch Träger einer unerbittlichen völkischen Idee und der Rächer für alle Bestialitäten, die deutschem und artverwandtem Volkstum zugefügt wurden.

Deshalb muß der Soldat für die Notwendigkeit der harten, aber gerechten Sühne am jüdischen Untermenschentum v o l l e s Verständnis haben.

---

[1]) *Dokument D — 411.*

Auszug aus dem Armeebefehl des Generalfeldmarschalls von Reichenau am 10. Oktober 1941.

Generalfeldmarschall v. Mansteins Befehl[1]

. . . Das Judentum bildet den Mittelsmann zwischen dem Feind im Rücken und den noch kämpfenden Resten der Roten Wehrmacht und der Roten Führung. Er hält stärker als in Europa alle Schlüsselpunkte der politischen Führung und Verwaltung, des Handels und des Handwerkes besetzt und bildet weiter die Zelle für alle Unruhen und möglichen Erhebungen.

Das jüdisch-bolschewistische System muß ein für allemal ausgerottet werden. Nie wieder darf es in unseren europäischen Lebensraum eingreifen. . . .

---

[1]) *Dokument PS — 4064.*
Auszug aus v. Mansteins Befehl vom 20. November 1941.

Im Rassenkampf wirken Naturgesetze[1]

Zur Betrachtung von solchen rassischen Auseinandersetzungen sind die bisherigen Methoden der Geschichtsforschung nicht mehr ausreichend. Es ergeben sich hier andere Perspektiven, die einem naturkundlichen Denken entnommen sind. Genau so wie in der Natur, in der Tier- und auch Pflanzenwelt das schaffende und das parasitäre Prinzip vertreten ist, genau so gilt dies auch für das Völkerleben. Diese Prinzipien, das schaffende und das parasitäre, sind eben von vornherein in allen Teilen der Schöpfung gültig gewesen, und als ein Teil der Schöpfung müssen die Rassen und Völker betrachtet werden.

Ein gutes Beispiel für eine derartige Auseinandersetzung bietet der menschliche Körper. Er stellt einen hochentwickelten Zellenstaat dar, der parasitär z. B. durch Bakterien unterwandert wird, die selbst nicht in der Lage sind, einen Staat zu bilden. Sie können in einem Körper wohnen, sie können sich dort vermehren, an bestimmten Stellen festsetzen. Sie sondern dort ihre Gifte ab und führen damit zu Reaktionen des Körpers, die mit inneren Vorgängen im Völkerleben, die aus ähnlichen Gründen stattfinden, sehr gut verglichen werden können. Ein so befallener Körper muß die eingedrungenen Parasiten überwinden oder er wird von ihnen überwunden. Hat er sie überwunden, so muß er ein Interesse daran haben, auch seine Umgebung von ihnen zu säubern, um eine Infektion für die Zukunft zu verhindern.

Bei derartigen Auseinandersetzungen und Vorgängen können humanitäre Grundsätze überhaupt nicht herangezogen werden, ebensowenig wie bei einer Desinfektion eines Körpers oder verseuchten Raumes. Es muß hier ein vollständig neues Denken Platz greifen. Nur ein solches Denken kann wirklich zu der letzten Entscheidung führen, die in unserer Zeit fallen muß, um die große schöpferische Rasse in ihrem Bestand und in ihrer großen Aufgabe in der Welt zu sichern.

---

[1]) *Aus dem Buche „Deutschland ordnet Europa neu — Dieser Krieg ist ein weltanschaulicher Krieg — Sinn und Wesen nationalsozialistischer Feiergestaltung — Schulungsgrundlagen für die Reichsthemen der NSDAP für das Jahr 1941/42. Herausgeber: Der Beauftragte des Führers für die Überwachung der gesamten geistigen und weltanschaulichen Schulung und Erziehung der NSDAP, Seiten 45 u. 46.*

Wie Holz aufgestapelt! (In Dachau)
(Archiv: „Bejt Lochamej Hagetaot“ in Israel)

Anläßlich eines Besuches am 23. November 1941 begrüßt Himmler in Begleitung des Lagerkommandanten Pauly die SS-Offiziere des KL Stutthof

Rassenimperialismus[1]

Bevor wir zu den einzelnen Dokumenten kommen, die verschiedene Phasen in Planung und Durchführung der Génocide[2]) beleuchten, versuchen wir einmal, uns über die große Linie des Vorhabens in den Geheimarchiven der Nazis zu unterrichten.

Der Motor der ganzen nazistischen Ideologie dürfte im „Tier im Menschen" zu suchen sein. Das besondere Ausführungsorgan, diese Lehre entschlossen in die Praxis umzusetzen, war die ϟϟ. Ein Bändchen über die Rassenpolitik[3]) — zum ausschließlichen Gebrauch der Ordnungspolizei bestimmt — definiert das Wesen der ϟϟ etwa folgendermaßen:

Die ϟϟ ist eine Vereinigung nordischer Menschen, welche zu diesem Zweck besonders ausgewählt wurden. Bei der Wahl wurde grundsätzlich von der idealen körperlichen Beschaffenheit der nordischen Rasse ausgegangen. Die körperliche Beschaffenheit stand stets an erster Stelle, denn eine nordische Seele, ein nordischer Geist oder nordische Charaktereigenschaften können nur in einem nordischen Körper wohnen.

---

[1]) *Das erste Kapitel aus dem Buche „Génocide et l'Allemagne" von L. Billig, Editions de Centre, Paris 1950.*

[2]) *Gênocide = von dem Amerikaner Raphael Lemkin geprägter Begriff des Völkerstrafrechts für die Ausrottung völkischer, rassischer und religiöser Gruppen (meistens Minderheiten). Völkerrechtliches Delikt, das zu verfolgen sich eine Reihe von Mitgliedstaaten der UN in der Gruppenmord-Konvention vom 9. Dezember 1948 verpflichtet haben.*

[3]) *Schriftenreihe für die weltanschauliche Schulung der Ordnungspolizei, Jahrgang 1943, Heft 4 bis 6.*

„Rassenpolitik." Nur für Dienstgebrauch innerhalb der Ordnungspolizei. April, Mai und Juni 1943. Herausgegeben vom Chef der Ordnungspolizei (Gruppe „Weltanschauliche Erziehung").

Himmler, der unumschränkte Herrscher der ϟϟ, dürfte seiner Mission, derentwegen die ganze Organisation geschaffen wurde, würdig gewesen sein. Hitler konnte sich voll und ganz auf diesen Begründer einer Welt, die vom geheimnisvollen wilden Tier regiert wurde, verlassen. Nachdem die Eroberung des Weltalls einmal in Angriff genommen war, versagte auch Himmlers Fähigkeit in diesem langen Kampfe niemals. Wo immer — ob im Reich selbst oder in den eroberten und besetzten Gebieten —, war Himmlers Verwaltungsapparat eine unerläßliche Einrichtung, um die betreffenden Länder nach dem Grundsatz der ϟϟ umzuformen. Am 7. September 1940 entwickelte Himmler in Metz vor Offizieren der Leibstandarte ϟϟ die entscheidende Rolle, welche die ϟϟ im Nazistaat zu spielen hatte, folgendermaßen:

„... Die Polizei ist nicht denkbar ohne die SS, wir sind aber auch nicht denkbar ohne diese Exekutive des Staates, die in unserer Hand ist. Das Führercorps ist nicht denkbar ohne die nationalpolitischen Erziehungsanstalten, die wir jetzt aufbauen, umgekehrt, wir können uns nicht ergänzen ohne die Fühlung mit der Jugend, wir sind nicht denkbar ohne die wirtschaftlichen Unternehmungen ..." (PS — 19/8)

Dann entwickelte er seine Vorstellung von der Vorherrschaft des Reiches, die als Fundament für Hitlers Welteroberungspläne unerläßlich sei. In diesem Streben nach Weltherrschaft müßte die ϟϟ Führer und hauptsächlicher Vollstrecker sein. Er sagte:

„... Das Gesamtziel ist für mich seit den 11 Jahren, seit ich Reichsführer-ϟϟ bin, immer unverrückbar dasselbe gewesen: einen Orden guten Blutes zu schaffen, der Deutschland dienen kann. Der unverrückbar und ohne sich zu schonen sich einsetzen kann, weil sonst die größten Verluste an der Vitalität dieses Ordens, an der Vitalität dieser Menschen, scheitern werden, weil sie immer wieder ersetzt werden. Einen Orden zu schaffen, der diesen Gedanken des nordischen Blutes so verbreitet, daß wir alles nordische Blut in der Welt an uns heranziehen, unseren Gegnern das Blut wegnehmen, es uns einfügen, damit niemals mehr, jetzt in der ganzen großen Politik gesehen, in großen Mengen und in nennenswertem Umfange nordisches Blut, germanisches Blut, gegen uns kämpft. Wir müssen es an uns nehmen und — die anderen dürfen keines haben ..."

Die Welt würde dann in wertvolle Rassen — die germanischen — und minderwertige Rassen eingeteilt sein. In dieser Rede definierte er auch die Behandlung der „Untermenschen" näher, wie folgt:

„... Im Frieden werde ich Wachbataillone bilden und die nur abkommandieren auf 3 Monate. Sie lernen in dieser Zeit den Kampf mit dem Untermenschentum kennen und das wird nicht eine öde Wachtätigkeit, sondern wenn die Offiziere es richtig machen, den besten Unterricht über Untermenschentum und über Minderrassentum noch erfahren. Diese Tätigkeit ist notwendig, wie ich Ihnen schon sagte, 1: um dem deutschen Volk diese negativen Menschen wegzunehmen, 2. um sie einzuspannen noch einmal für die große Volksgemeinschaft, daß die Steine brechen und Steine brennen, damit der Führer seine großen Bauten wieder machen kann und 3. daß das, was damit ganz nüchtern wieder an Geld verdient wird, das wird wieder umgesetzt in Häusern, in Grund und Boden, in Siedlungsstellen, daß unsere Männer und unsere Führer, damit sie leben können und Häuser haben, in denen sie wirklich große Familien haben können und viele Kinder. Das ist wieder notwendig, wenn nämlich dieses führende Blut in Deutschland, mit dem wir stehen und fallen, mit dem guten Blut, wenn das sich nicht vermehrt, werden wir die Erde nicht beherrschen können..."

Drei Jahre später, am 4. Oktober 1943, wandte sich Himmler während einer dreistündigen Rede[1]) in Posen an eine Gruppe von ϟϟ-Führern, die seine Politik im Osten durchzusetzen hatten. Diesmal präzisierte der Reichsführer-ϟϟ noch weit nachdrücklicher die Behandlungsmethoden für die Völker nicht germanischen Ursprungs. Er sagte:

„... Ein Grundsatz muß für den ϟϟ-Mann absolut gelten: ehrlich, anständig, treu und kameradschaftlich haben wir zu Angehörigen unseres eigenen Blutes zu sein und zu sonst niemandem. Wie es den Russen geht, wie es den Tschechen geht, ist mir total gleichgültig. Das, was in den Völkern an gutem Blut unserer Art vorhanden ist, werden wir uns holen, indem wir ihnen, wenn notwendig, die Kinder rauben und sie bei uns großziehen. Ob die anderen Völker in Wohlstand leben oder ob sie verrecken vor Hunger, das interessiert mich nur so weit, als wir sie als Sklaven für unsere Kultur brauchen, anders interessiert mich das nicht. Ob bei dem Bau eines Panzergrabens 10 000 russische Weiber an Entkräftung umfallen oder nicht, interessiert mich nur in soweit, als der Panzergraben für Deutschland fertig wird. Wir werden niemals roh und herzlos sein, wo es nicht sein muß; das ist klar. Wir Deutschen, die wir als einzige auf der Welt eine anständige Einstellung zum Tier haben, werden ja auch zu diesen Menschentieren eine anständige Einstellung einnehmen, aber es ist ein Verbrechen gegen unser eigenes Blut, uns um sie Sorge zu machen und ihnen Ideale zu bringen, damit unsere Söhne und Enkel es noch schwerer haben mit ihnen. Wenn mir einer kommt und sagt: ‚Ich kann mit den Kindern oder den Frauen den Panzergraben nicht bauen. Das ist unmenschlich, denn dann sterben die daran', — dann muß ich sagen: ‚Du bist ein Mörder an deinem eigenen Blut, denn wenn der Panzergraben nicht gebaut wird, dann sterben deutsche Soldaten, und das sind Söhne deutscher Mütter. Das ist unser Blut.' Das ist das, was ich dieser ϟϟ einimpfen möchte und — wie ich glaube — eingeimpft habe, als eines der heiligsten Gesetze der Zukunft: Unsere Sorge, unsere Pflicht, ist unser Volk und unser Blut; dafür haben wir zu sorgen und zu denken, zu arbeiten und zu kämpfen, und für nichts anderes. Alles andere kann uns gleichgültig sein..." (PS—1919)

Das Vorhaben der Rassenausrottung war geradezu gigantisch, floß doch das der Germanisierung unwürdige Blut, welches zu bestehen aufhören mußte, in Adern von Millionen Menschen. Das Hauptziel bestand in vollkommener Unterdrückung dieser Menschengruppen im historischen Sinne, was auf den ersten Blick nicht unbedingt die vollkommene Ausrottung der betreffenden Lebewesen bedeutete. Im August 1940 setzte Himmler in diesem Sinne auseinander, wie die Völker des Ostens zu behandeln seien:

---

[1]) *Diese verblüffende Rede ist der Nachwelt nicht nur durch den geschriebenen Text überliefert worden, sondern sogar auf Schallplatten, die den Amerikanern in die Hände fielen und in staatlichen Archiven der Vereinigten Staaten aufbewahrt werden.*

„... Schon in ganz wenigen Jahren — ich stelle mir vor, in 4 bis 5 Jahren — muß beispielsweise der Begriff der Kaschuben unbekannt sein, da es dann ein kaschubisches Volk nicht mehr gibt (das trifft besonders auch für die Westpreußen zu). Den Begriff Juden hoffe ich, durch die Möglichkeit einer großen Auswanderung sämtlicher Juden nach Afrika oder sonst in eine Kolonie völlig auslöschen zu sehen. Es muß in einer etwas längeren Zeit auch möglich sein, in unserem Gebiet die Volksbegriffe der Ukrainer, Goralen und Lemken verschwinden zu lassen. Dasselbe, was für diese Splittervölker gesagt ist, gilt in dem entsprechend größeren Rahmen für die Polen ..." (NO 1880)

Das Beispiel der physischen Ausrottung der Juden zeigt, wie und mit welcher sich steigernden Schnelligkeit die Génocide vonstatten ging. Im Jahre 1933 begann die Judenverfolgung mit den Rassegesetzen. Im Jahre 1943 hatten die Einsatzgruppen ihr Vernichtungswerk an den Juden im Osten bereits vollbracht. In Konzentrationslagern und Gaskammern wurden Millionen ihrer jüdischen Opfer vertilgt — dies als logische Auswirkung in der Entwicklung der Rasseverfolgung. Im Rassekampf wendet sich eine Menschengruppe gegen die andere — nicht etwa wegen Uneinigkeit über irgendwelche Fragen —, sondern einfach aus keinem anderen Grunde, als daß der feindliche Mensch mit Haut und Haaren zu verabscheuen und zu hassen ist.

Der Mensch wird nicht etwa für das, was er vielleicht verbrochen hat, verdammt, sondern um seiner selbst willen.

Man könnte auch sagen, daß ein vom Haß diktierter Vernichtungswille keine Grenzen kennt. Vom rassischen Gesichtspunkt aus werden unerwünschte Rassen einfach als unbrauchbares Werkzeug betrachtet, das man in den Mülleimer wirft, sobald man es durch Zweckentsprechenderes ersetzen kann.

Um über diesen Punkt etwas klarer zu sehen, möchten wir hier ein paar Sätze aus dem Bericht Dr. Wetzels an das Ostministerium[1]), vom April 1942, wiedergeben:

„... Der von Abel eventuell vorgeschlagene Weg, das Russentum zu liquidieren, kommt, abgesehen davon, daß die Durchführung kaum möglich ist, auch aus politischen und wirtschaftlichen Gründen nicht in Betracht. Unter diesen Umständen müssen verschiedene Wege gegangen werden, um mit dem Russenproblem fertig zu werden. Diese sollen im folgenden kurz aufgezeigt werden.

Auf jeden Fall kann eine vollkommene biologische Vernichtung des Russentums nicht in unserem Interesse liegen, da wir selbst keineswegs in der Lage sind, die Lücke mit unseren Menschen auszufüllen ..."[2])

Dieser aufschlußreiche Bericht versieht uns jedoch noch mit weiteren wichtigen Hinweisen über die verschiedenen Aspekte der Génocide, die die Nazis durchzuführen vorhatten.

In der Erwartung, daß der voraussichtliche Sieg es zahllosen Stoßtrupps Hitler-Deutschlands ermöglichen würde, mit ausgeruhtem Kopf an die Ausrottung der Völker zu gehen, galt es unverzüglich, den Charakter der Nazi-Elite zu stählen. Die SS mußte für die Ver-

---

[1]) *Dr. Wetzel leitete die Rassenabteilung (Judenfragen) des Ostministeriums.*

[2]) *Stellungnahme und Gedanken zum Generalplan Ost des Reichsführers-SS, Berlin, 17. April 1942.*

nichtungsaufgabe abgehärtet werden. Das Erziehungsprogramm für diese ungeheuer große Henkerklasse läßt sich wie folgt zusammenfassen: Wer einmal erst mit dem Töten begann, fährt damit auch fort. Je mehr Erfolge er zu verzeichnen hat, desto weniger moralischen Widerstand wird er seiner Aufgabe entgegensetzen.

Die Aufgabe selbst beginnt mit der Ausrottung derjenigen Rasse, die in Hitlers Ideologie als die zuerst zu erledigende bezeichnet wird, also mit den Juden. Ein Teil von Himmlers — 1943 in Posen gehaltener — Rede, welche uns bereits mit der Behandlungstheorie für minderwertige Völker bekanntmachte, befaßt sich auch ohne Umschweife oder moralische Hemmungen mit Psychologie und Erziehung der für die Vernichtung der jüdischen Rasse auserkorenen Meuchelmörder. Es heißt:

„... Ich will hier vor Ihnen in aller Offenheit auch ein ganz schweres Kapitel erwähnen. Unter uns soll es einmal ganz offen ausgesprochen sein, und trotzdem werden wir in der Öffentlichkeit nie darüber reden. Genau so wenig wie wir am 30. Juni 1934[1]) gezögert haben, die befohlene Pflicht zu tun und Kameraden, die sich verfehlt hatten, an die Wand zu stellen und zu erschießen, genau so wenig haben wir darüber jemals gesprochen und werden je darüber sprechen. Es war eine, Gott sei Dank in uns wohnende Selbstverständlichkeit des Taktes, daß wir uns untereinander nie darüber unterhalten haben, nie darüber sprachen. Es hat jeden geschauert und doch war sich jeder darüber klar, daß er es das nächste Mal wieder tun würde, wenn es befohlen wird und wenn es notwendig ist.

Ich meine jetzt die Judenevakuierung, die Ausrottung des jüdischen Volkes. Es gehört zu den Dingen die man leicht ausspricht. — ‚Das jüdische Volk wird ausgerottet', sagt ein jeder Parteigenosse, ‚ganz klar, steht in unserem Programm, Ausschaltung der Juden, Ausrottung, machen wir. Und dann kommen sie alle an, die braven 80 Millionen Deutschen, und jeder hat seinen anständigen Juden. Es ist ja klar, die anderen sind Schweine, aber dieser eine ist ein prima Jude. Von allen, die so reden, hat keiner zugesehen, keiner hat es durchgestanden. Von euch werden die meisten wissen, was es heißt, wenn 100 Leichen beisammen liegen, wenn 500 da liegen oder wenn 1000 da liegen. Dies durchgehalten zu haben, und dabei — abgesehen von Ausnahmen menschlicher Schwächen — anständig geblieben zu sein, das hat uns hart gemacht. Dies ist ein niemals geschriebenes und niemals zu schreibendes Ruhmesblatt unserer Geschichte ..." (PS—1919)

Damit wäre wohl rein psychologisch der Prototyp des guten Nationalsozialisten für alle Zeiten festgelegt: Unerschrockener Menschenschlächter auf seinem Posten in Deutschland, guter Kamerad, tadelloser Familienvater, sobald der nationale Wachtdienst einmal erfüllt ist. Auch die nazistische Moral wird also vom obersten Chef der gesamten SS-Formationen als „Ruhmesblatt unserer Geschichte" bezeichnet.

Bei der Inangriffnahme der allgemeinen Génocide galt es allerdings, vorsichtig ans Werk zu gehen. Die Handlungsfreiheit schien wesentlich eingeengt, weil sowohl politische Gesichtspunkte wie auch wirtschaftliche Erwägungen (allgemeine Ausführung und die Reaktion anderer Staaten) in Betracht zu ziehen waren. Auch erbbiologische Probleme mußten berücksichtigt werden. (In verschiedenen Landstrichen zog man Jünglinge und Mädchen mit

---

[1]) *Anspielung auf die Exekution Röhms und seiner Freunde.*

blauen Augen und annehmbarer Statur heraus). Aus mancherlei Gründen dieser Art wurde eine absolute, sofortige Ausrottung durch Maßnahmen ersetzt, die eine mehr oder minder rapide fortschreitende Verringerung der minderwertigen Rassen zur Folge hatten. Bezeichnend hierfür ist eine Stelle im Bericht Dr. Wetzels, welche durch ihren unbewußten Zynismus geradezu verblüffend wirkt. Der Gedanke der Ausrottung ganzer Völker (mit den Juden wurde begonnen) scheint vollkommen natürlich, und lediglich einige Erwägungen rein politischer Art wirken ein wenig hemmend, wenn es sich darum handelt, das Mißtrauen anderer minderwertiger Völker in den Nachbarländern durch zu große Emsigkeit vielleicht unnötig zu wecken. Er meint, selbstverständlich könne man das politische Problem nicht dadurch lösen, daß man die Polen genau wie die Juden einfach von der Erdoberfläche verschwinden läßt. Ein solches Vorgehen würde Deutschland bis in die ferne Zukunft hinein brandmarken und der Sympathien aller berauben. Um so mehr natürlich, weil ja auch die benachbarten Völker damit rechnen müßten, daß sie im gegebenen Augenblick der gleichen Behandlung gewärtig sein dürften.

Um sich über das Ausmaß der Ausrottung im Falle eines deutschen Sieges das richtige Bild machen zu können, ist es unerläßlich, sich über die von den Nazis bei der Germanisierung der Völker angewandten Methoden klar zu werden. Diese stießen nämlich sogar bei den leicht zu Verdeutschenden auf heftigen Widerstand, und nahmen oft recht krasse Formen an. Wie viele andere, würden auch Engländer, Holländer, Elsässer und Schweden dann die Konzentrationslager übervölkert haben und wären eines Tages endlich ebenfalls Opfer des Teutonenzorns geworden.

*

Eine deutsche Vorherrschaft wie Himmler sich diese vorstellte und zu verwirklichen strebte, erschwert und wandelt selbstverständlich die Ausdehnungspolitik im landläufigen Sinne nicht unerheblich und kompliziert sogar die Ausplünderung. Offensichtlich funktionierte die Realpolitik im Hitlerreich blendend, doch wurde dieses Vorhaben eines schlauen Narren durch rassische Anordnungen andererseits gehemmt, die zu gewissen Kompromissen zwangen, Abänderungen erforderlich machten und oft aus praktischen Erwägungen eine völlige Ablehnung herbeiführten. Die ganze Einstellung der hitleristischen Politik fand ihre Inkarnation in der Tätigkeit der SS, die Himmler blind ergeben war. Himmler selbst wiederum war der getreulichste und verschwiegenste Interpret und Verwirklicher von Hitlers Ideologie. Man darf wohl behaupten, daß die SS das rassische Kraftzentrum darstellte, in welchem alle Unternehmungen und Einrichtungen des Hitler-Staates sich entwickelten und von dem aus sie ihren Anfang nahmen.

So sahen also Himmlers politische Prinzipien aus. Soweit es sich nun um die Auslands- und rein militärische Politik handelte, ging es ihm nicht darum, Reichtümer und Kolonien zu erobern, sondern um die Eroberung und zugleich Umwandlung der menschlichen Rasse an sich, die er nach seinem einmal gefaßten Idealbild zu formen trachtete. Indem man die Welt eroberte, läuterte man die Menschheit. Es handelte sich für ihn nicht nur darum, Raum für die nationale Entfaltung zu gewinnen. Lag jedoch hier der Ausgangspunkt von Hitlers Politik und gleichzeitig der unmittelbare Regulator, so stellte die Rasseideologie eine tiefe Energiequelle dar, die jedem einzelnen Ereignis ihren unauslöschlichen Stempel aufdrückte.

In welchem Umfang und auf welche Art der deutsche Imperialismus seit jeher den Keim einer solchen Entwicklung in sich trug, kann verständlicherweise in dieser Studie nicht behandelt werden.

*

Bevor wir nun die Vorgänge näher illustrieren, welche die Nazis bei der Ausrottung der Rassen anwandten, möchten wir ausdrücklich feststellen, was die Nazis eigentlich damit meinten, wenn sie vom „Untermenschen" sprachen. Das folgende Dokument definiert die beiden Pole, zwischen denen dieser Begriff sich entwickelte. Der erste Pol basiert auf dem rein biologischen Standpunkt, während der andere im metaphysischen Problem des Kampfes zwischen Himmel und Hölle zu suchen ist.

„Der Untermensch[1])

So wie die Nacht aufsteht gegen den Tag, wie sich Licht und Schatten ewig feind sind — so ist der größte Feind des erdebeherrschenden Menschen der Mensch selbst.

Der Untermensch — jene biologisch scheinbar völlig gleichgeartete Naturschöpfung mit Händen, Füßen und einer Art von Gehirn, mit Augen und Mund, ist doch eine ganz andere, eine furchtbare Kreatur, ist nur ein Wurf zum Menschen hin, mit menschenähnlichen Gesichtszügen — geistig, seelisch jedoch tiefer stehend als jedes Tier. Im Inneren dieses Menschen ein grausames Chaos wilder, hemmungsloser Leidenschaften: namenloser Zerstörungswille, primitivste Begierde, unverhüllteste Gemeinheit.

Untermensch — sonst nichts!

Denn es ist nicht alles gleich, was Menschenantlitz trägt. —

Wehe dem, der das vergißt!

Was diese Erde an großen Werken, Gedanken und Künsten besitzt — der Mensch hat es erdacht, geschaffen und vollendet, er sann und erfand, für ihn gab es nur ein Ziel: sich hinaufzuarbeiten in ein höheres Dasein, das Unzulängliche zu gestalten, das Unzureichende durch Besseres zu ersetzen.

So wuchs die Kultur.

So wurde der Pflug, das Werkzeug, das Haus.

So wurde der Mensch gesellig, so wurde Familie, so wurde Volk, so wurde Staat. So wurde der Mensch gut und groß. So stieg er weit über alle Lebewesen empor.

So wurde er Gottes Nächster!

Aber auch der Untermensch lebte. Er haßte das Werk des anderen. Er wütete dagegen, heimlich als Dieb, öffentlich als Lästerer — als Mörder. Er gesellte sich zu seinesgleichen.

Die Bestie rief die Bestie. —

Nie wahrte der Untermensch Frieden, nie gab er Ruhe. Denn er brauchte das Halbdunkle, das Chaos.

Er scheute das Licht des kulturellen Fortschritts.

Er brauchte zur Selbsterhaltung den Sumpf, die Hölle, nicht aber die Sonne. —

Und diese Unterwelt der Untermenschen fand ihren Führer: — den ewigen Juden!

Der verstand sie, der wußte, was sie wollten. Er schürte ihre gemeinsten Lüste und Begierden, er ließ das Grauen über die Menschheit kommen . . ."

---

[1]) *Herausgegeben: Der Reichsführer-SS, SS-Hauptamt (Dok. No. 1805).*

Großinquisitor ohne Zauber: Adolf Eichmann[1]

Ein Akt im Drama der „Endlösung" begann fünf Wochen später am 15. März 1939, als Hitler in Prag einmarschierte und dort das deutsche Protektorat Böhmen und Mähren ausrief. Zum erstenmal herrschte Hitler nun über ein vorwiegend feindliches und fremdsprachiges Land. Obwohl die Tschechoslowakei ohne auch nur einen Schuß abzufeuern kapituliert hatte, wurde während der folgenden sechs Jahre praktisch Kriegsrecht über das Land verhängt ... Die Deutschen befahlen und Dr. Hacha's Marionettenregierung befolgte ihre Befehle. Eine ungeheure Menge Juden wurde auf diese Weise der Gestapo ausgeliefert und genoß nicht einmal das Minimum an gesetzlichem Schutz, dessen die deutschen Juden immerhin noch teilhaftig waren. Hieraus ergab sich eine zwangsweise Massenemigration, wie sie selbst Österreich nicht erlebt hatte. Innerhalb von sechs Monaten verließen 35 000 Juden das Protektorat.

Die traditionellen Rechte der Juden in der Tschechoslowakei unterstützten Heydrich in der Durchführung dieser Reinigungsaktion. Seit Generationen wählten die Prager Juden ihre Verwaltung selbst, und diese Verwaltung befaßte sich mit den jüdischen Belangen im ganzen Land. Aus diesem Grunde bestimmten auch die Deutschen Prags jüdische Gemeindeverwaltung zum Sprachrohr aller Juden in der Tschechoslowakei — es handelte sich um 32 Gemeinden —, sobald sie Forderungen stellten. Im Altreich selbst hatte es viel Zeit in Anspruch genommen, bevor eine derartige Zentralisation erreicht war, und die Schaffung einer Reichsvereinigung deutscher Juden wurde durch eine zwangsweise Verschmelzung sämtlicher jüdischer Wohlfahrtsorganisationen erreicht.

Am 26. Juli 1939 errichtete ein gewisser Hauptmann Eichmann in Prag die Filiale des sechs Monate alten „Zentralbüros für jüdische Auswanderung". Trotz Görings Gegenbefehl vom 24. Januar gehörte dieser Hauptmann Eichmann Heydrichs Sicherheitsdienst an.

---

[1]) *Gerhard Reitlinger: The final solution. Vallentine, Mitchell, London 1953 (Kapital 4). Hier befinden sich gewisse Wiederholungen von Dieter Wislicenis Bericht (Seite 87). Aber wir möchten annehmen, das Porträt Eichmanns — eines ausführenden Organs und Hauptschuldigen der antijüdischen „Endlösung" — wird mit diesem Aufsatz von G. Reitlinger vollkommener.*

Wie in Wien, so arbeitete auch die Prager Gestapo direkt im Gebäude der jüdischen Gemeinde[1]) und diese hatte täglich einen gewissen Prozentsatz Juden zur Deportation namhaft zu machen. Wurde die verlangte Quote nicht erreicht und vor allem die betreffende Kopfsteuersumme nicht entrichtet, drohte die Gestapo mit dem Konzentrationslager. Die ärmsten Mitglieder der jüdischen Gemeinde fanden sich daher als erste zur Auswanderung bereit, denn die Reichen mußten persönlich mit der Gestapo verhandeln.

Eichmanns „jüdische Quote" lud man an den Grenzen oder in Häfen ab, nachdem man ihnen Ausreisegenehmigungen erteilt hatte. Tausende wurden mit angeblichen Visa für Südamerika oder englischen Einreisegenehmigungen für Palästina einfach auf deutsche Schiffe verfrachtet und mußten sich oft endlose Wochen auf hoher See herumtreiben, wie dies bei dem Hapag-Dampfer „St. Louis" der Fall war, der im Mai 1939 nach Cuba in See stach.

Anfangs verlangte Eichmann die Aussiedlung von 70 000 Juden im Jahr, und als Dr. Kafka — Vorsitzender der jüdischen Gemeinde in Prag — auf das „gesperrte" Vermögen der Juden hinwies, drohte Eichmann, pro Tag 300 Juden aufzugreifen, um sie nach Dachau und Mergerlsgrün zu schicken, wo sie dann wohl „sehr scharf auf die Auswanderung" werden würden. Er wollte die Unglücklichen straßenweise zusammentreiben, und daher brachte die jüdische Gemeinde das Geld lieber auf irgendeine Weise auf. Wäre nicht fünf Wochen später der Krieg ausgebrochen, hätte Eichmann seine Drohungen zweifellos wahrgemacht, denn inzwischen ergoß sich ein jüdischer Flüchtlingsstrom in die Stadt Prag, weil das jüdische Vermögen gesperrt, die Geschäfte und Betriebe enteignet und jüdische Angestellte entlassen worden waren.

Schon im Oktober 1939 hatten 35 000 Juden das Land verlassen, doch die Prager jüdische Gemeinde war trotzdem von 35 425 auf 46 170 Mitglieder angewachsen, weil etwa 8000 Juden zwangsweise aus kleineren Städten nach Prag evakuiert wurden, nachdem am 11. August durch die Polizei eine entsprechende Verordnung erlassen war.

Das vom „Schwarzen Korps" vorausgesagte Massenelend wurde also in Prag Wirklichkeit, und alte Zeiten mit geschlossenen Ghettos schienen wieder aufleben zu sollen. Doch wie bereits erwähnt, hielt Heydrich nicht viel von Ghettos. Sein Ziel war erreicht, d. h. Prag wurde mit seiner Übervölkerung zu einem Gefahrenherd für Epidemien. Der nächste Weg führte unweigerlich zu Massendeportationen, wenn für diese erst Raum geschaffen sein würde. In Polen und später in Rußland war dann genügend Platz. Wohin man jedoch die Juden auch zwangsweise trieb, immer wurden sie dort der Anlaß zu erneuter Deportation. Nach dem Muster des jüdischen Gemeinderates in Prag wurden in den Städten Polens und Rußlands ebenfalls jüdische Verwaltungsräte gegründet, die in den Jahren 1941 bis 1943 alle Gemeindemitglieder zu registrieren, auf einen Sammelplatz zu vereinen und endlich in Todeslager oder zu Hinrichtungen zu leiten hatten, um ihnen dann eines Tages selbst zu folgen.

---

[1]) *Da Flüchtlinge aus Österreich und dem Sudetengau hier Zuflucht suchten, war die Prager Gemeinde im März 1939 auf 122 000 oder gar 129 000 angeschwollen. 1939, am Vorabend der ersten Massendeportation nach Polen, belief sich die Zahl auf etwa noch 90 147 Köpfe.*

Dies System darf als alleinige Erfindung Heydrichs angesehen werden, der in Wien bereits — sofort nach dem Anschluß 1938 — ähnlich verfahren war und sich am 12. November anläßlich einer Besprechung bei Göring mit seinen Erfolgen brüstete[1]). Wenn sich Eichmann sieben Jahre später damit rühmte, Millionen Juden in den Tod getrieben zu haben, so darf man ihn trotzdem nur als Heydrichs ausführendes Organ ansehen. Eichmann brachte seine Lehrzeit im Zentral-Auswanderungsbüro der jüdischen Gemeinde in Prag hinter sich.

Wenn Eichmann noch am Leben ist, erfährt man vielleicht auch noch, welche Stellung er zuletzt bei der SS einnahm. Immerhin ist den Akten des Auswärtigen Amtes „Deutschland III" zu entnehmen, daß die Funktionen des Juden-Inquisitors weder geheim noch autokratisch waren. Durch das Auffinden seiner Personalpapiere, die sich im SS-Hauptbüro befanden, wurden die Legenden über Eichmann bereits wesentlich erschüttert. Aber Gerüchte wollen z. B. wissen, daß er in der Deutsch-Templer-Kolonie von Sarona, also in Palästina, geboren wurde — oder — daß er 1948 entlaufene Kriegsgefangene für den Kampf gegen Israel angeworben habe. Ebenso will man wissen, daß Eichmann nach dem Kriege als Jude nach Palästina zurückgekehrt sei. Wenn die Wahrheit auch noch so prosaisch ist, diese Gerüchte wollen nicht schweigen.

Eichmann wurde im März 1906 in Solingen geboren. Seine Familie stammt ursprünglich aus Elberfeld, zog aber schon während seiner Kindheit nach Linz in Österreich, wo sein Vater Leiter eines elektrotechnischen Installationsbetriebes war. Eichmann wuchs dort in ärmlichen Verhältnissen auf, nahm den Dialekt an und hatte große Vorliebe für Reiten. Eichmann sollte seinem Vater im Beruf folgen und genoß auch eine entsprechende Ausbildung, weshalb er sich in Zivilpapieren stets als „Ingenieur" bezeichnete. 1925 mußte er sein technisches Studium aufgeben, weil sein Vater durch die Inflation ruiniert wurde.

1927 wurde Eichmann dann Vertreter der Vacuum Öl AG, und 1931 machte sich seine Enttäuschung über das Leben darin Luft, daß er der Nationalsozialistischen Partei in Österreich beitrat. Im Juli 1933 überschritt er die deutsche Grenze, um vierzehn Monate lang in der „Österreichischen Legion" in Lechfeld bei Passau umgeschult zu werden. 1934 gelang Unteroffizier Eichmann der Sprung in eine für ihn weit passendere Umgebung, nämlich ins Berliner Hauptquartier des SD. Der Sicherheitsdienst beschäftigte ihn zunächst in der Freimaurer-Kartei, und Eichmann erhielt Zugang zum Archiv seiner Dienststelle, wo er großes Interesse für zionistische Akten entwickelte und sich oberflächliche Kenntnisse des Yiddisch und Hebräischen aneignete. L. Poliakov nimmt an, daß Eichmann 1937 nach Palästina entsandt wurde, um dort Verbindung zu den arabischen Aufständischen zu suchen. Die britischen Behörden jedoch wiesen ihn innerhalb von 48 Stunden aus, und Poliakov meint, Eichmann habe sich dann nach Kairo begeben und dort den Haji Amin Husseini — Ex-Mufti von Jerusalem — kennengelernt. Zur Zeit seines Palästinabesuches stand Eichmann im Range eines Hauptfeldwebels bei der SS und betätigte sich in dem „noch nicht ins Reich heimgekehrten" Wien als Gestapo-Spitzel.

---

[1]) *Siehe Seite* 75.

Eichmanns Freundschaft mit dem Mufti dürfte daher wohl erst aus den Jahren 1942 bis 1944 stammen, in denen der Mufti als anerkannter Bevollmächtigter der Araber in Berlin lebte und mit Eichmanns Büro in engster Verbindung stand.

Am 1. August 1938 — wenige Monate nach dem Anschluß Österreichs — begann Eichmanns eigentliche Karriere. Ihm wurde das jüdische Emigrationsbüro in Wien unterstellt. Der Vorschlag, ihn zum Hauptmann zu befördern, stammt vom 30. Januar 1939, und es heißt darin: „Eichmann leitet die gesamte jüdische Auswanderung."

Von Wien wurde Eichmann dann nach Prag versetzt und später nach Berlin, wo er am 30. Januar 1940 an Heydrichs großer Konferenz teilnahm, die sich mit der Umsiedlung von Juden und Polen befaßte. Wenige Monate später unterstand Eichmann nicht nur das Zentral-Auswanderungsbüro, sondern auch die Erfassungsabteilung für Juden bei der Gestapo. Beide Abteilungen waren unter der Bezeichnung IV A 4 b im Reichssicherheitshauptamt oder RSHA zusammengefaßt.

IV A 4 b befand sich im vierstöckigen Gebäude der Kurfürstenstraße 116 und wurde in den Jahren 1941—1944 zum Hauptquartier der „Endlösung", zum Mittelpunkt des ungeheuren Spinnennetzes für Deportation und Ausrottung, theoretisch blieb es jedoch nur eine sehr bescheidene Institution; Amt IV bedeutete Gestapo; Abteilung A befaßte sich mit internen Angelegenheiten und 4 war hiervon eine Unterabteilung, der die Erforschung religiösen Kults oblag. Abteilung IV A 4 b befaßte sich ausschließlich mit jüdischen Dingen und stand somit auf gleicher Stufe mit hunderten anderer obskurer Büros des RSHA, die ihre Tätigkeit tunlichst verschleierten.

Eichmanns Schicksal wollte es, daß er nie über den Rang eines Obersturmbannführers der ϟϟ — Oberstleutnant — hinauskam. Diese, seine letzte Beförderung erfolgte am 29. Oktober 1941, kurz nachdem die Deportationen aus dem Reich wiederaufgelebt waren. Bei dem folgenden Blutbad sollte Eichmann keineswegs zu sehr im Vordergrund stehen, und erst nach dem März 1944 durfte Eichmann sich in Budapest erlauben, zur stadtbekannten Persönlichkeit zu werden; und dies wahrscheinlich auch nur, weil Kaltenbrunner ihn Himmler gegenüber unterstützte.

Dr. Kastner schildert Eichmann als ϟϟ-Satrapen. Zynisch und ein Aufschneider! Er hielt eine elegante Mätresse aus und trank unmäßig.

L. Poliakov veröffentlichte ein Bild Eichmanns — wahrscheinlich wurde es zur Zeit seines Eintritts in den SD, also zehn Jahre vorher aufgenommen — das uns ein ernstes Studentengesicht zeigt. Die seltsam glitzernden Augen hatten sich allerdings nicht verändert und finden sich auch auf allen Bildern seiner Personalpapiere aus dem Jahre 1944. Ob wohl Eichmann nur deswegen zum Großinquisitor der Juden wurde, weil einst seine Mitschüler und später die Kollegen ihn mit seinem jüdischen Aussehen aufzogen? Für einen Psychologen wäre es auch interessant, daß Eichmann selbst stets freiwillig erklärte, er besäße nur deshalb keine „Partei-Sport-Abzeichen", da er auf Grund einer Handverletzung keinen Sport betreiben könne.

Recht eigentlich kann man Eichmanns Laufbahn als die eines kleinen Beamten bezeichnen, der — ohne je Dank oder Anerkennung zu ernten — sich eifrig in jede Arbeit hineinkniete. Er war mit einer gewöhnlichen kleinen Frau verheiratet, die ihm drei Töchter schenkte. Wie er seinem Freund Wisliceny im Februar 1945 mitteilte, sollte diese Familie mit ihm gemeinsam sterben, wenn er einmal Selbstmord verüben müßte. Ein paar Tage vor der Kapitulation sah Wisliceny seinen Freund zum letztenmal. Es war in Alt-Aussee im Salzkammergut, dem letzten Hauptquartier Kaltenbrunners und des gesamten Reichssicherheitshauptamtes. Bei dieser Gelegenheit gestand Eichmann seinem Freund Wisliceny, seiner Familie habe er falsche Pässe beschafft, während er selbst sich in den Bergen versteckt halten wollte, bis es eines Tages zum unvermeidlichen Konflikt zwischen Ost und West kommen würde.

Seither sind mehr als sieben Jahre vergangen und Eichmanns Leiche blieb unentdeckt. Wir wissen nicht, ob er seine Prahlerei, „er würde lachend ins Gras beißen, denn das Bewußtsein, Millionen Menschen auf dem Gewissen zu haben, verschaffe ihm eine außerordentliche Befriedigung", wahrgemacht hat. Auf jeden Fall war es eine Übertreibung, denn die von ihm unmittelbar veranlaßten Morde belaufen sich nicht einmal auf eine Million und ihn mit den Massenmorden in Polen und Rußland direkt in Verbindung zu bringen, erscheint doch etwas abwegig.

Eichmann war ein Großinquisitor, nur ohne jede Spur von irgendwelchem Zauber oder romantischem Geheimnis. Vielleicht kann man ihn am besten mit den Worten seines Freundes Dieter Wisliceny charakterisieren, dem Manne, der ihn einst für seinen ersten Auftritt empfahl:

„Eichmann war in jeder Beziehung ein strebsamer, fleißiger Bürokrat. In besonderer Akte sammelte er Notizen über jede seiner Unterhaltungen mit Vorgesetzten und betonte wiederholt, wie wichtig es sei, sich hinter den Vorgesetzten zu stellen und von diesem gedeckt zu werden. Jeder persönlichen Verantwortung trachtete Eichmann auszuweichen, und verkroch sich stets hinter seinem Chef — in diesem Falle Mueller und Kaltenbrunner — und veranlaßte diesen, jede Verantwortung für die eigenen Handlungen zu übernehmen."

RSHA
IV B 4

Paris, den 1.7.1942

Betr.: Dienstbesprechung im Hinblick auf die bevorstehende Evakuierung aus Frankreich mit SS-Hauptsturmführer Dannecker, Paris.

I.) Vermerk :

Nach Erörterung schwebender Einzelfragen wurde das Gesamtproblem durchgesprochen. Demnach ergeben sich für die Arbeiten an der Endlösung der Judenfrage in Frankreich folgende Gesichtspunkte :

a) Durchführungsarbeiten im besetzten Teil : reibungslos und klar.

b) Vorbereitende Arbeiten in politischer Hinsicht im Hinblick auf praktische Durchführung im unbesetzten Teil ist noch nicht restlos durchgeführt, da die französische Regierung im zunehmenden Maße Schwierigkeiten bereitet.

In Anbetracht des RF SS-Befehl (dem Referat IV B 4 durch Amtchef IV am 23,6,42 übersandt), dem zufolge sämtliche in Frankreich ansässigen Juden sobald als möglich abgeschoben werden sollen, ergibt sich daher für die forcierte Weiterarbeit die unumgänglich notwendige Tatsache einer entsprechenden Druckarbeit auf die französische Regierung. Es ist klar, daß sich die praktischen Auswirkungen nicht von heute auf morgen erreichen lassen werden, jedoch stehen in der Zwischenzeit die Transporte aus dem besetzten Teil zur Verfügung, so daß im Hinblick auf die Schwierigkeiten im unbesetzten Teil trotzdem im Augenblick der RF SS-Befehl restlos durchgedrückt werden kann.

./.

Die „Endlösung" der Judenfrage in Frankreich

Im diesem Sinne wurde auch mit dem Befehlshaber der Sicherheitspolizei und des SD, Paris, ᛋᛋ-Standartenführer Dr. Knochen verhandelt.

Mit ᛋᛋ-Hauptsturmführer Dannecker wurde klar und verbindlich abgesprochen, daß die den Zielstationen überstellten Juden mit Betreten des Reichsgebietes als staatenlos anzusehen sind, bezw. darüberhinaus ihre vermögensrechtlichen Angelegenheiten in jeder Hinsicht bereinigt wurden. Die hierfür allfällig notwendigen gesetzlichen Untermauerungen sind von der Dienststelle mit entsprechender Energie vorwärts zu treiben, da bei einem Versagen auf diesem Gebiete größte Unannehmlichkeiten in außenpolitischer Hinsicht zu erwarten sind, die in Durchführung des RF ᛋᛋ-Befehls auf jeden Fall vermieden werden müssen.

Abschließend wurde festgestellt, daß das bisher vorgesehene Tempo (3 Transporte zu je 1ooo Juden wöchentlich) in Zeitkürze bedeutend gesteigert werden muß, mit dem Ziel der ehebaldigsten restlosen Freimachung Frankreichs von Juden. Die hierfür notwendigen Vorausmaßnahmen in transporttechnischer Hinsicht sind von Berlin aus zur Zeit im Gange.

Die Dienststelle Paris hat dafür Sorge zu tragen, daß das angegebene seinerzeitige Tempo im Interesse des reibungslosen Ablaufs der Endlösung der Judenfrage beibehalten werden kann.

gez. Dannecker
" Hauptsturmführer

gez Eichmann
ᛋᛋ-Obersturmbannführer

wenden!

Jakob Leszczynski

Bilanz der Ausrottung[1)]

6 000 000 Juden erlitten den Tod

Dies ist die Bilanz des Ausrottungsfeldzugs gegen die europäischen Juden in den Jahren 1939 bis 1945.

Im Laufe von 6 Jahren wurde über ein Drittel des Weltjudentums vernichtet.

Ende 1939 lebten 9½ Millionen Juden in Europa.

Das Jahr 1945 haben nur 3½ Millionen überlebt.

Es kamen ums Leben:

90 %	der Juden in	Litauen
66 %	„ „ „	Österreich
60 %	„ „ „	Holland
85 %	„ „ „	Polen
82,5 %	„ „ „	Tschechoslowakei
89,5 %	„ „ „	Lettland
81 %	„ „ „	Deutschland
80 %	„ „ „	Griechenland
73,3 %	„ „ „	Jugoslawien

---

1) *Aus der Broschüre: Jakob Leszczynski, „Bilan de l'extermination", édité par le Congrès Juif Mondial, Bruxelles/Paris/Genève, Juin 1946.*

Die in dieser Studie angeführten Statistiken fußen auf Nachforschungen des Instituts für Jüdische Probleme in New York.

1939	lebten	17 840	Juden	in Kielce (Polen),	243	überlebten.
„	„	6 440	„	„ Kutno,	50	„
„	„	352 559	„	„ Warschau,	6000	„
„	„	11 564	„	„ Leipzig,	15	„

6 Millionen Juden erlitten den Tod! In ganz Hitler-Europa — von Rußland bis zum Atlantikwall, vom Nordkap bis Griechenland — wurden sie verfolgt und vernichtet. Man jagte sie einzeln oder in Massen, Gemeinden und Familien, Männer, Frauen oder Kinder — die Alten und die Jungen, 6 Millionen Juden sind in Europa zugrunde gegangen, wurden ausgelöscht.

*

Wer wurde vernichtet und was alles mit ihm?

Ein Volk, selbst wenn es im Krieg oder unter Feindherrschaft grausamste Blutopfer bringen muß, kann überleben, weil gewisse Lebenswurzeln auch in so einem Falle intakt bleiben. Die Zeit läßt die Wunden vernarben und heilen. Natürlicher Geburtenanstieg füllt die Lücken und endlich erstehen Männer, die wiederaufbauen.

Ein Drittel der Juden Europas blieb am Leben, doch die — den großen Körper des europäischen Judentums nährenden — Wurzeln sind vernichtet. In England und den neutralen Ländern blieben die verhältnismäßig wenigen jüdischen Gemeinden intakt. Frankreich, Belgien und Italien aber litten genau so unter dem Joch der Naziherrschaft wie Ungarn, Bulgarien und Rumänien. In diesen Ländern litt das Judentum entsetzlich. Doch vor allem in Polen und den von Deutschland besetzten Teilen der Sowjetunion, den baltischen Staaten, Jugoslawien, Griechenland, der Tschechoslowakei, Holland und Österreich erreichte die Ausrottung der Juden genau so ihren Höhepunkt wie in Deutschland selbst.

Familie und Gemeinde, die beiden primären Institutionen im Leben jedes Volkes — für das nicht bodenständige jüdische Volk von besonderer Wichtigkeit —, sind vollkommen vernichtet. Hunderttausende Familien wurden restlos ausgetilgt. In Ländern, wo die jüdische Bevölkerung größtenteils vernichtet wurde, gibt es heute nur noch wenige Familien, von denen mehr als zwei Überlebende existieren. Tausende von jüdischen Gemeinden sind buchstäblich vom Erdboden verschwunden. Nicht einmal eine Spur ist geblieben.

Auch andere Rassen mußten dem Krieg ihren Tribut entrichten, doch fielen ihre Söhne auf den Schlachtfeldern. Die familiäre Struktur dieser Rassen — oder Nationen — behielt, wenn auch schwer getroffen, in der Zivilbevölkerung ihr altes Bild. Jedenfalls meistens! Selbst in Jugoslawien wurde das National- und Gemeinschaftswesen nicht vollständig zerstört. Bei den Juden jedoch handelt es sich bei 90 % der Toten um Zivilisten. Außerdem wurde in mehreren Ländern Zentral- und Osteuropas nicht nur die Familie und die Gemeinde, sondern gleich die ganze Struktur jüdischen Lebens vernichtet.

Der Unterschied zwischen den Verlusten der Juden und denen anderer Völker ist jedoch noch einschneidender. In Europa gibt es praktisch keine jüdischen Kinder unter zehn Jahren mehr.[1]) Eine ganze Generation ist der

---

[1]) *Es wird daran erinnert, daß die Studie 1946 erschien.*

Lebensentwicklung des jüdischen Volkes verlorengegangen. Europas Juden haben nicht nur 6 Millionen Brüder und Schwestern verloren, sondern auch jede Hoffnung auf einen Bevölkerungszuwachs der Überlebenden in den Jahren 1955 bis 1985. Dies wird sich in einer späteren Analyse noch zeigen.

Durch die fast vollständige Ausrottung des Judentums in Osteuropa wurde das reiche Reservoir der Lebenselemente des jüdischen Volkes fast vollkommen erschöpft. Diese Elemente gerade waren von beachtlichem Wert, da sie biologisch die Fruchtbarsten und kulturell die am wenigsten Assimilierten darstellten. Mehr als 75 % aller Umgekommenen stammten aus Ost- oder Zentraleuropa.

Warschau: Symbol der Vernichtung

Warschau ist wohl eines der ergreifendsten und tragischsten Symbole der Vernichtung.

In einem Bezirk Warschaus lebten vor dem Kriege über 250 000 Juden, was 90 % der gesamten Bevölkerung dieses Stadtteils ausmachte. Jener Stadtteil war eines der wichtigsten Handelszentren in ganz Polen. Am Samstag jedoch blieben sämtliche Geschäfte und Betriebe im ganzen Bezirk geschlossen, denn in mehr als hundert Synagogen und Gebetshäusern befaßten sich die Juden an diesem Tage mit der Thora und beteten. Jeden Samstagabend fanden zahlreiche Versammlungen und Treffen statt, an denen Tausende teilnahmen. Yiddisch herrschte unter den Sprachen vor, und allein in diesem Stadtteil erschienen 5 Tageszeitungen in Yiddisch. In großer Zahl übten Wochen- und andere jüdische Zeitschriften beachtlichen Einfluß auf das kulturelle Leben anderer jüdischer Gemeinschaften in der ganzen Welt aus. Unzählig yiddische und hebräische, weltliche und religiöse, sowie Yeschivas-[1]) und Talmud-Thoras-Schulen[2]) gab es neben rein jüdischen Theatern, die ein begeistertes Publikum anzogen. Das Judenviertel in Warschau konnte als Zentrum — sowohl überlieferter als auch moderner — glanzvollster jüdischer Kultur bezeichnet werden. Literatur, Politik, Philosophie und religiöse Debatten — alles war hier daheim.

Eine der ersten Handlungen der Nazis bestand darin, in dies bereits übervölkerte Viertel weitere 100 000 Juden hineinzupferchen, die bisher in anderen Stadtteilen gewohnt hatten. Kurze Zeit darauf wurden nochmals 200 000 Juden aus der Provinz ebenfalls hinter die Betonmauern des überfüllten Bezirks umgesiedelt. Im Verlauf des ersten Jahres der Hitlerbesatzung starben mehr als 50 000 Juden in Warschau. Aber das war nur ein Präludium zur Vernichtung des polnischen Judentums. Schritt um Schritt, aber unaufhaltsam, entwickelte sich das Drama, um endlich im Sommer 1942 in den Massendeportationen zu den Gaskammern von Majdanek und Auschwitz seinen Gipfelpunkt zu erreichen.

---

[1]) *Etwa Mittelschulen.*
[2]) *Etwa Elementarschulen.*

Das Warschauer Ghetto ist von der Erdoberfläche verschwunden. Kein einziges Haus blieb stehen, und nur langsam bedeckt spärliche Vegetation die öde Trostlosigkeit des weiten Distrikts. Symbol der Vernichtung des polnischen Judentums; Symbol der Zerstörung aller jüdischen Gemeinden in Zentral- und Osteuropa; Wilna und Kaunas! Krakau und Lemberg! Jassy und Botoschan! Riga und Dwinsk! Wien und Berlin! Tausende von jüdischen Gemeinden, die Hunderttausende von Mitgliedern zählten!

Das so tief verwurzelte jüdische Leben, Jahrhunderte jüdischer Kultur, tief religiöse Werte — alles wurde unerbittlich zerstört und vernichtet. Heute erscheint es unvorstellbar, daß in dieser verwüsteten Einöde je wieder ein jüdischer Same Wurzeln schlagen und Frucht tragen könnte.

Die Lebenden und die Toten

6 Millionen Juden — von den insgesamt 9½ Millionen, die Ende 1939 in Europa lebten — sind an Entbehrungen und Krankheit zugrunde gegangen oder umgebracht worden.

Die Zahl der Juden, die während des Krieges ihr Leben lassen mußten, ist also 22mal größer als die der Amerikaner — 273 830 —, die auf den Schlachtfeldern fielen; 17mal größer als die der englischen Soldaten und Zivilisten — 335 506 —, die im Laufe des Krieges ums Leben kamen.

Die ungeheuren Ausmaße der jüdischen Katastrophe werden erst recht ersichtlich, wenn man die Kriegsverluste der Juden mit denen anderer Völker vergleicht.

1. Juden Europas	63,0 %	(6 000 000 von 9 500 000)
2. Russen	11,4 %	(20 000 000 von 175 000 000)
3. Jugoslawen	11,0 %	(1 760 000 von 15 000 000)
4. Deutsche, inkl. Österr. u. Sudetend.	9,0 %	(7 000 000 von 78 000 000)
5. Polen	8,3 %	(2 000 000 von 24 000 000)
6. Engländer	0,7 %	(335 506 von 45 000 000)
7. Amerikaner	0,12 %	(273 830 von 140 000 000)

Die jüdischen Verluste sind die des europäischen Judentums. Juden, die als Angehörige alliierter Armeen gefallen sind, erscheinen in den Zahlen der betreffenden Länder.

Für die obige Aufstellung wurden die am schwersten betroffenen Völker und diejenigen, welche am wenigsten litten, gewählt. Das jüdische Volk steht jedenfalls an der Spitze mit seinen Verlusten, denn diese sind noch 5mal größer als die der Jugoslawen, von denen ungefähr ein Neuntel ums Leben kam. Verglichen mit den Russen, verloren die Juden 6mal und mit den Polen 8mal mehr Menschen, obwohl Russen, Polen und Jugoslawen als diejenigen Völker angesehen werden, die im letzten Weltkrieg am meisten bluten mußten. Verglichen mit den Briten haben die Juden 90mal mehr und mit den Amerikanern gar 525mal mehr Verluste erlitten.

Jüdische Verluste in den besetzten Ländern Europas

Wie aus der nachfolgenden Aufstellung ersichtlich ist, sind die Verluste des deutschen und österreichischen Judentums am größten (81 und 66,6 %), weil hier der Stand der jüdischen Bevölkerung von 1939 zur Berechnung zugrunde gelegt wurde. Würde man 1933 als Basis der Errechnung in Deutschland und 1938 für Österreich genommen haben, wären die Prozente bedeutend geringer, weil doch in beiden Ländern eine große Anzahl Juden die „günstigen" Jahre vor dem Kriege nutzten und emigrierten, denn in den ersten Jahren nach 1933 trachteten die Nazis nur danach, die Juden wirtschaftlich lahmzulegen und zu ruinieren.

Land[1])	jüd. Bevölk. Sept. 1939	jüd. Verluste[2])	Prozentsatz der jüd. Verl.
1. Polen	3 300 000	2 800 000	85,0
2. UdSSR, besetzte Gebiete	2 100 000	1 500 000	71,4
3. Rumänien	850 000	425 000	50,0
4. Ungarn	404 000	200 000	49,5
5. Tschechoslowakei	315 000	260 000	82,5
6. Frankreich[3])	300 000	90 000	30,0
7. Deutschland	210 000	170 000	81,0
8. Litauen	150 000	135 000	90,0
9. Holland[3])	150 000	90 000	60,0
10. Lettland	95 000	85 000	89,5
11. Belgien[3])	90 000	40 000	44,4
12. Griechenland	75 000	60 000	80,0
13. Jugoslawien	75 000	55 000	73,3
14. Österreich	60 000	40 000	66,6
15. Italien[3])	57 000	15 000	26,3
16. Bulgarien	50 000	7 000	14,0
17. Verschiedene[4])	20 000	6 000	30,0
	8 301 000	5 978 000	72,0

[1]) *Die Vorkriegsgrenzen wurden zugrunde gelegt.*

[2]) *Die Überlebenden blieben nicht immer in ihren Heimatländern.*

[3]) *In den Zahlen von Frankreich, Belgien, Holland und Italien sind die Emigranten einbegriffen.*

[4]) *Dänemark, Estland, Luxemburg, Norwegen, Danzig.*

Mit der Wurzel ausgerottet

Die Juden Polens, Lettlands, Litauens und der Tschechoslowakei hatten den höchsten Geburtenstand in ihrer etwa 4 Millionen insgesamt umfassenden Gemeinschaft aufzuweisen. Außerdem waren gerade sie die kulturell am wenigsten assimilierten Juden der ganzen Welt. Die jüdischen Totalverluste dieser Länder betragen 85 % der gesamten Bevölkerung vom Stande 1939. Ziehen wir die 100 000 Juden Böhmens und Mährens ab, die einen höheren Grad der Assimilierung und einen geringeren Geburtenstand aufzuweisen hatten, so bleibt in den genannten Ländern eine jüdische Bevölkerung von ungefähr 3 750 000 Seelen, die die höchste Geburtenziffer des ganzen Judentums — vielleicht mit Ausnahme Palästinas — aufzuweisen hatte und zu 90 % Yiddisch oder Hebräisch als Muttersprache lernte.

In Rumänien brachten die Juden Bessarabiens und der Bukowina die größten Opfer. Auch hier war die jüdische Bevölkerung biologisch sehr fruchtbar und bewahrte ihre kulturellen Traditionen getreulich. Beide Provinzen haben 3/4 ihrer jüdischen Bevölkerung von 1939 verloren.

In Sowjetrußland litten die Ukraine und Weißrußland besonders stark. Vor dem Krieg lebten in beiden Provinzen über 2 Millionen Juden, von denen mehr als 3/4 vernichtet wurden.

Betrachtet man nun diejenige Gruppe des osteuropäischen Judentums, deren Hauptmerkmal eine besonders hohe Geburtenziffer und ein Festhalten an kultureller und religiöser Tradition ist, so müssen wir feststellen, daß etwa 5 Millionen Juden dieser Art von insgesamt 6 500 000 vernichtet wurden. Etwas mehr als 75 %.

Außerdem ist jedoch in Betracht zu ziehen, daß auch in Frankreich und Belgien die Juden östlicher Abstammung größere Verluste erlitten als diejenigen, welche schon längere Zeit in den betreffenden Ländern gelebt hatten und daher auch bedeutend assimilierter waren.

Eine ganze Generation Kinder ermordet

Im befreiten Europa existieren praktisch keine jüdischen Kinder unter zehn Jahren. Dies bedeutet, daß zwischen 1955 und 1975 fast keine jüdischen Heiraten unter jungen Menschen stattfinden können. Ehen junger Menschen zwischen zwanzig und fünfzig — den fruchtbarsten Altersklassen — dürften also kaum vollzogen werden. Unter den Überlebenden der befreiten Länder gibt es viele zwanzig- bis vierzigjährige Juden, aber diese sind — und werden es wohl auch noch auf lange Zeit bleiben — physisch, psychologisch und wirtschaftlich zum größten Teil nicht in der Verfassung und Lage, an die Gründung einer Familie zu denken.

Aus der folgenden Aufstellung ist klar zu ersehen, welche furchtbaren Verluste das Weltjudentum in Osteuropa zu beklagen hat.

Land		Kinder bis zu 14 Jahren (Prozentsatz der jüdischen Gesamtbevölkerung)
1. Ruthenien	1930	36,6
2. Palästina	1931	32,6
3. Polen	1931	29,6
4. Litauen	1923	29,4
5. Slowakei	1930	23,9
6. USA (10 größten Städte)	1935—1938	20,6
7. Ungarn	1930	17,6
8. Preußen	1933	15,8

Drei Millionen polnische Juden hatten fast ebensoviele Kinder wie fünf Millionen amerikanische Juden. Ruthenien war das kinderreichste Land. Die wenigen Erwachsenen, die den Krieg überlebten, befinden sich in einer derartigen Verfassung, daß noch Jahre vergehen werden, bevor sie ein normales Familienleben wieder aufnehmen können. Die Zahl der Kinder ist minimal.

Auch in Polen sind nur sehr wenige Kinder davongekommen. Unter den im August 1945 am Leben gebliebenen Juden waren nur 5000 Kinder, d. h. 6 %. In den Konzentrationslagern ist die Zahl der überlebenden Kinder noch geringer.

Die Nationalsozialisten betrieben die Ausrottung wissenschaftlich und vernichteten die Wurzeln gleich mit.

Materielle Schäden

Der Sachschaden des jüdischen Volkes in den von Nazis besetzten Gebieten beläuft sich vorsichtigen Schätzungen nach auf ungefähr 8500 Millionen Dollar. In weniger als einer einzigen Dekade wurden die Früchte fleißiger Arbeit von mehreren Generationen enteignet und vernichtet. Das europäische Judentum mußte seine gesamten kommunalen und privaten Besitztümer einbüßen und die Überlebenden — mit sehr wenigen Ausnahmen — sind materiell und finanziell so gut wie ruiniert.

Hervorzuheben ist noch, daß die zerstörten und geraubten Vermögenswerte nicht etwa Besitz einer kleinen privilegierten Klasse von Kapitalisten und Aktionären waren — obwohl eine solche Oberschicht im osteuropäischen Judentum bestand und etwa zwei Prozent der jüdischen Gesamtbevölkerung ausmachte —, sondern harterarbeitetes Eigentum von Hunderttausenden kleiner und kleinster Kaufleute, Handwerker und Arbeiter. Zu ihnen gehörten Zehntausende von Medizinern, Dentisten, Advokaten, Ingenieuren, Schriftstellern, Professoren und andere handwerkliche und geistige Berufe. Alle Genannten hatten in jahrelanger harter Arbeit ihren für den Osten hohen Lebensstandard erreicht, und das in Hunderttausenden von Geschäften, Werkstätten, Läden, Fabriken und Büros investierte Kapital bestand nicht allein aus Geld, sondern aus der Arbeit vieler Generationen und dem Schweiß einer jahrhundertealten Tradition.

Auf Grund einer halbamtlichen Untersuchung können wir feststellen, daß die Juden im Hitler-Europa (Rußland nicht einbegriffen) ungefähr eine Million Handelsunternehmungen, Industrie- und handwerkliche Betriebe einbüßten.

Zerstörung der kommunalen Einrichtungen

Die Verluste der Juden sind jedoch mit Einbuße des Privatbesitzes nicht abgeschlossen. Tausende von Institutionen, Gemeinden und Organisationen — lebendiges Symbol jüdischer Tradition — gingen ebenfalls zugrunde und ihr Vermögen wurde geraubt.

Juden, die aus Kellern und Wäldern hervorkamen, um in ihre Heime zurückzukehren, erzählen, daß eine grenzenlose Einsamkeit und Verzweiflung sich ihrer bemächtigte, und daß dies unüberwindliche Gefühl nicht allein auf beklagenswerte Verluste ihrer Brüder und Schwestern zurückzuführen oder durch die verschwindend kleine Zahl der Überlebenden hervorgerufen sei, sondern vielmehr auf das absolute Fehlen jeglicher jüdischer Institutionen, an die das jüdische Volk seit alters her gewöhnt ist und an die es sich in Zeiten der Not hilfesuchend zu klammern pflegte.

Die Kehilla (organisierte jüdische Gemeinde) nahm den ersten Platz im Gemeinschaftsleben der Juden ein und vereinigte sie in einem organisierten Ganzen. Von der Kehilla ausgeschlossen zu werden, war in einer Anzahl europäischer Länder gleichbedeutend mit dem Verstoß aus dem Judentum überhaupt. In Polen, Deutschland, Österreich und der Tschechoslowakei wurde die Kehilla offiziell anerkannt und besaß das Recht, Steuern zu erheben. In Polen allein gab es ungefähr 900 Kehillot, in Deutschland belief sich die Zahl 1931 auf 960 und in der Tschechoslowakei auf 505.

Im polnischen Judentum mit seinen verschiedenen, zahlreichen ideologischen Spaltungen bestanden neben den Kehillot private Gesellschaften und diverse Institutionen, die ihre rege Tätigkeit auf den verschiedensten Gebieten entfalteten. Für Volkserziehung und andere kulturelle Zwecke wurde aus Privathand ebensoviel verausgabt wie von der Kehilla selbst. Institutionen wie z. B. „Tomchei Aniim" (Armenfürsorge) oder „Linat Tsedek" (Krankenkasse) und „Hachnassat Kala" (Ehestandsdarlehn), aber auch private Sanitätsgesellschaften wie „Toz", „Marpa", „Briut" hatten einen sehr hohen Entwicklungsstand erreicht.

Die außerordentlich intensive Tätigkeit der Juden Europas auf erzieherischem und kulturellem Gebiet dürfte am charakteristischsten durch ihr Schulsystem und ihr Verlagswesen illustriert werden können. 1935 gab es in Polen 1465 Privatschulen mit mehr als 180 000 Schülern. Wenn man dann zu dieser Zahl noch die Berufsschulen der „ORT" und der „ICA", die Kehillot und die Lehrerseminare hinzurechnet, besuchten 1935 etwa 200 000 Schüler und Studenten die jüdischen Bildungsanstalten Polens. In Litauen gingen 13 607 Schüler auf 108 Volksschulen und mehrere tausend Lernende besuchten die jüdischen Mittelschulen.

43 jüdische Tageszeitungen — 38 davon in yiddisch —, 171 Wochenzeitschriften (davon 130 in yiddisch oder hebräisch) und 164 Monats- oder Halbmonatshefte — 105 in yiddisch oder hebräisch — wurden von den Juden Europas herausgegeben. Der größte Teil dieser Zeitungen und Zeitschriften erschien in Polen, und zwar größtenteils in yiddisch oder hebräisch. An zweiter Stelle stand Deutschland, doch herrschten hier die Veröffentlichungen in deutscher Sprache vor.

Die charakteristisch-jüdische Tradition der Solidarität, Bildung und Wohltätigkeit hatte im Verlauf mehrerer Generationen die jüdischen Organisationen Europas in den Besitz riesiger Vermögen gebracht. Bei vorsichtiger Schätzung ergaben die Synagogen, Bibliotheken, Schulen und Museen, die Krankenhäuser, Altersheime und Waisenhäuser einen Wert von 250 Millionen Dollar.

In dieser Schätzung sind jedoch die verschiedenen Verbände, Wohlfahrtsvereine und derartige Körperschaften nicht einbegriffen. Jüdische Körperschaften ähnlicher Art mit ungefähr 300 000 Mitgliedern (ihre Familien einschließlich etwa 1 200 000) gab es um 1930 herum in Europa 1120. Das Kapital dieser Einrichtungen belief sich auf über 5 Millionen Dollar, ihre Depots auf mehr als 15 Millionen und ihre Außenstände betrugen weit über 20 Millionen Dollar.

Zu diesen Körperschaften wären noch die Spar- und Darlehnskassen hinzuzurechnen, deren Anzahl in Polen 1938 schon 862 betrug, und die ein Kapital von mehr als 2 Millionen Dollar aufzuweisen hatten.

Léon Poliakov

Sechs Millionen sind statistisch und dokumentarisch bestätigt

Woher stammt und worauf beruht eigentlich die im allgemeinen angenommene und genannte Zahl von 6 Millionen, wenn man von den jüdischen Gesamtverlusten während des letzten Krieges in Europa spricht?

Da augenblicklich gewisse Tendenzen der Presse geschickt ausgenutzt werden, erhebt sich scheinbar erneut Interesse für diese Frage, und es bekunden sich Bestrebungen, die gerade diese Zahl in Zweifel ziehen.

Bevor wir nun zum Ergebnis sorgfältiger Untersuchungen kommen, das kürzlich nach eingehendem Studium erstellt wurde, scheint es unerläßlich, auch einiges darüber zu sagen, was uns zu der Überprüfung überhaupt veranlaßt hat. Der Anlaß ist nämlich charakteristisch für die Wichtigkeit, die gerade dieser Fragenkomplex heute in Deutschland wieder erlangt, und ebenso für die bestehende gegenteilige Tendenz, die sich ebenfalls erneut bemerkbar macht.

Dem Centre de Documentation Juive Contemporaine in Paris wurde durch den Zentralrat der Juden in Deutschland eine Anfrage der Evangelischen Kirche Deutschlands zugeleitet, damit wir darauf eine Antwort erteilen sollten. Im Schreiben der Kirche, welches von Oberkirchenrat von Harling unterzeichnet war, hieß es u. a. etwa, daß in Kreisen der evangelischen Kirche behauptet würde, die Kirche habe sich hinsichtlich dieser Fragen unverantwortlich benommen. Sie habe sich mit erfundenen und übertriebenen Zahlen in den Dienst einer Propaganda gestellt, die dazu angetan gewesen sei, moralisch ein Unternehmen wirtschaftlicher Ausbeutung zu unterstützen. Derlei Meinungen seien wahrscheinlich weit verbreiteter als man annähme. Es erschiene daher recht und billig, mit Hilfe genauer statistischer Angaben dagegen vorzugehen. Selbstverständlich sei die exakte Zahl nicht von entscheidender Tragweite und auch die Schuld der Verantwortlichen verringere sich keineswegs, ob es nun vier oder fünf Millionen Morde gewesen seien, wenn nicht gar sechs Millionen.

Vom psychologischen Standpunkt sei es jedoch vorzuziehen, mit niedrigeren, aber durch Dokumente belegten Zahlen zu operieren, als mit solchen Zahlen, die nur äußerst übertrieben wären.

Das von uns auf dieses Schreiben hin übersandte Zahlenmaterial veranlaßte die Evangelische Kirche Deutschlands zu einem Rundschreiben an die Landeskirchen, welches wir nachstehend wiedergeben:

Evangelische Kirche in Deutschland, Kirchenkanzlei.

Tagebuch-Nr. 12 331. V. Hannover-Herrenhausen, den 26. Juni 1951

Betr.: Judenmorde im Dritten Reich

Eine Landeskirchenleitung hat uns darauf hingewiesen, daß aus Gemeindekreisen der Vorwurf erhoben worden sei, die Kirche operiere in den Äußerungen über die Judenmorde im Dritten Reich in unverantwortlicher Weise mit Zahlen, die nicht erwiesen seien. Wenn auch die Tatsache der begangenen Verbrechen nicht durch Zweifel an der Zahl der Opfer aus der Welt geschaffen werden könne, so sei es doch erwünscht, sich möglichst zuverlässig über den Umfang der begangenen Verbrechen Gewißheit zu verschaffen.

Wir haben uns daraufhin um geeignetes Material bemüht und durch Vermittlung des Zentralrates der Juden in Deutschland vom Centre de Documentation Juive Contemporaine eine dokumentarisch belegte Übersicht über den Tatbestand der Judenmorde erhalten, wie er sich nach den Ermittlungen dieser Stelle darstellt. Eine Abschrift dieser Übersicht fügen wir bei und weisen darauf hin, daß alle Dokumente, auf die in der Übersicht Bezug genommen wird, uns in Fotokopien vorliegen.

Wir halten es nicht für tunlich, dieses Material einer breiten Öffentlichkeit zu übergeben, da hierdurch nur die bekannten Reaktionen mit Selbstrechtfertigung, Zweifel an der Zuverlässigkeit der Quellen und Aufrechnung mit eigenem Leid ausgelöst würden. Wir bitten aber zu erwägen, wie weit und auf welche Weise dieses nach unserer Überzeugung durchaus zuverlässige Material der Pfarrerschaft bekannt gemacht werden könnte, um sie in den Stand zu setzen, Fragen zu begegnen, die aus den Gemeinden an sie herantreten.

1 Anlage In Vertretung: gez. von Harling

Beglaubigt: Stempel und Unterschrift. Kiesow, Amtsrat.

Aber kommen wir zur Sache selbst! Wir ließen der Kirche über 50 Seiten Material zugehen und müssen uns hier natürlich darauf beschränken, das Wichtigste kurz zusammenzufassen.

1. Wie kommt man überhaupt auf eine Zahl von sechs Millionen? Wenn wir als Initiator dieser Ziffer den Internationalen Militärgerichtshof in Nürnberg ansehen, so dürften wir uns darin kaum täuschen. Wir finden dort beispielsweise, daß Adolf Eichmann[1],

[1]) *Siehe Seite 218.*

der von Hitler mit der Ausrottung beauftragt war, selbst zugab, den Tod von sechs Millionen Juden heraufbeschworen zu haben, von welchen vier Millionen in Konzentrationslagern umkamen. Diese Zahl wird zwar nicht belegt, sieht man jedoch die Gerichtsprotokolle ein, muß man feststellen, daß sich das Gericht dabei auf zwei Zeugenaussagen bezog — die Zahl also sozusagen aus zweiter Hand erhielt —, und zwar auf die Aussagen der ϟϟ-Leute Wilhelm Hoettl[1]) und Dieter Wisliceny[2]). Beide waren gute Freunde Eichmanns und Wisliceny einer seiner engsten Mitarbeiter. Sie versichern, diese Zahl durch Eichmann selbst zu wissen. Vom Standpunkt ernsthafter historischer Kritik ließe sich wahrscheinlich hiergegen einwenden, daß eine so vage Quelle lediglich als Vermutung angesehen werden kann, doch ist der Text: „Eichmann selbst gab zu..." schon vorsichtig genug.

2. Ein Dokument, welches erst nach dem Urteilsspruch in Archiven des Dritten Reiches entdeckt wurde, bestätigt jedoch die angenommene Zahl nicht nur, sondern betrachtet sie sogar als Mindestzahl. Bei dem betreffenden Schriftstück handelt es sich um einen statistischen Bericht über die „Endlösung der Judenfrage", welcher Anfang 1943 durch die „Statistische Aufsicht im Dritten Reich" auf Befehl Himmlers erstellt wurde. Die „Bilanz" dieser „Endlösung" trägt das Datum 31. Dezember 1942. Es ist eine durchaus ernstzunehmende Arbeit von Berufsstatistikern, die zu folgendem Resultat gelangten:[3])

Bei der Bilanz des europäischen Judentums müßte sich der Abgang in Europa demzufolge bereits auf vier Millionen belaufen. Größere Gemeinden existieren nur noch in Rußland. In Ungarn etwa 750 000, in Rumänien 300 000 und ohne Zweifel auch in Frankreich. Wenn man die jüdische Abwanderung und den Sterblichkeitshöchstsatz, andererseits aber auch gewisse Fehler berücksichtigt, die vielleicht in der genauen Beurteilung durch das Hin und Her der jüdischen Bevölkerung hervorgerufen werden und unvermeidlich sind, so kann man doch den Abgang der Juden in Europa zwischen 1937 und 1943 auf viereinhalb Millionen festsetzen. Diese Zahl schließt jüdische Todesfälle in den besetzten Ostgebieten nur teilweise ein, während der Abgang im übrigen Rußland und im Frontgebiet überhaupt nicht berücksichtigt ist.

Wenn wir lesen „Einschließlich der Abwanderung belief sich der Abgang auf 4½ Millionen", so ist dies ebenso klar, als wenn im Bericht steht „... die Abwanderung nicht eingeschlossen, handelt es sich um 4 Millionen Abgang." Man darf hierbei auch nicht vergessen, daß die sich mit derartigen Fragen beschäftigenden Statistiker es vorzogen, eine etwas verschleierte Ausdrucksweise zu verwenden. Die genannten Zahlen beziehen sich auf den 31. Dezember 1942 und gelten keineswegs für die im übrigen Rußland und an der Front eingetretenen Todesfälle usw. Zu jenem Zeitpunkt war das ungarische Judentum auch noch völlig unbehelligt, während deutschen Dokumenten zufolge von April bis Juli 1944 allein 430 000 ungarische Juden nach Auschwitz deportiert wurden. Damals existierten auch im besetzten Polen (im Bericht werden die im Generalgouvernement lebenden Juden auf 297 000 geschätzt) noch dicht bevölkerte Ghettos und riesige Arbeits-

---

[1]) *Siehe Seite 99.*

[2]) *Siehe Seite 87.*

[3]) *Siehe Seite 243.*

lager. Dann jedoch — während der folgenden beiden Jahre — wurde fast in ganz Europa auf die Juden Jagd gemacht.

Die Glaubwürdigkeit dieses Dokuments dürfte außer Zweifel stehen, und deshalb stellt es eine gewisse Grundlage dar, nach der man mit ziemlicher Bestimmtheit sagen darf, daß die Zahl der vernichteten Juden sich auf 5 bis 7 Millionen beläuft.

3. Wenn man sich aber einer anderen Schätzungsmethode bedienen will, so kann man die einzelnen Zahlen der verschiedenen Ausrottungsorte zusammenzählen. Es gilt also, die Summen der Ausgerotteten in den Todeslagern Belzec, Treblinka, Sobibor Chelmno und Auschwitz zusammenzuzählen und die chaotischen Ausrottungsaktionen „unter freiem Himmel", die in der Sowjetunion durchgeführt wurden, hinzuzurechnen. Nach sorgfältiger, sehr genauer Untersuchung erstellte die polnische Kommission für Kriegsverbrechen in den Jahren 1945/46 für die vier erstgenannten Lager nachfolgende Gesamtsummen:

Belzec . . .	600 000
Sobibor . . .	250 000
Treblinka . .	700 000
Chelmno . .	300 000
	1 850 000

Hinsichtlich des entsetzlichen Lagers Auschwitz bezifferte dessen Kommandant, Rudolf Höss[1]), der ebenfalls vor dem Internationalen Militärgerichtshof in Nürnberg seine Aussagen machte, die Zahl der vergasten Juden mit 2½ Millionen.

Über die „chaotischen Ausrottungen" sind Statistiken nur bruchweise vorhanden und den Berichten der „Einsatzgruppen" der SS zu entnehmen, die mit derartigen Aufgaben betraut waren und darüber Berichte nach Berlin schicken mußten.

Bei der letztgenannten Methode gelangt man zu einer Gesamtsumme von 5 300 000, ohne hierbei die unzähligen Todesfälle durch Hunger, Krankheit usw., in den großen Ghettos Polens und den zahllosen — über ganz Europa verstreuten — Arbeitslagern in Betracht zu ziehen. Das allbekannte Lager Majdanek haben wir bei unseren Berechnungen gänzlich außer acht gelassen, weil es kein ausgesprochenes Vernichtungslager im eigentlichen Sinne des Wortes war.

4. Der hervorragende Statistiker Jakob Leszczynski[2]) bediente sich einer dritten Methode, indem er die entsprechende Kopfzahl der jüdischen Bevölkerung vor dem Kriege und diejenige nach dem Kriege verglich, und gelangte auf diese Art in seiner Studie „Bilanz der Ausrottung" (New York, 1946) zur gleichen Endsumme, nämlich 6 Millionen Verluste. Um ganz genau zu sein, gibt Leszczynski die Zahl 5 978 000 an.

---

[1]) *Siehe Seite 223.*
[2]) *Siehe Seite 127.*

Welche Methode man bei diesen Berechnungen nun auch immer anwenden mag, man gelangt stets ungefähr auf 6 Millionen Verluste der jüdischen Bevölkerung, die durch gewaltsamen Tod herbeigeführt wurden. (Der Natur der Sache entsprechend, ist die annähernde Richtigkeit Angelegenheit von mehreren Prozenten.) Auch das demographische Defizit wurde nicht in Betracht gezogen. In den Jahren 1939 bis 1945 hatte das Judentum begreiflicherweise einen enormen Geburtenrückgang zu verzeichnen. Die Sterblichkeitsziffer war durch Entbehrungen aller Art überhoch, und auch die Kinder fielen größtenteils der „Ausrottung" vollkommen zum Opfer. Nur die kräftigsten Männer hatten Aussicht, am Leben zu bleiben. Zieht man auch all dieses noch in Betracht, so ist es absolut möglich, daß sich die tatsächlichen Verluste des Judentums von 1933 bis 1945 auf 8 Millionen belaufen. Auch berufsmäßige Statistiker stehen absolut auf diesem Standpunkt.

ANHANG[1])

Der folgende statistische Bericht wird durch die hier veröffentlichten Briefe erläutert. Anfang 1943 bat Himmler den Inspekteur für Statistik im Dritten Reich — Korherr — um einen Bericht über die Verminderung des Judentums in Europa, d. h. über die Fortschritte der „Endlösung". Später verlangte Himmler einen gekürzten Bericht, der hier zum erstenmal veröffentlicht wird.

Bemerkenswert ist die verlangte vorsichtige Ausdrucksweise. Zum Beispiel darf nicht von einer „Sonderbehandlung der Juden" gesprochen werden.

Bezeichnend ist ferner, daß in diesem statistischen Bericht schon am 31. Dezember 1942 festgestellt wird, daß die Verminderung der Juden Europas bereits 4½ Millionen Köpfe betragen dürfte.

Der Massenmord erstreckte sich aber noch auf über 2 weitere Jahre.

---

[1]) *Dokumente XVII/4.*

I.

„Im Augenblick darf dieser Bericht weder veröffentlicht noch weitergegeben werden."

Der Reichsführer SS — Feld-Kommandostelle, 9. November 1943
Tgb.-Nr. 1573/43 — Geheime Reichssache!
FP/V. — 3 Ausfertigungen
3. Ausfertigung

An den

Chef der Sicherheitspolizei und des SD

Berlin

Ich habe den statistischen Bericht des Inspekteurs für Statistik über die Endlösung der Judenfrage erhalten.

Ich halte diesen Bericht als allenfallsiges Material für spätere Zeiten, und zwar zu Tarnungszwecken für recht gut. Im Augenblick darf es weder veröffentlicht noch weitergegeben werden.

Das Wichtigste ist mir nach wie vor, daß jetzt an Juden nach dem Osten abgefahren wird, was überhaupt nur menschenmöglich ist. In den kurzen Monatsmeldungen der Sicherheitspolizei will ich lediglich mitgeteilt bekommen, was monatlich abgefahren worden ist und was zu diesem Zeitpunkt noch an Juden übrig blieb.

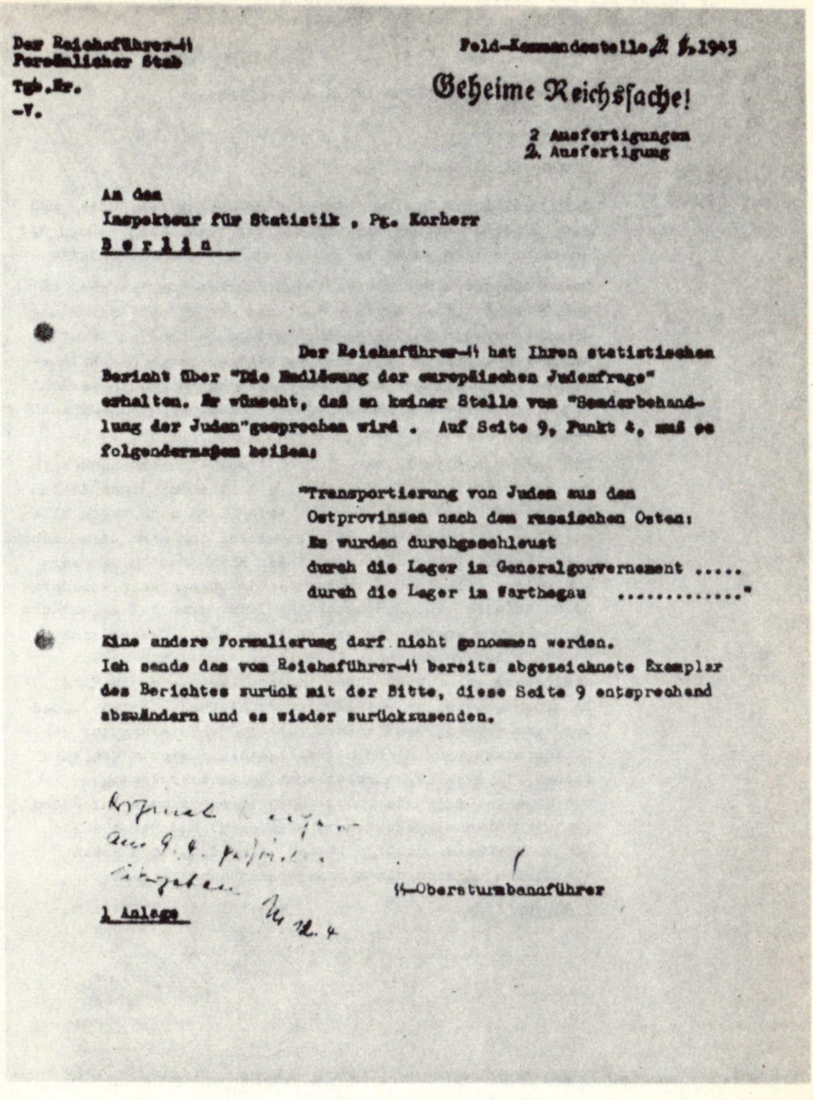

Der Reichsführer-SS
Persönlicher Stab

Tgb.Nr.
-V.

Feld-Kommandostelle, [illegible].1943

Geheime Reichssache!

2 Ausfertigungen
2. Ausfertigung

An den
Inspekteur für Statistik , Pg. Korherr
Berlin

Der Reichsführer-SS hat Ihren statistischen Bericht über "Die Endlösung der europäischen Judenfrage" erhalten. Er wünscht, daß an keiner Stelle von "Sonderbehandlung der Juden" gesprochen wird . Auf Seite 9, Punkt 4, muß es folgendermaßen heißen:

"Transportierung von Juden aus den
Ostprovinzen nach dem russischen Osten:
Es wurden durchgeschleust
durch die Lager im Generalgouvernement .....
durch die Lager im Warthegau ...."

Eine andere Formulierung darf nicht genommen werden.
Ich sende das vom Reichsführer-SS bereits abgezeichnete Exemplar des Berichtes zurück mit der Bitte, diese Seite 9 entsprechend abzuändern und es wieder zurückzusenden.

SS-Obersturmbannführer

1 Anlage

Von der „Sonderbehandlung" der Juden darf nicht gesprochen werden

III.

Der Inspekteur für Statistik (4 – 1577/43) Berlin W 35, 19.4.1943
Tgb.Nr. 48/43 geh.Rs. Potsdamer Straße 61

Geheime Reichssache

ᛋᛋ-Obersturmbannführer Dr.R. B r a n d t
Pers.Stab Reichsführer-ᛋᛋ
B e r l i n

Lieber Pg. B r a n d t !

Mein kürzlicher Bericht über die Endlösung der Judenfrage mit 16 Seiten Umfang war von mir zur Berichtung an den RF erstellt worden, wie mir der RF mündlich befohlen hatte.

Gemäß dem neuen Befehl des Reichsführers vom 1.4.1943 an den Chef der Sicherheitspolizei und des SD zur Erstellung eines gekürzten Berichtes zur Vorlage an den Führer mit eindeutiger Bilanz habe ich vor einigen Tagen dem Reichssicherheitshauptamt den in Abschrift beifolgenden Bericht von 6 1/2 Seiten zur Einarbeitung in seinen Gesamtbericht zugeleitet.

Ich darf dazu, falls der RF nicht ganz einverstanden sein sollte, bemerken: Eine eindeutige Bilanz für einen festen Zeitraum für das ganze heutige Reich läßt sich trotz alles vergossenen Schweißes nicht erstellen. Ich habe darum neben einer Gesamtbilanz mit wechselndem Anfangszeitpunkt verschiedene Teilbilanzen gebracht. Die vorhandenen verschiedenen Anfangs- und Schlußzahlen differieren z.T.um hunderttausende von Juden. Die vorhandenen Juhden lassen sich auch mit den vorhandenen Unterlagen nicht, wie es wünschenswert wäre, nach Juden im Arbeitseinsatz, in KL's, im Altersghetto, in privilegierter Mischehe teilen, sodaß der verbleibende Rest sofort für die Evakuierung zur Verfügung steht. Sowohl beim Arbeitseinsatz wie in den KL's lassen die bisherigen Unterlagen keine zuverlässigen Schlüsse bezüglich der räumlichen Zugehörigkeit der Juden (von der Staatsangehörigkeit abgesehen) zu. Darum mußte ich hier eine eindeutige Bilanz vermeiden, doch geben die Zahlen an sich einen brauchbaren Anhaltspunkt.

1 Anlage g.Rs. Heil Hitler!

„. . . doch geben die Zahlen an sich einen brauchbaren Anhaltspunkt"

IV.

Die Endlösung der europäischen Judenfrage

Geheime Reichssache

Statistischer Bericht

Notwendige Vorbemerkung. Judenstatistiken sind immer mit Vorbehalt aufzunehmen, da bei der zahlenmäßigen Erfassung des Judentums stets mit besonderen Fehlern zu rechnen ist. Fehlerquellen liegen u. a. in Wesen und Entwicklung des Judentums, seiner Abgrenzung, seiner mehrtausendjährigen ruhelosen Wanderschaft, den zahllosen Aufnahmen und Austritten, den Angleichungsbestrebungen, der Vermischung mit den Wirtsvölkern, vor allem aber im Bemühen des Juden, sich der Erfassung zu entziehen.

Schließlich hat die Statistik teils als Notbehelf, teils wegen der weitgehenden Übereinstimmung zwischen jüdischer Rasse und jüdischem Glauben, teils im konfessionellen Denken des letzten Jahrhunderts befangen, bis zuletzt die Juden nicht nach ihrer Rasse, sondern nach ihrem religiösen Bekenntnis erfaßt. Die Erfassung der Juden nach der Rasse gestaltet sich auch — vor allem durch die äußerliche Verkleinerung des Judentums infolge Austritt, Übertritt, weiter zurückliegender rassischer Vermischung und durch Tarnung — sehr schwierig, wie die mißlungene Erfassung der Rassejuden in Österreich 1923 und die Erhebung der Voll-, Halb- und Vierteljuden bei der deutschen Volkszählung 1939 zeigen. Jüdische Bestandszahlen sind im allgemeinen nur als Mindestzahlen zu werten, wobei der Fehler mit geringerem jüdischem Blutanteil immer größer wird.

Fast unüberwindliche Schwierigkeiten bereitet die Erstellung einer einigermaßen zuverlässigen Statistik über Bestand und Bewegung des Judentums in den gesamten Ostgebieten seit Beginn des zweiten Weltkrieges, der unkontrollierbare Massen von Juden in Bewegung gebracht hat.

Bilanz des Judentums

Welt. Die Gesamtzahl der Juden auf der Erde schätzte man im letzten Jahrzehnt auf 15 bis 18 Millionen, zuweilen auch auf weit über 20 Millionen. Das Statistische Reichsamt gab für das Jahr 1937 die Zahl mit 17 Millionen an.

Europa. Davon leben um 1937 etwa 10,3 Millionen (60 vH) in Europa und 5,1 Millionen (30 vH) in Amerika. Um 1880 hatte der europäische Anteil noch 88 vH, der amerikanische erst gut 3 vH betragen.

In Europa häufen bzw. häuften sich die Juden vor allem in den nunmehr von Deutschland besetzten früheren polnisch-russischen und baltischen Gebieten zwischen Ostsee und Finnischem Meerbusen und dem Schwarzen und Asowschen Meer, daneben in den Handelsmittelpunkten Mittel- und Westeuropas, im Rheingebiet und an den Küsten des Mittelmeers.

Deutschland. Die Judenbilanz des Reiches ist an die verschieden großen Zeiträume seit der jeweiligen Machtübernahme in seinen Teilgebieten gebunden. Erst von diesen Zeitpunkten an beginnt das Abfluten der Juden in großem Stil. Vorher gab es in manchen Gebieten sogar eine Zunahme der Juden als Folge des Abflusses aus Gebieten, die zum Reiche kamen.

Zur Zeit der jeweiligen Machtübernahme und am 31. Dezember 1942 betrug die Zahl der Juden in

Gebiet	Zeitpunkt der Machtübernahme	Zahl der Juden vor der Machtübernahme	Zahl der Juden am 31. 12. 1942
Altreich	30. 1. 1933	561 000	51 327 (Altreich und Sudetenland)
Sudetenland	29. 9. 1938	30 000	
Ostmark	13. 3. 1938	220 000	8 102
Böhmen und Mähren	16. 3. 1939	118 000	15 550
Ostgebiete (mit Bialystok)	Sept. 1939 (Juni 1940)	790 000	233 210
Generalgouvernement (mit Lemberg)	Sept. 1939 (Juni 1940)	2 000 000	297 914
Zusammen	—	3 719 000	606 103

Zu den Zahlen vor der jeweiligen Machtübernahme ist ergänzend zu bemerken, daß sie z. T. ineinanderfließen. So strömte der Großteil der 30 000 Juden des Sudetenlandes (27 000 Glaubensjuden) vor der Vereinigung mit dem Reich ohne Überschreitung einer Staatsgrenze und ohne Vermögensverluste rasch ins Protektorat ab, ist also in den Zahlen für Böhmen und Mähren von 1939 zu einem Teil wieder enthalten. Das Sudetenland zählte am 17. Mai 1939 nur mehr 2649 Juden.

Für die Zeit kurz vor dem zweiten Weltkrieg läßt sich die Zahl der Juden im Reichsgebiet mit Protektorat und Generalgouvernement für einen festen Zeitpunkt angeben bzw. abschätzen. Sie beträgt um den 17. Mai 1939 in

		Zum Vergleich: am 31. 12. 1942
Altreich	233 973	51 327 (Altreich und Sudetenland)
Sudetenland	2 649	
Ostmark	94 270	8 102
Böhmen und Mähren	110 000	15 550
Ostgebiete rund	790 000	233 210
Generalgouvernement rund	2 000 000	297 914
Zusammen	3 120 892	606 103

Altreich und Ostmark hatten bis zum Kriege weit über die Hälfte ihres — zivilisierten und sterilen — Judenbestandes bereits abgegeben, vor allem durch Auswanderung, während im Osten der Zusammenbruch der für die Zukunft gefährlichen fruchtbaren Judenmassen überwiegend erst im Kriege und besonders seit den Evakuierungsmaßnahmen von 1942 deutlich wird.

Das Judentum hat sich damit von 1933 bis 1943 innerhalb des erweiterten Reichsgebietes, also im zeitlich-räumlichen Bereich der nationalsozialistischen Staatsführung, um rund 3,1 Millionen Köpfe vermindert. Im Altreich sank der Bestand auf fast 1/12, in der Ostmark gar 1/27, im Generalgouvernement und in Böhmen und Mähren auf etwa 1/7, in den Ostgebieten auf 1/3 bis 1/4.

Auswanderung, Sterbeüberschuß und Evakuierung. Dieser Rückgang ist das Ergebnis des Zusammenwirkens von Auswanderung, Sterbeüberschuß und Evakuierung, wozu noch geringfügige sonstige Veränderungen kommen (z. B. genehmigte Austritte, Anerkennung als Mischling I. Grades, Neuerfassung, Karteibereinigung), worüber die folgende Tabelle Aufschluß gibt:

Gebiet	Zeitraum von bis 31. 12. 1942	Abnahme (—) oder Zunahme der Juden durch				
		Auswanderung	Sterbeüberschuß	Evakuierung	Sonstige Veränderungen	Insgesamt
Altreich (mit Sudetenland)	30. 1. 33 (29. 9. 38)	— 382 534	— 61 193	— 100 516	+ 4 570	— 539 673
Ostmark	15. 3. 38	— 149 124	— 14 509	— 47 555	— 710	— 211 898
Böhmen und Mähren . .	16. 3. 39	— 25 699	— 7 074	— 69 677	—	— 102 450
Ostgebiete (mit Bialystok)	Sept. 39 (Juni 40)	— 334 673		— 222 117	—	— 556 790
Generalgouv. (mit Lemberg)	Sept. 39 (Juni 40)	— 427 920		— 1 274 166	—	— 1 702 086
Zusammen		— 1 402 726		— 1 714 031	+ 3 860	— 3 112 897

Die Bilanz für Altreich, Ostmark und Böhmen und Mähren zusammen sieht folgendermaßen aus:

Anfangsbestand der Juden bei jeweiliger Machtübernahme	929 000
Veränderungen durch:	
Auswanderung	— 557 357
Sterbeüberschuß	— 82 776
Evakuierung	— 217 748
Neuerfassung usw.	+ 3 860
	— 854 021
Bestand am 31. Dezember 1942	74 979

Der außerordentliche Sterbeüberschuß der Juden z. B. im Altreich ist infolge der anormalen Überalterung und Lebensschwäche des Judentums ebenso auf Geburtenarmut wie auf hohe Sterblichkeit zurückzuführen: im 1. Viertel 1943 zählte man 22 Geburten, 1113 Sterbefälle. Die Zahlen über Auswanderung und Sterbeüberschuß (Kriegswirren!) der Ostgebiete und des Generalgouvernement sind nicht nachprüfbar. Sie sind das berechnete Ergebnis aus Anfangs- und Endbestand und Evakuierungen der Juden.

Vom 1. Januar 1943 bis 31. März 1943 fand aus dem Reichsgebiet mit Böhmen und Mähren, neuen Ostgebieten und Bezirk Bialystok wieder die Evakuierung von 113 015 Juden nach dem Osten statt, ebenso die Wohnsitzverlegung von 8025 Juden ins Altersghetto Theresienstadt. Die Judenzahl in Deutschland, namentlich in den Ostgebieten, wurde dadurch neuerdings stark herabgesetzt.

Mischehen. Die Zahl der Juden im Reichsgebiet von 1939 enthält am 31. Dezember 1942 einen nicht geringen Teil von Juden in Mischehen:

	Juden am 31. 12. 1942	davon in Mischehe	Rest
Altreich	51 327	16 760	34 567
Ostmark	8 102	4 803	3 299
Böhmen und Mähren .	15 550	6 211	9 339
Zusammen	74 979	27 774	47 205

Die Judenzahl des Altreichs hat sich inzwischen weiter von 51 327 am 31. Dezember 1942 auf 31 910 am 1. April 1943 vermindert. Unter diesen 31 910 Juden leben über die Hälfte, nämlich 16 668 in Mischehe, davon 12 117 in privilegierter und 4551 in nicht privilegierter Mischehe. Außerdem dürfte in der Aufstellung noch eine größere Anzahl von Juden mitgezählt sein, die schließlich als unauffindbar abgeschrieben werden müssen, wie es auch bei jedem Einwohnerkataster immer wieder vorkommt. Der Bestand der Juden im alten Reichsgebiet (ohne Ostgebiete) nähert sich seinem Ende.

Arbeitseinsatz. Von den im Reichsgebiet lebenden Juden befanden sich zu Beginn des Jahres 1943

21 659 in kriegswichtigem Arbeitseinsatz.

Dazu kommen in kriegswichtigem Arbeitseinsatz 18 435 sowjetrussische Juden im Inspekteurbereich Königsberg, 50 570 staatenlose und ausländische Juden im Lagereinsatz Schmelt (Breslau) und 95 112 ehemalige polnische Juden im Ghetto- und Lagereinsatz im Inspekteurbereich Posen.

Konzentrationslager. In Konzentrationslagern befanden sich am 31. Dezember 1942 insgesamt 9 127 Juden, in Justizvollzugsanstalten 458 Juden. Die Belegstärke der Konzentrationslager mit Juden war folgende:

Lublin	7 342	Mauthausen/Gusen .	79	Stutthof	18
Auschwitz . . .	1 412	Sachsenhausen . .	46	Ravensbrück . . .	3
Buchenwald . .	227				

Altersghetto. Im einzigen Altersghetto Theresienstadt gab es Anfang 1943 zusammen 49 392 Juden, die von den Bestandszahlen abgeschrieben sind.

Evakuierung aus anderen europäischen Ländern. Im deutschen Macht- und Einflußbereich außerhalb der Reichsgrenzen fanden folgende Evakuierungen von Juden statt:

Länder	bis 31. 12. 1942	im 1. Vierteljahr 1943
Frankreich (soweit vor dem 10. 11. 1942 besetzt)	41 911	7 995
Niederlande	38 571	13 832
Belgien	16 886	1 616
Norwegen	532	158
Griechenland	—	13 435
Slowakei	56 691	854
Kroatien	4 927	—
Bulgarien	—	11 364
Außerdem in den russischen Gebieten einschl. der früheren baltischen Länder seit Beginn des Ostfeldzuges	633 300	—
Zusammen	792 818	49 254

Europäische Judenbilanz. Die Verminderung des Judentums in Europa dürfte damit bereits an vier Millionen Köpfe betragen. Höhere Judenbestände zählen auf dem europäischen Kontinent (neben Rußland mit etwa vier Millionen) nur noch Ungarn (750 000) und Rumänien (302 000), vielleicht noch Frankreich. Berücksichtigt man neben dem angeführten Rückgang die jüdische Auswanderung und den jüdischen Sterbeüberschuß in den außerdeutschen Staaten Mittel- und Westeuropas, aber auch die unbedingt vorkommenden Doppelzählungen infolge der jüdischen Fluktuation, dann dürfte die Verminderung des Judentums in Europa von 1937 bis Anfang 1943 auf $4^1/_2$ Millionen zu schätzen sein. Dabei konnte von den Todesfällen der sowjetrussischen Juden in den besetzten Ostgebieten nur ein Teil erfaßt werden, während diejenigen im übrigen europäischen Rußland und an der Front überhaupt nicht enthalten sind. Dazu kommen die Wanderungsströme der Juden innerhalb Rußlands in den asiatischen Bereich hinüber. Auch der Wanderungsstrom der Juden aus den europäischen Ländern außerhalb des deutschen Einflußbereichs nach Übersee ist eine weitgehend unbekannte Größe.

Insgesamt dürfte das europäische Judentum seit 1933, also im ersten Jahrzehnt der nationalsozialistischen Machtentfaltung, bald die Hälfte seines Bestandes verloren haben. Davon ist wieder nur etwa die Hälfte, also ein Viertel des europäischen Gesamtbestandes von 1937, den anderen Erdteilen zugeflossen.

KAPITEL III

Zeugenaussagen

INHALTSVERZEICHNIS

Vorwort

Zeugen, die durch das Feuer der Vernichtungslager gegangen sind, können nicht unbefangen sein. Schon im Vorwort ist darauf hingewiesen worden. Diese Menschen müssen vom Dritten Reich und seinen Einrichtungen mit leidenschaftlicher Abneigung, ja mit Haß sprechen. Wer etwas anderes erwartet, kennt die menschliche Natur nicht.

Die geschichtliche Wahrheit gebietet es jedoch, bei Zeugenaussagen solche subjektiven Gefühle zurückzustellen, sie möglichst ganz auszuschalten. Deshalb sind an den Anfang dieses Kapitels Berichte von Wissenschaftlern gestellt, die das Lager Auschwitz und das Warschauer Ghetto betreffen.

Diesen Zeugnissen, die durch ihre nüchterne Sachlichkeit und durch ihre Vollständigkeit bestechen, sind Erzählungen von Kindern angefügt.

An ihnen wird das Phänomen deutlich, in welchem Maße der Naziterror seinen Alpdruck schon auf kindliche Hirne preßte. Kinder sprechen hier, denen schon in der Wiege das Recht zu leben, bestritten wurde.

Diese jüngsten Zeugen nennen ihre Henker nicht „ϟϟ-Leute“ oder „Nazis“, sie registrieren sie vielmehr unter dem Sammelbegriff „Deutsche“. Daran darf man sich nicht stoßen. So war es für sie.

Wissenschaftler sagen aus[1])

Marc Klein[2])

Auschwitz I, Stammlager

„Arbeit macht frei!"

Dies Motto, ob nun ernsthaft oder ironisch gemeint, stand in großen Buchstaben als Zierde über dem Haupteingang zum Lager Auschwitz I. Am 2. Juni 1944 durchschritten etwa 200 Männer dieses Tor, nachdem sie — allerdings ohne es zu ahnen — kurz zuvor auf der Rampe des Nachbarlagers Birkenau dem Tode entronnen waren.

Unsere Reise hatte drei Tage gedauert. Abgesehen von der Stimmung, fand sie unter relativ günstigen Bedingungen und fast ohne Verluste statt. Mich hatte man mit der Aufsicht über einen der sogenannten Lazarettwagen betraut. Diese Lazarettwagen unterschieden sich von den übrigen Viehwagen lediglich durch ein paar Matratzen, einige Wasserbehälter, die wir an bestimmten Stationen füllen durften, und den geringen Vorrat von ein paar dringend benötigten Medikamenten. Bei der Abfahrt in Drancy hatte ich in meinem Wagen ein paar chronische Fälle und Altersschwache, denen sich auf der Reise Erkrankte zugesellten. Übrigens hatte man es nicht für nötig befunden, mir bei der Abfahrt die Diagnosen der mir Anvertrauten mitzuteilen. Zwei Kollegen, eine Krankenschwester und ich hatten während der Fahrt Tag und Nacht schweren Dienst, obwohl eigentlich alle Mühe vergebens war, denn außer dem überlebenden Sanitätspersonal, verschwanden die Insassen meines Wagens schon bei der Ankunft.

Als man unseren Waggon endlich öffnete, trieben uns ϟϟ und Häftlinge in gestreiften Anzügen brutal und mit Stockhieben heraus und jagten uns bis ans äußerste Ende der

---

[1]) *Die drei folgenden Aussagen sind dem Buche „De L'Université aux Camps de Concentration", Société d'Edition „Les Belles Lettres", Paris 1947, entnommen.*

[2]) *Prof. für Biologie an der medizinischen Fakultät der Universität Straßburg.*

Rampe. Die Männer wurden von Frauen und Kindern getrennt, wobei es herzzerreißende Szenen gab. In Windeseile passierten wir die Kontrolle eines SS-Arztes, der uns durch Zeichen mit seinem Stock in zwei Gruppen teilte. Nachdem ich zuerst der einen Gruppe zugeteilt war, wurde ich auf die Bemerkung eines SS-Unteroffiziers hin, der anderen unwirsch zugewiesen. Erst später erfuhr ich, daß ich dadurch dem Tode entging. Ich erwähne dies nur, um darzutun, wie die Auswahl auf der Rampe von Birkenau ohne jede Untersuchung oder Prüfung rein willkürlich stattfand. Alles geschah in großer Eile und hing lediglich vom guten Willen des entscheidenden SS-Arztes ab.

Bald bestand meine Gruppe aus etwa 200 Köpfen. Meistens junge Männer und solche, die besonders gesund aussahen. Wir mußten uns in fünf Gliedern aufstellen und traten dann den Marsch nach dem vier Kilometer entfernten Auschwitz an. Unweit der Rampe sahen wir die hohen Essen der Gaskammern und Krematorien, doch hielten wir diese Schatten damals noch für Fabrikschornsteine. Alle waren wir überzeugt, daß Alte und Schwache mit den Frauen und Kindern, die in Birkenau zurückblieben, es leichter haben würden als wir; wir bildeten uns ein, daß Birkenau wahrscheinlich ein Lager mit leichterer Arbeit sei, als jenes, für welches wir bestimmt waren. Es dauerte Wochen und Monate, bevor wir endlich langsam begriffen, daß die Einteilung auf der Rampe von Birkenau nur das Vorspiel zur völligen Vernichtung darstellte, und daß mit Ausnahme junger, gesunder Frauen, ausnahmslos alle Verschleppten, die wir auf der Rampe verließen, noch am gleichen Tage vergast und verbrannt wurden.

Wie ich persönlich diese düstere Wahrheit erfuhr, fasse ich hier kurz zusammen. Am Abend unserer Ankunft im Lager, auf die ich später noch zurückkomme, suchten mich französische Berufskollegen, die schon längere Zeit im Stammlager inhaftiert waren, an der Quarantäne auf, um Nachrichten über Frankreich zu erfahren. Sie erkundigten sich auch nach der Zahl der Verschleppten bei der Abfahrt aus Drancy und derjenigen, die das Lager Auschwitz I betraten. Als wir ihnen versicherten, daß alle übrigen im Lager Birkenau verblieben seien, eröffneten sie uns vorsichtig das schreckliche Geheimnis jenes Lagers. Fast täglich erwartete eine recht erhebliche Zahl von Neuankömmlingen dort in den Gaskammern die völlige Vernichtung. Einige der Kameraden beschworen uns allerdings, diesen finsteren Gerüchten nur keinen Glauben zu schenken. (Viel später erst begriff ich, daß diese Ermutigungen nur fromme Lügen waren.). Als ich dann überlegte, was ich glauben sollte, gewann ich den Eindruck, daß die älteren Kameraden wohl zeitweilig unter einer Holzhammernarkose litten, die für Häftlinge typisch ist. Ich selbst war in der glücklichen Lage, allein nach Auschwitz deportiert zu sein, aber die Kameraden, deren Familien in Birkenau zurückgeblieben waren, litten unter der grausamen Ungewißheit über das Schicksal ihrer Angehörigen so, daß es sie fast um den Verstand brachte.

Auf unserem Marsch ins Stammlager fühlten wir uns durch die Zurufe der Häftlinge in ihren gestreiften Anzügen: „Nur nicht krank werden!“ etwas beruhigt. Kaum im Lagerbereich angekommen, mußten wir uns zwischen den Baracken aufstellen, die damals für uns eine gewisse Anziehungskraft besaßen. Der SS-Lagerarzt, Dr. Rohde (inzwischen verurteilte ihn ein englisches Gericht in Wuppertal zum Tode durch den Strang), forderte alle, die sich krank fühlten, auf, aus der Reihe vorzutreten. Leider hatten einige Kameraden die Unvorsichtigkeit, dieser Aufforderung Folge zu leisten. Sie wurden in ein Krankenauto mit dem Roten Kreuz geladen, verließen darin das Lager und wir hörten nie wieder von ihnen. Sie vergrößerten die Zahl der Rubrik: „Bei der Ankunft vernichtet."

Nach 14 Tagen Haft erhielt ich den ersten Beweis für die völlige Ausrottung. Der Groß-Rabbiner von Straßburg, René Hirschler, der seit mehreren Monaten in Auschwitz war, zeigte mir einen Brief seiner Frau, den diese kritzeln und ihm zukommen lassen konnte, bevor sie nach einer „Selektion" im Krankenbau in den Gaskammern endete. So bekam ich den Beweis, daß Kranke und Arbeitsunfähige von Zeit zu Zeit ausgerottet wurden. Wenn auch durch das Schriftstück zutiefst betroffen, so war ein derartiges Vorgehen für mich keine Überraschung mehr. Seit etwa 1936 konnte man auch im Elsaß unschwer erfahren, daß derartiges in Hitler-Deutschland geschah und besonders auf unheilbar Kranke und die Insassen von Irrenhäusern Anwendung fand. Es bestand also keine Veranlassung, diesen fast gesetzlichen Vorgang (jedenfalls für hitlerische Vorstellung) nicht auch im Konzentrationslager anzuwenden. Trotzdem war ich noch nicht überzeugt davon, daß derartig zahlreiche Vernichtungen schon bei der Ankunft eines Transportes vorgenommen wurden. Das, was ich für wahr halte, begriff ich erst nach und nach.

In der Apotheke mit dem Sortieren von Prothesen beschäftigt, erfuhr ich im Juni 1944, daß laut Firmenstempel der Fabrikanten die Arme, Hände, Beine, Korsetts und orthopädischen Schuhe fast ausnahmslos aus Ungarn stammten. Meine gleich mir dort beschäftigten Kameraden und ich kamen zu dem Schluß, daß man in Birkenau bis zu 8000 Deportierte pro Tag ausrottete, obwohl es uns schwerfiel, an so eine phantastische Zahl zu glauben. Die Kriegsverbrecherprozesse enthüllten dann jedoch kürzlich, daß unsere Vermutungen leider der schrecklichen Wahrheit entsprachen. Anfang Juli erfuhr ich durch einen „prominenten" Häftling, der am letzten Juni-Sonnabend aus besonderem Anlaß von Birkenau nach Auschwitz verlegt wurde, abschließende Einzelheiten. Am gleichen Tage wurde in Birkenau das ganze Lager tschechischer Juden vernichtet. Der betreffende Häftling, früher Gehilfe im Seziersaal der deutschen Universität in Prag, dann Henker in Theresienstadt und endlich Lagerkapo in Birkenau, wo er sich monatelang mit den Kindern beschäftigte, ehe diese umgebracht wurden, war Epileptiker und bedurfte meiner Hilfe, um heimlich in den Besitz von Beruhigungsmitteln zu gelangen. Als ich eines Tages erfuhr, wer er war, half ich ihm übrigens nicht mehr. Während seiner lichten Momente hatte er manchmal schreckliche Gewissensbisse und vertraute mir zahlreiche Einzelheiten über die Hinrichtungen in Theresienstadt, das Leben in Birkenau und ganz besonders über die Anwendungsarten der Massenausrottung an. Von ihm erfuhr ich, daß die bei der Ankunfts-„Selektion" als arbeitsunfähig Bezeichneten zu einer Einrichtung geführt wurden, die den Eindruck eines Duschraumes hervorrufen sollte. Anstatt einer Dusche setzte man sie jedoch der Ausströmung von Blausäure aus — Zyklon B —, die gewöhnlich in Schiffen zur Rattenvergiftung verwandt wird. Der Tod sollte fast augenblicklich eintreten. Die Leichen schaffte man sofort zu den Krematorien, wo eine wahrhaft vollkommene Einrichtung der Verbrennungsöfen mit äußerster Leistungsfähigkeit alles weitere besorgte. Heimlich gelang es mir, viele dieser Angaben zu überprüfen. Sie schienen korrekt, und nach meiner Heimkehr wurden die Einzelheiten auch bei den Kriegsverbrecherprozessen ans Tageslicht gezerrt. Nach vier Wochen war ich davon überzeugt, daß die zur Ausrottung Verdammten schon bei ihrer Ankunft täglich in Birkenau vernichtet wurden. Kameraden gegenüber, die ihre Familien auf der Rampe von Birkenau verlassen hatten, gab ich stets vor, nicht an die schrecklichen Gerüchte zu glauben. Diese Haltung einzunehmen war für mich einfach, denn wir erhielten manchmal Nachrichten aus Birkenau. Aber es handelte sich dabei immer um junge Frauen und Mädchen unseres Transportes, und ich hatte schnell genug herausgefunden, daß von älteren Frauen mit Kindern und Männern niemals Nachrichten kamen. Von denen hörten wir, nachdem wir die Rampe Birkenau verlassen hatten, nie mehr etwas.

Vielleicht ist man erstaunt, daß ich so vorsichtig und ausführlich über ein Unternehmen spreche, das der ganzen Welt inzwischen in allen schrecklichen Einzelheiten bekannt wurde, aber dies geschieht mit Absicht.

Obwohl nur 4 km vom Stammlager entfernt, drückte doch das Vorhandensein der Gaskammern und ihr Betrieb unserem ganzen Leben im Lager Auschwitz I den Stempel auf. Trotzdem davon zu sprechen streng verboten war, taten wir dies — wenn auch in versteckten Worten und heimlich — doch ununterbrochen. Es war wie eine Art Besessenheit. Kameraden, die um das Schicksal der Ihren in Birkenau bangten, klammerten sich an jeden Strohhalm, der ihnen an das Leben ihrer Lieben zu glauben erlaubte. Wenn wir selbst auch bei der „Selektion" bei der Ankunft zunächst einmal gerettet waren, hing das Damoklesschwert doch dauernd über unseren Köpfen, denn auch im Lager fanden oft „Selektionen" statt, bei denen Arbeitsunfähige, Kranke und entkräftete Häftlinge ausgesondert wurden.

Im Verlauf einiger Monate erschien eine Kommission im Lager, die aus dem Lazarett und oft aus dem übrigen Lager eine bestimmte Häftlingszahl aussuchte, um sie — wie man uns sagte — einem leichteren Kommando zuzustellen. Auch sie wanderten in die Gaskammern von Birkenau und ihre Zahl war nicht geringer als die vorher beschriebene. Die „Selektion" der zum Tode Verdammten geschah in Sekundenschnelle durch einen Blick, der Sauberkeit, Haltung und überhaupt die ganze Persönlichkeit abschätzte. Im Lazarett warf man einen Blick auf den Krankenbericht und untersuchte oberflächlich. Oft traf die Kommission ihre Wahl, ohne den Kranken selbst überhaupt nur zu sehen, lediglich auf Grund des Krankenberichtes. Der Abtransport erfolgte oft unmenschlich grausam, andererseits jedoch umgab man dies schauerliche Unternehmen mit einer ganzen Reihe von Vorspiegelungen, die eine Verlegung in ein anderes Lager vermuten lassen sollten. Manchmal nannte man sogar den neuen Bestimmungsort. Meistens wußten wie aber schon wenige Stunden nach dem Abtransport, um was es sich handelte. Die zuverlässigen Häftlinge des Waschhauses unterrichteten uns nämlich darüber, wenn die Kleidungsstücke der Abtransportieren wieder bei ihnen eintrafen. Geschah dies am gleichen Tage, so bestand kein Zweifel darüber, daß unsere Kameraden in Birkenau vergast und verbrannt waren. Die größte und grausamste „Selektion", die ich erlebte, fand am 1. Oktober 1944 statt. Diese Aktion wurde fast bis zur letzten Minute geheimgehalten und kostete Tausenden das Leben. Unter den Unglücklichen befanden sich auch eine Reihe guter Freunde.

Für die Mehrzahl der Häftlinge war die Sorge, was in Birkenau vor sich ging, fast ebenso ein Gespenst wie die Furcht, krank zu werden, um dann bei einer „Selektion" in den Fängen der Höllenmaschine einer Gaskammer zu enden. Im Unterbewußtsein beeinflußte dieser Gedanke jedes Verhalten, und unser Leben in Auschwitz I drehte sich ausschließlich um das, was wir Franzosen „Schmortopf, Faß und Schornstein" nannten. In keinem anderen Lager kamen so viele Häftlinge ums Leben wie in Auschwitz, das kann man nicht oft genug wiederholen, sowohl im Stammlager wie in unzähligen Nebenlagern. Auschwitz war im w a h r s t e n S i n n e des Wortes ein Vernichtungslager, in dem oft t ä g l i c h so viele Häftlinge verschwanden wie in Buchenwald z. B. monatlich oder gar in guten Zeiten jährlich. Auschwitz I war ein Höllenlager, obwohl das Leben an sich erträglich für die Überlebenden war, und dies trotz der in jeder Hinsicht bemerkenswerten Zustände, die ich nachstehend beschreiben werde ...

... Mitte Oktober 1944 — ich sollte gerade der Apotheke zugeteilt werden — erschien es mir aus Gründen, die ich hier nicht näher erläutern kann, geraten, die Apotheke und den ganzen Block 28 zu verlassen. Seit Juni hatte mich der Arbeitsdienst für das Laboratorium Raisko angefordert, und dank der Bemühungen guter Freunde im Laboratorium war dieser Anforderung stattgegeben. Ich wurde dem neuen Kommando zugeteilt, kam aber gleichzeitig in den Block des Lagers, der mit vollem Recht im Rufe stand, sowohl einen schlechten Blockältesten zu haben, als auch von zweifelhafter Sauberkeit zu sein, Block 13. Von jetzt ab würde ich also das Leben derjenigen Häftlinge teilen, die außerhalb des Stacheldrahtes arbeiteten.

Das Laboratorium Raisko — auch „Hygiene-Institut" genannt — lag 4 km vom Stammlager entfernt in einem Weiler. Die Hausbewohner waren evakuiert und ihre Häuser als Quartier der SS und für SS-Institutionen beschlagnahmt. Das Laboratorium war ein Teil oder stellte vielmehr ausschließlich die SS-Sanitätsstelle Südost dar. Der leitende Arzt war SS-Hauptsturmführer Dr. Weber, der trotz seiner Jugend — etwa 28 Jahre alt — in gehobener Stellung war und einen wichtigen Posten bekleidete. Wahrscheinlich sah die SS in ihm einen zuverlässigen Garanten nazistischer Ideologie. Als Mediziner schien er eine gute biologische Ausbildung zu haben und sein Spezialgebiet war die Mikro-Biologie. Immer von seinem Hund begleitet, von tadelloser Eleganz, hochmütigem Wesen und kühler Ironie, hielt er sich den Häftlingen fern, benahm sich jedoch stets korrekt. Unter ihm arbeiteten andere SS-Ärzte, besonders Untersturmführer Dr. Münch, mit dem ich näher zusammenkam, weil dieser die Abteilung Histologie leitete. Für sein Alter — 42 Jahre — hatte er es noch nicht weit gebracht. Er war zu den Häftlingen relativ freundlich, was selten, wenn auch nicht einzig dastehend, ist, daß nämlich ein SS-Arzt unter seiner Uniform ein menschliches Herz bewahrt hatte. Alle übrigen waren eine Bande von SS-Führern, die trotz technischer Prätentionen notorisch unfähig waren. Mit ihnen hatten wir manche Schererei, nicht wegen der Arbeit im Labor selbst, sondern der Disziplin und der Sauberkeit in Räumen und an Apparaturen wegen.

Das Laboratorium Raisko galt als wichtigstes Institut. Es war in verschiedene Abteilungen eingeteilt: Bakteriologie, Chemie, Serologie, Präparate für die Sterilisation, Mikroskopische Anatomie, Parasitologie, Experimental-Biologie, Aufzucht von Versuchstieren, Bibliothek, meteorologische Abteilung. Die von den verschiedenen Abteilungen erstellten Diagnosen und Analysen beliefen sich im Jahre 1944 auf 110 000. In einem besonderen Sekretariat wurden diese Ergebnisse auf Grund genauester Buchführung registriert. Ich kann hier lediglich über die Arbeit in der histologischen und parasitologischen Abteilung berichten. Es war die bescheidenste und ruhigste Abteilung. Wir hatten etwa 1500 Untersuchungen im Jahr. Ich arbeitete mit meinem Freund und Kollegen, Levy-Koblentz, zusammen, der früher Leiter der Laboratorien in den medizinischen Fakultäten von Straßburg und Paris war. Wir befaßten uns mit histopathologischen Diagnosen der Biopsie und Kadaverstücken, die aus verschiedenen Lagern in Auschwitz geschickt wurden; mit histologischen Untersuchungen wichtiger Hunderassen, Züchtungsergebnissen aus Pferde- und Viehstall, sowie mit Lebensmitteluntersuchungen: Fleisch, Wurst, Konserven, die aus den Schlachthäusern von Auschwitz I stammten; parasitologischen Untersuchungen an Mensch und Tier und Überprüfungen eigener Labor-Experimente sowie cytologischen Untersuchungen. Letztere erledigten wir für das Laboratorium Pflanzenzucht, einer Abteilung für experimentelle Botanik, in der fast ausschließlich weibliche Häftlinge aus Birkenau beschäftigt waren. In der ganzen Zeit in Raisko mußte ich nie Untersuchungen an Stücken vornehmen, die von Menschenversuchen herrührten. Alle Experimente aus dem Saal 13 des Blocks 28 wurden an ein anderes Laboratorium außerhalb des Lagerbereichs geschickt. In Raisko selbst verfolgten die SS-Offiziere hauptsächlich biologische Untersuchungen an Tieren, z. B. Pharmakologie der Sulfonamide oder die Giftigkeit und harntreibende Fähigkeit einer Substanz aus orientalischen Schaben. In Raisko hörte ich zuerst Anspielungen auf die therapeutische Wirkung des Penicillins. Ich muß sagen, mir schien es immer, als mangele allen diesen Untersuchungen ein einheitlicher Plan und jede Originalität. Dabei spielt auch das Übelwollen der Häftlinge mit, was die SS nicht so leicht zu entdecken vermochte, aber nicht unerheblich dazu beitrug, daß alle diese „Versuche“ einen so geringen Erfolg zeitigten. Unser Verhältnis zu den SS-Offizieren war recht schwierig. Oft sahen wir uns gezwungen, eine Diagnose zu fälschen, um nicht etwa gar selbst den Verlust eines kranken Kameraden herbeizuführen, oder um nicht einen ärztlichen Kollegen wegen einer klinischen oder Leichenschau-Diagnose in Schwierigkeiten zu bringen. Gott sei Dank ließen sich die SS-Ärzte unsere histologischen Diagnosen — wie sie das früher einmal getan hatten — nicht mehr im Institut für pathologische Anatomie, Krakau, bestätigen. Alle Häftlings-Diagnosen wurden von den SS-Ärzten selbst unterschrieben, als hätten sie die Untersuchungen persönlich vorgenommen.

Die Laboratoriumseinrichtung war gut, die Apparate modern und vollkommen. Aber dem Häftling lag nicht nur die rein technische Arbeit ob, sondern auch die Sauberkeit von Apparaten und Räumen. Abends verbrachten wir eine gute Stunde damit, Apparate, Einrichtung, Dielen und Kacheln zu reinigen, denn vor dem Abmarsch hatten wir uns einer Inspektion des Unteroffiziers vom Dienst — der berühmten „Abnahme“ — zu unterziehen, und das war der kritischste Moment am ganzen Tag. Diese „Abnahme“ hing mehr oder minder von der Persönlichkeit und jeweiligen Lage des Betreffenden ab. Geringster Staub, der kleinste Fleck konnte üble Flüche und mindestens ein paar Maulschellen zur Folge haben. Manchmal kam es dabei zu fast komischen Szenen, die aber leider für uns schwerwiegende Konsequenzen hatten. Die Unteroffiziere waren so übergenau, weil sie selbst ihren Vorgesetzten für die Sauberkeit der Räume verantwortlich waren.

Was der eigentliche Zweck dieser Sanitätsstelle Südost der SS war, habe ich mich oft gefragt, ebenso weshalb hier Häftlinge als technisches Personal beschäftigt wurden. Die

Statistiken der Diagnosen und Untersuchungen wurden von Zeit zu Zeit an die Sanitätszentrale der SS nach Berlin geschickt, ebenso Aufstellungen und ausgesucht interessante Muster histologischer Präparate. Genau wie andere Laboratorien in anderen Konzentrationslagern war auch unser Raisko wahrscheinlich für die SS wichtig, weil sie dadurch die Möglichkeit erhielten, sich unabhängig von bereits bestehenden wissenschaftlichen Instituten und Universitäten, in den Besitz wertvollen wissenschaftlichen Materials zu setzen und über wissenschaftliches SS-Personal — ihrer Ideologie und ihrem System treu ergeben — zu verfügen. Außerdem war so ein Laboratorium für die SS ein sicherer Druckposten, an dem sie — den Kriegsgefahren fern — ein leichtes Leben führen konnte, während es an den verschiedenen Fronten recht lebhaft und gefährlich zuging. Die SS-Führer hatten also nur Interesse, daß ihr Labor gutgehen sollte. Zahl und Vielseitigkeit der vorzunehmenden Untersuchungen wurden unwahrscheinlich aufgebauscht und es sah so aus — sie unterzeichneten ja alles selbst —, als arbeiteten sie emsig. Dadurch machten sie sich ihren vorgesetzten SS-Dienststellen unentbehrlich und hatten gleichzeitig größtes Interesse daran, die Häftlinge für sich arbeiten zu lassen, denn deren wissenschaftliches Können war ja für den Fortbestand ihres Labors unerläßlich. Die dort zur Arbeit gezwungenen Häftlinge waren überdies billige Arbeitskräfte, vollständig anonym und von hervorragenden Fähigkeiten. Für die Häftlinge wiederum war es eine Gelegenheit, üblen Kommandos zu entgehen, und damit die Schrecken des Lagers leichter zu überleben.

Das Kommando „Laboratorium Raisko" war sicher in Auschwitz I am gefahrlosesten und am meisten beneidet. In weißer Jacke machten wir im Laboratorium zu unserem Beruf gehörige Dinge, saßen im Warmen und waren vor den unzähligen kleinen Schikanen des Lagerlebens geschützt, die zur physischen und moralischen Erschöpfung beitrugen. In der histologischen Abteilung durften wir uns sogar unterhalten, wenn wir vorsichtig waren, und über die Ereignisse der großen Welt draußen, wissenschaftliche Probleme oder Philosophie sprechen. Der schwarze Punkt im Laboratorium war lediglich die Reinigungsprozedur und die leidige „Abnahme". Nach getaner Arbeit wurde die weiße Jacke abgelegt und ins Lager zurückgekehrt, um dort wieder das Los aller anderen Häftlinge mit Fußangeln und Gefahren zu teilen. Um das Bild etwas abzurunden, gebe ich hier schnell einen kurzen Ablauf des Arbeitstages.

Im Sommer weckte die Klingel um 4 Uhr früh. Im Herbst richtete sich das Wecken nach den kürzer werdenden Tagen, um im September endlich bei dreiviertel sieben stehenzubleiben. Innerhalb einer halben Stunde war das Bett zu bauen, Toilette zu machen und das flüssige Frühstück zu vertilgen. Wer im Lager selbst arbeitete — das waren die wenigsten —, machte sich an seine Obliegenheiten in den verschiedenen Baracken. Wer das Lager verließ, begab sich zum Sammelplatz seines Kommandos. „Antreten!" Einen Paradeplatz gab es in Auschwitz nicht. Jeder hatte in seiner Kolonne einen bestimmten Platz einzunehmen, denn auf diese Weise konnte der Schreiber des Kommandos sofort feststellen, ob alle da waren. Das Warten auf den Abmarsch dauerte manchmal lange. Im Sommer war dies prächtig, aber in der kalten Jahreszeit äußerst unangenehm.

Auf ein Kommando hin begann das Orchester — etwa 60 Mann — Marschmusik zu spielen, und der Ausmarsch begann. In diesem Schauspiel, Tausende von Häftlingen jeden Morgen abmarschieren zu sehen, liegt eine gewisse Größe tragischer Art. In Fünferreihen folgt ein Kommando dem anderen. Mit kleinem Zwischenraum reiht sich Hundertschaft an Hundertschaft. An der Spitze und den Flanken jedes Kommandos haben die besten Marschierer ihren Platz, und zum Schluß folgen die ihre Befehle schreienden Blockältesten. „Vordermann, Seitenrichtung, Kopf hoch, Mützen ab, Hände anlegen, Abstand halten!" Wir marschieren an den SS-Führern und dem Orchester straff vorbei und durchschreiten geradeausgerichtet den Zierrahmen: „Arbeit macht frei!" Dann überschreit der Kapo mit Donnerstimme die Musik und meldet: „Laboratorium Raisko, 103 Häftlinge." Diese Zahl wurde von einem SS-Wachtposten registriert.

Mit geladenem Gewehr trat dann die SS-Begleitmannschaft auf uns zu. Wir passierten den elektrisch geladenen Stacheldraht und kamen an den Luxusbauten der SS und ihrer Kommandantur vorüber. Nachdem wir eine zweite Umzäunung verlassen hatten, folgten wir der großen Straße neben dem Fluß Sola. Wenn keine besonderen Gegenbefehle kamen, hing die SS-Wache meistens ihr Gewehr über die Schulter; wir mußten nicht mehr im Takt marschieren und durften uns bis zum Laboratorium unterhalten. Der Marsch dauerte 40 Minuten. Dieser Morgenmarsch war beruhigend und gesund, besonders wenn an schönen Wintertagen die Landschaft ringsum im Rauhreif prangte. Nach einem kurzen Appell bei der Ankunft machte sich dann jeder an seine Tagesarbeit.

Mittags gönnte man uns eine halbe Stunde, oft eine Stunde, Erholung für die Verteilung und Vertilgung der Suppe, die vom Lager geschickt wurde. Dann nahmen wir die Arbeit wieder auf, bis auf erneutes Kommando hin zur festgesetzten Zeit dieselbe unterbrochen wurde, um mit der Reinigung zu beginnen, die dann im schwierigen Höhepunkt der Abnahme gipfelte.

Beim Verlassen des Laboratoriums kehrten wir in Fünferreihen in das Lager zurück. Unsere Heimkehr richtete sich nach der Jahreszeit, lag jedoch immer vor Einbruch der Nacht. Sobald man sich dem Stacheldraht näherte, wurde stillschweigend Marschtritt angenommen und in peinlich eingehaltener, vorher festgesetzter Reihenfolge unter Musik wieder ins Lager einmarschiert. Der Parademarsch war weniger streng als am Morgen, denn die Führer waren bei Rückkehr der Kommandos meistens nicht zugegen. Beim Betreten der Umzäunung filzten die SS-Wachen die Häftlinge — sie machten Stichproben —, um festzustellen, ob niemand von seinem Arbeitsplatz verbotene Gegenstände ins Lager einschmuggelte.

Sobald alle Kommandos ins Lager zurückgekehrt waren, fand der Appell statt, der zweite gefährliche Augenblick des Tages. Beim Appell stellte man sich blockweise auf. Hierbei hatte der Blockälteste mit dem grünen Dreieck — ein früherer Lehrer, Alkoholiker und tuberkulös — Gelegenheit, unter nichtigen Vorwänden Mißhandlungen bei Professoren vorzunehmen, die er inbrünstig haßte. Streng ausgerichtet — auf Vorder- und Nebenmann gebracht — marschierten wir vor dem SS-Blockführer vorbei. Der Blockälteste meldete die

Zahl der Häftlinge in seinem Block. Die Gesamtsumme aller Blocks wurde dann mit derjenigen in der Schreibstube verglichen. Dies war dann der kritische Punkt beim Abendappell. Stimmten die Summen nicht überein, wurden alle Blocks durchsucht, um den Verspäteten zu finden, der dann den unmenschlichsten Grausamkeiten ausgesetzt war. Waren alle Zahlen dem Lagerkommandanten übergeben, mußten alle Häftlinge mit entblößtem Kopf strammstehen. Bei dieser Gelegenheit erlebte ich Hinrichtungen durch den Strang. Am eindrucksvollsten war die Hinrichtung von vier polnischen Patrioten im Dezember 1944, die vor dem lichterfunkelnden Weihnachtsbaum mitten im Lager stattfand.

Beim Appell wünschte jeder Häftling nur, daß alles klappen möchte, denn für jeden Häftling — besonders, wenn am gleichen Tage Fluchtversuche entdeckt waren — bedeutete die Schikane des verlängerten Stillstehens eine unerträgliche Tortur. Die Zahl der an Erschöpfung oder Krankheit am Tage gestorbenen Häftlinge spielte ebensowenig eine Rolle, wie die der bei der Ankunft oder später durch eine „Selektion“ umgebrachten Opfer, aber fehlte beim Appell ein einziger Mensch, war es unbeschreiblich.

Nach dem Appell, dem feierlichen „Mützen auf! Wegtreten!“ war der Tageslauf beendet und die Abendmahlzeit wurde verteilt. Jeder befaßte sich mit Reinigung, Ausbessern und Besuchen bei Kameraden in anderen Blocks. Wer sich verletzt hatte, ließ sich schnell verbinden. Dies geschah im Block 28. Um dreiviertel neun veranlaßte die Glocke jeden, sich auf seiner Stube einzufinden. Beim zweiten Läuten, eine Viertelstunde später, erlosch das Licht. Die Nacht war für alle verschieden, je nach physischem und psychischem Gleichgewicht und der Disziplin seiner Stube entsprechend. Verschieden auch hinsichtlich der Überraschungen. Nächtliche Überprüfungen der Füße kehrten regelmäßig wieder, und von Zeit zu Zeit fanden auch nachts „Selektionen“ statt, die stets gänzlich unvorbereitet und überraschend erfolgten.

An Sonn- und Festtagen änderte sich der tägliche Stundenplan. Die meisten Kommandos hatten frei. Der Appell wurde gegen Mittag abgehalten, und der Abend durfte zur Erholung nach dem Geschmack des Einzelnen verbracht werden. Fußball, Baseball und Wasser-Polo wurde betrieben. (Unter freiem Himmel hatten Häftlinge innerhalb der Umzäunung dafür ein Becken gebaut.) Die Kämpfe zogen eine neugierige Menge an, aber hier ist zu bemerken, daß nur wohlgenährte „Prominente“ — von lästiger Arbeit befreit — sich diesen Sportarten hingeben konnten, um damit lebhaften Beifall der versammelten Menge einzuheimsen. Es fanden auch Konzerte statt, die von einem aller Ehren werten Orchester ausgeführt wurden. Die SS-Verwaltung erlaubte sogar Kabarettvorstellungen und Filmvorführungen. Auch bei diesen Veranstaltungen, die nicht nur Sonntags, sondern auch an Wochentagen — an bestimmten Tagen — wenn im Winter die Arbeit um 5 Uhr beendet war, stattfinden durften, spielte der Massenmord an Häftlingen für die SS keine Rolle. Sie sorgte sogar für die Erholung der Überlebenden. Wie wenig braucht der Mensch, um sich von den Ängsten der ihn umgebenden Welt zu lösen, und wenn diese noch so grausam sind!

Wer sich für derartige Belustigungen nicht interessierte, fand in zusammenschrumpfenden Freundesgruppen Gelegenheit, vorsichtig über die hauptsächlichen Probleme zu diskutieren. Politische Unterhaltungen mied man besser, ebenso alle durchsichtigen Anspielungen auf die Zustände im Lager, jede Namensnennung, die sich auf die neuesten Ereignisse bezog. Wir verstanden uns trotzdem. Im Hinblick auf die unzähligen Spitzel galt es ebenfalls vorsichtig zu sein und nur mit wenigen, sicheren Freunden offen zu sprechen. Manchmal fand sich ein Versteck, wo man eine von den „Prominenten" vergessene Zeitung lesen konnte oder auch, sich in ein Buch zu vertiefen, das gerade kursierte. Das Lesen war offiziell nur Bevorzugten erlaubt, obwohl es eine Bibliothek in Auschwitz I gab. Doch diese war nur Auserwählten zugängig. Trotzdem gingen Bücher von Hand zu Hand, die in „Canada", dem Lager jener Gegenstände und Bekleidungsstücke, die den Vergasten abgenommen waren, organisiert wurden. Nicht ohne Rührung denke ich an einige solcher Bücher, kleine Bändchen der „Classiques Hachette", die durch Deportierte bis nach Auschwitz gelangten. Einem meiner besten Kameraden — einem Chemiker — gelang es, eine Bibel, den Faust und seinen Spinoza bis zu seinem Untergang in Buchenwald bei sich zu behalten. Man erlebt etwas Bemerkenswertes. Menschen, die ein paar gemeinsame Interessen haben — wie immer diese auch sein mögen — finden sich immer in Cliquen zusammen, selbst unter gefährlichsten und unnatürlichsten Umständen des Gemeinschaftslebens. Die hervorstechendste Gruppe, die von der großen Masse der Häftlinge am meisten verhöhnt wird, gehört zur Aristokratie der Leser. Sie fanden allem zum Trotz immer wieder Lektüre und sogar Werke von allgemeinem Interesse, über die viel gesprochen wurde.

Eine Unterhaltung, die, wenn auch mit verschleierten Worten, immer wiederkehrte, war die des Überlebens und der Befreiung. Um sich darüber ein Bild machen zu können, mußte man die Tagesereignisse kennen. War auch die Beziehung zu unseren Familien und der früheren Umgebung vollkommen unterbrochen, so wußten wir doch über die Ereignisse draußen und an den verschiedenen Fronten genau Bescheid. Gewisse deutsche Zeitungen fanden sich auch im Lager regelmäßig. Aber noch wichtiger war, daß es verschiedenen Kameraden bevorzugter Kommandos gelang, deutsche und ausländische Radioübertragungen abzuhören. Durch ein regelrechtes Netz wirklich sicherer Leute verbreiteten sich diese Nachrichten unter gewissen Vorsichtsmaßregeln in Windeseile. Im Block 28 mußten wir uns mit den winzig kleinen Karten des „Memento Larousse" begnügen, um der schnellen Verschiebung der Fronten folgen zu können. Wir versteckten sie sorgsam im Dachstuhl. Welch Gegensatz aber zu dem, was ich später in Buchenwald hörte! Die deutschen Heeresberichte wurden dort öffentlich übertragen, waren im ganzen Lager zu hören und man durfte sogar über Politik reden. In manchen Blocks trug man gar das Vorrücken der Alliierten auf einer Wandkarte ein.

So erfuhren wir auch die Wiederaufnahme der russischen Offensive im Januar 1945 und erwarteten mit lebhafter Unruhe die Auflösung des Lagers Auschwitz. Erst nach der Einnahme von Krakau, was 60 Kilometer entfernt lag, wurde von der SS-Führung die Evakuierung des Lagers Auschwitz angeordnet. Als wir dann am Abend des 18. Januar gezwungenermaßen das Stammlager verließen, rötete sich der Horizont bereits vom nahen Artilleriefeuer.

Vorstehende Zeilen schrieb ich aus dem Gedächtnis und nach einigen, gleich nach meiner Heimkehr gemachten Notizen nieder. Sie sind ein rein persönliches Zeugnis, und der größte Fehler besteht leider darin, daß sie unvollständig sind, denn ich mußte mich auf einige

Seiten beschränken, um das Wichtige oder wenig Bekannte des Lagers Auschwitz I zu beschreiben. Bis auf wenige Ausnahmen versuchte ich, lediglich Berichterstatter zu sein. Um das Bild zu vervollständigen und einen eindringlicheren Bericht über das Lager zu geben, müßte man den Versuch machen, die absurde Welt, die dort erstand, zu erklären. Man hätte die Häftlinge und ihre Kerkermeister analysieren und die psychosomatischen wie auch die sozialen Gründe ihres Verhaltens studieren sollen. Diese langwierige und schwierige Analyse hätte die entsetzliche Moral, die in Auschwitz herrschte, unerträglich erscheinen lassen, denn sie stand im Gegensatz zur relativen Bequemlichkeit materieller Einrichtungen. Die grünen Dreiecke — reine Verbrecher — waren allmächtig. Der arme Durchschnittshäftling lebte in dauernder Sorge, genügend Nahrung für sein ständiges Hungergefühl zu finden, ebenso wie in der Furcht vor körperlicher Arbeitsunfähigkeit und dem daraus folgernden Ende in den Gaskammern. Aber so eine Analyse hätte auch den durchschlagenden Erfolg eines Regimes gezeigt, das die SS-Kerkermeister dazu bestimmte, jede Gemeinschaft unter den Häftlingen zu vernichten — eines Regimes, das den einen dazu zwang, den anderen aus dem Hinterhalt zu bespitzeln. Die Angeberei fing bei einfachen Schikanen in der Stube an und endete beim Lynchen eines Denunzianten, der mit Recht oder Unrecht einer Rache der ganzen Gemeinschaft ausgeliefert wurde. Schließlich und endlich hätte man auch noch die Schuld- oder Mitschuldfrage — groß oder klein — ob direkt oder indirekt, untersuchen sollen, die in Europa eine derartige Freiheitsberaubung, Deportation und den Massenmord an Millionen menschlicher Lebewesen — Männer, Frauen und Kinder — erlaubte. Der enge Rahmen eines derartigen Zeugnisses erlaubt solche Entwicklungen nicht. Ein Zeuge, der selbst Opfer solcher Barbarei war, ist nicht in der Lage, eine so weitführende Untersuchung durchzuführen. Die Tatsachen, die über das Naziregime bei den Kriegsverbrecherprozessen an die Öffentlichkeit gelangten, das Einverständnis, dem dieses Regime begegnete und das sich erst im Laufe der Zeit klar herausstellen wird, werden einst der Geschichte erlauben, eine Bilanz dieser gigantischen, infernalischen menschlichen Entwürdigung zu ziehen, die zur Schande Deutschlands und der ganzen Menschheit, einen Zipfel Oberschlesiens in die größte — weitaus riesigste — Totenkammer der ganzen Welt verwandelte.

Robert Levy[1])

Auschwitz II, Birkenau

... Nach und nach bevölkerte sich das Lager. Aus dem ganzen besetzten Europa, aus Norwegen, Holland, Belgien, Frankreich, Italien, Jugoslawien, Griechenland, der Tschechoslowakei, Rumänien, Polen, Ungarn und Rußland kamen die Transporte an. Die meisten dieser Deportierten betraten das Lager nicht einmal, sondern endeten sofort in den Gaskammern. Um diese zu entlasten, leitete man sogar Transporte nach anderen Lagern wie Oranienburg, Mauthausen, Flosenburg, Ravensbrück, Bergen-Belsen und besonders ausgewählte Opfer nach Natzweiler. Damals glaubten wir noch, daß Natzweiler ein Arbeitslager sei, später jedoch mußten wir erfahren, daß die Unglücklichen, die von Birkenau nach Natzweiler geschickt wurden, als Versuchskaninchen dienten und im Anatomischen Institut von Straßburg zu Anatomiezwecken verwandt wurden.

Wie lange durfte man mit einem Aufschub des Todes rechnen? In Birkenau bestand dieser Aufschub für einen im Arbeitskommando arbeitenden Häftling in zwei bis drei Monaten. Bei Ablauf dieser Frist sah er wie ein Skelett aus. Vollständiger Schwund des Fettgewebes und teilweise auch des Muskelgewebes machte den Deportierten zum „Muselmann". Das war der Lagerausdruck für die Erschöpften. Hunger, Kälte, Feuchtigkeit, Verletzungen und Krankheit peinigten den Muselmann grausam und entkräfteten ihn vollends. Indem er soviel als möglich sitzen blieb und die dünne Decke über seinen gebeugten Kopf zerrte, versuchte er, seine schwachen Kräfte zusammenzuraffen. In dieser Aufmachung glich er einem Muselmann im Gebet. Der Faustschlag eines SS-Mannes, ein Hieb mit dem Knüppel des Aufsehers genügten, um ihn so zu erledigen, daß er bei der nächsten „Selektion" unweigerlich geschnappt wurde.

Tag und Nacht brannten die sechs Krematorien. Die Öfen genügten jedoch dem Ansturm im Sommer 1944 nicht mehr, und so wurden die Leichen mitten im Birkenwald in einer großen Grube verbrannt. Das ganze Zigeunerlager — 4000 Männer, Frauen und

---

[1]) *früher Assistent der Chirurgischen Klinik B an der Medizinischen Fakultät der Universität Straßburg.*

Kinder — wurde in einer einzigen Augustnacht in die Gaskammern geschickt. Die Methode wurde vervollkommnet. Ein schmaler Schienenstrang lief bis auf 50 Meter an die Gaskammern heran, und auf diesem konnte nun der ganze Transport, der in Drancy oder Budapest eingeladen war, direkt an der Hinrichtungsstätte ausgeladen werden. Die Verschleppten hatten an einer ϟϟ-Kommission vorüberzudefilieren, dann ließen die ϟϟ-Leute die zum Tode Verdammten ein paar Schritte vortreten, und schon waren sie dort angelangt, wo man sie vergaste. Dank diesem System kamen die Körper ohne Zeitverlust in die Öfen. Im Juni 1944 erreichte man die Rekordzahl von 22 000 Einäscherungen pro Tag.

Das Sonderkommando rebellierte im Sommer 1944, weil die Häftlinge aus gewissen Anzeichen schlossen, daß nun auch sie geopfert werden sollten. Sie weigerten sich, ihren Block zu verlassen und steckten sogar einen Teil der Gaskammern in Brand. Aber aus allen Himmelsrichtungen tauchten die Maschinengewehre und Maschinenpistolen der ϟϟ auf und unterdrückten diesen Aufstand im Handumdrehen. Die beiden Ärzte des Sonderkommandos versuchten sich umzubringen, indem sie eine Überdosis von Gardenal nahmen. Einer starb, während der andere — Dr. B. — durch unsere Pflege gerettet werden konnte. Zu meiner Freude hörte ich, daß er im Lüneburger Prozeß als Zeuge aussagte.

Daß es trotz der im Lager herrschenden Terrorstimmung und der dauernd drohenden Gefahr einer „Selektion" in Birkenau nicht mehr Selbstmorde gegeben hat, ist sonderbar. Manchmal verließ nachts ein Kranker seine Baracke und — wenn ihn nicht vorher eine Maschinengewehrgarbe des nahen Wachtturms niederstreckte — berührte den elektrisch geladenen Draht. Andere Häftlinge schluckten große Mengen eines Betäubungsmittels. Aber einige von ihnen konnten von uns trotz des Verbots der Deutschen gerettet werden.

Beim Heranrücken der russischen Armee zerstörte die ϟϟ Gaskammern und Krematorien. Es war im Herbst 1944, doch das letzte der sechs Krematorien wurde erst im Januar 1945 — am Vorabend unserer Evakuierung — vernichtet.

Wenn auch Birkenau das große Vernichtungslager der Juden war, so darf man keinesfalls vergessen, daß dort eine ungeheure Zahl von Nichtjuden ebenfalls umgebracht wurde. 1942 tötete man durch Herzspritzen mit Karbolsäure und Benzin und gab vor, es handele sich um „Stärkungsmittel". Später erschoß man meistens. Auf diese Art vernichtete man nicht nur die Geschwächten und Arbeitsunfähigen, sondern alle Deportierten, die von der Politischen Abteilung zum Tode verurteilt waren. Zur Zeit des Warschauer Aufstands kamen oft Transporte von nur 30 bis 50 Personen an, die sofort erschossen und verbrannt wurden. Um einen Häftling umzubringen, war jeder Vorwand willkommen. Fluchtverdacht wurde mit Erhängen bestraft. Untersuchten wir dann die Körper der auf der „Flucht Erschossenen", mußten wir feststellen, daß diese aus nächster Nähe erschossen wurden. Bei der Lagerevakuierung im Januar 1945 wurden beim Vorrücken der Russen die von der Kälte Entkräfteten — wir hatten 25 Grad unter Null — genauso erledigt und blieben am Wege liegen. Männer und Frauen mit zerschmettertem Schädel kennzeichnen in den Straßengräben den blutigen Weg der Evakuierung und schneiten dort in Oberschlesien ein.

Welche Verbindung hatten wir mit der übrigen Welt? Dem Buchstaben nach durften die Arier einmal im Monat an ihre Familien schreiben und einmal Pakete oder Briefe empfangen. Die meisten Briefe aber verließen das Lager nicht einmal, und der größte Teil der ankommenden Pakete und Korrespondenz gelangte nicht hinein. Im Sommer 1944 erhielten wir wenige Briefe.

Über die Kriegsereignisse waren wir trotzdem dauernd unterrichtet, sei es durch deutsche Zeitungen, ankommende Deportierte oder das Radio, das die SS in ihrem Block hörte und welches gleichzeitig von Häftlingen in benachbarten Blocks abgehört werden konnte.

Am Abend des 23. November 1944 kamen etwa 15 Kameraden aller Nationalitäten, um mir zum Einmarsch französischer Truppen in Straßburg zu gratulieren. Ein sehr erhebender Augenblick! Der schreckliche Winter 1944/45 lag jedoch noch vor uns. Wir warteten auf unsere Befreiung und die Lebensbedingungen wurden immer schwieriger.

Am 18. Januar 1945 wurde das ganze Lager Birkenau verlegt. Nur die Kranken blieben zurück. Die Kräftigen, zu einem Marsch Fähigen, wurden zuerst nach Auschwitz verlegt, dann wurden wir nach drei Tagen Marsch in offene Loren verladen und die einen nach Buchenwald, die anderen nach Mauthausen verfrachtet. Auf der Reise selbst starben viele, und der größte Teil der Überlebenden starb später an Entkräftung oder wurde in den neuen Lagern umgebracht.

So also behandelte man im Nazideutschland die aus den besetzten Ländern Stammenden, die man dem Regime feindlich gegenüberstehend glaubte. Die unentgeltliche Arbeitskraft wurde bis zur völligen Erschöpfung ausgebeutet, früher oder später erfolgte die vollkommene Vernichtung. Unter sadistischer Scheinheiligkeit wurde jedes Verbrechen begangen. Vier bis fünf Millionen Opfer erlebten in Birkenau die vollständige Entwertung jeder Menschlichkeit. Von all diesen Menschen bleibt nichts, nicht einmal ihre Namen, denn ein paar Stunden vor der Auflösung des Lagers setzte die SS die großen Kohlenvorräte in Brand und zerstörte dadurch auch alle Karteien, Listen, ja selbst Krankenberichte von denen, die nun auch hinfort unbekannt bleiben werden.

Von den gigantischen Ausmaßen dieser schrecklichen Verbrechen sollte kein Zeuge übrigbleiben, doch das schnelle Vorrücken der alliierten Truppen, die Unordnung in der deutschen Kriegsmaschinerie ermöglichte das Überleben Einzelner. Diese sind nun in der Lage, der ganzen Welt gegenüber ehrlich und wahrheitsgetreu Zeugnis über das Geschehene abzulegen.

Robert Waitz[1])

Auschwitz III, Monowitz[2])

1. Die SS

Die Verwaltung setzt sich wie folgt zusammen:

a) Der Lagerkommandant, Chef des gesamten Lagerbereichs, der sich aus Monowitz und 25 oder 26 Nebenlagern formiert, die in einem Umkreis von 100 Kilometer in der Runde liegen. Der Lagerkommandant, Hauptsturmführer Schwartz, ist ein grober, grausam jähzorniger Kerl, vor dem alle zittern.

b) Der Lagerführer ist Obersturmführer Schoettel, ein Bayer, der sich gewöhnlich damit begnügt, empfangene Befehle — ohne sie zu verschlimmern — auszuführen. Er spricht mit Vorliebe von „seinen Häftlingen".

Alle diese SS-Offiziere halten sich für etwas Überragendes, fast für Übermenschen. Die Machtbefugnis eines SS-Obersturmführers ist bestimmt derjenigen eines Obersten oder selbst Generals der Wehrmacht gleichzusetzen.

Sie besitzen zahlreiche Uniformen, mit kostbarstem Pelz gefütterte Mäntel, prächtige Stiefel, die von den Häftlingen nach Maß angefertigt werden. Ich hatte Gelegenheit, den Lagerführer Schoettel, der an einem gewöhnlichen Ekzem litt, zu behandeln, und kann die herablassende Art nicht vergessen, in der er sich beim Ankleiden und Stiefelanziehen durch den Häftlings-Chefarzt helfen ließ.

c) Die Unteroffiziere.

Bei der SS sind auch die Unteroffiziere noch große Herren. So auch der Rapportführer Goering und der Rottenführer Stoelte. Andere Schar- oder Rottenführer fungieren als Blockführer, und jeder ist für eine bestimmte Anzahl Blocks verantwortlich.

---

[1]) *Prof. an der medizinischen Fakultät der Universität Straßburg.*

[2]) *Das Lager Monowitz arbeitete für die Buna-Fabrik der IG-Farben-Industrie.*

Ich möchte hier auch noch den Kammerchef — einen Rumäniendeutschen — erwähnen, der Wäsche- und Kleiderlager unter sich hatte, den Küchenchef mit vier Helfershelfern, den Stallführer, der für die Pferdeställe und die Aufzucht des Lagerführers verantwortlich war, und den Chef der Politischen Abteilung (Gestapo im Lager).

Die Lagerverwaltung liegt also in den Händen von ungefähr 15 ϟϟ-Leuten.

Alle diese ϟϟ-Unteroffiziere sind rohe Patrone, Sadisten und Räuber, die danach trachten, so viel wie nur irgend möglich für sich selbst zu „organisieren". Sie alle — besonders aber ein paar dieser ϟϟ-Leute — sind tatsächlich davon überzeugt, daß Häftlinge keine menschlichen Lebewesen sind, sondern das Übel dieser Welt personifizieren. Der Häftling ist für sie eine Art Tier, das man strafen muß und mit allen Mitteln, soviel nur irgend möglich, leiden lassen sollte, bevor man es letzten Endes ausrottet. Mitleidsgefühl oder menschliches Erbarmen ist ihnen im allgemeinen völlig unbekannt.

Die meisten sind bestechlich und gieren nach Devisen, Schmuck oder Füllfederhaltern der Ankömmlinge. Bei einer „Selektion" hatte man z. B. einmal einen mit chronischer Nierenentzündung im Lazarett liegenden Kameraden auf die Transportliste für Birkenau gesetzt. Vor dem Transport jedoch versteckte man ihn unter den Dachsparren auf dem Boden der Baracke, und als man ihn später schließlich wieder in Erscheinung treten lassen mußte, schloß der ϟϟ-Unteroffizier im Lazarett für 100 Dollar, die die Geheimorganisation sich zu diesem Zweck zu beschaffen wußte, beide Augen.

Die Lagerwache der ϟϟ wird durch bemerkenswert viele ausländische ϟϟ-Leute verstärkt — Rumänen, Slowaken und Ungarn — die teilweise nicht einmal deutsch sprechen. Ich habe erlebt, daß ungarische Ärzte als Dolmetscher zwischen deutscher und ungarischer ϟϟ fungieren mußten.

Endlich wird diese Wachmannschaft auch noch durch Wehrmachtsoldaten — mit oder ohne ϟϟ-Uniform — verstärkt werden.

Für das Lazarett, in Monowitz Krankenbau (K.B.), in anderen Lagern Revier genannt, ist ein ϟϟ-Lagerarzt zuständig, der von einem Unteroffizier, dem Sanitätsgehilfen (S.D.G.) unterstützt wird. Letzterer ist Scharführer Neubert.

Im Lager Monowitz kannte ich drei ϟϟ-Ärzte. Entress und Fischer waren Hauptsturmführer, König Untersturmführer. Groß, elegant und jung benahmen sie sich bei ihren Anordnungen im Krankenhaus herablassend, und selbst, wenn sie die Unglücklichen in die Gaskammern schickten, verließ dieses Gebaren sie nicht. Nur bei Fischer war manchmal ein menschliches Rühren zu beobachten.

2. Die Häftlinge

Die ϟϟ überträgt auch den Häftlingen gewisse Befugnisse, und stets findet sie unter ihnen solche, die nur allzu bereit sind, ihr zu dienen. Als Ausgleich für solche Dienste genießt der betreffende Häftling dann Vorteile, die nicht zu verachten sind, leichte Arbeit,

Kleidung, Nahrung und Gelegenheit, bessere Unterkunft zu haben. Ihnen gegenüber schließt die SS die Augen. Manchmal erlaubt man ihnen sogar, die Haare wachsen zu lassen, oder als höchste Belohnung — in Ausnahmefällen allerdings nur — dürfen sie Reithosen und Reitstiefel nach Maß tragen. Das ist nämlich die größte Vergünstigung, die sich ein Häftling nur vorstellen kann. Alle diese Vorteile jedoch sind widerruflich, und die SS hat eine große Auswahl unter den Häftlingen.

Bei den Bevorzugten sieht die SS darauf, daß die einzelnen Gruppen miteinander im Unfrieden leben. Sie ermutigt Angeberei und versucht sogar systematisch, die Häftlinge miteinander zu entzweien, da dies ihre Herrschaft wesentlich erleichtert.

Auf diese Weise stehen sich in Monowitz hauptsächlich drei Aristokratengruppen feindlich gegenüber, die ehrenamtlich tätig, also „Prominente" sind. Alle Häftlinge unterscheiden sich durch ein Dreieck in verschiedenen Farben.

Die Roten

Es sind Deutsche. Politische Häftlinge — Kommunisten —, die man 1933 verhaftete, blieben im gesamten Lagerbereich einige Tausend am Leben. Einige politische Häftlinge stammen auch aus Österreich, wo sie dem katholischen Zentrum und den Linksparteien angehörten. Sie wurden 1938 verhaftet.

Die Grünen

Auch dies sind deutsche Häftlinge, aber Verbrecher, die in zwei Gruppen eingeteilt sind und sich durch die Art ihres Dreiecks — die Spitze nach oben oder nach unten — unterscheiden.

Berufsverbrecher oder „B-Vauer" genannt, verbringen hier ihre Haft, während die Sicherheitsverbrecher oder „S-Vauer" ihre Strafe bereits abgebüßt haben, und nur aus Sicherheitsgründen hier weiter hinter Stacheldraht bleiben.

Polnische „Arier"

Sie tragen ein rotes Dreieck, in dessen Mitte ein (P) ist, und sind selten später als 1939 oder 1940 verhaftet.

Die Juden haben einige Posten als Blockälteste oder Kapos inne. Ihr Einfluß ist jedoch unerheblich.

Die einzelnen Gruppen kann man im allgemeinen — natürlich mit einigen Ausnahmen — wie folgt charakterisieren:

Die Roten — deutsche, politische Häftlinge — repräsentieren das gute Element. Sie sind sauber, anständig, kämpfen gegen den Schacher im Lager und geben sich große Mühe, die Lebensbedingungen zu verbessern. Sie versuchen zu verhindern, daß Häftlinge ihre Mitgefangenen schlagen und mißhandeln. Sobald sie die Kameraden besser kennengelernt und Vertrauen zu ihnen gewonnen haben, zeigt sich ihr Solidaritätsgefühl. Die Roten sind hauptsächlich mit Verwaltungsdingen beschäftigt oder stellen Blockälteste und Kapos.

Unter ihnen befinden sich viele Autodidakten. Viele haben es verstanden, sich im Laufe der Zeit Bücher zu beschaffen, und das Empfindungsvermögen einiger ist auch nach zehn und elf Jahren Haft nicht abgestumpft. Bei den meisten zeigt sich allerdings eine gewisse Härte, die jedoch eine ganz natürliche Folge des Lebens in dauernder Gefahr ist. Jeder von ihnen hat dem Tod unzählige Male ins Auge gesehen, und in ihnen sind die Überlebenden von Hunderttausenden deutscher Internierter zu erblicken. Bei ihnen befinden sich nur sehr wenige Intellektuelle, denn diese wurden systematisch ausgerottet. Auch die Überlebenden zeigen den „Akademikern" gegenüber ein gewisses Mißtrauen, was sich in Komplexen äußert. Sie betonen dauernd, daß im Lager alle gleich seien und verwahren sich dagegen, Kultur als etwas Besonderes anzuerkennen. Anständiger Charakter allein ist ausschlaggebend, körperliche Überlegenheit zählt ebenfalls, denn durch sie allein konnte man die ersten Lagerjahre überleben. Übrigens verstehen es auch die Intellektuellen oft nicht, sich dem Lagerleben anzupassen, während diejenigen, die auch mit der schwersten Arbeit fertigzuwerden verstehen, sich auf die Dauer durchzusetzen vermögen.

Die größere Zahl dieser Roten hat die Hoffnung auf eine Befreiung immer noch nicht aufgegeben, während der kleinere Teil an die Möglichkeit, eines Tages der Haft zu entkommen, nicht mehr zu glauben vermag.

Die Grünen betrachten sich absolut als besondere Lebewesen, vergessen nie, daß sie Arier und noch dazu unter allen übrigen Ariern Reichsdeutsche sind. Meistens hausen sie in einem besonderen Block, und viele von ihnen mißhandeln ihre Mithäftlinge. Bei diesen sind dann Rippenbrüche und Trommelfellrisse an der Tagesordnung. Unter den Grünen befinden sich auch Homosexuelle. Alle Grünen verachten die Schwächlinge, den „Muselmann", abgründig und sagen ihm unverfroren: „Du kommst bald in den Himmel!" Sie sind sehr stolz auf ihre gestreiften, nach Maß angefertigten Anzüge, lassen sich vom Friseur das Gesicht massieren, mit Kölnisch Wasser einreiben und mit heißen Servietten behandeln.

Was die Ernährung anlangt, so entgeht ihnen nichts. Sie beschaffen sich Fleisch, Wurst und Obst für das, was sie im Lager an Decken, Laken, Pullover, Hemden oder an Schmuck und Geld im „Canada" stehlen. Alkohol und Lebensmittel werden dann aus der Fabrik, in der der Tauschhandel vor sich geht, mit ins Lager gebracht. Gewisse Kommandos sind bei der Rückkehr völlig vor dem Filzen der Wache sicher, weil ihr Kapo es versteht, die SS zu schmieren.

Die Grünen sind hochfahrend und Aufschneider, aber aus diesen Charaktereigenschaften läßt sich unter Umständen Nutzen ziehen. Im Januar 1945, während eine Ruhepause bei der Evakuierung in Gleiwitz, drängte die SS mehrere Hundert abgemagerter Häftlinge und solche, die ihnen zu müde für den eiligen Gewaltmarsch schienen, in einem Hof zusammen. Die Wachen schießen auf jeden, der sich nähert. Da sich auch mehrere meiner Kameraden bei den Zusammengedrängten befanden, mache ich mich also auf die Suche nach meinem Blockältesten aus Monowitz — einem Grünen — der einer der prominentesten Häftlinge ist. Er ist seit zehn Jahren wegen Betrügereien inhaftiert und sehr stolz auf seine guten Beziehungen zur SS. Ich schmeichle ihm, spreche von seinen hervorragenden Beziehungen, seiner guten Erscheinung und dem Gewicht, das die SS seinen Worten beimißt. Tatsächlich bringt er mir die Kameraden dann auch wohlbehalten zurück.

Eine gute Type ist auch der Kapo der Bekleidungskammer, der etwa 40 Jahre alt und ein Zuhälter von Rang ist, aber mit viel Vergnügen über sein früheres Leben spricht. Als Pächter eines öffentlichen Hauses in Berlin hatte er gute Gelegenheit zu Gaunereien, auf die er heute noch stolz ist. Sehr elegant treibt er sich in allen Lagern herum und hat in manchem eine kleine Freundin, die er mit Geschenken überhäuft. Die ihn begleitende SS hat dabei natürlich ebenfalls ihren Vorteil von der Rundreise. Dieser Kammerkapo ist auch der eigentliche Initiator von Theatervorstellungen, zu denen die Prominenz und die sonst Bevorzugten des Lagers eingeladen werden. Die große Masse, schmutzig, abgezehrt, schlecht rasiert und noch schlechter angezogen, hat dazu keinen Zutritt. Der Vorführungssaal liegt in einem gut gedeckten Block, aber Hunderte von Unglücklichen müssen zur gleichen Zeit unter Zeltbahnen liegen.

Der Lagerälteste, der auf Grund seiner Initialen „P. K." genannt wird, wurde ebenfalls wegen Betrugs abgeurteilt. Er ist ein wohlgenährter Koloß, hört sich gern sprechen und spielt sich als Mäzen und Beschützer der schönen Künste und des Sports auf. Körperkraft schätzt er sehr und läßt sich durch sie und manchmal auch durch Intelligenz beeinflussen. Er hat jeden Tag seine Massage und lebt bestimmt im Lager besser als jemals früher in der Freiheit. Manchmal kommt er in den Krankenbau und brüllt die unglückseligen Muselmänner ihres Durchfalls wegen an: „Ihr krepiert doch alle bald, und das ist gut so. Was freßt ihr auch Kartoffelschalen und solchen unvorstellbaren Dreck? Ihr seid richtige Dreckfresser!"

Die 25 oder 50 Hiebe auf das Gesäß, zu denen die Deportierten beim kleinsten Vorkommnis verurteilt werden, verabfolgt er gern höchstpersönlich. Manchmal freut er sich über Schlagfertigkeit. Eines Tages erscheint er im Krankenbau und klagt über Schmerzen am Daumenansatz. Als ich ihm sage: „Du hast wieder zu stark geprügelt", gibt er dies zu und versetzt mir einen freundschaftlichen Rippenstoß.

Sein Geburtstag ist der Anlaß zu Ereignissen, die eines Rabelais würdig schienen. Er wird von einem Ständchen geweckt, dem am Tage andere Konzerte folgen. Alle „Prominenten" erscheinen zur Glückwunschvisite. Jeder bringt Geschenke und Blumen. In gastronomischer Hinsicht ist die Feier noch bemerkenswerter. Biertonnen, Wein, Alkohol, Fleisch und Aufschnitt im Überfluß!

Mit einigen Grünen kann man ganz gut auskommen, andere hingegen sind derart, daß man versucht, sich ihrer zu entledigen. Sie werden einem Nachbarlager zugeteilt, am häufigsten dem übelsten Lager, den Gruben. Aber es gelingt ihnen fast immer, sich geschickt aus der Schlinge zu ziehen, denn unter den Grünen herrscht richtige Freimaurerei. Wird man sie los, verbessert man die Lage in Monowitz, erschwert jedoch einem anderen Lager, in das sie kommen, das Leben beträchtlich.

Die Polen verdienen unter den Häftlingen verschiedener Nationalität, die das Lager füllen, eine besondere Erwähnung. Sie zeichnen sich durch ihren Stolz und ihre

Phantasie aus. Ihre „Prominenten" schachern zum größten Teil, und häufig verachten sie die Franzosen. Ich hörte oft den Satz: „Die Franzosen sind degeneriert." Französische Transporte, die in den Jahren 1942 und 1943 in Auschwitz ankamen, hatten oft unter den Mißhandlungen der Polen zu leiden. Einige dieser Polen taten sich auf Befehl der SS als Totschläger hervor.

Aber es gibt auch Polen mit viel Verständnis und edlem Charakter. Diese litten unter dem Verhalten ihrer Landsleute und machten darauf aufmerksam, daß ihre Besten von den Deutschen systematisch vernichtet und ausgerottet wurden.

Die „Prominenten" allein werden gewisser Vergünstigungen teilhaftig, die sich auf musikalische Darbietungen und das Bordell beziehen.

Musikveranstaltungen finden sonntags in einem besonderen Block statt. Das Orchester setzt sich aus hervorragenden Künstlern zusammen, von denen manche internationalen Ruf haben.

Das Bordell ist ausschließlich „arischen Prominenten" reserviert, doch machen die roten Deutschen davon keinen Gebrauch. Die Institution selbst befindet sich in einem Block, der durch Stacheldraht abgegrenzt ist. Dort machen sich die grünen Herren und die Polen die Gunst der Damen, denen es an nichts mangelt, streitig. Im Bordell gibt es Alkohol, Nahrungsmittel, Wein, Kleidungsstücke und Parfüm. Der Rapportführer, dem es untersteht, legt großen Wert darauf, daß dieses Bordell gut funktioniert. Jeden Tag führt er seine Damen außerhalb des Lagers spazieren und läßt sich von ihnen „Papi" nennen.

An drei Abenden in der Woche folgen sich die Liebhaber im Abstand von 20 Minuten nach einem vorher festgelegten Stundenplan, und ein arischer Arzt steht mit einer Kabine für Vorbeugungsmaßnahmen zur Verfügung.

Ludwik Hirszfeld[1])

Die Stadt des Todes[2])

Im Warschauer Ghetto

Einstmals beschlossen die Türken, alle Hunde in Konstantinopel zu beseitigen, obwohl es nicht Sitte war, Tiere zu töten. Sie schafften deshalb die Hunde auf eine einsame, unbewohnte Insel, damit dort einer den anderen auffressen sollte. Man hielt jene Art, sich der Hunde zu entledigen, damals für grausam und unwürdig. Es war einmal ...

Jetzt wurde beschlossen, die Juden zu vernichten. Zuerst verfuhr man mit ihnen wie mit jenen Hunden in Konstantinopel; sie sollten an Hunger, Läusen und Schmutz krepieren; einer würde wohl den anderen auffressen.

Welch abschreckendes Bild war dies für die Welt! Schmutzige, verlauste und hungernde Parasiten, die von allen gehaßt und verabscheut wurden, kämpften trotz allem um ihr armseliges Leben.

So sah das Ziel aus, dem die Einrichtung der Ghettos zustrebte. Zuerst gab es überall viele Ghettos. Die Zahl verringerte sich jedoch und zuletzt konzentrierte sich alles auf ein paar Punkte. Kaum hatte man es so weit getrieben, holte man auch schon zum letzten Schlag aus.

In Warschau selbst verlief die Entwicklung etwa folgendermaßen: Zu Beginn der Besatzung sprach man darüber, ein jüdisches Stadtviertel einzurichten und der Plan wurde ein paarmal aufgeschoben, weil angeblich Epidemologen die Behörden darauf aufmerksam machten, daß derartige Massenverschiebungen große Gefahren bargen. Im Oktober 1940 erging dann eine Anordnung, daß alle „Nichtarier" unter Androhung der Todesstrafe in ein bestimmtes Stadtviertel ziehen mußten. Das gesamte Mobiliar war zurückzulassen. Da es sich um vierhunderttausend Menschen handelte, die von dieser Anordnung betroffen wurden, war unmöglich nachzuprüfen, ob alle ihre Möbel wirklich zurück-

---

[1]) *Bakteriologe, Prof. an den Universitäten Warschau und Breslau.*

[2]) *Einem Kapitel des im Czytelnik-Verlag, Warschau 1946, erschienenen Buches „Historia jednego zycia", zusammenfassend entnommen.*

Prof. Hirszfeld schrieb sein Buch während des Krieges heimlich.

ließen. Das Stadtviertel wurde mit Stacheldraht eingezäunt und auf Kosten der jüdischen Gemeinde errichtete man hohe Mauern, in denen man nur spärlich Öffnungen ließ, damit Lebensmittel hineingeschafft werden konnten. Zweihundert Kalorien pro Mensch und Tag! Es ist ein Zehntel von dem, was dem Menschen unentbehrlich ist. Administrative Pflichten oblagen der jüdischen Gemeinde, an der Spitze des Ghettos stand jedoch ein deutscher Kommissar, der dafür Sorge zu tragen hatte, daß die Juden sich schnellstens verringerten.

Das Tür zum Leben fiel hinter uns ins Schloß.

Wir haben den Eindruck, aus luftigem Raum in ein überfülltes, stinkendes Gefängnis zu kommen. Wir sind keine Menschen mehr, nur noch Teil einer abscheulichen Masse. Jeder darf uns schlagen. Im „arischen" Stadtteil hat ein Hektar weniger Bewohner, zehnmal weniger, als im „nichtarischen". Dort vernichtet man nur die Intelligenz — hier jeden. Dort darf man wie ein Knecht vegetieren — hier ist einem der Elendstod bestimmt. Die Straßen sind so übervölkert, daß man nur schwer vorwärts gelangt. Alle sind zerlumpt, in Fetzen. Oft besitzt man nicht einmal mehr ein Hemd. Überall ist Lärm und Geschrei. Dünne, jämmerliche Kinderstimmen übertönen den Krach. „Ich verkaufe Beigel (Hörnchen), Zigaretten, Bonbons!"

Diese Kinderstimmen wird wohl niemand je vergessen können.

Auf den Bürgersteigen stapeln Kot und Abfälle sich zu Haufen und Hügeln. Oft entreißt ein Kind dem Vorübergehenden das Paket und macht sich davonlaufend schon heißhungrig über den eßbaren Inhalt her. Natürlich verfolgt die Menge das Kind. Auch wenn man es erwischt und schlägt, läßt sich das junge Wesen nicht von seinem Mahl abhalten.

Ich sehe ungeheuer viele Männer, Frauen und Kinder, die vom Ordnungsdienst gejagt werden. Als ich hinzutrete und frage, um was es sich handelt, erfahre ich, daß es Flüchtlinge sind, die ihre letzte Habe — Bündel, Kissen oder nur einen Strohsack — mitschleppen. Man warf sie innerhalb von fünf Minuten aus ihren Wohnungen heraus und erlaubte nicht, etwas mitzunehmen. Sie stammen aus den Kleinstädten der Umgebung. Alte, Krüppel, Kranke und Gebrechliche wurden an Ort und Stelle selbst liquidiert. Wer nicht Schritt hält und zurückbleibt, wird auf dem Marsch erledigt. Bleibt ein Sohn bei seinem getöteten Vater stehen, wird er gleich ebenfalls umgebracht. Der tragische Gesichtsausdruck dieser Flüchtlinge variiert zwischen Todesangst und stumpfer Resignation. Manchmal geleitet der Ordnungsdienst auch einen besonders abgerissenen Trupp. Hier fallen dann meistens kluge Gesichter auf, die besser gekleidet sind. Gewöhnlich handelt es sich um Bewohner von Häusern, in denen Flecktyphus ausbrach. Liegt ein Flecktyphusfall vor, jagt man sämtliche Bewohner ins Bad. Daß sie allerdings bei dem stundenlangen Warten nachher erneut verlausen, beachten die Herren Gesetzgeber nicht.

Jeden Tag stoße ich auf charakteristische Bilder.

Oft liegt etwas mit Zeitungen Zugedecktes auf dem Bürgersteig. Schrecklich ausgezehrte Gliedmaßen oder krankhaft angeschwollene Beine schauen meistens darunter hervor. Es sind die Kadaver der am Flecktyphus Verstorbenen, die von den Mitbewohnern einfach hinausgetragen werden, um die Bestattungskosten zu sparen. Oder es handelt sich um Obdachlose, die auf der Straße umfielen.

Das Gefühl, im Gefängnis eingesperrt zu sein, wird noch dadurch verstärkt, daß man überall auf Mauern oder Stacheldraht trifft. Die Behörden gedachten Träger gefährlicher Bazillen auf diese Art zu isolieren.

Vor jeder Maueröffnung steht eine Wache. Zu ihr gehören ein paar Deutsche, die verächtlich auf die Menge schauen, polnische Polizei und jüdischer Ordnungsdienst, der gebackpfeift wird, wenn er die ihm erteilten Befehle nicht bestens ausführt.

Innerhalb des Ghettos halten sich stets unzählige Kinder auf. Auf der „arischen" Seite glotzen Neugierige auf das sich ihnen bietende jämmerliche Schauspiel der zerfetzten Horden. Diese Kinderhorden im Ghetto sind die eigentlichen Ernährer desselben. Sieht der Deutsche nur eine Sekunde fort, so laufen sie behende auf die „arische" Seite hinüber. Das dort gekaufte Brot, die Kartoffeln und sonstiges wird unter ihren Lumpen versteckt und dann gilt es, auf die gleiche Art zurückzuschlupfen.

Meistens drückt die polnische Polizei beide Augen zu, während der jüdische Ordnungsdienst mit sich selbst im Kampf liegt. Sie wissen, diese Kinder ernähren das Ghetto und ohne sie müßten viele Hungers sterben. Den Vätern nahm man ihre Arbeit, den Besitz und oft sogar das letzte Hemd. Wenn ein Kind dann Kartoffeln bringt, ernährt es die ganze Familie.

Die deutschen Posten benehmen sich recht unterschiedlich, wenn es auch selten vorkommt, daß ein Deutscher dem Kind zulächelt oder es vorsichtig zum Hinausschlüpfen ermutigt. In so einem Fall wird der Mann wohl selbst Kinder haben und die kleinen Juden erinnern ihn daran. Schließlich sind sie ja auch Menschen!

Nicht alle deutschen Wachposten sind Mörder und Henker, aber leider greifen viele schnell zur Waffe und feuern auf die Kinder. Tagtäglich — es ist kaum zu fassen — bringt man angeschossene Kinder ins Krankenhaus.

Alle Juden müssen Armbinden mit dem Davidstern tragen, nur die Kinder sind ausgenommen. Dadurch wird ihnen der Lebensmittelschmuggel erleichtert. Oft werfen die Kinder von der auf der „arischen" Straßenseite am Ghetto vorüberfahrenden Straßenbahn in dem Augenblick Päckchen ab und ins Ghetto hinein, wenn die Bahn das Ghettotor passiert, und springen dann hinterdrein.

Auch die Mauern werden von Kindern erklettert, aber dies muß sehr schnell geschehen, damit sich nicht etwa der Wachposten gerade umschaut. Er schießt sofort, wenn er es entdeckt.

„Kriegsbefehl des Führers!"

Wenn man einmal den Toten ein Denkmal errichten wird, sollte das heldische Kind an erster Stelle genannt werden und seiner mit den Worten „Den unbekannten Kinderschmugglern" gedacht sein.

Tausende von zerlumpten Bettlern erinnern an das hungernde Indien. Grauenhafte Schauspiele erlebt man täglich. Eine halbverhungerte Mutter versucht, ihr Kind an vertrockneten Brüsten zu nähren. Neben ihr liegt vielleicht noch ein totes, älteres Kind. Man sieht Sterbende mit ausgebreiteten Armen und fortgestreckten Beinen mitten auf dem Damm liegen. Die Beine sind gedunsen, oft erfroren, und die Gesichter schmerzverzerrt. Wie ich höre, amputiert man den Bettlerkindern täglich erfrorene Finger und Zehen, Hände und Füße.

Auch von draußen werden Lebensmittel über die hohe Mauer ins Ghetto hineingeworfen. Die Polizei — meistens bestochen — schaut dann diskret fort. Einige Häuser weisen kleine Öffnungen auf, in die heimlich ein Säckchen hineingepreßt werden kann. Doch schwerbewaffnete deutsche Motorradstreifen fahren überall herum. Bemerken die etwas vom Schmuggel, kostet es den Betreffenden das Leben.

Die Produkte im Ghetto sind um ein Vielfaches teurer als auf der „arischen" Seite. Bekommt man aber wirklich einmal ein Brötchen, so bleibt es einem fast im Halse stecken, weil man an das Blut denkt, das daran klebt.

Auf dem Wege zur Arbeit muß mit unbedecktem Haupt an der Wache vorübermarschiert werden. Nimmt jemand den Hut nicht ab, schießt der Posten rücksichtslos in die marschierende Kolonne hinein. Ich wollte den Hut nicht abnehmen, als ich zum erstenmal mit Frau und Tochter die Wache passierte. Schließlich wurde ich nach dem Beispiel von Wilhelm Tell erzogen und dachte mir, daß jemand die Würde wahren sollte. Doch hinter mir ertönte eine Stimme: „Sie da! Gefährden Sie nicht uns alle!" So mußte auch ich mich unterwerfen.

Anfangs verpflichtete man die Juden, jeden Deutschen zu grüßen. Später erging das Verbot, Deutsche nicht zu grüßen. Die Folge war, daß die Juden Prügel bekamen, weil sie nicht gegrüßt hatten oder weil sie gegrüßt hatten. Viele trugen aus diesem Grunde überhaupt keinen Hut mehr.

Von Zeit zu Zeit fahren Omnibusse durchs Ghetto, aus denen neugierige Gesichter herausstarren. „Kraft durch Freude!" Für sie ist es ein Ausflug in den Zoologischen Garten. Wahrscheinlich will Goebbels dartun, was Macht bedeutet und wie man Menschen fremder Rasse zu verachten hat. Jämmerliche Habenichtse erinnern kaum noch an menschliche Lebewesen.

Das ganze Geheimnis, wie ein Mensch zum Mörder wird, liegt in so einer Umwandlung. In der Seele des Menschen wird eine kleine Verschiebung vorgenommen, denn das zukünftige Opfer muß aller menschlichen Attribute entkleidet werden, um ihm dann Eigenschaften zu oktroyieren, Eigenschaften einer widerlichen Gattung . . . einer Wanze, einer Ratte oder einer Laus.

Ich erblicke ein kleines Mädchen, das sich bemüht, durch die Posten zu schlüpfen. Die Wache ruft sie an. Langsam nimmt der Mann sein Gewehr von der Schulter. Das Kind klammert sich an seine Stiefeln und bittet um Gnade. Der Posten lacht und sagt: „Du wirst nicht sterben, aber nicht mehr schmuggeln." Dann schießt er das Kind in die Füßchen, die später amputiert werden müssen. Das kleine Mädchen kann sich wirklich nie wieder mit Schmuggel befassen.

Einmal frage ich ein kleines Mädchen: „Was möchtest du sein?" Sie antwortet: „Ein Hund, denn die Posten mögen Hunde gern."

Die Juden, die in „arischen" Vierteln arbeiten, bekommen Passierscheine, um an ihre Arbeitsplätze zu gelangen. Die Wache muß mit dem Hut in der Hand im Laufschritt passiert werden. Es kommt vor, daß die Posten eine Gruppe anhalten und befehlen, daß alle sich auskleiden und im Kot wälzen. Auch Kniebeugen lassen sie gern machen. Manchmal muß man sogar tanzen. Die Posten stehen dann dabei und wollen sich totlachen.

Alle Juden zwischen 12 und 60 Jahren sind zur Arbeit verpflichtet. Die Arbeit im „arischen" Stadtviertel ist sehr begehrt, weil man dann dort Kartoffeln viel billiger als im Ghetto kaufen kann. Auch das Brot ist so viel billiger, daß man vom Preisunterschied eine ganze Familie ernähren kann.

Ich beschreibe hier nur das, was am augenfälligsten ist. Das Grauen wahrhaft wiederzugeben, vermögen diese Streiflichter jedoch nicht. Außerdem berichte ich nur Tatsachen, die ich selbst erlebte oder die mir von vertrauenswürdigen Menschen berichtet wurden.

Kinder erzählen [1])

Im Ghetto

Mendel Rosenkranz,

geb. am 28. Oktober 1928 in Horodenka bei Stanislau. Vorname des Vaters: Léon, der Mutter: Gitel Ladenheim[2])

Horodenka — Massenmorde im Walde — Der Tod Dr. Schneiders — Aus dem Massengrab geflohen — „Registrierung" — Im Todeszug — „Gegen Typhus geimpft" — Im Basilianerkloster.

Als der Krieg 1939 ausbrach, gab es bei uns in Horodenka viel Betrieb, weil eine Menge polnische Soldaten und Zivilisten nach Rumänien flüchteten. Horodenka liegt nur 6 Kilometer von der rumänischen Grenze entfernt. Saul Gloger, ein Friseur aus Horodenka. wurde in die griechisch-katholische Kirche geholt und mußte dort Minister Beck und Marschall Smigly rasieren und ihnen die Haare schneiden. Als er es dann später den Leuten erzählte, verhaftete ihn die polnische Polizei wegen Hervorrufen von Panikstimmung. Er saß zwei Tage und wurde erst nach dem großen Fliegerangriff frei gelassen.

Am Jom-Kipur-Fest sind die Sowjets in Horodenka einmarschiert. Ich besuchte gleich die Schule wieder und ging in die 7. Klasse. Aber die Schule, die früher 7 Klassen hatte, bekam jetzt 10 Klassen. Vater hat sein Geschäft aufgegeben, weil ihm zu hohe Steuern

---

[1]) *Die folgenden Aussagen sind dem Buche „Dzieci oskarzaja", Herausgeber. Hochberg-Marianska u. Grüss (Zentrale Jüdische Historische Kommission in Polen, 1947) entnommen.*

[2]) Protokollaufnahme durch M. Hochberg-Marianska, Krakau.
Archiv der Zentralen Jüdischen Historischen Kommission, Nr. 1.

auferlegt wurden und außerdem überall Konsumgenossenschaften entstanden. Aber man durfte Privathandel treiben und es ging uns sehr gut.

Der Krieg mit Deutschland brach dann am 22. Juni 1941 wieder aus. Nach zwei oder drei Wochen waren schon ungarische Truppen bei uns. In Horodenka kam es zwischen ungarischen Patrouillen und den sich absetzenden sowjetischen Truppen zu Straßenkämpfen. Die Ukrainer halfen den Ungarn und gaben ihnen Hinweise, wie man einen Kessel bilden könnte.

In den ersten fünf Monaten waren überhaupt keine Deutschen in Horodenka. Die Ungarn benahmen sich den Juden gegenüber ganz anständig und die Juden mußten nur arbeiten. In diesen ganzen ersten 5 Monaten starb nur ein Jude. Der war aber ein wenig verrückt und leistete Widerstand. Er wollte einen ungarischen Soldaten schlagen. Der Jude wurde dann im Arrest so verprügelt, daß er daran starb. Am schlimmsten trieben es die Ukrainer. Es gab eine militärisch-nationalistische Organisation „Sicz", die wollte einen Pogrom machen gegen die Juden.

Wir haben das erfahren und Dr. Schneider, ein Arzt aus Horodenka, ging zu einem ungarischen General, um diesen zum Eingreifen zu veranlassen. Die Ungarn führten dann bei der ukrainischen Organisation eine Untersuchung durch, beschlagnahmten Waffen und verhafteten einen der Führer — Baskul.

Nach 5 Monaten zogen die Ungarn nach Osten ab und die Deutschen kamen nach Horodenka. Sofort gab es eine deutsche Verwaltung und der Kreishauptmann Doppler — im Rang eines Obersturmbannführers — trug Gestapouniform. Kreislandwirt König war auch ein Gestapomann. Deutsche Gendarmerie kam, deutscher Sonderdienst und deutsche Kriminalpolizei, die sich alle hauptsächlich aus polnisch sprechenden Oberschlesiern zusammensetzten. Die Deutschen kamen im November 1941 und schon am 4. Dezember fand die erste „Aktion" gegen die Juden statt. Damals gab es noch kein jüdisches Wohnviertel in Horodenka, nur an der Hauptstraße durfte kein Jude wohnen. Das war die erste Anordnung der Deutschen. Unter den Ungarn mußten wir gelbe Armbinden tragen, aber die Deutschen führten gleich weiße Armbinden mit dem Davidstern ein. Damals lebten 6000 Juden in Horodenka, davon stammten 5000 aus der Stadt selbst und 1000 etwa waren aus Ungarn ausgesiedelt worden.

Die „Aktion" begann am 4. Dezember frühmorgens. Keiner hatte sie erwartet. Straßen und Häuser wurden von der Polizei umstellt, dann schleppten sie die Leute aus den Häusern heraus, und wir mußten uns in der Synagoge versammeln. Vater versteckte Mutti, meine beiden Schwestern und mich auf dem Boden und ging dann selbst, um nachzusehen, was los sei. Er wurde erwischt und wir haben ihn nie wieder gesehen. 2600 Leute — Männer, Frauen und Kinder — wurden fortgebracht. Die ersten Transporte gingen mit dem Auto in den Wald von Semakowce, aber am Freitag früh hat man dann den Rest zu Fuß dorthin getrieben. Eine sehr große Grube war ausgegraben und in diese Grube warf man die Erschossenen einfach hinein. Die Kinder wurden sogar lebendig hineingeworfen. Nicht am Donnerstag, sondern erst am Freitag früh wurde die Grube dann zugeschüttet. Zehn Kinder und mehrere Frauen, die nur verletzt waren, konnten nachts aus der Grube, wo sie unter den Leichen gelegen hatten, wieder herauskriechen. Sie haben erzählt, wie alles geschah. Man legte ein Brett über die Grube, und darauf mußten sich jedesmal 5 Mann stellen und sich nackt ausziehen. Dann hat man sie erschossen. Dr. Schneider — ein Arzt aus Horodenka — war auch dabei. Der wurde nicht ganz ausgezogen, sondern man erlaubte ihm, sein Hemd anzubehalten. Aber er sagte: „Ihr habt ja so wenig. Nehmt euch nur mein Hemd noch mit dazu, es ist ja noch ganz gut und neu." Dann zog er sich selbst das Hemd aus und warf es auf die anderen Sachen. Eine von den Frauen, die sich retten konnte, war schwanger und gebar 2 Wochen später im Krankenhaus ein Kind. Sie hatte irgendwie über das, was sie im Wald erlebte, gesprochen, und so kam die Gestapo ins Krankenhaus und holte sie mit dem Kind dort heraus. In Kolomea hat man beide erschossen. Auch andere Leute, die sich gerettet hatten, wurden gefunden. Nur eine einzige Frau ist am Leben geblieben. Sie lebt jetzt in Stanislau und heißt Dora Glatzerowa. Während der ersten „Aktion" wurde der ganze Judenrat erschossen. Der Obmann — Rechtsanwalt Hessl — an der Spitze. Später wurde ein zweiter Judenrat gebildet.

Die zweite „Aktion" fand am 13. April 1942 statt. In der Zwischenzeit wurde ein Ghetto eingerichtet, in das man die Juden aus dem ganzen Kreis Horodenka brachte. Das Ghetto war durch keinen Zaun abgegrenzt, jüdische Polizisten standen nur an der Grenze. Nach Vaters Tod lebten wir vom Sachenverkauf. Meine ältere Schwester und ich gingen zum Straßenbau arbeiten und klopften Steine. Von einem Angestellten des Arbeitsamtes in Kolomea, der bestochen war, erfuhren wir, daß eine „Aktion" bevorstand. Alle versteckten sich in Bunkern[1]). Im Hof hatten wir auch einen Bunker für 4 Personen, aus dem man nur einen Stein hochheben mußte, um hineinzugehen. Die Deutschen erwischten damals nur 75 Leute und erschossen die im jüdischen Gemeindehaus. Die Leichen haben wir später auf dem jüdischen Friedhof begraben. Später wurde es strenger im Ghetto. Sie verstärkten die Bewachung, und bald brachen Hunger und Typhus aus. Am Typhus starben sehr viele. An die damalige Zahl der Juden in Horodenka erinnere ich mich nicht mehr. Wenn wir zur Arbeit gingen, wurden wir von der jüdischen Miliz bewacht. Unsere Miliz war nicht die schlimmste, aber der Ordnungsdienst in Tluste sollte sich schrecklich aufführen. Das war bekannt. Unsere waren nicht so. Sie halfen uns zwar nicht gerade, aber sie schadeten auch nicht.

Im Juli oder August 1942 — ich kann mich nicht genau entsinnen — wurde bekanntgegeben, daß alle Juden registriert würden. An den Häusern klebten Plakate, daß montags früh sich alle auf dem Marktplatz versammeln sollten, damit dort die Registrierung durchgeführt werden konnte. Im Judenrat sagte man, daß nur 750 Juden in Horodenka bleiben dürften, die bei der Registrierung den Buchstaben „A" — Arbeitsdienst — bekommen würden. Die anderen sollten nach Kolomea gebracht werden. Alle fürchteten sich sehr vor diesem Transport, und die reicheren Juden zahlten je 100 Dollar an den Judenrat, um auf die Liste derjenigen eingetragen zu werden, die bleiben durften. Am Montag früh kamen nicht alle Leute auf den Marktplatz, denn manche glaubten nicht an das, was man sagte, und versteckten sich lieber in den Bunkern. Mutti, meine Schwestern und ich haben uns auch versteckt.

---

[1]) *Das in den folgenden Aussagen immer wiederkehrende Wort „Bunker" benutzen die Kinder für jedes Versteck, sei es in Kellern, auf Höfen und sonstwie, nicht nur für regelrechte Bunker.*

Der Kreishauptmann Doppler fing an zu registrieren, als plötzlich Autos mit Gestapo angefahren kamen und auf die Versammlung zu schießen begannen. Sie wurden umstellt und in einem großen Gebäude „dwor" eingeschlossen. Diese „Aktion" dauerte vom Montag bis Freitag. Die Gestapo durchsuchte alle Häuser, Böden, Keller und Bunker. Wir saßen bis Sonnabend in unserem Bunker und hatten sehr wenig zu essen. Nur etwas Brot. Alle Leute aus dem „dwor" wurden dann nach Belzec gebracht, und man ließ nur 50 Spezialisten, die den Buchstaben „A" bekamen, laufen. Auch ein paar Altwarenhändler durften bleiben. Ein kleiner Teil kam ins Lager Janow bei Lemberg. Wir wußten, daß man in Belzec die Menschen mit elektrischem Strom tötete[1]).

Als es Sonnabend früh schon wieder ruhig war, kamen wir aus dem Bunker. Es gab noch mehr Leute, die sich wie wir versteckt hatten. Wir mußten dann in jüdischen Magazinen arbeiten. Dort wurden alle Sachen gesammelt. Es gab welche für Stoffe, Möbel, Töpfe. Das dauerte zwei Wochen, dann fing man die Leute ein und brachte sie ins Ghetto nach Kolomea. Mutti und meine kleine Schwester haben sie damals auch erwischt. Ich sah sie nie wieder. Meine andere Schwester und ich packten dann nachts unsere Sachen in ein Bündel und flüchteten nach Tluste. An einer seichten Stelle gingen wir über den Dniestre und erfuhren von Leuten, die genau wie wir nach Tluste wollten, daß auch die Spezialisten mit dem Buchstaben „A" in Horodenka erschossen wurden. Dann war Horodenka „judenfrei".

Am Donnerstag kamen wir in Tluste an, wo es noch kein Ghetto und keine „Aktion" gab. Der Judenrat mußte aber ein Kontingent alter Leute zum Töten abliefern, etwa 200 Personen. Die Leute dort wollten uns nicht glauben, was wir erzählten — dabei lag Tluste nur 35 km von Horodenka ab.

Aber schon am Sonnabend wurde von einer „Aktion" geredet, und sofort brach eine Panik aus. Am Montag fand die „Aktion" dann statt. Man fing alle ein und erschoß, wer fliehen wollte. Wir wurden auf den Bahnhof gebracht und in Waggons verladen. Nur wenige junge, gesunde Männer sortierte man aus und verlud sie extra. Die bekamen auch Wasser und Brot für den Weg. Es hieß, sie kämen ins Lager Janow bei Lemberg. Der Rest sollte sicher nach Belzec kommen, um dort getötet zu werden. Wir fuhren den ganzen Tag. Abends schlugen wir ein kleines Fenster im Waggon auf und flüchteten. Zuerst ich, dann meine Schwester. Wir gingen durch die Felder nach Tluste zurück. Es dauerte drei Tage und drei Nächte. Wir schliefen auf dem Felde. Meine Schwester ging in die Dörfer, um nach dem Weg zu fragen und Brot zu kaufen, während ich auf dem Felde wartete. In Tluste gab es noch immer ziemlich viele Juden, und das blieb auch bis zum Frühjahr 1943 so.

In der Zwischenzeit gab es mehrere „Aktionen". Einmal erwischte man auch meine Schwester und sie kam mit den anderen nach Czortkow. Dort ließ man sie laufen, nachdem man ihnen eine Woche lang nichts zu essen gegeben hatte. Aber sie bekamen irgendwelche

---

[1]) *Die geretteten Kinder sprachen häufig von „elektrischem Strom" anstatt von „Vergasung".*

Injektionen. Alle bekamen Typhus und viele steckten sich an ihnen an. Damals starben sehr viele. Man erzählte sich, man hätte sie extra mit Typhus geimpft, damit sie alle anderen auch anstecken sollten.

Im Frühjahr — in welchem Monat habe ich vergessen — kam die totale Liquidation. Viele wurden ins Czortkower Ghetto gebracht. Der Rest in ein Lager Karolowka. Hierhin kamen auch meine Schwester und ich. Dort arbeiteten 50 Juden auf einem Landgut und es gab keine Polizei oder Überwachung. Der Verwalter war ein Pole namens Ziolkowski. Er war nicht der Schlimmste, wenn er jedoch betrunken war, schlug er die Leute. Dort ließ es sich leben. Ich ging zu den Bauern arbeiten und bekam ein besseres Essen. Meiner Schwester konnte ich sogar noch Brot mitbringen. So ging es bis zum 23. November 1943. An diesem Tage kamen frühmorgens Polizisten, fingen sich jeder ein paar Leute und erschossen sie auf dem Platz vor der Scheune. Auch meine Schwester wurde erschossen und ich lief fort. Die paar Übriggebliebenen versteckten sich auf den Feldern. Wir kamen erst am nächsten Tage auf das Gut zurück. Die Erschossenen lagen in einer Grube, aus der ein Baum gerodet war und in die wir vorher immer die Abfälle hineinwarfen. Wir sprachen manchmal davon, daß auch wir vielleicht noch eines Tages in der gleichen Grube liegen würden. Ich sah meine tote Schwester, als wir die Grube mit Erde zuschütteten.

Ein paar von uns blieben noch bis zum 1. Januar 1944 auf dem Gut. Dann rückte die Front näher und unser Verwalter hatte Angst. Er schickte uns fort. Wir gingen also auseinander und ich nach Lisowiec, wo auch ein Gut war. Aber dort konnte ich nicht bleiben und kehrte nach Karolowka zurück. Man warf uns nicht hinaus, denn die Evakuation begann und es war nicht mehr so streng. Wir hielten uns versteckt und Ende Februar ging ich ins Basilianerkloster, 2 km von Karolowka entfernt. Die Nacht versteckte ich mich in einem Pferdestall und morgens kam eine Bäuerin, die nichts fragte, mir aber Brot und Milch brachte. Ich säuberte den Hof mit einer Harke. Dann kam ein Priester, sagte aber auch nichts. Mittags und abends bekam ich mein Essen. So ging es jeden Tag. Als ich einen Monat dort war, kamen die Sowjets und ich fürchtete mich. Deshalb ging ich nach Jagielnica, wo die Russen schon länger waren. Sie brachten mich im Auto nach Horodenka. Dort hoffte ich Bekannte wiederzufinden oder wenigstens meine Sachen zu bekommen. Aber dem war nicht so. Man riet mir, nach Tschernowitz zu gehen, weil dort Geld zu verdienen sei. Ich blieb auch mehrere Monate da und handelte mit allerlei. Als ich etwas Geld verdient hatte, kehrte ich nach Horodenka zurück. Zweimal wurde ich von der Miliz aufgegriffen und ausgeraubt. Dann fuhr ich nach Stanislau, wo ein Rabbiner den Transport für Krakau zusammenstellte. Man riet mir, ich sollte auch fahren, denn in Krakau könnte ich etwas lernen. Ich will doch gern Elektrotechniker werden.

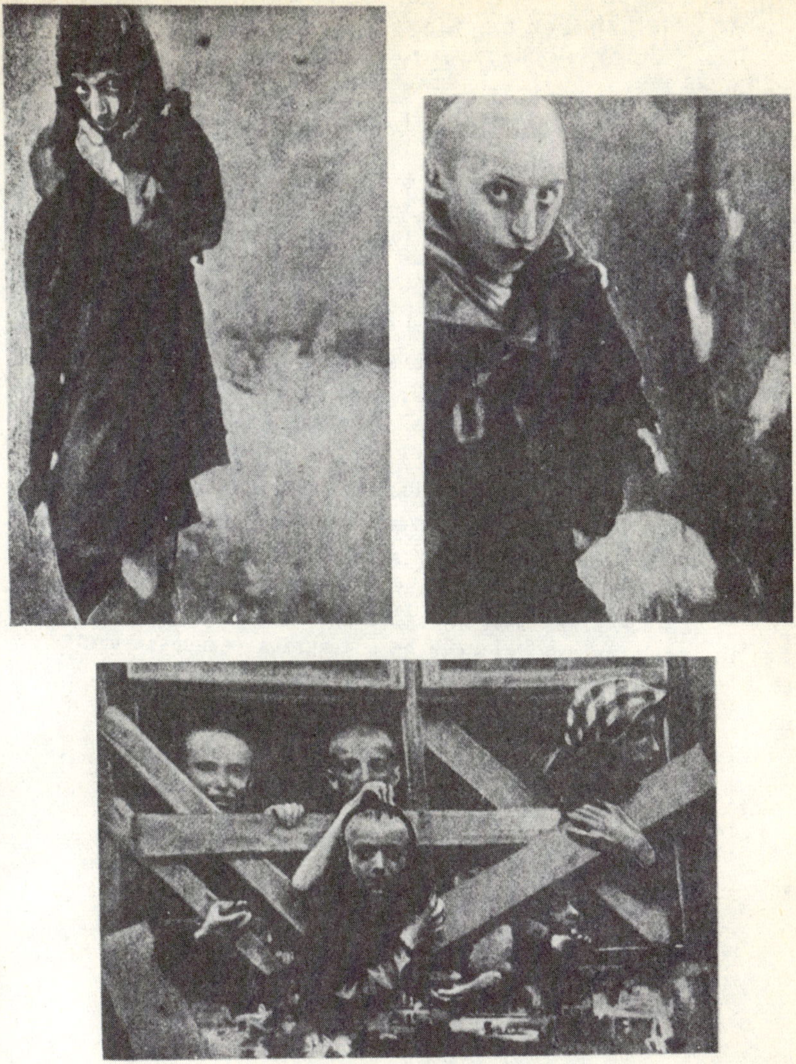

Kinder im Warschauer Ghetto

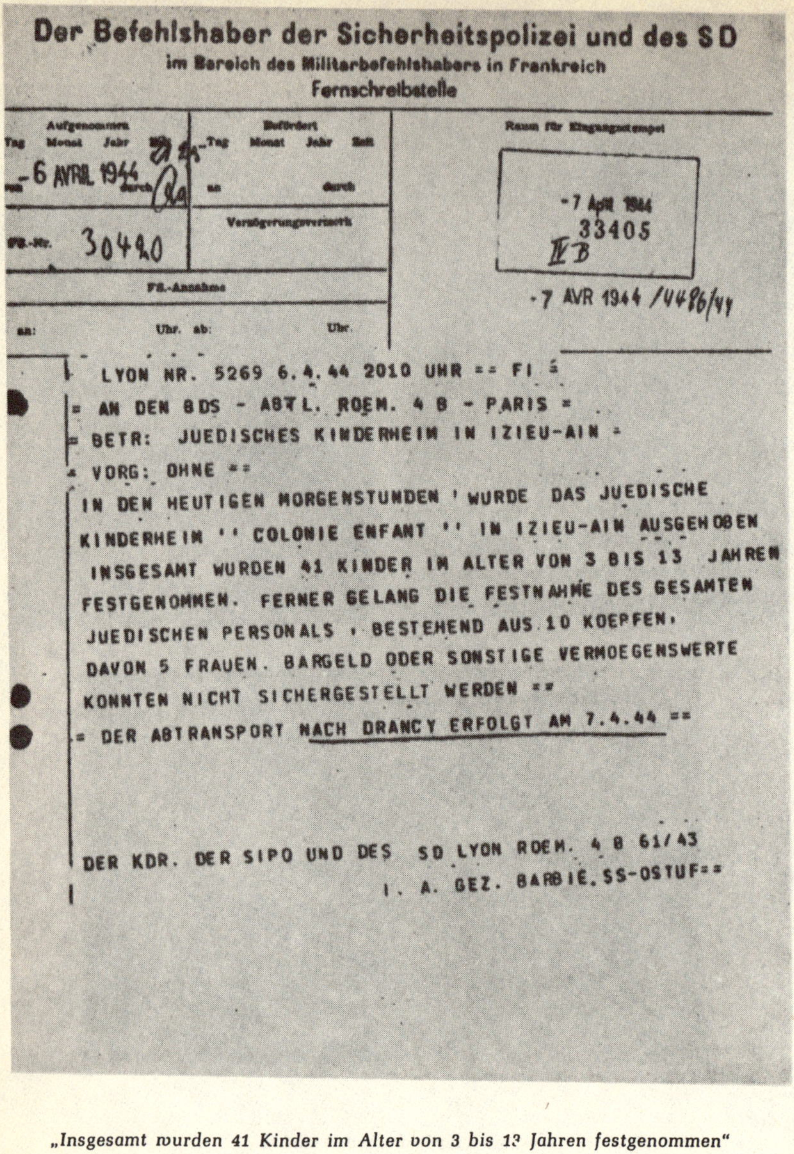

Der Befehlshaber der Sicherheitspolizei und des SD
im Bereich des Militärbefehlshabers in Frankreich
Fernschreibstelle

Aufgenommen	Befördert	Raum für Eingangsstempel
Tag Monat Jahr Zeit: -6 AVRIL 1944 durch	Tag Monat Jahr Zeit an durch	-7 April 1944 33405 IV B
FS.-Nr. 30420	Verzögerungsvermerk	-7 AVR 1944 /4486/44
FS.-Annahme		
an: Uhr. ab: Uhr.		

LYON NR. 5269 6.4.44 2010 UHR == FI =
= AN DEN BDS - ABTL. ROEM. 4 B - PARIS =
= BETR: JUEDISCHES KINDERHEIM IN IZIEU-AIN =
= VORG: OHNE ==
IN DEN HEUTIGEN MORGENSTUNDEN WURDE DAS JUEDISCHE
KINDERHEIM '' COLONIE ENFANT '' IN IZIEU-AIN AUSGEHOBEN
INSGESAMT WURDEN 41 KINDER IM ALTER VON 3 BIS 13 JAHREN
FESTGENOMMEN. FERNER GELANG DIE FESTNAHME DES GESAMTEN
JUEDISCHEN PERSONALS , BESTEHEND AUS 10 KOEPFEN,
DAVON 5 FRAUEN. BARGELD ODER SONSTIGE VERMOEGENSWERTE
KONNTEN NICHT SICHERGESTELLT WERDEN ==
= DER ABTRANSPORT NACH DRANCY ERFOLGT AM 7.4.44 ==

DER KDR. DER SIPO UND DES SD LYON ROEM. 4 B 61/43
I. A. GEZ. BARBIE, SS-OSTUF==

„Insgesamt wurden 41 Kinder im Alter von 3 bis 1? Jahren festgenommen"

Im Lager

Giza Landau,

geb. am 5. Mai 1932 in Tarnow. Vorname des Vaters: Josef, der Mutter: Erna Beller[1]).

Tarnow — Krakow-Plaszow — Auschwitz — Ravensbrück — Neustadt — Appell in Plaszow am 14. Mai 1944 — Man muß sich als Erwachsener ausgeben — Nach Auschwitz — Unter einem Kleiderhaufen — Über Leichen in die Freiheit.

... Mutter wollte mich überreden, auf die „arische" Seite hinüberzugehen, aber ich hatte dazu keine Lust, denn ich ahnte, man würde uns erwischen. Lieber wollte ich mit den anderen dahin, wohin man uns zu gehen zwingen würde. Eines Tages verlud man uns aufs Auto. Wir wurden ins Lager Plaszow bei Krakau gebracht. Das war im Oktober 1943. Im Lager wurden wir schrecklich empfangen. Ich weiß nicht, weshalb man die Tarnower mit solcher Feindschaft verfolgte. Es gab einen jüdischen Kommandanten, Chilowicz, und seine Frau, Finkelstein und andere, die uns mit schlimmen Worten beschimpften. Beim Appell hieß es dauernd: Hoch! Runter in den Dreck! Mutter und ich arbeiteten zuerst mit Schubkarren beim Straßenbau, dann kamen wir in die Schneiderei und machten Uniformen. Auf dem Wege zur Arbeit mußten wir an einem „Hügel" vorbei, wo man Leute erschoß und sie dann auf Scheiterhaufen verbrannte. Es gab viele Exekutionen. Aus der Stadt brachte man Juden, die mit „arischen" Papieren erwischt wurden. Dabei waren viele Kinder. Am 14. Mai 1944 war Appell für das ganze Lager, bei dem die Namen aller Kinder von einer Liste abgelesen wurden. Wir wußten, weshalb, denn Kinder

---

[1]) Protokollaufnahme durch M. Hochberg-Marianska, Krakau.
Archiv der Zentralen Jüdischen Historischen Kommission.

waren ja überflüssig — ebenso wie alte und kranke Menschen, die man erschießen wollte. Als mein Name gelesen wurde, wollte Mutti mich nicht gehen lassen. Aber man konnte sich nicht verstecken, weil sie dann nach der Nummer suchten. Ich ging und Mutti kam mit. Der Gestapomann Müller stand dabei, stieß Mutti fort und sagte: „Du nicht! Du kannst noch arbeiten." Mutti war halb von Sinnen, wie immer, und wollte mich retten. Ich stand am hintersten Ende der Kinderreihe und Mutti lief durch die ganze Reihe, um bei mir zu sein. Aber in meiner Nähe standen jüdische Polizisten — die Schlimmsten im ganzen Lager — Kerner und Marcel Goldberg. Warum sie Mutti durchließen, weiß ich nicht. Einer tat so, als sähe er sie nicht und der andere sagte: „Gleich ist es zu spät." Mutti stürzte auf mich zu und ergriff mich am Ärmel des Mantels. Sie riß mich aus der Reihe und hat mich wirklich gerettet.

Alle Kinder, Alte und Kranke wurden mit diesem Transport fortgeschafft. Ein paar Kinder waren in der Latrine versteckt, eins kroch unter ein Auto und war gerettet, als das Auto endlich abfuhr. Viele Mütter wollten mit ihren Kindern in den Tod gehen, aber man hat es nicht allen erlaubt. Eine Mutter brachte sich um, weil sie glaubte, das Kind sei fortgeschafft. Aber das Kind war gerettet.

An diesem Tage war es im Lager furchtbar. Lautsprecher versuchten mit Musik das Schreien der Mütter, von dem das ganze Lager widerhallte, zu übertönen. Alle Mütter mußten sich umdrehen und durften nicht zusehen, wie man ihre Kinder abtransportierte. Am nächsten Tag ging die Frau des Kommandanten — Chilowiczowa — während des Appells durch unsere Reihen, um festzustellen, ob sich Kinder gerettet hatten. Fand sie eins, wurde sie sehr böse. Mutter zog mir Schaftstiefel an und kämmte das Haar in Locken, damit ich erwachsener aussähe. Dann mußte ich mich unter den kleineren Frauen aufstellen, damit ich nicht kindlich wirkte. Ich blieb im Lager und arbeitete in der Schneiderwerkstatt, aber ich mußte mir Mühe geben, den Deutschen nicht unter die Augen zu kommen.

Auch im Juli entkamen wir wieder einem Transport. Der wurde auf dem Bahnhof zusammengestellt, und es gab nur wenige Waggons. Chilowicz, seine Frau und viele andere wurden erschossen. Die Leichen packte man neben die Latrine. Um 1 Uhr mittags gab es Appell. Alle mußten an den Leichen vorbeimarschieren und sie betrachten. Eine Aufschrift stand dabei, auf der zu lesen war, daß sie auf der Flucht und wegen Waffenbesitzes erschossen seien. Der deutsche Lagerkommandant Goeth kam angeritten. Wenn er kam, gab es immer Opfer. Wenn sie ihn nur sahen, zitterten alle vor Angst. Er war ein hübscher Mann, aber ein Mörder.

Am 21. Oktober 1944 konnte uns nichts mehr helfen. Wir kamen nach Auschwitz. Dichtgedrängt und halb erstickt fuhren wir in geschlossenen Waggons. Alle verabschiedeten sich voneinander, denn wir wußten, daß dort die Öfen und Gaskammern auf uns warteten. Obwohl wir oft darüber sprachen, konnte sich niemand recht vorstellen, wie es sein würde. Als wir abends in Auschwitz ankamen, trieb man uns nach Birkenau. Schon von weitem sahen wir den Himmel rot wie bei einem Brand. Daß Menschen so brennen sollten, konnten wir uns alle nicht vorstellen, obwohl wir schon viel erlebt hatten. Aus den

Schornsteinen kam kein Rauch, nur Feuerregen. Die Leute fragten die Posten, was dort brenne, und die antworteten, es müsse doch Brot gebacken werden. Tag und Nacht. Aber wir wußten, daß es das nicht sein konnte.

Nachts saßen wir in einem großen Saal. Es war so schrecklich, daß ich es nicht beschreiben kann. Wir weinten, beteten oder saßen stumpf da. Manche waren schon ganz gleichgültig. Mutti preßte mich an sich und flüsterte, ich sollte mich nicht fürchten, denn Gott würde uns bestimmt so erretten wie bisher. Ich wollte Mutti nicht traurig machen und tat so, als wenn ich keine Angst hätte. In Wirklichkeit zitterte ich vor Angst am ganzen Leibe. Man gab uns kein Essen, aber wir spürten auch keinen Hunger. Weshalb sollten wir essen, wenn wir doch sterben mußten?

Dann sortierte man uns aus. Es war entsetzlich. Wir mußten uns nackt ausziehen. In der Tür stand Dr. Mengele und bestimmte, wer leben und wer sterben sollte. Mutti flehte eine tschechische Aufseherin an, mich nicht zu verraten, als ich mich unter einem Haufen Kleider in der Saalecke versteckte. Dort versteckten sich auch andere, ältere Mädchen. Länger als zwei Stunden blieb ich dort liegen. Einmal trampelte mir einer mit Stiefeln auf dem Körper herum, und ich mußte mich sehr zusammennehmen, um nicht laut zu schreien. Sie suchten nach Versteckten, doch fanden sie mich nicht. Als Mutti mich endlich herauszog, war ich schon halb erstickt, aber ich lebte und war bei Mutti.

Wir gingen ins Bad, wo man uns die Köpfe rasierte und die Nummern eintätowierte. Ich bekam die Nummer A 26 098. Es hieß, es sei gut, wenn man überhaupt eine Nummer bekäme, dann wäre man fast gerettet. Aber leider wurden Kinder immer wieder herausgesucht und kamen in den Ofen. Mutti versteckte mich immer, sogar vor der Blockältesten. Bei den Appellen wurde ich stets so aufgestellt, daß ich nicht auffiel. Überhaupt dachte Mutti nur daran, wie sie mich verstecken und retten sollte. Man lebte dauernd in Angst und Ungewißheit — Tag und Nacht. Als wir endlich nach Auschwitz gebracht wurden, durften wir etwas aufatmen. Zuerst arbeiteten Mutti und ich mit der Schubkarre. Dann mußte ich auf Befehl des Lagerkommandanten Hesler am Tor stehen und öffnen und schließen, wenn Aufseher kamen und gingen. Damals ging es mir sehr gut. Wir bekamen täglich pro Person ein viertel Brot und einen viertel Liter Suppe, manchmal sogar einen halben Liter. Aber das Essen war nicht das Wichtigste. Viel wichtiger war, daß es keine Öfen und Gaskammern bei uns gab.

So ging es bis zum 5. Januar 1945. Dann wurde das Lager evakuiert. Wir wurden in Reihen aufgestellt. Jeder bekam ein Brot und ein Stück Margarine. Dann wurden wir in großer Eile zu Fuß davongetrieben. Sicher waren die Russen schon nahe, sonst hätten die Deutschen es kaum so eilig gehabt. Weder tags noch nachts durften wir stehenbleiben. Blieb jemand stehen, um den Schnürsenkel zu binden oder auszuruhen, weil er zu schwach wurde, schon schossen sie. Wir gingen durch Schnee und Wald über Feldwege und fanden überall im Schnee hockende Leichen. Ich versuchte, nicht hinzuschauen, aber man sah sie doch. Nach zwei Tagen verlud man uns in offene Waggons. Es gab kein Essen und kein Wasser. Niemand glaubte, daß wir es überstehen würden.

Dann kamen wir in Ravensbrück an. Es war ein Frauenlager, und wir schliefen zu 30 ohne Decken in einer Koje. Es gab Krankheiten, Hunger und viel Schmutz. Täglich starben die Menschen wie Fliegen. Dann brachten sie uns nach Neustadt. Wir saßen zweieinhalb Tage in offenen Waggons. Die Leichen wurden einfach auf den Schnee hinausgeworfen. Sie sahen nicht mehr wie Menschen aus. Aber auch Mutti sah wie eine Leiche aus, und ich konnte nicht mehr aus den Augen sehen. Man trieb uns in einen Pferdestall, wo wir auf Stroh lagen. Wir bekamen keine Decken und kein Wasser zum Waschen. Ich wollte am liebsten sterben, aber Mutti redete mir gut zu. Kaffee und Brot wurde endlich verteilt, aber man mußte sich schlagen, um an den Kessel heranzukommen. Woher Mutti die Kraft nahm, um mein Essen zu kämpfen, weiß ich wirklich nicht. Die Lagerälteste dort haßte Juden. Sie nahm uns die Suppe fort und schlug uns wie Vieh. Alle hatten Typhus und Durchfall. Viele Frauen starben. Bis zum 2. Mai wurden wir immer weniger. Dann sperrten sie unseren Block, nagelten Türen und Fenster mit Brettern zu, und alle dachten, man würde uns in die Luft sprengen oder verbrennen. Sie haben es aber wohl nicht mehr geschafft, weil die Amerikaner kamen und uns befreiten. Zuerst konnte ich nicht begreifen, daß wir keine Angst mehr haben mußten. Wir bekamen Essen und Schokolade, und endlich begriff ich, daß der Krieg zu Ende war.

Dann ging es nach Hause — teils zu Fuß, teils gefahren. Mutti fuhr nach Sacz und Gdynia, um Vati zu suchen und sich nach der Fabrik umzusehen. Man sagte uns, daß Vati noch lebte. Jetzt bin ich in Zakopane im Internat und gehe zur Schule. Ich möchte die Lager gern vergessen, aber das kann ich nicht, weil andere Kinder, die auch so etwas erlebt haben, immer davon reden.

Auf der „arischen Seite“

Josef Leichter,

geb. am 4. Februar 1933 in Medynia Glogowska bei Lancut. Vorname des Vaters: Israel, Vorname der Mutter: Bajla.[1])

Medynia Glogowska — Wanderleben — Wir betteln um Brot — Treffen mit der Mutter — Stallknecht — Einfache, edle Menschen.

Es ging uns immer schlechter. Wir lebten dauernd in Angst, denn die Deutschen kamen oft ins Dorf, um uns zu prüfen und zu berauben. Meinen ältesten Bruder nahmen sie zur Arbeit mit und brachten ihn in die Gegend von Nowy Sacz. Er war damals 16 und mußte schwer beim Roden des Waldes und beim Straßenbau arbeiten. Erst nach drei Monaten kam er wieder heim.

Die Dorfjungen überfielen nachts unser Haus und schlugen unsere Fenster ein. Sie verkleideten sich als Deutsche und plünderten bei uns. Sie terrorisierten alle Juden im Dorf, und als die Deutschen dann kamen, zeigten sie uns bei ihnen an.

Erwachsene machten bei diesem Treiben nicht mit und schimpften auf die Dorfjungen.

In der Nacht zum 1. August 1942 benachrichtigte der Gemeindebote alle Juden, sie sollten sich bereit halten, denn am nächsten Tag würden sie ins Ghetto Lancut geschafft werden.

Nur ein paar Juden ließen sich fortschaffen. Alle anderen flüchteten in den Wald oder versteckten sich im Dorf. Soweit die Zeit es erlaubte, gaben wir unsere Sachen den Nachbarn. Unser Vater ging nachts ins Dorf, um Essen zu holen. Ein paar Tage später erfuhr

[1]) Protokollaufnahme durch Dr. David Haupt.
Archiv der Zentralen Jüdischen Historischen Kommission, Nr. 891.

er, daß die Polizei den Wald durchkämmen wollte und alle erwischten Juden auf der Stelle erschossen werden sollten. Der Vater hörte auch, daß ein geschnappter Jude — Izak N. — unter Prügeln das Versteck verraten hatte, wo andere Juden sich noch verborgen hielten. Man holte sie heraus und erschoß sie. Auch die eigene Frau von Izak N. und sein Kind. Unser Vater beschloß deswegen, jeder von uns sollte in eine andere Richtung gehen. Ich verbrachte mit meinem älteren Bruder David zwei Tage in einem ganz anderen Teil des Waldes, und wir gingen in ein fremdes Dorf, Krasne, wo wir erzählten, daß wir ausgesiedelt seien und nun Arbeit suchten. Wir fanden Arbeit. Nach drei Wochen kam ein Polizeibeamter und verlangte unsere Papiere. Wir konnten ihm nichts vorweisen, und er behauptete sofort, daß wir Juden seien, die er auf das Revier bringen müßte. Wir flüchteten noch am gleichen Tage aus Krasne und gingen in Richtung Rzeszow. Endlich erreichten wir das Dorf Nowy Borok, aber hier erkannte uns schon der erste Bauer als Juden und sagte uns, daß eine Frau mit Kind nach zwei Jungen suche. Wir glaubten sofort, daß er von einer Jüdin sprach und hofften, es könnte unsere Mutti sein. Wir verrieten das dem Bauern aber nicht, sondern machten uns schnell auf die Suche nach ihr. Von Haus zu Haus fragten wir, und fanden gegen Mittag unsere Mutter bei einem Bauern, der sie als Dienstmagd angestellt hatte. Vor Freude, uns wieder zu haben, konnte Mutter zuerst kaum sprechen. Wir nannten sie „Tante", bis wir im Garten berichten konnten. Mutter wußte nichts vom Vater und dem ältesten Bruder.

Sie gab uns zu essen, und wir konnten nachts bei ihr schlafen. Am Morgen sagte jedoch der Bauer, daß er Angst hätte, auch uns noch im Hause zu haben, denn er vermute, wir seien Juden. Ich machte mich also mit meinem Bruder auf Arbeitssuche. Wir fanden nichts und bettelten schließlich um Brot. Meistens erkannten die Leute gleich, daß wir Juden sind und trieben uns fort. Aber manche hatten Mitleid und weinten über unser Schicksal. Gegen Mittag trafen wir mit Mutti zusammen, die vom Bauern fortgejagt war, weil er Angst hatte, Juden bei sich aufzunehmen.

Wir machten uns zu viert auf die Wanderschaft und erreichten abends das Dorf Kielnarowa bei Rzeszow, wo Mutter und Bruder Arbeit fanden und ich mich auf dem Felde verstecken mußte. Mutter wollte mir das Essen hinausbringen. Am Abend erkannte der Sohn des Bauern, Predki, meine Mutter wieder, die er in unserem Dorf früher gesehen hatte. Trotzdem wollte er sie behalten und sogar versuchen, ihr Papiere zu beschaffen. Leider drohte der Knecht jedoch mit Anzeige, weil er Mutter als Jüdin erkannte. So verließ Mutter auch diese Stelle, fand aber im selben Dorf andere Arbeit. Ich konnte als Hirtenjunge bei Predki bleiben, der den Knecht hinausgeschmissen hatte. Drei Monate arbeitete ich bei dem Bauern, dann jagte er mich fort, weil andere Bauern ihm damit in den Ohren lagen, daß Todesstrafe auf das Verstecken von Juden stehe.

Mutter ging in der Zwischenzeit in unser Heimatdorf Medynia und brachte in Erfahrung, daß Vater mit dem ältesten Bruder im Walde bei Lancut lebte. Mit Onkeln und Tanten lebten dort 15 Personen, und sogar Vater und Bruder hatten sich drei Monate nicht gesehen, nachdem sie sich im Walde getrennt hatten. Jeder suchte in den Dörfern nach Arbeit. Nirgends durften sie lange bleiben, weil man überall schnell vermutete, daß sie Juden seien. Dann kehrten beide in den Wald zurück und trafen sich dort endlich wieder.

Mutter besuchte die beiden im Walde und blieb einen Tag bei ihnen, um alles über uns zu erzählen. Dann kam sie nach Kielnarowa zurück, wo auch ich Arbeit gefunden hatte. Der Bauer hieß Kasimierz Piecuch. Er schickte mich schon nach einem Monat wieder fort, weil er Angst hatte, einen Juden zu behalten. Zwei Wochen lang bettelte ich und fand keine Arbeit. Auch Mutter mußte sich täglich eine Beschäftigung suchen während dieser Zeit. Meine Schwester hielt sich ein paar Monate bei einem Bauern in Kielnarowa versteckt. Der Bauer wußte, daß sie Jüdin war.

Auf Arbeitssuche kam ich auch ins Dorf Nowy Borek, wo ich beim Bauern Jan Trojanowski Arbeit fand. Bei ihm hütete ich anderthalb Jahre drei Kühe und verrichtete die Hausarbeit. Eines Tages kam mein Bauer heim und erzählte, daß ein alter Bekannter aus einem anderen Dorf ihn darauf aufmerksam gemacht habe, ich sei Jude und stamme aus Medynia. Nun sollte ich meinen Geburtsort angeben, damit mein Bauer an den Dorfschulzen in der Heimat schreiben und nach meinen Eltern forschen könne. Ich hatte mich Jarosz genannt. Mein Bauer brachte mich in den Dorfkonsum, und dort wurde ich einer Prüfung im katholischen Glauben unterzogen. Ich bestand die Prüfung, denn ich hatte schon beim Bauer Predki alle Gebete auswendig gelernt. Leider war ich nur mit einer Klasse in der Schule fertig geworden, konnte jedoch alles Gedruckte lesen, und es wurde mir daher leicht, die Gebete zu lernen.

Aber der Konsumleiter schrieb an den Dorfschulzen in Kamien, weil ich behauptete, von dort zu stammen. Nach zwei Wochen kam die Antwort, daß eine Familie Jarosz dort unbekannt sei.

Abends wurde mein Bauer zum Dorfschulzen gerufen. Ich legte mich schlafen und tat, als schliefe ich wirklich, wollte aber wachbleiben, um zu erfahren, was man über mich beschlossen hatte. Wenn mein Bauer bei der Heimkehr seiner Mutter — er war unverheiratet — berichten würde, er müsse mich der Polizei ausliefern, wollte ich gleich flüchten.

Spät in der Nacht kam mein Bauer und erzählte seiner Mutter, daß ich Jude sei, er mich aber trotzdem behalten wolle, weil ich fleißig sei und der Schulze ihm außerdem den Rat gegeben habe, mich ruhig weiter zu verstecken. Ich durfte also weiter bei Trojanowski arbeiten. Im Winter schnitt ich Häcksel, betreute das Vieh im Stall, mahlte Korn in der Handmühle und fuhr Mist aufs Feld. Jeden Tag brachte ich die Milch in die Molkerei, und dabei drohten mir die Dorfjungen oft, sie wollten mich anzeigen, damit die Polizei mich als Juden abholen könne. Eines Tages traf ich einen Bauern aus dem Dorf, wo ich früher gearbeitet hatte. Er hörte, daß ich bei Trojanowski arbeite und besuchte diesen, um ihn zu warnen, daß er sein Leben riskiere, indem er einen Juden bei sich arbeiten ließe. Mein Bauer entließ mich jedoch nicht, schickte mich nur nicht mehr zur Molkerei, damit mich niemand zu Gesicht bekam. Mein Bauer und seine Mutter waren sehr gut zu mir und bedauerten mich sehr. Sie wollten mich vor dem Untergang bewahren und nicht dulden, daß ich im Lande herumirrte. Sie sahen, daß ich ihnen treu diente, während meine Vorgänger sie bestahlen oder faul waren. Manchmal liefen sie auch fort, wenn es viel Arbeit gab.

Monatelang hörte ich von Mutter und dem ältesten Bruder nichts, auch wo der Vater und der ältere Bruder lebten, wußte ich nicht. Wenn niemand mich sehen konnte, weinte ich oft, weil ich solche Sehnsucht nach allen hatte.

Die Dorfjungen versuchten, mich damit zu ärgern, daß sie behaupteten, meine Tante sei erschossen. Ich nannte meine Mutter dort immer Tante. Ich würde auch noch umgelegt werden. Ich glaubte ihnen zwar nicht, hatte aber schreckliche Angst, daß meiner Mutter etwas zustoßen könnte.

Während der Ernte 1944 kamen die Russen. Einen Tag vorher lief mein Bauer zu ihnen über, um ihnen Bescheid zu sagen, wie stark die Deutschen seien und wo sie stünden. Alle Dorfbewohner verließen ihre Höfe und versteckten sich in den Felsen auf einem Felde.

Ich ging auch dorthin und nahm das Vieh meines Bauern mit. Am nächsten Tage kam mein Bauer mit den Russen zurück und holte mich und das Vieh nach Hause. Am gleichen Tage kam meine Mutter und erzählte, daß auch mein Bruder David lebte. Über Vater und den ältesten Bruder wußte sie nichts. Aber sie machte sich gleich auf den Weg nach meinem Geburtsort Medynia Glogowska, um das Schicksal unserer Lieben und nächsten Verwandten zu erfahren, die mit Vater im Walde versteckt lebten. Ich blieb noch bei Trojanowski in Dienst.

Nach einem Monat endlich kam meine Mutter zurück und berichtete, daß Vater und der älteste Bruder nicht mehr lebten.

Im Versteck

Jerzy Aleksandrowicz,

geb. am 7. Juli 1936 in Krakau. Vorname des Vaters: Julian, Mädchenname der Mutter: Maria Tislowitz.[1])

Krakau — Wieliczka — Im Ghetto versteckt — Flucht durch den Kanal — Gestapo — Zyankali — Gute Menschen und falsche Freunde — Von einer Wohnung in die andere — Vater geht zu den Partisanen — Hilfe der Organisation — Keine Deutschen mehr — Freiheit.

Am Tage vor der großen Aussiedlung aus dem Krakauer Ghetto baute ein uns bekannter Schornsteinfeger in unserer Wohnung in der Krakusastraße 25 im Ofen einen Hohlraum aus, indem er das Innere herausnahm, damit man sich darin verstecken konnte. Ich und noch eine Person fanden auf Knien darin Platz, wenn man mit einer Leiter von oben in den hohen Ofen hineingestiegen war. Als ich mit Mutti das Versteck ausprobierte, war ich ganz ruhig, obwohl das mitten in der Nacht geschah. Wahrscheinlich verheimlichte man mir, daß eine Aussiedlung bevorstand. Oder sie wußten es selbst nicht.

Um sechs Uhr früh weckte Oma mich dann. Ich mußte mich anziehen, obwohl ich Grippe hatte. Oma sagte, ich wäre schon wieder gesund. Mutti kam aus dem Zimmer, wo Vater seine Praxis hatte. Wir sollten schnell zum Ordnungsdienst, dann wären wir so gut wie gerettet. Jemand hatte eine Anzeige gemacht. Auf dem Wege sahen wir überall Verhaftungen. Auch bei unserem Hauswirt war Haussuchung. Das Haus war von Soldaten umstellt, und ein deutscher Oberst oder sogar General war dabei. Wir kamen nicht mehr

[1]) Archiv der Zentralen Jüdischen Historischen Kommission, Nr. 1037.

zum Ordnungsdienst. Der Oberst aber war nett und gab mir Schokolade. Er kümmerte sich nicht um uns, sondern suchte nur etwas im Hause. Plötzlich ging Vati an mir vorüber und sagte, es gäbe eine Deportation. Ich habe mich nicht erschrocken, weil ich gar nicht wußte, was das war.

Schon vor langer Zeit hatte Vati in unserer Küche ein Versteck vorbereitet, in dem fünf Personen liegend Platz hatten. Unsere Familie bestand jedoch aus acht Menschen. Außerdem wollte noch eine Mutter mit ihrer Tochter sich bei uns verstecken. Von Anfang an war geplant, daß zwei Personen sich im Keller verbergen mußten und eine auf dem Boden. Bei der Haussuchung zerstörte man leider den Ofen, so daß dieses Versteck ausfiel.

Im Keller waren schon Tante Minka und Oma Zosia versteckt. Als der Oberst den Keller durchsuchen wollte, gab Mutti mir die Schlüssel, und ich mußte sie dem Hauswart hinunterwerfen, der Tante Minka und Oma Zosia schnell auf die Straße hinaus ließ. Der Oberst fand niemand mehr im Keller. Nach beendigter Haussuchung gingen Mutti und ich zum Ordnungsdienst, weil alle Verstecke versagt hatten. Es gelang uns nur, bis zum Ordnungsdienst zu kommen, weil einer von ihnen seit der Kindheit mit Vati befreundet war. Als später auch Vati kam, fiel ihm ein, daß er eine Leiter am Ofen vergessen hatte, weil er nach der Haussuchung den Ofen wieder in Ordnung gebracht und Opa Jozio dort verborgen hatte. Außerdem erinnerte er sich daran, daß er auf dem Boden eine offene Flasche Zyankali stehen gelassen hatte, wo Tante Minka und Oma Zosia mit den Urgroßeltern geblieben waren. Vielleicht vergifteten sie sich alle. Vati wollte zurücklaufen, aber Mutti erlaubte es nicht, und so blieb Vati bei uns im Ordnungsdienst. Oma Zosia verkorkte die Flasche, aber wohl etwas zu spät, denn der Urgroßvater und Tante Minka wiesen schon Vergiftungssymptome auf.

Aber die Aussiedlungsaktion ging zu Ende, und zu Hause untersuchte Vati alle auf dem Boden Zurückgebliebenen genau. Trotz der Erschöpfung waren alle gesund. Was dann noch alles geschah, bis das Ghetto geräumt wurde, weiß ich nicht mehr.

Aber als das geschah, wußten wir alle nicht, was wir tun sollten und liefen auf die Straße. Wir sahen Menschen in die Kanalisationsröhren flüchten und taten es ihnen nach. Vati führte mit seiner Taschenlampe eine ganze Gruppe durch die schmalen Gänge der Hauptleitung. Wir folgten der Strömung der Abwässer in Richtung Weichsel. Zum Schluß nur Vati, Mutti, ein fremder Mann und ich. Alle anderen blieben zurück. Erst im letzten Moment, als die deutsche Polizei schon hinter uns herschoß, stiegen wir aus der Kanalisation heraus.

Im Häuschen eines Fabrikwächters in Prokocim säuberten wir uns. Die Wanderung soll drei Stunden gedauert haben, aber ich merkte es gar nicht. Wo wir uns nun verstecken sollten, wußten wir nicht und gingen erst einmal durch das Dorf. Unterwegs hielten uns zwei Deutsche an, die aber nicht im Dienst waren und uns nicht belästigten, obwohl sie vielleicht ahnten, wer wir waren. Dann fiel Vati ein, daß er hier einen Patienten, der sogar mit Opa befreundet war, besaß. Wir gaben einem Jungen, der uns den Weg zeigte, 100 Zloty. Der betrank sich dann und zeigte uns der Gestapo an. Nachts weckte uns der Patient. Er hatte wohl vom Vorhaben der Deutschen erfahren, und wir mußten auf dem Feld übernachten. Dort stießen wir auf eine Bande betrunkener Straßenjungen, die uns für

1000 Zloty übernachten ließen. Am Morgen gingen wir nach Podgorze, wo wir mit Großmutter Rysia und der Urgroßmutter zusammentrafen. Wir hatten dort einen Bekannten, der Vati schon lange versprochen hatte, für ein Versteck zu sorgen. Leider stellte sich heraus, daß er ein Gestapospitzel war und uns die Gestapo auf den Hals hetzte. Als sie kamen, nahm Vati Gift, weil er ihnen nicht lebendig in die Hände fallen wollte. Auch Mutti nahm Gift und wollte mir gerade geben, als der Gestapomann sie bei der Hand nahm und deutsch mit ihr sprach. Wenn ich mich recht erinnere, gingen die Gestapoleute dann fort, nachdem Mutti ihnen Geld gegeben hatte, und ich mußte Vati die Fläschchen mit Medikamenten reichen, die auf der Kredenz standen. Dabei war auch eine Flasche mit oxydiertem Wasser. Vati zeigte mit seiner steifwerdenden Hand auf das Fläschchen und trank es dann aus. Es war ein Gegengift. Dann fuhren wir mit dem Krankenwagen ins Lazaruskrankenhaus, wo Vati unter dem Namen Adamski blieb. Vor dem Kriege hat Vati in diesem Krankenhaus einige Jahre gearbeitet, und nun erkannten ihn ein paar Schwestern wieder. Niemand hat ihn verraten. Sie pumpten Vati und Mutti den Magen aus. Beide wurden schnell gesund.

Am nächsten Tage fuhren wir zu Dr. H., einem Kollegen von Vati, der uns zuerst auch verstecken wollte, dann aber plötzlich jede Hilfe versagte. Wir hatten also kein Dach über dem Kopf. Dr. H. behielt uns nur ein paar Stunden bei sich, dann mußten wir sein Haus verlassen.

Vati fuhr in die Stadt, um einen Zufluchtsort für uns zu suchen. Er ging zu einem Patienten, dem berühmten Maler W., dessen Tochter Wicula sich dann unserer auch herzlichst annahm. Sie machte eine Wohnmöglichkeit für uns ausfindig, wo wir ein paar Tage bleiben konnten. Wir durften nicht ausgehen, und deshalb brachte sie uns auch Essen, mir sogar Kuchen. Da die Wohnung dem Gestapogebäude direkt gegenüber lag, konnten wir nicht lange bleiben. Später gingen wir zu Frau A., die früher schon Juden versteckt hatte. Bei ihr in der Starowislnastraße wohnten wir eine ganze Zeit, und es ging uns gut, weil die Leute sehr nett zu uns waren. Da aber nebenan Volksdeutsche lebten, konnten wir nicht für immer dort bleiben. Wir sollten von Zeit zu Zeit wiederkommen, wenn wir uns nur eine andere Bleibe beschaffen konnten. Bei alten Bekannten von Vati in der Janagasse durften wir auch höchstens ein paar Tage sein, aber deren Tochter Helenka sorgte den ganzen Krieg über rührend für uns. Ihre Eltern nahmen sich auch meiner Großeltern an, brachten ihnen Essen und uns dann ihre Briefe. Durch sie bekam ich von Vati zum Geburtstag sogar ein Buch geschenkt: „Der eigensinnige Junge" von Korczak.

Dann besorgte uns ein Kollege von Vati — Dr. Z. — eine Wohnung in Wieliczka, wo wir ein paar Monate wohnten. Doch die Eltern unserer Wirtin, die im gleichen Hause lebten, hatten Angst, daß man uns entdecken könnte und schickten uns schließlich fort. Das geschah im November — wie ich mich entsinne —, und es war sehr kaltes, nasses Wetter. Wir durften nicht mit der Eisenbahn fahren, sondern mußten einen Panjewagen nehmen und zu Fuß gehen. Es gab viele Kontrollen, und wir hatten unterwegs große Angst. Dann besorgte uns die illegale Hilfsorganisation für Juden eine Wohnung in der Sebastianastraße. Aber die Wohnung gehörte einem Mann, der bei der polnischen Polizei war, und Mutti hatte Angst, dort zu bleiben. Später stellte sich aber heraus, daß dieser polnische Polizist einer der anständigsten Menschen war, denen Mutti während des ganzen

Krieges begegnete. Wahrscheinlich war er deshalb auch Mitglied dieser Hilfsorganisation für Juden. Er wußte doch alles über uns und hat uns nie verraten. Dabei spionierte die ganze Zeit ein Jude hinter uns her, ein gewisser Ignacy Taubmann, der Gestapospitzel war und uns ans Messer liefern wollte.

Der Polizist brachte uns dann an der Josefinskastraße unter, weil zu ihm zu viele Deutsche ins Haus kamen und er dies für gefährlich hielt. Aber auch dort schnüffelte Taubmann unter unseren Fenstern herum. Als dann bei Frau A. wieder Platz war, zogen wir zu ihr zurück, bis der Boden wieder zu heiß wurde für uns und wir nach Wielicka zurückkehrten. Nach einem halben Jahr ging Vati zu den Partisanen, und wir verloren jeden Kontakt mit ihm. Wir bekamen die Nachricht, daß Vati gefallen sei, und die Geheimorganisation gab uns kein Geld, obwohl man es zuerst fest versprochen hatte. Nur Frau Marysia brachte uns Unterstützung vom Hilfsausschuß für Juden. Nachdem Vati fort war, kamen oft Kollegen von ihm zu uns – auch Partisanen – und brachten uns Leckerbissen und Obst. Da kamen Herr Leon und Herr Stefan sowie Frau W. mit ihrem Sohn Oles, der mit mir spielte.

Nach dem Warschauer Aufstand kam Vati plötzlich zurück, und wir waren wieder zusammen. Als dann die Russen in Krakau einmarschierten, saßen wir alle im Luftschutzraum, denn neben unserem Haus stand eine deutsche Batterie, und daher bekamen wir dauernd schweres Feuer. Die Häuser direkt neben uns stürzten ein. Als eine schwere Ladung in unserer Nähe einschlug und das ganze Haus wackelte, bekam ich schreckliche Angst.

Als der Kampf zu Ende war, ging ich auf die Straße. Es gab keine Deutschen mehr in Wieliczka, weil sie alle geflohen waren. Aber man fing sie ein, denn wir lagen mitten im russischen Kessel.

In unserem Haus quartierte sich ein russischer Hauptmann ein, der die deutschen Kriegsgefangenen verhörte. Hinter unserem Schuppen fanden wir ein ganzes Lager zerbrochener Gewehre und viele deutsche Munition.

Nachdem die Russen in Krakau einmarschiert waren, kamen auch wir am 18. Januar 1945 dort als freie Menschen wieder an.

Im Gefängnis

Jan Kulbinger,

geb. am 13. Mai 1930 in Drohobycz. Vorname des Vaters: Tadeusz, Mädchenname der Mutter: Jetti Liebermann.[1])

Drohobycz — Lemberg — Zwei Judenbengel haben die Frechheit, leben zu wollen — In Händen der Polizei — Vom Regen in die Traufe — Ein Märchen über Gebrüder Bandrowski und den Raub im Ghetto — Verhör — Bescheinigung der deutschen Polizei — Hirtenjunge.

Aus der Zeit sowjetischer Besatzung weiß ich nichts Interessantes zu berichten. Aber damals starben mein Vater und eine Schwester. Mutti, zwei ältere Schwestern und ein kleines Brüderchen blieben mit mir übrig. Die Deutschen gaben beim Einmarsch den Ukrainern einen Tag für die Judenverfolgung frei. Sie durften nach Herzenslust morden. Aber damals halfen die Polen den Juden, was sie später nicht taten. Eine Nachbarin, die später Volksdeutsche wurde, versteckte uns alle. Aber ich brauchte mich nicht zu verstecken, denn ich sehe gar nicht jüdisch aus. Ich konnte durch die Straßen gehen, ohne angehalten zu werden. Ich sah, daß halbtote Juden auf den Kirchhof geschleppt wurden, und dort erschoß man sie. Alle Juden hielten sich vorsichtshalber drei Tage versteckt.

Später wurde ein Judenrat und auch jüdische Polizei gebildet. Der Judenrat mußte die Leute zur Arbeit sammeln, aber er wußte selbst ganz genau, daß es sich nicht um Arbeit handelte, denn die eigenen Familien wurden schnell versteckt, während die anderen sich melden mußten und Tausende von Familien fortgeschleppt wurden. In Drohobycz war ein geschlossenes Lager, wo Juden Dachziegel fabrizieren mußten. Auch meine beiden

---

[1]) Protokollaufnahme durch M. Hochberg, Marianska, Krakau.
Archiv der Zentralen Jüdischen Historischen Kommission, Nr. 140.

Schwestern kamen dorthin, und Mutti erwischte man bei einer „Aktion". Nur eine Schwester und der kleine Bruder blieben bei mir. Meine Schwester wurde krank, und man schaffte sie daher aus dem Lager Drohobycz wieder zurück. Sobald eine „Aktion" stattfand, saßen wir auf dem Boden. Manchmal wagten wir uns ein paar Tage lang nicht zu rühren und blieben ohne Essen. In solchen Zeiten stahlen uns die Nachbarn alles aus der Wohnung. Bald besaßen wir nichts mehr. Essen bekamen wir dann bei verschiedenen Leuten. Bei zwei „Aktionen" kamen wir davon. Man brachte die Menschen nach Belzec oder erschoß sie schon im Walde von Bronice. Dann wurde ein Ghetto eingerichtet, aber ich lief immer frei herum, denn sonst wären wir alle vor Hunger krepiert. Ich handelte mit allem, denn meinetwegen hatte niemand Angst. Die dritte „Aktion" dauerte dann sogar vier Wochen. Sie suchten alle Verstecke durch, und die jüdische Polizei half ihnen dabei. Wir saßen — 40 Personen — in einem festgemauerten Versteck, aber die jüdische Polizei selbst hat uns verraten. Wer Geld hatte, konnte sich loskaufen, aber wir besaßen nichts mehr. Man hat mich mit Bruder und Schwester zur Sammelstelle gebracht, aber nachts konnten wir alle drei durch ein Klosettfenster entkommen. Die „Aktion" jedoch war noch immer nicht zu Ende, und man fing uns wieder ein. Diesmal brachte man uns ins Gerichtsgebäude, wo Juden für einen Transport zusammengestellt wurden. Von dort konnte man nicht mehr flüchten. Man trieb uns wie Vieh zum Bahnhof und pferchte uns zu 400 in große Waggons. Ich wollte entwischen, aber meine Geschwister wollten nicht mitmachen, weil sie das Einfangen nicht nochmal erleben wollten. Als wir 30 Kilometer gefahren waren, hatten die Leute schon ein Loch in den Wagen geschnitten. Ich verabschiedete mich von meinen Geschwistern und sprang hinaus. Dabei tat ich mir nicht einmal weh, so gut gelang es. Auch mein Vetter Jozek Rabach sprang hinaus, und wir trafen uns in Drohobycz wieder. Seitdem blieben wir immer zusammen.

Wir verkauften Zeitungen im „arischen" Viertel und handelten mit allerhand. Mein Vetter sieht nämlich auch wie ein „Arier" aus, vielleicht sogar noch mehr als ich. Wir erfuhren, daß man auch meine Schwester aus dem Lager verschleppt hatte wie alle anderen.

Im Frühjahr 1943 wurde wieder eine Razzia durchgeführt, und Jozek und ich mußten uns auf den Feldern tagelang versteckt halten. Wir beschlossen, irgendwo anders hinzufahren, weil uns in der Heimat doch alle kannten. So fuhren wir mit dem Zug nach Lemberg. Eine Frau aus Drohobycz, die uns wohl kannte, ohne daß wir sie kannten, saß auch im Zug und begann gleich, auf die Juden zu schimpfen. Sie sagte, es würde den Juden nichts nützen, wenn sie auch flohen, denn sie hätten ein gutes Leben gehabt und müßten nun büßen. Wir konnten nicht mehr aussteigen, denn alle waren schon auf uns aufmerksam geworden. Als der Zug in Lemberg eintraf, holten die Leute den Bahnschutz, und die Schupos brachten uns, ohne lange zu fragen, ins Ghetto. Dort fand gerade eine Großrazzia statt, und wir mußten uns mit anderen Menschen auf einem großen Platz aufstellen. Ich sah, wie Menschen schnell Gift nahmen, Mütter es ihren kleinen Kindern eingaben und Kinder ihren alten Eltern. Ich überlegte, wie wir uns retten könnten. Aber es sah übel aus. Einstweilen hieß es abwarten. Erst als man uns in Straßenbahnen verladen hatte und ins Lager Janow schaffte, versuchten wir die Flucht. Aber man fing uns wieder ein und schlug uns mit Gewehrkolben. Ich sagte, daß ich weder Jude noch aus Lemberg sei, aber niemand hörte zu. Bei der Ankunft im Lager sperrte man uns in den jüdischen Bunker, in dem viele Juden saßen, die sich als „Arier" ausgaben. Die Gestapoleute prügelten heftig, und wenn sich gar herausstellte, daß einer Jude war, so schlugen sie ganz entsetzlich. Ich hatte große Furcht, daß Jozek nicht bei der Stange blieb und alles zugeben würde. Endlich kam auch ein Gestapomann zu uns, betrachtete uns eingehend und fragte dann, wer wir seien. Ich erzählte, daß wir aus Drohobycz wären und gerade vorübergekommen seien, als man die Straßenbahnen belud. Zwei Juden seien abgesprungen und entkommen. Deshalb habe man uns einfach aufgeladen und nun an Stelle der Juden hier abgeliefert. Der Gestapomann schlug auf mich ein und brüllte mich an: „Ihr seid wohl extra aus Drohobycz gekommen, um hier im Ghetto zu plündern. Na, wartet, Freundchen, das werde ich euch versalzen." Ich ließ mich schlagen, denn ich spürte, daß er mich wirklich für einen Plünderer hielt. Einen Tag blieben wir in dem Bunker, dann übersiedelten wir in einen „arischen" Bunker und bekamen dort endlich zu essen. Ich sagte, wir hießen Jan und Josef Bandrowski und hätten in Drohobycz eine Stiefmutter. Unser Vater sei gestorben, und wir seien von zu Hause ausgekniffen, weil die Stiefmutter uns prügelte und nichts zu essen gab. Wir wollten gern arbeiten. Als wir in Lemberg am Ghetto vorbeikamen, hätte man uns irrtümlicherweise an Stelle von zwei geflüchteten Juden eingefangen. Sie schrieben alles auf und schickten uns dann zum Sicherheitsdienst in die Lackistraße. Als wir dort ankamen, sahen wir einen Arzt alle Männer untersuchen und sortieren. Ich glaubte, nun sei alles verloren, wenn der Arzt mit der Brille auch selbst wie ein Jude aussah. Er untersuchte uns und sagte: „Arisch." Wir konnten in eine Zelle gehen, wo schon 60 Mann saßen oder auf dem Boden schliefen. Hauptsächlich waren es Diebe und Räuber. Ein Greis — Herr Winiarski — wurde eingesperrt, weil er Juden versteckt hatte und sagte uns, wir würden sicher innerhalb einer Woche wieder freigelassen werden. Es war gerade Pfingsten, und das Polnische Komitee schickte uns gute Suppe. Die Banditen zwangen uns, Zeichen auf die Hände tätowieren zu lassen. Ich bekam einen Matrosen und Jozek einen Anker.

Nach einer Woche wurden unsere Namen aufgerufen, und wir mußten wieder zum Verhör. Sechs Kinder aus dem Gefängnis waren dort, und unter ihnen auch ein Mädchen. Sie war Jüdin, wollte es jedoch nicht zugeben. Der Gestapomann sagte ihr, sie würde verprügelt, wenn sie leugnete. Gäbe sie es jedoch zu, geschähe ihr nichts. Er sprach so zuckersüß, daß die Dumme ihm glaubte und es zugab, daß sie Jüdin sei. Man verhörte uns nochmals und stellte uns dann mit dem Gesicht zur Wand. So mußten wir warten, bis alle verhört waren. Dann sagte der Gestapomann, in unserer Angelegenheit müßte er erst telefonieren. Ich glaubte, nun sei alles zu Ende, denn wenn er mit Drohobycz telefonierte, würde er hören, daß wir gelogen hatten. Er rief aber das Polnische Komitee an und sagte, daß die jemand schicken sollten, um zwei Jungen abzuholen. Mit der Schreibmaschine schrieb er dann eine Bescheinigung, daß Jan und Jozef Bandrowski durch die Sicherheitspolizei hiermit dem Polnischen Komitee übergeben würden. Mir war sofort klar, daß so eine Bescheinigung jetzt für uns der beste Ausweis sein könnte. Viel besser als ein gefälschter Geburtsschein, weil er ja echt und von den Banditen selbst ausgestellt war. Bei dem letzten Verhör war ich schon furchtbar aufgeregt, denn ich fürchtete, Jozek könnte sich durch irgend etwas verraten. Er war doch jünger als ich und ich gab die ganze Zeit auf ihn acht. Aber er sagte immer das gleiche wie ich.

Ein Auto vom Komitee brachte uns in eine Kinderkrippe zu den Nonnen. Die empfingen uns damit, daß wir beichten gehen sollten, weil wir aus dem Gefängnis kämen und sicher viele Sünden auf dem Gewissen hätten. Das war ein schöner Reinfall! Ich konnte mich drücken, aber Jozek mußte gehen, weil gerade Kinder in seinem Alter zur ersten Kommunion gingen. Er hat ihnen einfach alles nachgemacht und es klappte auch.

Nach ein paar Wochen erschien ein Bauer, der in der Vorstadt Nowy Lwow ein Stück Land hatte und nach einem Jungen suchte, der Kühe hüten konnte. Ich meldete mich sofort, denn das Herumsitzen in dem Kinderheim war sehr langweilig für mich. Außerdem mochte mich der Bauer gern. Jozek kam später auch zu einem Bauern. Wir hatten also beide Arbeit, nur leider weit voneinander entfernt. Am Sonntag durften wir uns sehen. Jozek hatte es nicht gut bei seinem Bauern und ich besorgte ihm eine andere Stelle, die in meiner Nähe lag. Dort gab es viel schwere Arbeit. Kühe hüten ist leicht, aber auch sehr langweilig. Bei dem anderen Bauern mußte man auch ausmisten, graben und überhaupt alle notwendige Arbeit verrichten. Als einmal Gäste kamen, sprachen sie viel über Juden. Plötzlich sagte der Bauer: „Schaut ihn euch mal an! Ob das kein Jude ist?" Er meinte es ernst, denn er hatte mich oft auszuhorchen versucht. Ich antwortete ihm immer das gleiche, nämlich, er solle sich nur bei dem Komitee erkundigen, dort könne man ihm eine Bescheinigung zeigen, aus der er alles ersehen würde. Sein Besuch lachte den Bauern aus und die Schwiegertochter, deren Mann bei der Kriminalpolizei war, sagte: „Nur keine Sorge! Der war auf der Gestapo und wurde da untersucht. Wäre er ein Jude, hätte man ihn nicht laufen lassen."

Wir hatten es sehr satt, als Kuhhüter zu arbeiten, denn man muß da auch viel schwere Arbeit machen. Wir waren sehr abgerissen und zerlumpt, bekamen nie Geld, sondern nur das Essen. Ich besuchte die deutschen Soldaten, gleich neben uns lag eine Flak, oft und fing endlich an, dort zu arbeiten. Ich blieb bei ihnen, bis sie flüchten mußten. Dort hatte uns niemand in Verdacht, obwohl wir wilde Lockenköpfe hatten. Aber sie hielten uns wohl für Ukrainer. Als die Deutschen im Sommer 1944 flohen, wanderten wir ein paar Tage im Dorf herum und beim Einmarsch der Russen fanden wir endlich unseren Onkel, einen Arzt, der sich unserer annahm und uns nach Krakau brachte.

Eine Erwachsene erzählt über Kinder

Sabina Mirowska,

Die Geschichte eines jüdischen Waisenhauses[1])

Erstes Kriegsjahr — Im Ghetto — Kinder auf „arischer" Seite — Tragischer Tag — Ein leeres Haus — Eine neue Falle — Die Mutter zur Arbeit, die Kinder in den Tod.

Als der polnisch-deutsche Krieg begann, stand das Jüdische Waisenhaus an der Dietlastraße 64 ohne jeglichen Schutz, denn die Vorstandsmitglieder hatten in dem Durcheinander, das in Krakau herrschte, die Stadt verlassen. Nur Anna Feuerstein — die Heimleiterin — blieb. Sie bekleidete ihr Amt schon 17 Jahre lang und hatte etwa 200 Kinder im Alter von 5 bis 17 Jahren zu betreuen. Bedienungspersonal und Erzieher waren ebenfalls geblieben. Die Bombardierung der ersten Tage rief eine ziemliche Panik unter den Kindern hervor. Sie saßen in Luftschutzkellern und wurden von Vorräten ernährt. Nachdem die Deutschen am 6. September 1939 Krakau besetzt hatten, wurden die Zustände langsam wieder normal. Die Besatzungsbehörden besuchten die Anstalt und wunderten sich über die Sauberkeit und Ordnung, so daß die Anstalt eine ganze Weile bei ihnen in Gunst stand. Als Beweis dafür gab es Lebensmittelzuteilungen, die der Stadthauptmann von Krakau der Jüdischen Gemeinde zur Verfügung stellte.

Dieser Zustand dauerte bis zum August 1940. Ein Teil der jüdischen Bevölkerung erhielt Ausweise, mit denen man in Krakau bleiben durfte. Auch der Vorstand des Waisenhauses machte entsprechende Bemühungen, und der damalige Stadthauptmann von Krakau — Schmidt — erteilte die Erlaubnis zum Weiterbestand des Heims. Aber es währte nicht lange, denn im März 1941 wurde Podgorze als jüdisches Wohnviertel bestimmt und alle

[1]) Protokollaufnahme durch Dr. David Haupt.
Archiv der Zentralen Jüdischen Historischen Kommission, Nr. 891.

Krakauer Juden erhielten Befehl, bis zum 20. März mit ihrer gesamten Habe ins Ghetto zu ziehen. Für das Waisenhaus wurde die Frist dank Intervention der Jüdischen Gemeinde bis zum 1. April verlängert. Der Transport des Mobiliars für ein fünfstöckiges Haus bereitete große Schwierigkeiten. Außerdem erfüllte das Haus in der Dietlastraße alle Anforderungen (große Schlafsäle, Speisesaal, Turnsaal mit Geräten usw.), während im Ghetto nur schwer eine derartige Unterkunft ausfindig zu machen war. Endlich wählte man die Wasserbaustiftung an der Krakusastraße 8, in der allerdings die Kinder in kleinen Zimmern nur mit Mühe untergebracht werden konnten.

Ich arbeitete seit dem Mai 1940 im Waisenhaus als Sekretärin und hatte ständigen Kontakt mit den Kindern. Ich verfaßte ihre Berichte und wußte über alles in ihrem Leben Bescheid. Infolge Personalmangels mußten sich ältere Mädchen der Kleinen annehmen. Trotz einem Mangel an Strümpfen waren die Kinder immer noch verhältnismäßig gut eingekleidet, wurden im religiösen Geist erzogen, beteten bei den Mahlzeiten, und die Jungen trugen beim Essen Mützen. Im Jahr 1940 hatten wir in der Dietlastraße ein großes Fest und die Kinder ahnten noch nichts von der ihnen bevorstehenden Tragödie. Wir hatten einen nicht ganz normalen Jungen — Julius Probst — im Heim, der laut Bestimmungen nicht mit den anderen Kindern zusammenbleiben durfte. Wir brachten ihn in die von Pater Bonifraters geleitete Anstalt für zurückgebliebene Kinder in Iwonicz und mußten dort für ihn 90 Zloty im Monat bezahlen. Dort blieb er, bis der Stadthauptmann Rodler anordnete, daß alle jüdischen Kinder, die bislang in nichtjüdischen Anstalten und Krippen untergebracht waren, ins jüdische Kinderheim zurückgebracht werden mußten. Zu unserem Entsetzen brachte auch der Priester uns Probst eines Tages zurück, als wir schon im Ghetto lebten.

Das Heim erlebte durch diese Anordnung noch eine Überraschung. Das christliche Kinderheim in Krakau, Koletestraße, benachrichtigte uns, wir sollten 10 angeblich jüdische Kinder dort abholen. Die betreffenden Kinder ahnten nichts von ihrer jüdischen Abstammung, waren ganz christlich erzogen und grüßten auch bei uns nachher noch lange Zeit mit: „Gelobt sei Jesus Christus."

Es handelte sich bei den Kindern um namenlose Findlinge, deren Abstammung man kaum herausfinden konnte. Das Heim hatte Mühe, die Kinder alle mit Lebensmitteln zu versorgen und so wurden unter den Juden dauernd Sammlungen veranstaltet, um das Heim zu unterstützen. Wir richteten eine Bürstenwerkstatt ein, in der die älteren Kinder arbeiteten und auf diese Weise Geld verdienen konnten.

Am 1., 4. und 8. Juni gingen die ersten Transporte aus dem Ghetto nach Belzec. Ein paar tausend Juden wurden damals deportiert und auch das Waisenhaus war trotz aller Bemühungen der Jüdischen Gemeinde von der Deportation bedroht, wie ich vertraulich im Gemeindevorstand erfuhr. Nach der Massendeportation wurde das Ghetto verkleinert und auch unser Waisenhaus mußte in ein noch beengteres Haus verlegt werden. Wir wohnten dann auf der Josefinskastraße 31.

Hier begann die wahre Gehenna jüdischer Kinder. Sie lebten genau wie die Erwachsenen dauernd in der Angst vor Deportation, litten unter der Ungewißheit, was der kommende Tag bringen mochte und die Erzieher mußten dafür Sorge tragen, daß die

Kinder zu Arbeiten für die Wehrmacht herangezogen wurden, damit sie dadurch vor einer „Aktion" geschützt waren. Natürlich hatte dies auch Nachteile für die Kinder, denn sie waren den größten Teil des Tages beschäftigt.

Im August 1942 begannen auch in der Umgebung Krakaus die Aussiedlungen, und vor den Toren des Krakauer Ghettos erschienen bald jüdische Kinder, die vor so einer „Aktion" flüchten konnten oder gar von Polen hierher gebracht wurden. Der Kommandant der jüdischen Ordner veranlaßte dies, und leider vergrößerte sich die Zahl unserer Kinder dadurch dauernd auf zweierlei Art. Die Heimleitung war verzweifelt, denn wir hatten kaum Platz für alle und mußten das Problem dadurch lösen, daß zwei oder gar drei Kinder in einem Bett schliefen. Leider brachten die Neuankömmlinge oft Krätze mit und steckten die anderen an. Später stellte sich heraus, daß die deutschen Behörden nur deshalb so entgegenkommend erlaubten, daß immer mehr jüdische Kinder ins Ghetto gebracht wurden, weil sie eine Falle vorbereiteten.

Eines Tages rief man den Ordnungsdienst und übergab ihm ein siebenjähriges Mädchen für unser Heim. Dies war ein deutsches Kind. Die Mutter war angeblich Jüdin, aber der Vater SS-Mann und an der Front. Die Mutter hatte man verhaftet und das Kind erst in Berlin und dann in einem Kinderheim der NSDAP in Zakopane gehabt. Sie sprach nicht polnisch, trug ein Hakenkreuz am Mantel und erklärte mir, dies sei ein Abzeichen, das nur Deutsche tragen dürften. Als ich mit ihm durch die Straßen ging, bemerkte sie einen deutschen Offizier und erklärte, mit dem Finger auf ihn deutend, daß ihr Vater genau so eine Uniform trage. Sie sang nationalsozialistische Lieder, u. a. „Wir fahren gegen Engelland". Sie bekam keinen Kontakt mit den anderen Kindern, weil sie sich ja nicht verständigen konnten, und hielt sich stets abseits, weil sie sich wohl als Deutsche und den anderen überlegen fühlte. Aber sie teilte das gleiche Schicksal mit den anderen Kindern im Heim.

Anfang September 1942 beschlagnahmten die deutschen Behörden unser Haus an der Josefinskastraße für „Möbelbeschaffung".

Ein paar Häuser weiter auf der gleichen Straße lag das jüdische Handwerksinternat, wo Jungen über 14 Jahre lebten. Das Haus wurde von Matylda Schenker geleitet und man zwang uns, die beiden Institutionen zusammenzulegen, indem man uns keine anderen Räume überließ. Das war der Anfang vom Ende. Hier herrschte keine Ordnung mehr. Wir bauten dreistöckige Pritschen für die Kinder, weil wir sie nicht anders unterbringen konnten in dem einstöckigen Haus, in das immer neue Kinder strömten. Die Kleinen waren so deprimiert, als ahnten sie, was ihnen bevorstand. Wir beschäftigten 10 ältere Mädchen, um sie vor der Deportation zu schützen, im jüdischen Seuchenlazaratt. Aber auch das half ihnen nichts.

Am 27. Oktober 1942 — einen Tag vor der allgemeinen Deportation — wußten schon alle im Ghetto Bescheid. Ich blieb bis 10 Uhr abends in der Anstalt. Alle waren beunruhigt, aber doch hegte jeder noch einen Funken Hoffnung, daß die Anstalt diesmal verschont bliebe. Am 28. Oktober morgens mußten sich alle Beschäftigten vor dem Arbeitsamt aufstellen und nach Arbeitsplatz gliedern. Als ich morgens ins Heim gehen wollte, hörte ich, daß es von der Polizei umstellt sei und niemand das Haus verlassen oder betreten dürfe. Selbst diejenigen, die im Heim lebten, aber außerhalb arbeiteten, durften nicht zur Aufstellung vor dem Arbeitsamt gehen, wie alle anderen Arbeitenden. Auch die im Krankenhaus beschäftigten Mädchen durften nicht hinaus. Gegen Mittag versammelten sich dann Kinder und Personal auf dem Plac Zgody und warteten auf ihren Transport. Die kleinen Kinder, die noch nicht laufen konnten, wurden in Körben auf die Wagen geworfen und aus dem Ghetto hinausgeschafft. Ich hörte später, daß man sie schon in der Stadt erschossen hat. Die älteren Kinder wurden mit dem Personal ins Lager Plaszow transportiert, dort in Waggons geladen und nach Belzec in den Tod geschickt.

Ich möchte noch etwas erzählen, was auf dem Plac Zgody geschah. Die jüdische Polizei wollte die Heimleiterin und deren Mann freilassen, doch beide lehnten dies ab. Anna Feuerstein erklärte, 20 Jahre mit den Kindern verbracht zu haben und sie deshalb nun auch nicht verlassen zu wollen.

Entenberg, der Leiter des Handwerksinternats, erzählte mir davon, denn ihn ließ man laufen. Etwa 10 ältere Jungen retteten sich, indem sie frühmorgens das Haus über das Dach verließen.

Das war also das tragische Ende des Krakauer Jüdischen Waisenhauses. Am Morgen nach der Deportation machte das Haus selbst einen Eindruck, daß einem das Blut in den Adern erstarrte. Überall lagen Strümpfe, Schuhe und andere Kleidungstücke verstreut herum, und was gestern noch so voll Leben war, wirkte heute verlassen und grauenhaft.

Nach ein paar Tagen berichtete man, daß man an der Krakusastraße 17 ein Tagesheim für jüdische Kinder, die wie ein Wunder der Deportation entgangen waren, einrichtete. Die Kinder hatten ihre Eltern verloren und standen ganz allein. Dies „Tagesheim" wurde auf Befehl der Deutschen errichtet. Der Kommandant der jüdischen Ordner — Symche Spira — und der Vorsitzende der Jüdischen Gemeinde — David Gutter — führten den Befehl aus. Sie versicherten, keinem Kinde würde ein Haar gekrümmt werden, solange sie selbst da seien, und die Geschichte mit dem Waisenhaus sei ohne ihren Willen passiert. Ich half zeitweise im „Tagesheim" aus, war dort aber nicht in Arbeit. Den Versicherungen der beiden Herren schenkte ich keinen Glauben, sondern war davon überzeugt, daß es sich wiederum um eine Falle handelte. Mir blutete das Herz, wenn ich die kleinen, hübschen Kinder sah, die hier von den Müttern freiwillig abgegeben wurden, weil diese im Ghetto arbeiten mußten oder ins Lager Plaszow kamen. Das „Tagesheim" war im früheren Krankenhaus von Dr. Kranz untergebracht. Als dann immer mehr Mütter nach Plaszow verschleppt wurden und die Zahl der Kinder wuchs, mußte das Heim vergrößert werden und zog in die Krakusastraße 17 um.

Am 13. März 1943 wurde das Ghetto von den Deutschen umzingelt und angeordnet, daß die ganze arbeitende Bevölkerung in ein paar Stunden ins Lager Plaszow umzusiedeln sei. Alte, Kranke und Kinder sollten dem Ghetto „B" zugeteilt werden. Wir ahnten alle, was dies bedeutete. Beim Verlassen des Ghettos versuchten die Mütter, ihre Kinder in Rucksäcken durchzuschmuggeln oder sie sonst unter die Lagerleute zu schieben. Aber man riß ihnen die Kinder fort und schaffte sie ins „Tagesheim". Die Verzweiflung der Mütter war grenzenlos. Wie gern wären sie mit den Kleinen gestorben, aber man erlaubte ihnen nicht, die Reihe zu verlassen. Auf verzweifelte Fragen, was mit den Kindern geschehen sollte, bekamen die Mütter von Goeth und dem Judenrat die Antwort, sie sollten nur ruhig sein, die Kinder kämen am nächsten Tage ebenfalls ins Lager. Auch dies war wieder eine bewußte Lüge. Im Lager hörte ich dann ein paar Tage später von dem Schicksal der Kinder im Ghetto „B" und im „Tagesheim". Sie wurden am Sonntag, dem 14. März, erschossen und ihre Leichen in ein Massengrab bei Plaszow gebracht. Ihre Kleidungsstücke erhielt das Kleidermagazin in Plaszow und manche Mutter erkannte dort die Kleidchen oder Mäntel ihres Kindes wieder.

Wie durch ein Wunder kam ein Häuflein Kinder im Lager Plaszow an und lebte dort unter schwersten Bedingungen bis zum 14. Mai 1944, als die Alten, Kranken und auch diese Kinder ins Krematorium Auschwitz transportiert wurden.

KAPITEL IV

Hitleriana

INHALTSVERZEICHNIS

Seite

Fotografien

Vorwort

Die im Dritten Reich herrschende geistige Atmosphäre machen die Dokumente dieses Kapitels deutlich; jene Atmosphäre, aus der der Entschluß zur vollkommenen Ausrottung der Juden geboren wurde. Der fundamentalen Bedeutung dieser alles beherrschenden Gedankenwelt gemäß gehörten diese Unterlagen eigentlich an den Beginn dieses Buches gesetzt.

Tatsächlich hat man es hier mit der intellektuellen Elite des Nationalsozialismus zu tun, die ihre Zeit und Geisteskraft in den Dienst einer solchen gewichtigen Hauptsorge stellt, zum Wohl der Menschheit im Leben großer deutscher Männer nach jüdischen Einflüssen herumzustöbern und nachzuschnüffeln. Meister der exakten Wissenschaft merzen sogar aus den Erkenntnissen der Naturgesetze alles von den Juden Stammende aus. Schlimm für die Natur, wenn sie dieses Vorhaben nicht ohne weiteres durchführen läßt.

Namhafte Mediziner sammeln zum höchsten Ruhme der deutschen Wissenschaft jüdische Skelette und Totenschädel oder experimentieren mit neuen Sterilisationsverfahren. Sieht es nicht ganz so aus, als sei Hitler-Deutschland unfähig gewesen, aus sich selbst heraus zu existieren? Sah es etwa nur in der Judenfrage den Kraftquell dauernder Beschäftigung und der Erklärung seiner eigenen Natur?

Im Hinblick darauf möge gestattet sein, eine solche Geisteshaltung als unfaßliches Höchstmaß an Wahnsinn zu bezeichnen, das ohne Beispiel dasteht und nicht zu erreichen gewesen wäre, ohne den begeisterten emsigen Wetteifer der Wahnsinnigen.

In dieser Atmosphäre also erließen die Großen und Kleinen des Dritten Reiches ohne Beunruhigung ihres Gewissens unzählige Verordnungen, wie dieses Kapitel dokumentiert. Weshalb aber Überraschungen und Offenbarungen vorwegnehmen, die der Leser in diesem wesentlichen Kapitel finden wird?

ERR 594

Prof. Dr. Lenard

Heidelberg,
Neuenheimer Landstr. 2

20. Nov. 1936.

6191

Sehr verehrter Herr Minister!

Nun ist auch Band III der „Deutschen Physik" fertig, und ich bitte, dass Sie dessen – von München erfolgende – Sendung als Zeichen meiner Verehrung und Hochschätzung annehmen möchten. Vielleicht interessiert Sie die Einleitung zur Physik des Aethers, oder die Übersicht zur Elektrizitätslehre. Die weltanschaulich belangreichen Teile kommen im übrigen verstreut in allen 4 Bänden vor. Es musste aber einmal das gesicherte Gesamtwissen von der Natur im Zusammenhang, mit Nachweisen, dargestellt werden; die jüdische „Physik" ist noch viel umfangreicher.

Die Rassenmischung Arnold Sommerfelds und die Rassenseele Werner Heisenbergs[1])

---

[1]) Prof. Dr. Philipp Lenard war Professor der Physik an den Universitäten Breslau, Aachen und Heidelberg. Im Jahre 1905 erhielt er für seine Arbeit über Kathodenstrahlen den Nobelpreis für Physik. Der Brief ist an A. Rosenberg gerichtet.

Seite 2

Es ist sehr bemerkenswert, dass jetzt, nach Geltendmachung des Arierparagraphen an den Hochschulen, noch immer so viel Judengeist in den Physikern fortsitzt, dass sie wohl sicher im Verborgenen den Juden nachtrauern. Bei Manchen (z. B. Sommerfeld) ist jüdische Rassenmischung auch ganz offenbar. Andere scheinen blos eine jüdische Rassenseele zu haben (z. B. Heisenberg). Es war sehr gut, dass Sie in Ihrer Kultur-Rede im Opernhaus, beim Parteitag, den Begriff „Rassenseele" benützt haben; derselbe muss jetzt gehörig beachtet werden.

Im Dezember kommt auch die neue Auflage der „Gr. Naturforscher" heraus, im Einzelnen und

Seite 3

in mehreren Bildern verbessert; sie wird ebenfalls zu Ihnen kommen.

Heil Hitler!

Stets Ihr ergebener

P. Lenard.

Nazi-Physik

„Hätte Einstein die mathematische Formulierung nicht vorgenommen, wäre sie von einem anderen genau so gut aufgestellt worden"[1])

Aktenvermerk

für den Reichsleiter.

Hat dem RL. vorgelegen.

gez. W

Betrifft: Gegenwärtige Lage in der Physik.

Unter den Physikern gibt es gegenwärtig zwei Lager. Sie unterscheiden sich in der Auffassung der sogenannten modernen Physik, d. i. der Physik, die mit Plancks Entdeckung des Wirkungsquantums beginnt und heute in der Quantenmechanik einen gewissen Abschluß gefunden hat.

Im Aufbau der modernen Physik spielen die Formeln der sogenannten speziellen Relativitätstheorie eine Rolle, die der Jude Einstein 1905 aufstellte. Mit ihr verknüpfen sich die Namen anderer Juden wie Michelson (1881), Minkowski (1908). Die Propaganda, die mit ihr getrieben wurde, war sachlich nicht gerechtfertigt; denn es ist kein Zweifel, daß Einstein nur formulierte, was Fitzgerald (1892) und Lorentz (1893) u. a. bereits gefunden hatten. Hätte Einstein die mathematische Formulierung nicht vorgenommen, wäre sie von einem anderen nicht wesentlich später genau so aufgestellt worden. Im übrigen stammen die mathematischen Prinzipien schon von Gauß. Für die moderne Physik als Ganzes sind die Leistungen der Deutschen Planck, Lenard, v. Laue, Weyl, Schrödinger, Heisenberg u. a. mindestens ebenso wichtig.

---

1) *Dokument CXXXIX — 47.*

Die hier wiedergegebenen Dokumente (S. 313—329) stammen aus dem Archiv A. Rosenbergs, der zur „Überwachung der gesamten geistigen und weltanschaulichen Schulung und Erziehung der NSDAP" bestimmt wurde.

Dennoch hat die Verknüpfung mit dem Namen Einstein genügt, eine Anzahl Naturwissenschaftler (zunächst nicht eigentliche Physiker) zur Ablehnung der ganzen modernen Physik zu veranlassen. Die Auseinandersetzung nahm gehässige Formen an, als die Opposition sah, daß die Entwicklung der Theorie und der Arbeit in den Instituten über sie hinwegging. Es entstand, wie auch anderswo, das Geschrei, daß eine Cliquenwirtschaft in der Besetzung der Lehrstühle herrschte usw.

Politisch erheblich wurde der Zwiespalt erst nach 1933, als die Mißvergnügten ihre Opposition weltanschaulich begründeten und Anschluß an Männer und Einrichtungen der Bewegung suchten. Bis 1937 hatten bis dahin unbekannte Leute wie Thüring, A. Müller u. a. unter Mißbrauch des Namens Lenards über SD, Schwarzes Korps, V. B., Dozentenbund, Studentenbund es so weit geschafft, daß die Verwendung der relativistischen Mathematik als Verbrechen gegen den Nationalsozialismus hingestellt werden konnte. Physiker, die diesem Wahnsinn gegenüber darauf hinwiesen, daß nicht irgendwelche von außen an die Physik herangetragenen jüdischen Prinzipien (obwohl es das am Rande natürlich gab), sondern die konsequente Verfolgung des von der klassischen Physik vorgezeichneten Weges die mit der Quanten- und Relativitätstheorie eingetretenen Veränderungen erzwungen hatten, wurden in ihren Hörsälen und in den Zeitungen als „weiße Juden" beleidigt und in ihren Arbeitsmöglichkeiten beschränkt. Die Früchte zeigten sich sehr bald: Die wenigen ernsthaften theoretischen Physiker, bis dahin überall anerkannte Pioniere der Forschung, wurden vom Nachwuchs abgeschnitten. Heute gibt es an den deutschen Hochschulen keine nennenswerten Institute; die Folgen zeigten sich bereits in der Kriegführung; die Partei erkannte den Terror nicht genügend; wo sie ihn sah, tat sie nichts dagegen; die einzige Äußerung, mit der man wenigstens der parteiamtlich auftretenden wissenschaftlichen Reaktion entgegentreten konnte, war der Erlaß des Beauftragten des Führers vom November 1937.

Zusammenfassung und Lage: Die Theorien der neuen Physik sind nicht von außen in die exakten Naturwissenschaften hineingebracht worden, sie sind der Forschung in dem Versuch, das Programm der klassischen Physik konsequent zu Ende zu führen, durch ihre eigenen Methoden aufgezwungen worden. Gewisse Kreise wollen das nicht zugeben und bemühen sich demgegenüber, alte — schon Ende des 19. Jahrhunderts erledigte Modelle (Äther) wieder zu beleben. Dem könnte man zusehen, wenn diese Kreise nicht mit Berufung auf die Nationalsozialistische Weltanschauung und unter Ausnutzung von Wissenschaftsführungsoffizieren ihre unfruchtbare Physik als die in Deutschland allein erlaubte hingestellt hätten und in Reden, Veröffentlichungen, bei Beratungen und dergleichen als alleinige Repräsentanten der deutschen Physik erschienen. Die meisten Vertreter der modernen Physik haben bei dieser Lage resigniert; ein paar aktivere versuchen die Stellung der exakten Naturwissenschaften im Reiche zu halten. Wenn sie dabei von der Bedeutung der Relativitätstheorie sprechen, so muß gesehen werden, daß solche öffentliche Wiedererinnerungen an Einstein längst verstummt wären, wenn nicht offiziell erscheinende Kreise solche Demonstrationen herausforderten. Sieht man von den sehr persönlichen Vorstellungen ab, die Planck wie auch früher schon alt gewordene Naturwissenschaftler über Gott und Welt gelegentlich äußert, und die auch überall als persönliche Bekenntnisse gewertet werden, so müßten solche Äußerungen als (verständliche) Reaktionen auf die Angriffe des Mittelmaßes, das jetzt die Macht in den Händen hat, gegen die exakte Forschung verstanden werden. Die voreilige Identifizierung von Parteistellen mit e i n e r wissenschaftlichen Richtung hat jedenfalls dazu geführt, daß seit Jahren die wenigen leistungsfähigen theoretischen Physiker den wissenschaftspolitischen Bemühungen der Partei ganz allgemein skeptisch gegenüberstehen. Da sich ihre Anschauungen bis in die Rüstungsphysik hinein als fruchtbar erwiesen haben, haben sie mit Grund die Überzeugung, dabei im Rechte zu sein.

gez. W a g n e r

Berlin, den 15. April 1944

Der Held Achilles stand nicht sympathisch da[1]

Berlin, den 30. August 1934

An den
Präsidenten der Reichskulturkammer
Herrn Reichsminister Dr. Goebbels
Berlin
Propagandaministerium

Sehr geehrter Parteigenosse Dr. Goebbels!

Ihr Schreiben in Bezug auf die Veröffentlichung Ihres Briefes an die „Lichtbildbühne" habe ich erhalten und zur Kenntnis genommen, daß Sie einen Verantwortlichen in dieser Angelegenheit fristlos seines Amtes enthoben haben. Immerhin scheint mir, daß der eigentliche Verantwortliche für die Veröffentlichung der verantwortliche Schriftleiter der „Lichtbildbühne" ist. Ich stehe nach wie vor auf dem Standpunkt, daß ein derartiges Rundschreiben den nationalsozialistischen Grundsätzen widerspricht, jedenfalls habe ich im Laufe der Zeit Abstand genommen, durch Rundschreiben an mir unterstellte Dienststellen eine Kritik an Zuständen etwa der Reichskulturkammer zu üben, trotzdem dazu mehr als einmal Veranlassung bestanden hätte. Ich muß mir unter Umständen vorbehalten, auf derartige Rundschreiben Ihrerseits auch ähnliche Rundschreiben aufklärender Art an die mir unterstehenden Stellen zu versenden. Selbst für den Fall, daß aus meinem Amt Schreiben an die der Reichskulturkammer angegliederten Verbände verwandt sein sollten, deren Tendenz sich mit Ihren Befugnissen gekreuzt hätten, so wäre das Natürliche gewesen, wenn die Leitung der Reichskulturkammer sich mit uns in Verbindung gesetzt hätte, und wir von uns eine Richtigstellung veranlaßt hätten. Es wäre dabei durch eine Aussprache die Abgrenzung der Tätigkeiten zu klären gewesen. Im übrigen betone ich

---

[1]) *Dokument CXLII — 246.*

nach wie vor, daß der mir vom Führer übertragene Auftrag auch dahin lautet, sämtliche gleichgeschalteten Verbände in bezug auf ihre geistige und weltanschauliche Haltung zu überwachen und daß hier eine andere Meinung diese Verfügung des Führers nicht aufzugeben in der Lage ist.

Was die übrigen Punkte Ihres Schreibens anbelangt, so nehme ich meinerseits dazu folgende Stellung:

1. Wenn Stephan Zweig nicht ein gleicher Emigrant sein sollte, wie Arnold Zweig, so ist das an sich ein Spiel mit Worten, denn Stephan Zweig lebt nicht in Deutschland und wird sich sehr hüten, nach hier zu kommen.

2. Daß Stephan Zweig künstlerischer Mitarbeiter eines jüdischen Emigrantentheaters in Basel sei, war unwidersprochen zu lesen im Organ des Preußischen Ministerpräsidenten, in der „National-Zeitung" zu Essen, die sich diese Betätigung von Zweig aus der Schweiz melden ließ, wo in Basel ein derartiges Unternehmen besteht. Die Richtigkeit dieser Angabe der „National-Zeitung" oder der Ihnen gewordenen Information wäre demnach noch einmal zu überprüfen. Wenn Sie Stephan Zweig als eine Persönlichkeit schildern, die sich politisch bisher absolut zurückgehalten hätte, und erklären, daß der Text der Oper unpolitisch und harmlos sei, so bin ich allerdings der Überzeugung, daß es nur noch gefehlt hätte, daß Stephan Zweig eine politische Oper zu bearbeiten hätte; und was seine Zurückgezogenheit anbetrifft, so scheint Ihnen seine Lebensarbeit nicht bekannt zu sein. Stephan Zweig trat besonders im Jahre 1907 mit seinem „Tersites" hervor und stellte große Sympathiebetrachtungen über diesen Verräter am griechischen Heere an. Er stellte ihn dem Helden Achilles gegenüber und es konnte kein Zweifel darüber herrschen, daß Zweig seine Sympathien dem Tersites schenkte, dessen Erlösungsbedürfnisse und dessen Seelenkämpfe er ausführlich schilderte, während der Held Achill als ein unnahbarer Herr nicht sympathisch dastand. Es war die ganze bewußte Zersetzungsarbeit, die sich durchaus politisch auswirkte, weil jeder Fall von Tersites auf die Pazifisten und Landesverräter in Deutschland schloß, ebenso wie von dem Helden Achilles auf das deutsche Offizierstum.

Aus dem gleichen Instinkt heraus schrieb Stephan Zweig seinen „Amok" und liebte es, pathologische Züge deutscher Größen als für sie charakteristisch (siehe Nietzsche, Hölderlin) darzustellen. Stephan Zweig ist aber in keiner Weise ein harmloser Literat, wie Sie ihn in Ihrem Brief darstellen. Als Stephan Zweig seinen „Amokläufer" verfilmen wollte, ist gerade Ihrerseits bezw. seitens Ihres Ministeriums diese Verfilmung wegen innen- und außenpolitischer Bedenken verboten worden! Ferner befindet sich Zweig auf der sogenannten schwarzen Liste, seine Werke wurden auch auf Anordnung des Ministeriums für Volksaufklärung und Propaganda bezw. der Reichspropagandaleitung der NSDAP in ganz Deutschland öffentlich verbrannt. Offenbar sind Ihnen diese Dinge nicht bekannt oder aber Ihrem Gedächtnis entfallen.

Zweig ist ein ganz besonderer Verehrer des Psychoanalytikers Freud und erklärte triumphierend, dessen Gedanken seien „wie Bazillen eingedrungen in alle Organismen der geistigen Welt". Ferner zählt Stephan Zweig Emil Ludwig-Cohn zu seinen auserlesenen

Genossen und hat u. a. in der „Neuen Freien Presse" in Wien Lobeshymnen über diesen Mann gesungen. Der Inselverlag, mit dem Zweig seine Geschäfte machte, mußte dabei wegen unglaublicher Verballhornung der deutschen Sprache deutsche Gelehrte bitten, die Manuskripte Zweigs erst auf ihre Fehler im Deutschen durchzusetzen. Aber selbst, wenn das alles nicht wäre und Zweig so harmlos dastünde, wie es sich aus Ihrem Brief entnehmen müßte, so ist es für den Nationalsozialismus doch selbstverständlich, daß in der heutigen Zeit der Präsident einer angeblich nationalsozialistischen Reichsmusikkammer nicht einen jüdischen Mitarbeiter im neuen Reich haben kann.

gez. Alfred Rosenberg

Franz Lehár[1]

27. November 1934

An den
Ortsverband Halle e. V.
der NS-Kulturgemeinde
Halle a. d. Saale
Barfüsser Str. 7

K/E

Betr. Anfrage Franz Lehár

Franz Lehár ist für die Kulturpolitik des Dritten Reiches ein strittiges Problem. Der Berufstand der deutschen Komponisten führt ihn seiner Abstammung nach als Arier. Nach der Biographie von Ernst Detsey, erschienen 1930 im Drei Masken-Verlag (streckenweise hat das Werk die Tendenz freundlicher Hauspropaganda) ist die Abstammung der Familie väterlicherseits auf einen Marquis Lehár zurückzuführen, der als kriegsgefangener Franzose im Jahre 1799 nach Mähren gelangte. Er flüchtete auf das verfallene Schloß Brünnlitz b. Schönwald und heiratete schließlich eine der dortigen Gegend entstammende Bäuerin. Abkömmlinge aus dieser Linie sollen noch heute als Deutsche in Deutsch-Libau wohnen.

Der Vater Lehárs war 1840 in Schönwald (Tschechoslowakei) geboren und wurde 1855 in jungen Jahren Hornist im Theater an der Wien. 1868 wurde Lehárs Vater nach Komorn versetzt und verehelichte sich dort mit Christine Neubrandt; einer Ungarin, deren Vorfahren aus Schwaben nach Ugmant b. Komorn eingewandert sein sollen.

Am 30. April 1870 geht aus dieser Ehe Franz Lehár hervor. Mit 12 Jahren bezog er das Prager Konservatorium, war vorübergehend Konzertmeister im Orchester der Vereinigten Theater von Barmen-Elberfeld und trat dann in die Kapelle des österr. Infanterie Reg. Nr. 50 ein. Als Militärkapellmeister wirkte er in Losoncz, Pola, Triest, Pest und Wien.

---

[1]) *Dokument CXLV — 604.*

Im Jahre 1901 schied er aus dem Militärdienst und übernahm die Kapellmeisterstelle des Theaters an der Wien. Er wandte sich nunmehr der Komposition zu, hatte mit einer Oper „Kukuschka" zuvor einen knappen Achtungserfolg verzeichnen können, ging zur Operette über und schrieb folgende Bühnenwerke: „Wiener Frauen", „Der Rastelbinder", „Der Göttergatte", „Die Juxheirat", „Die lustige Witwe", „Peter und Paul reisen ins Schlaraffenland", „Mitislaw, der Moderne", „Der Mann mit den 3 Frauen", „Das Fürstenkind", „Die Zigeunerliebe", „Rosenstock und Edelweiß", „Eva", „Die Spieluhr", „Die ideale Gattin", „Endlich allein", „Der Sterngucker", „Wo die Lerche singt", „Die blaue Mazur", „Die Tangokönigin", „Frühling", „Frasquita", „Die drei Grazien", „Die gelbe Jacke" (umgearbeitet später zum „Land des Lächelns"), „Cloclo", „Paganini", „Der Zarewitsch", „Friederika", „Schön ist die Welt", „Guiditta".

Die Librettis stammen ausnahmslos von Juden und zwar: Leo Stein, Béla Jenbach, Willner, Bodanzky, Reichert, Julius Bauer, Martos, Brammer, Grünwald, Löhner-Beda-Herzer.

Löhner-Beda gehört den Kreisen der Zionisten um Theodor Herzl an und ist Mitbegründer der jüdischen Sportklubs „Hakoah" und „Bar-Kochba". Er ist ausgesprochen jüdischer Aktivist und verhöhnte durch satirische Gedichte seinerzeit den Nationalsozialismus.

Mit seinen jüdischen Mitarbeitern und Richard Tauber dazu bewegt sich Lehár in Wien fast ausschließlich in jüdischen Kreisen.

Der Aufbau seiner Operetten zeigt eine gewisse internationale Kitsch-Schablone. Die von Lehár laufend vertonten Texte entbehren, von Juden geliefert, jeglichen deutschen Empfindens. Lehárs Können verschwendet sich an diese Sujets in kulturpolitisch bedauerlichem Sinne.

Über die Person Lehárs liegt eine Auskunft aus Wien vom 22. Mai 1934 vor: Lehár hat einen Walzer komponiert, den er Frankreich widmete und in dem Tonfilm „1934 Wien" zur Verwendung gelangte.

Vom deutschen Volksmusikverlag in Wien ging der Berliner Reichssendeleitung am 23. Mai die Meldung zu, daß Franz Lehár nichtarisch verheiratet sei. Seine, nach langjähriger Bekanntschaft vor einigen Jahren geheiratete Ehefrau soll jüdisch sein. Lehár selbst hat mit einem Schreiben vom 16. August 1933 der Reichsleitung des Reichsverbandes Deutsche Bühne e. V. seine eigene arische Abstammung versichert. Trotzdem ist eine Abnahme von Aufführungswerken Lehárs für die NS-Kulturgemeinde nicht tragbar. Unterstellt, daß die schwer überprüfbare Behauptung der nichtarischen Verheiratung sich nicht bestätigen sollte, hat Lehár sich durch seinen ständigen Umgang mit Nichtariern, seine seit Jahren bestehende Zusammenarbeit mit Juden, seine enge Freundschaft zu Richard Tauber, nicht zuletzt durch hämische Bemerkungen über den Nationalsozialismus außerhalb des Kreises der Mitarbeiter an der Kulturpolitik des Dritten Reiches gestellt, soweit von einem Werturteil über sein musikalisches Schaffen abgesehen werden kann.

Heil Hitler!

Unterschrift unleserlich

Franz Liszt[1]

8. November 1943

Amt Musik
Dr. Gk/Fr.

Frau
Gräfin Sayn-Wittgenstein
Paris

Sehr verehrte gnädige Frau!

Bei meinem letzten Aufenthalt in Paris sprach ich Sie in Gegenwart von Herrn Holzapfel auf die Abstammung der Fürstin Karolyne Sayn-Wittgenstein an. Neuerdings ist die Nachricht verbreitet worden, daß die Fürstin, mit der Franz Liszt seit etwa 1848 zusammen lebte, Volljüdin gewesen sei. Der Einfluß der Fürstin auf Liszt war außerordentlich stark, aber nicht sonderlich positiv. Die Fürstin trug mit Vorliebe Männerkleidung, rauchte besonders gern Zigarren und hatte fast krankhafte Bindungen zur katholischen Kirche. Liszt wollte die Fürstin heiraten, aber die Scheidung von ihrem Gatten ließ sich nicht vollziehen. Die größte dreibändige Liszt-Biographie von Lina Ramann entstand unter dem unmittelbaren Einfluß der Fürstin. Auf ihre Einwirkung scheint es zurückzugehen, daß das Bild der Gräfin Marie d'Agoult folgenschwer verzeichnet worden ist.

Da es für die Liszt- und für die Wagner-Forschung von gleicher Wichtigkeit ist, die Abstammungsverhältnisse der Fürstin Sayn-Wittgenstein aufzuklären, wäre ich Ihnen sehr dankbar, wenn Sie uns einwandfreies Material zukommen lassen könnten. Mit den besten Grüßen

Heil Hitler!
Ihr sehr ergebener
gez. Gerigk

---

[1]) *Dokument CXLI — 167.*

Ludwig van Beethoven[1]

Langenau, den 21. Oktober 1944

Amt Musik
Dr. Gk/vN

An das

Hauptamt Überstaatliche Mächte

Berlin

Können Sie uns in folgenden Angelegenheiten helfen: Ludwig van Beethoven hat einige Briefe an den Wiener Verleger Franz Anton Hoffmeister (1754 bis 9. Februar 1812) mit der Anrede begonnen „geehrter Herr Bruder" und ähnlich. Bisher ist nichts darüber bekannt geworden, daß Beethoven Logenbruder war. Die zitierte ungewöhnliche Anrede legt jedoch die Vermutung nahe. Welche Möglichkeit gibt es, um diese wichtige Frage zu klären? Wollen Sie die Klärung übernehmen oder kann ich die Anschrift der Stelle erfahren, die über das Freimaurertum in Wien Auskunft geben kann?

Heil Hitler!
gez. Gerigk

---

[1]) *Dokument CXLV — 642.*

Wolfgang Amadeus Mozart[1]

Von wem ist Mozarts „Wiegenlied"?

An scheinbaren Nebensächlichkeiten läßt sich der unheilvolle Einfluß des Juden manchmal schlagkräftiger demonstrieren, als bei der Behandlung der zentralen Fragen, weil die Zusammenhänge da nicht immer so einfach überschaubar sind. Bis zu dem Jahre 1892 war niemand auf den Gedanken gekommen, Mozarts Urheberschaft an dem Lied „Schlafe mein Prinzchen, schlaf ein" in Zweifel zu ziehen. Das Lied war wie manche seiner Schöpfungen erst aus seinem Nachlaß veröffentlicht worden und zwar hatte seine Witwe es als Notenbeilage in den Anhang der ersten Biographie über Mozart eingefügt. Wir können kaum annehmen, daß Constanze Mozart für eine so exponierte Erstveröffentlichung ein zweifelhaftes Werk benutzt haben würde.

Im Jahre 1892 trat der Jude Max Friedländer mit einer wissenschaftlichen Zeitschrift erstmalig mit einem Aufsatz hervor, der Mozarts Verfasserschaft anzweifelte und Friedländer wollte auch gleich einen Komponisten als Schöpfer des Liedes benennen, was nicht so leicht war. Er glaubte daher in einer Vertonung eines gänzlich unbekannten Musikers, Friedrich Fleischmann aus Meiningen, „eine gewisse Ähnlichkeit" der Vertonung Mozarts zu entdecken. Mozartkenner widersprachen damals schon der Vermutung des Juden Friedländer. 1896 nominierte er endgültig den Dr. med. Bernhard Flies aus Berlin als den wahren Komponisten, weil er in einem alten Musikdruck, der etwa aus dem Jahre 1795 stammt, das Lied unter dem Namen des Flies veröffentlicht fand. In dem April/Mai-Heft der Zeitschrift „Musik im Kriege" macht Dr. Herbert Gerigk die überraschende Feststellung, daß dieser Dr. med. Flies Jude ist, und es heißt in der Darstellung: „Man wird die Möglichkeit unterstellen dürfen, daß eine Abschrift des Liedes in den Besitz des Juden gelangt ist, der als geltungsbedürftiger Musikdilettant das Lied einfach in einer kleinen Auflage unter seinem Namen drucken ließ." Bisher blieben bemerkenswerterweise die

[1]) *Dokument CXLV — 639 (Aktennotiz).*

wiederholt erfolgten Beanstandungen der Auffassung Friedländers seitens arischer Gelehrter erfolglos, weil jüdische „Wissenschaftler" mit verdächtigem Eifer ohne sondere Argumentierung alles lächerlich zu machen versuchten, was zu Gunsten Mozarts immer wieder angeführt wurde. So konnte der Jude Alfred Einstein als der Bearbeiter des berühmten Verzeichnisses der Werke Mozarts von Köchel das Wiegenlied 1937 endgültig unter die unechten Werke stellen. Es ist an der Zeit, daß auch in diesem Fall die Bemühungen Judas aus dem Wege geräumt werden, und daß wir Mozart geben, was ihm gebührt. Da dieses Lied mit Recht eine der verbreitetsten Melodien des Musikers geworden ist, haben wir darin gewissermaßen die Stimme des Volkes selbst zu sehen, das sich zu seinem Mozart bekennt.

Gerigk

Eine alte Holzskulptur[1]

den 10. August 1944
2198/44 Dr. Kp./Ho.

Der Persönliche Referent

An den
Leiter des Institutes zur Erforschung
der Judenfrage, Pg. Dr. Schickert
(16) Hungen / Oberhessen

Sehr geehrter Parteigenosse Schickert!

Anbei übersende ich Ihnen eine interessante Aufnahme aus dem Heimatmuseum in Wasserburg a. Inn, die eine alte Holzskulptur darstellt, auf der Christus völlig als Jude aufgefaßt ist. Sie soll aus einem Bauerndorf der Umgebung stammen. Die Aufnahme wurde uns von dem Oberlandesgerichtspräsidenten in München übersandt.

Da ich annehme, daß die Aufnahme für Sie Interesse hat, übersende ich Ihnen anbei Abzug.

Heil Hitler!
Ihr
(Dr. W. Koeppen)
SA-Standartenführer

---

[1]) *Dokument CXLV — 582.*

Die Fürstin Karadja

oder: wie Roosevelt von den Juden gekauft wurde[1])

Dipl.-Ing. A. Schirmer
M. d. R.

Erfurt, den 14. Juli 1938
Bitscherstr. 53

Herrn
Reichsleiter Rosenberg

Hohenlychen / Uckermark
Sanatorium Gebhardt

Sehr verehrter Reichsleiter!

Auf Ihren Wunsch sende ich Ihnen heute den Brief der Fürstin Karadja im Original, in dem sie uns den Text des im „American Hebrew" vom 3. Juni 1938 erschienenen Aufsatzes mitteilt. Obwohl die Fürstin Karadja seit Jahren als sehr zuverlässige und exakte Korrespondentin mit dem „Welt-Dienst" arbeitet, ist es vielleicht für Ihren Plan notwendig, daß das Original selbst vorliegt. Ich habe daher an sie und an eine andere Stelle, von der wir die Nachricht erhielten, geschrieben und um schnellste Zusendung des Originals gebeten. Abschrift des Begleitschreibens der Fürstin Karadja wird ebenfalls beigefügt.

In der deutschen Übersetzung ist insofern ein sinnstörender Fehler unterlaufen, als die englische Formulierung: „it was he, who sold Roosevelt" übersetzt wurde mit: „er war es, der Roosevelt kaufte". Da die amerikanische Form soviel bedeutet wie: „er war es, der Roosevelt für seine Sache gewann", habe ich an alle deutschen Ausgaben — soweit sie noch nicht verschickt waren — ein Deckblatt mit einer Berichtigung anheften lassen. Außerdem wird in der nächsten Ausgabe des „Welt-Dienst" eine entsprechende Erläuterung folgen.

Heil Hitler!
Schirmer

N. S.: Herr Oberstleutnant a. D. Fleischhauer bittet um Rückgabe des Original-Schreibens.

---

1) *Dokument CXLV — 631.*

Die russische Mitschuld ist wenig zu betonen[1]

Stabsführung/IV

Ratibor, den 27. Mai 1944
Dr. Wu/Zn

An den

Stabsführer

Berlin

Betr.: Bitte um eine Entscheidung des Reichsleiters

Der Unterzeichnete bittet, eine Entscheidung des Reichsleiters darüber einzuholen, ob in der Arbeit über die Wirklichkeit des Bolschewismus der Schwerpunkt auf die jüdische Mitschuld gelegt werden soll oder ob auch die vom Reichsleiter selbst mehrfach herausgestellte Mitschuld der Russen und bestimmter russischer Eigenschaften hervorgehoben werden kann.

R[2] Der Reichsleiter hat z. B. in seiner Rede vom November 1943 vor den Offizieren eines Generalkommandos in aller Klarheit gesagt, daß die Juden nicht die Schöpfer, sondern vielmehr die Nutznießer und Parasiten des Bolschewismus gewesen sind. Jede Hervorhebung der russischen Schuld und der russischen Eigenschaften, die dem Bolschewismus zugute kommen, erscheint im Hinblick auf die im Reich lebenden Russen und auf eine künftige

[1]) *Dokument CXXXIX — 16.*

[2]) *Rosenbergs Randbemerkung.*

propagandistische Offensive im Osten taktisch vielleicht im Augenblick als unzweckmäßig; andererseits entspricht dieser russische Anteil den geschichtlichen Tatsachen und kann in der Schulung des deutschen Volkes zur Erkenntnis der tatsächlichen Gegebenheiten beitragen.

Ich bitte deshalb um Anweisung, wie in der geplanten Veröffentlichung verfahren werden soll. Eine beiläufige Erwähnung des russischen Elements auf Grund ausländischer Zeugnisse ist wahrscheinlich unverfänglich. In der Schwerpunktbildung im ganzen muß jedoch die politische Richtlinie den Ausschlag geben.

Heil Hitler!

gez. Dr. Wunder

Reichsleiter Rosenberg spricht[1)]

„... Die Judenemanzipation wurde im 18. Jahrhundert unter der Losung der Humanität geführt. Als der Jude diese Humanität zur Losung erhob, hat er dabei nicht nur an die schlechten Geldinstinkte mancher Menschen appelliert, sondern auch an eine sehr anständige Generosität vieler weltfremder Philosophen und die guten Gefühle breiter Volksschichten, die vom Judenproblem in der Geschichte und der Gegenwart nichts wußten. Man hat sich also schwer getäuscht. An Stelle der Humanität hat man den Schmutz in die Völker der Erde ausgegossen. Und nun gehen wir daran, diesen Schmutz einmal auszurotten, und was heute mit der Ausschaltung der Juden aus allen Staaten des europäischen Kontinents geschieht, ist auch eine Humanität, und zwar eine harte biologische Humanität (lebhafter Beifall).

Sie bedeutet, daß die Volkskörper wieder sauber, gesund und menschlich gemacht werden (erneute lebhafte Zustimmung), wie sie es früher waren. Ich habe mir neulich am Abend ein altes Buch von mir vorgenommen, das mir wieder unter die Hände fiel: „Die November-Köpfe", und ich muß sagen, als ich es las, habe ich wieder die alte Wut bekommen, die wir vor 14 Jahren über diese Schweinerei empfanden (lebhafter Beifall). Es ist ganz gut, wenn Sie heute solche Kampfschriften aus unserer Kampfzeit wieder einmal lesen. Manches ist dem Gedächtnis doch wieder entschwunden, und was die Leute damals sich erfrechten, über Deutschland und die deutsche Geschichte zu schreiben, müssen wir uns immer wieder einprägen, damit wir nicht schwach werden, wenn jetzt die große Säuberung ihren Anfang genommen hat (starke Zustimmung). Wir dürfen uns nicht damit begnügen, daß die Juden von einem Staat zum anderen geschoben werden, und daß vielleicht hier und da noch ein großes jüdisches Ghetto steckt, sondern unser Ziel kann nur das alte sein: Die Judenfrage in Europa und in Deutschland ist nur dann gelöst, wenn es keinen Juden mehr auf dem europäischen Kontinent gibt (lebhafter Beifall). ...

---

1) *Auszug aus dem Stenogramm einer Besprechung Görings mit den Reichskommissaren und Vertretern der Militärbefehlshaber für die besetzten Gebiete am 6. August 1942.*

Dokument USRR — 170.

In einem nationalsozialistischen Jugendheim[1]

(Puppenspiel über einen bösen Juden)

Lieber Stürmer!

Die Kinder der „Nationalsozialistischen Jugendheimstätte Groß-Möllen" in Pommern wollen dir auch einmal einen Gruß senden. Wir lesen mit großem Interesse jede Woche deine Berichte. Der Stürmer ist und bleibt ein gern gesehener Gast in unserem Hause. Durch ihn lernen wir den Juden kennen, so wie er ist. Wir besitzen auch einen einfachen Stürmerkasten. Wir schneiden die Bilder aus dem Stürmer aus und nageln sie in unserem Tagesraum an eine besondere Tafel. Da können die Jungen und Mädchen die Juden in ihrem Aussehen genau kennenlernen.

Nun wollen wir dir aber noch von einer anderen Art und Weise erzählen, die wir hier anwenden, um den Juden allen Kindern richtig vor Augen zu führen. Jeden Sonnabend spielt uns unser Heimleiter mit seinem Handpuppenspiel ein Stück vom Juden vor. Wir besitzen eine Puppe, die einen richtigen Juden darstellt. Sie hat eine Nase wie der Satan. Wenn dann der Kasper kommt, dann rufen wir ihm zu, er möge den bösen Juden vertreiben. Wenn aber der Jude im Spiel zu uns sagt, wir sollten ihm helfen, dann rufen wir einfach den Kasper heraus.

Heute haben wir ein Stück gesehen, wie der Teufel den Juden überredet, einen pflichtbewußten Nationalsozialisten zu erschießen. Im Laufe des Spiels tat der Jude das auch. Den Schuß haben wir alle gehört. Da wollten wir am liebsten aufspringen und den Juden gefangennehmen. Aber da kam der Polizist, und der hat ihn auch nach kurzem Kampfe mitgenommen. Du kannst dir denken, lieber Stürmer, daß wir dem Polizisten kräftig mit Zurufen beigestanden haben. Im ganzen Spiel wurde kein einziger Name genannt, aber wir wußten doch alle, daß mit diesem Spiel die Mordtat des Juden FRANKFURTER gemeint

[1]) *„Der Stürmer", Nr. 16, April 1936.*

war. Wir sind am Abend sehr traurig ins Bett gegangen. Keiner mochte mehr mit dem anderen reden. Es ist uns in diesem Spiel so recht klar geworden, wie der Jude zu Werke geht.

Nun spielen wir reglmäßig Stücke vom Juden, die unser Heimleiter aus dem Stürmer herausliest. Wir können kaum die Zeit erwarten bis es wieder Sonnabend ist. Wir grüßen dich, lieber Stürmer, mit einem kräftigen Heil Hitler!

Die Buben und Mädchen der Nationalsozialistischen

Jugenheimstätte Groß-Möllen

Wie das Mannheimer Rheinbad gesäubert wurde

Der Beginn des Auszuges der Juden aus dem Judenaquarium Bad Herwech, Mannheim

Vertreibung der jüdischen Kinder aus dem Mannheimer Rheinbad

Inschrift an einem Motorboot auf der Havel bei Berlin (1935)

Öffentliche Schilder in einer mitteldeutschen Stadt (Sommer 1935)

Nazi-Dichtung[1]

I.

Tischgebet

O Herr, gib uns den Moses wieder,
auf daß er seine Glaubensbrüder
hinführe ins gelobte Land.

Laß noch einmal das Meer sich teilen,
und laß die hohen Wassersäulen
feststehn wie eine Felsenwand.

Und wenn in dieser Meeresrinne
das ganze Judenvolk ist drinne,
dann mach, o Herr, die Klappe zu,
und alle Völker haben Ruh'.

---

[1]) *Aus dem Buch „Kreuz und Hakenkreuz", München 1946. Verlag: Katholische Kirche Bayerns.*

II.

Auf „Judenschande und schwarzes Lumpenpack"!

1. Die alte Judenschande ist endlich ausgefegt,
Die schwarze Lügenbande wühlt weiter unentwegt.
Du, deutsches Volk, sag, muß das sein,
Daß dich bespuckt das schwarze Schwein?
Wenn nicht, so dresche doch darauf,
Daß Funken fliegen hoch hinauf.
Deutsche Männer, deutsche Frauen,
Jetzt ist's genug mit der Faulhaberei.
·/. Deutsche Männer, deutsche Frauen
Haut das schwarze Lumpenpack zu Brei!
Und wenn sie Zeter und Mordio schrein,
Haut dann noch einmal fester drein. ·/.

2. Wir achten jeden Glauben, ist's auch der unsre nicht,
Doch soll uns keiner rauben, was uns das Höchste ist:
Das deutsche Volk, der deutsche Gott
Steht turmhoch über Pfaffenspott.
Und jeder, der sich daran reibt,
Den hauen wir, daß er liegen bleibt.
·/. Deutsche Männer, ...

3. Die Hand dem deutschen Bruder, der ehrlich zu uns kam,
Die Faust in seine Fresse, dem schwarzen Hetzkaplan.
Bald wird es Licht, es dämmert schon,
Dann kriegen die Schwarzen ihren Lohn.
·/. Deutsche Männer, ...

4. An den Galgen, den er längst verdient!
Die Raben warten schon auf ihn.
Erst wenn er baumelt in der Luft,
Sind wir erlöst vom schwarzen Schuft.
·/. Deutsche Männer, ...

III.

„Juden raus. Papst hinaus!"

(Nach der Melodie: „Vom Barette schwankt die Feder.")

1. Trotzig haben wir gerungen, 15 Jahre um die Macht,
und der Sturm ist uns gelungen, wenn auch Rom und Juda lacht.
·/. Juden raus, Papst hinaus, aus dem deutschen Vaterhaus! ·/.

2. Nein, wir haben nicht geblutet namenlos und ohne Ruhm,
daß der Deutschen Art verjudet weiter durch das Christentum.
·/. Juden raus, ...

3. Ohne Priester ist begraben worden mancher tote Kamerad,
denn die schwarzen Pfaffen gaben ihre Gunst dem Weimarstaat.
·/. Juden raus, ...

4. Weimarstaat benahm sich christlich, beide Backen hielt er hin.
Feindesliebe lenkt gewißlich Hitlers Kämpfern nicht den Sinn.
·/. Juden raus, ...

5. Warum hat die Christenlehre deutsche Werte nicht geweiht,
Blut und Boden, Treue, Ehre, Arbeit und Wahrhaftigkeit?
·/. Juden raus, ...

6. Fort mit eurer Judenbibel, eurer salbungsvollen Art,
Knechtsinn, Demut sind von Übel. Wir sind aufrecht, stolz und hart.
·/. Juden raus, ...

7. Mag der Christ auch Palästina Jahre weihen, Herz und Hand,
wir sind frei vom Berge Sina, deutsch ist unser heil'ges Land.
·/. Juden raus, ...

8. Stedinger und Werdens Mannen ziehn mit uns in Sieg und Tod.
Fremde Lehren woll'n wir bannen, enden unsre Seelennot.
·/. Juden raus, ...

9. Papst und Rabbi sollen weichen, Heiden woll'n wir wieder sein,
Nicht mehr in die Kirche schleichen, Sonnenrad führt uns allein.
·/. Juden raus, Papst hinaus, aus dem deutschen Vaterhaus!! ·/.

IV.

Ein Gedicht gleichen Geistes,
das im Oktober 1934 in SA-Kreisen zu München verbreitet wurde

1. Wir sind noch nicht zu Ende,
noch ist der Kampf nicht aus,
zu Fäusten ballt die Hände,
wir gehn noch nicht nach Haus.
Die erste Schlacht gewonnen,
dies war der Anfang nur,
kämpft weiter, Sturmkolonnen,
für Hitlers Diktatur.

2. Solange noch ein Jude
von seinen Zinsen lebt,
solange noch ein Bonze
an seinem Sessel klebt,
marschieren wir noch immer
in Glauben stark und fest:
vierhundert Tote, Brüder,
die sind noch nicht gerächt.

3. Gedenkt der toten Brüder,
die man zu Grabe trug,
für's Hakenkreuz stürmt weiter,
für das man sie erschlug!
Sie fielen unter Streichen,
getreten und bespuckt,
heut wird das heil'ge Zeichen
auf jeden Schund gedruckt.

4. Solange noch die Pfarrer
von Beichtstuhl und Altar
die deutschen Seelen raffen
als Papstes Streiterschar,
solang die Christenlehre
des Nordens Art verrät,
solang wird deutsche Ehre
vom Judentum geschmäht.

5. Die Reaktion wird munter,
sie meckert frech und frei,
sie will es noch nicht glauben,
daß ihre Zeit vorbei.
Von anderer Leute Schaffen
sie lebte stets allein:
des deutschen Mannes Arbeit
soll Volksgut immer sein.

6. Wir sind noch nicht zu Ende,
noch ist der Kampf nicht aus,
zu Fäusten ballt die Hände,
wir gehn noch nicht nach Haus.
Die erste Schlacht gewonnen,
dies war der Anfang nur,
kämpft weiter, Sturmkolonnen,
für Hitlers Diktatur.

Sub specie aeternitatis[1]

Der Reichsführer-SS

Berlin SW 11, den 19. Januar 1937
Prinz-Albrecht-Straße 8

Wenn in späteren Jahren die Geschichte der Wiedererweckung des deutschen Volkes geschrieben wird und schon die nächste Generation es nicht mehr verstehen kann, daß das deutsche Volk einmal judenfreundlich gesinnt war, so wird festgestellt werden, daß Julius Streicher und sein Wochenblatt „Der Stürmer" ein gut Teil dieser Aufklärung über den Feind der Menschheit geleistet haben.

Der Reichsführer-SS

H. Himmler.

---

[1]) *Dokument PS — 2699.*

Unsere Führer

im Lichte der Rassenfrage und Charakterologie

Eine rassenmäßige und charakterologische Beurteilung von Männern des Dritten Reiches

von

Alfred Richter

Direktor des Privat-Institutes für praktische Menschenkenntnis und Rassenkunde, Bärenstein

Jz. 1950

Mit polizeilicher und parteiamtlicher NSDAP-Genehmigung

1 9 3 3

Verlag der Literaturwerke „Minerva“ R. Max Lippold, Leipzig

Phot. Photo-Hoffmann, München

Julius Streicher

G e s a m t a u s d r u c k: Kühn, draufgängerisch, zielbewußt. Wehe, wer sich diesem Mann entgegensetzt, dem kann er bestimmt eins streichen.

O b e r h a u p t: Dort, wo Alliebe und Religion im Schädel sich konzentrieren, ist eine extreme Wölbung vorhanden. Das besagt, daß seine ganzen Handlungen aus edlen Lebensmotiven entstehen. Aber persönliches, kleinliches Wohlwollen treten bei einer Aktion um der großen Sache willen in den Hintergrund. Die Längsstirnfalten sind gut ausgeprägt, welche auf eine gute Beobachtungsgabe und starke Nachdenklichkeit schließen lassen.

A u g e n b r a u e n: Die Augenbrauen sind stark und buschig, lassen also eine originelle, urwüchsige Seelenbeschaffenheit erkennen. Unnütze gesellschaftliche Formen und Gesellschaftsphrasen liebt er bestimmt nicht. Bismarck hatte ähnliche Augenbrauen.

A u g e n: Die Augen sind nach oben gerichtet und scharf im Ausdruck. Das linke Auge ist weiter zu als das rechte; nimmt alles vorsichtig auf, prüft und gibt dann alles scharf zur Darstellung.

M u n d, K i n n u n d O h r: Stehen zu dem oben Gesagten vollkommen im Ausgleich. Auch ein guter musikalischer Sinn ist vorhanden, was aus dem Ohr zu erkennen ist.

N a s e: Scharfkantig; was eine korrekte und bestimmte Darstellungskraft erkennen läßt und auf eine draufgängerische Kampfesweise hinweist.

J. Streicher: Charakterologie

Tätowierte Menschenhaut, die im KL Buchenwald aufgefunden und zu Dekorationszwecken verwandt wurde. (Dokument PS – 3420)

Sorge um die Jugend[1]

Der Reichsjugendführer schreibt:

Es ist das historische Verdienst des „Stürmers", die breiten Massen unseres Volkes in volkstümlicher Form über die jüdische Weltgefahr aufgeklärt zu haben. Der „Stürmer" hat recht, wenn er diese Aufklärungsarbeit nicht im Ton des ästhetischen Salons leistet. Da das Judentum dem deutschen Volk gegenüber keine Rücksicht hat walten lassen, haben auch wir unsererseits keine Veranlassung, unseren schlimmsten Feind rücksichtsvoll zu schonen. D e n n w a s w i r h e u t e v e r s ä u m e n , m u ß d i e J u g e n d v o n m o r g e n b i t t e r b ü ß e n.

Heil Hitler!
Baldur von Schirach

Großadmiral Dönitz zum Heldengedenktag[2]

... Was wäre aus unserer Heimat heute, wenn der Führer uns nicht im Nationalsozialismus geeint hätte. Zerrissen in Parteien, durchsetzt von dem auflösenden Gift des Judentums und diesem zugänglich ...

---

[1]) *„Der Stürmer", Nürnberg, im Januar 1938.*

[2]) *Auszug aus Großadmiral Dönitz' Rede zum Heldengedenktag 1944 („Das Archiv", Nachschlagwerk für Politik, Wirtschaft, Kultur. Herausgeber: Ministerialdirigent Alfred Ingemar Berndt. Nr. 120).*

Eine Sitzung von Nazi-Größen[1]

... Goebbels: Nr. 2: Es sind fast in allen deutschen Städten Synagogen niedergebrannt. Nun ergeben sich für die Plätze, auf denen die Synagogen gestanden haben, die vielfältigsten Verwendungsmöglichkeiten. Die einen Städte wollen sie zu Parkplätzen umgestalten, andere wollen dort wieder Gebäude errichten.

Göring: Wieviele Synagogen sind tatsächlich niedergebrannt?

Heydrich: Es sind im ganzen 101 Synagogen durch Brand zerstört, 76 Synagogen demoliert, 7500 zerstörte Geschäfte im Reich.

Göring: Was heißt: durch Brand zerstört?

Heydrich: Z. T. abgebrannt, z. T. ausgebrannt.

Goebbels: Ich bin der Meinung, daß das der Anlaß sein muß, die Synagogen aufzulösen. Alle, die nicht mehr vollkommen intakt sind, müssen von den Juden niedergelegt werden. Die Juden müssen das bezahlen. Hier in Berlin sind die Juden dazu bereit. Die Synagogen, die in Berlin gebrannt haben, werden von den Juden selbst niedergelegt. Wir können sie z. T. zu Parkplätzen umgestalten, z. T. werden dort andere Gebäude errichtet werden. Das muß nun, glaube ich, als Richtschnur für das ganze Land herausgegeben werden, daß die Juden selbst die beschädigten oder angebrannten Synagogen zu beseitigen haben und der deutschen Volksgemeinschaft fertige freie Plätze zur Verfügung zu stellen haben.

Nr. 3: Ich halte es für notwendig, jetzt eine Verordnung herauszugeben, daß den Juden verboten wird, deutsche Theater, Kinotheater und Zirkusse zu besuchen. Ich habe schon auf Grund des Kulturkammergesetzes eine solche Verordnung herausgegeben. Ich glaube, daß wir uns das auf Grund unserer heutigen Theaterlage leisten können. Die Theater sind sowieso überfüllt. Wir haben kaum Platz. Ich bin der Meinung, daß es nicht möglich

[1]) *Auszug aus der Niederschrift der Besprechung über die Judenfrage bei Göring am 12. November 1938. (Nach der „Kristallnacht").*

Dokument PS — 1816.

ist, Juden neben Deutsche in Varietees, Kino oder Theater hineinzusetzen. Man könnte eventuell später überlegen, den Juden hier in Berlin 1 oder 2 Kinos zur Verfügung zu stellen, wo sie jüdische Filme vorführen können. Aber in deutschen Theatern haben sie nichts mehr verloren.

Weiterhin halte ich es für notwendig, daß die Juden überall da aus der Öffentlichkeit herausgezogen werden, wo sie provokativ wirken. Es ist z. B. heute noch möglich, daß ein Jude mit einem Deutschen ein gemeinsames Schlafwagenabteil benutzt. Es muß also ein Erlaß des Reichsverkehrsministers herauskommen, daß für Juden besondere Abteile eingerichtet werden und daß, wenn dieses Abteil besetzt ist, die Juden keinen Anspruch auf Platz haben, daß die Juden aber nur dann, wenn alle Deutschen sitzen, ein besonderes Abteil bekommen, daß sie dagegen nicht unter die Deutschen gemischt werden und daß, wenn kein Platz ist, die Juden draußen im Flur zu stehen haben.

Göring: Da finde ich es viel vernünftiger, daß man ihnen eigene Abteile gibt.

Goebbels: Aber nicht, wenn der Zug überfüllt ist.

Göring: Einen Moment! Es gibt nur einen jüdischen Wagen. Ist er besetzt, müssen die übrigen zu Hause bleiben.

Goebbels: Aber nehmen wir an: es sind nicht so viele Juden da, die mit dem Fern-D-Zug nach München fahren, sagen wir: es sitzen zwei Juden im Zug, und die anderen Abteile sind überfüllt. Diese beiden Juden hätten nun Sonderabteil. Man muß deshalb sagen: Die Juden haben erst dann Anspruch auf Platz, wenn alle Deutschen sitzen.

Göring: Das würde ich gar nicht extra einzeln fassen, sondern ich würde den Juden einen Wagen oder ein Abteil geben. Und wenn es wirklich jemals so wäre, wie Sie sagen, daß der Zug sonst überfüllt ist, glauben Sie: das machen wir so, da brauche ich kein Gesetz. Da wird er herausgeschmissen und wenn er allein auf dem Lokus sitzt während der ganzen Fahrt.

Goebbels: Das will ich nicht sagen. Ich glaube das nicht, sondern da muß eine Verordnung herauskommen.

Dann muß eine Verordnung herauskommen, daß es den Juden verboten ist, deutsche Bäder, Strandbäder und deutsche Erholungsstätten zu besuchen. Im vergangenen Sommer — —

Göring: Vor allen Dingen hier im Admiralspalast sind wirklich widerwärtige Sachen passiert.

Goebbels: Auch im Wannseebad. Eine Verordnung, daß es den Juden absolut verboten ist, deutsche Erholungsstätten zu besuchen.

Göring: Man könnte ihnen ja eigene geben.

Goebbels: Man könnte sich überlegen, ob man ihnen eigene gibt oder ob man deutsche Bäder zur Verfügung stellt, aber nicht die schönsten, daß man sagt: in den Bädern können sich die Juden erholen.

Es wäre zu überlegen, ob es nicht notwendig ist, den Juden das Betreten des deutschen

Waldes zu verbieten. Heute laufen Juden rudelweise im Grunewald herum. Das ist ein dauerndes Provozieren, wir haben dauernd Zwischenfälle. Was die Juden machen, ist so aufreizend und provokativ, daß es dauernd zu Schlägereien kommt.

Göring: Also wir werden den Juden einen gewissen Waldteil zur Verfügung stellen, und Alpers wird dafür sorgen, daß die verschiedenen Tiere, die den Juden verdammt ähnlich sehen — der Elch hat ja so eine gebogene Nase —, dahin kommen und sich da einbürgern.

Goebbels: Ich halte dieses Verhalten für provokativ.

Dann weiter, daß die Juden nicht in deutschen Anlagen herumsitzen können. Ich knüpfe an an die Flüsterpropoganda durch Judenfrauen in den Anlagen am Fehrbelliner Platz. Es gibt Juden, die gar nicht so jüdisch aussehen. Die setzen sich zu deutschen Müttern mit Kindern und fangen an zu mosern und zu stänkern.

Göring: Die sagen gar nicht, daß sie Juden sind.

Goebbels: Ich sehe darin eine besonders große Gefahr. Ich halte es für notwendig, daß man den Juden bestimmte Anlagen zur Verfügung stellt — nicht die schönsten — und sagt: auf diesen Bänken dürfen die Juden sitzen. Die sind besonders gekennzeichnet. Es steht darauf: Nur für Juden! Im übrigen haben sie in deutschen Anlagen nichts zu suchen.

Als letztes wäre noch folgendes vorzutragen. Es besteht tatsächlich heute noch der Zustand, daß jüdische Kinder in deutsche Schulen gehen. Das halte ich für unmöglich. Ich halte es für ausgeschlossen, daß mein Junge neben einem Juden im deutschen Gymnasium sitzt und deutschen Geschichtsunterricht erteilt bekommt. Ich halte es für notwendig, daß die Juden absolut aus den deutschen Schulen entfernt werden und man ihnen anheimgibt, innerhalb ihrer eigenen Kultusgemeinde selbst die Erziehung zu übernehmen . .

Gotteshäuser brennen[1]

SA der NSDAP
Brigade 50 (Starkenburg)
Abteilung F Br.B.Nr. 4309

Darmstadt, den 11. November 1938
Moosbergstraße 2
Fernruf: 7042 und 7043
Postscheckkonto: Frankfurt a. M. 23 448
Bankkonto: Städtische Sparkasse 155

Betrifft:

Bezug:

Beilagen:

An

SA-Gruppe Kurpfalz

M a n n h e i m

(Bei Antwortschreiben Datum und Briefbuchnummer angeben.)

Am 10. November 1938, 3 Uhr, erreichte mich folgender Befehl:

„Auf Befehl des Gruppenführers sind sofort innerhalb der Brigade 50 sämtliche jüdischen Synagogen zu sprengen oder in Brand zu setzen.

Nebenhäuser, die von arischer Bevölkerung bewohnt werden, dürfen nicht beschädigt werden. Die Aktion ist in Zivil auszuführen. Meutereien oder Plünderungen sind zu unterbinden. Vollzugsmeldung bis 8.30 Uhr an Brigadeführer oder Dienststelle."

---

[1]) *Dokument PS — 1721.*

Die Standartenführer wurden von mir sofort alarmiert und genauestens instruiert, und mit dem Vollzug sofort begonnen. Ich melde hiermit, es wurden zerstört im Bereich der

Standarte 115

1. Synagoge in Darmstadt, Bleichstraße, durch Brand zerstört
2. „ „ „ Fuchsstraße, durch Brand zerstört
3. „ „ O./Ramdstadt Innenraum und Einrichtung zertrümmert
4. „ „ Gräfenhausen Innenraum und Einrichtung zertrümmert
5. „ „ Griesheim Einrichtung zertrümmert
6. „ „ Pfungstadt Einrichtung zertrümmert
7. „ „ Eberstadt Einrichtung durch Brand zerstört

Standarte 145

1. Synagoge in Bensheim durch Brand zerstört
2. „ „ Lorsch in Hessen durch Brand zerstört
3. „ „ Heppenheim durch Brand und Sprengung zerstört
4. „ „ Birkenau durch Brand zerstört
5. Gebetshaus in Alsbach durch Brand zerstört
6. Versammlungsraum in Alsbach durch Brand zerstört
7. Synagoge in Rimbach Inneneinrichtung vollständig zerstört

Standarte 168

1. Synagoge in Seligenstadt durch Brand zerstört
2. „ „ Offenbach durch Brand zerstört
3. „ „ Klein-Krotzenburg durch Brand zerstört
4. „ „ Steinheim a. M. durch Brand zerstört
5. „ „ Mühlheim a. M. durch Brand zerstört
6. „ „ Sprendlingen durch Brand zerstört
7. „ „ Langen durch Brand zerstört
8. „ „ Egelsbach durch Brand zerstört

Standarte 186

1. Synagoge in Beerfelden durch Sprengung zerstört
2. „ „ Michelstadt, Inneneinrichtung zertrümmert
3. „ „ König, Inneneinrichtung zertrümmert
4. „ „ Höchst i./O., Inneneinrichtung zertrümmert
5. „ „ Groß-Umstadt, Inneneinrichtung zertrümmert
6. „ „ Dieburg, Inneneinrichtung zertrümmert
7. „ „ Babenhausen, Inneneinrichtung zertrümmert
8. „ „ Groß-Bieberau durch Brand zerstört
9. „ „ Fränk. Crumbach, Inneneinrichtung zerstört
10. „ „ Reichelsheim, Inneneinrichtung zerstört

Standarte 221

1. Synagoge und Kapelle in Gr.-Gerau durch Brand zerstört
2. „ in Rüsselsheim niedergerissen und Inneneinrichtung zerstört
3. „ „ Dornheim, Inneneinrichtung zerstört
4. „ „ Wolfskehlen, Inneneinrichtung zerstört.

Der Führer der Brigade 50 (Starkenburg)

Lucke

Brigadeführer.

Aktenvermerk!

Fernmündlicher Anruf der Brigade 151, Saarbrücken, durch Sturmhauptführer Rossel. Sturmhauptführer Rossel meldet am 10. November 1938 vormittags 9,15 Uhr.

Heute Nacht wurde die Synagoge in Saarbrücken in Brand gesteckt, ebenso wurden die Synagogen in Dillingen, Merzig, Saarlautern, Saarwillingen und Broddorf zerstört.

Die Juden wurden in Schutzhaft genommen.
Die Feuerwehren sind mit Löscharbeiten beschäftigt.
Im Bereich der Standarte 174 wurden sämtliche Synagogen zerstört.

Mannheim, den 10. November 1938

abgenommen: Zimmermann

Standartenführer.

Aktenvermerk!

Standarte 17 meldet fernmündlich am 10. November 1938 vormittags 10,13 Uhr durch Sturmbannführer Then:

Die Synagogen in Ludwigshafen und Frankenthal sind heute morgen in der Zeit von 7—8 Uhr vollkommen niedergebrannt. Verschiedene jüdische Geschäfte wurden demoliert.

Mannheim, den 10. November 1938

abgenommen durch: Zimmermann

Standartenführer.

Aktenvermerk!

Fernmündlicher Anruf des Führers der Brigade 50 Darmstadt, Brigadeführer Lucke.
Brigadeführer Lucke meldet am 10. November 1938 um 9,00 Uhr:

Es wurden durch Brand zerstört die jüdische Kirche in Darmstadt, die Synagoge in Darmstadt, die Synagoge in Eberstadt.
Die Synagoge in Darmstadt zerstört und innen ausgebrannt.
Die Synagoge in Eberstadt zerstört und innen ausgebrannt.
Die Synagogen in Griesheim, in Gräfenhausen und Oberramstadt zerstört
Die Synagoge in Bensheim durch Brand zerstört. Die Synagoge in Lorsch bei Bensheim durch Brand zerstört. Die Synagoge in Heppenheim durch Sprengung zerstört. Die Synagogen in Rimbach und Birkenau zerstört. Die Bethalle in Alsbach a. d. B. zerstört. Versammlungsraum am jüdischen Friedhof in Hähnlein zerstört. Die Synagoge und Kirche in Groß-Gerau durch Brand zerstört. Die Synagoge in Rüsselsheim abgebrochen. Ferner wurden vernichtet die Synagoge und die Holzkirche in Dornheim. In Offenbach wurde die große Kirche und die Synagoge durch Brand zerstört. Etwa vorhandene Synagogen werden noch ermittelt und zerstört.

Mannheim, den 10. November 1938.

abgenommen: Lohmann

Sturmhauptführer

Eine brennende Synagoge in Berlin

Zwei an Beleuchtungsmasten angebrachte Tafeln in Braunschweig

Der Oberbürgermeister der Stadt Bromberg[1]

Ausschreibung.

Die in der Hof-Ecke Bergstraße in Bromberg gelegene Synagoge wird hiermit zum Abbruch ausgeschrieben.

Abbruch- oder Bauunternehmer reichen bis zum 18. d. M. verschlossene Angebote an das Städtische Hochbauamt, Hofstraße 5, ein. Den Zuschlag erhält der meistbietende Unternehmer.

Ich mache darauf aufmerksam, daß die Synagoge so wie sie steht und liegt mit allem darin befindlichen Inventar für den Abbruch zu kalkulieren ist.

Der Oberbürgermeister der Stadt Bromberg

---

[1]) *Eine Bekanntmachung vom September 1939.*
N. Blumental: „Slowa Niewinne". Zentrale Jüdische Historische Kommission in Polen, 1947, Seite 21—22.

Hunde ...[1]

Waffen-ϟϟ ϟϟ-Totenkopfsturm Auschwitz

Auschwitz, den 28. August 1943

Sturmbann-Befehl Nr. 133/43.

2. Einsatz der Hundestaffel.

Wenn bei Suchaktionen nach geflohenen Häftlingen Hunde eingesetzt werden, ist dies dem Sturmbann unverzüglich und ohne weitere Aufforderung schriftlich zu melden unter Angabe der Namen der betr. Hunde und des Erfolges.

ϟϟ-Sturmbannführer und
Kommandeur

---

[1]) *„Dokumenty i Materialy z Czasow okupacji niemieckiej w Polsce. l Obozy". Herausgeber: N. Blumental. Zentrale Jüdische Historische Kommission Lodz. 1946, Seite 97.*

Nochmals Hunde[1]

027/I/Bi/Si, 6. Juli 1943.

An die

Kriminalpolizei im Ghetto

z. Hd. Herrn Neumann

Litzmannstadt.

Bei der Übernahme einer Gerberei habe ich auch zwei Hunde übernommen, die zuverlässige Rattenfänger sind und möchte dieselben in meiner Dienststelle am Baluter Ring behalten. Ich setze Sie davon in Kenntnis, damit nicht der Gedanke entstehen könnte, daß von den Juden Hunde gehalten werden. Ich setze Ihr Einverständnis voraus, andernfalls darf ich um telephonischen Anruf bitten.

I. A.

Biebow.

---

[1]) *N. Blumental: „Slowa Niewinne". Zentrale Jüdische Historische Kommission, Polen. 1947, Seite 258.*

Die Unterhose . . .[1]

Konz.-Lager Auschwitz III
Abteilung III
Arb.-Lager Blechhammer

Blechhammer, den 26. Mai 1944

Meldung.

Ich melde den Zygel Maurice, beschäftigt beim Kdo 14 (I-a Willich) (Isolierbetr.), geb. am 30. November 1925 in Paris, Judenhäftling Nr. L 79 061, weil er in der Waschbaracke seine Unterhose liegen ließ, und diese ihm gestohlen wurde. Er gibt seine Verfehlung zu. Ich bitte um eine entsprechende Bestrafung.

Bekanntgegeben am 3. Juni 1944

Brokmann
ᛋᛋ-Hauptsturmführer

Gesehen
Brokmann
ᛋᛋ-Hauptsturmführer
u. Lagerführer

Strafe: 10 Sonntage Strafarbeit unter Aufsicht.

Gesehen u. weitergeleitet:
Der 1 Schutzstaffelführer
Schoettel
ᛋᛋ-Obersturmführer

Adolf Schindler
Vor- u. Zuname
ᛋᛋ-Unterscharführer (Abt. II)
Dienstgrad

13. Juni 1944

Kl/36/4. 43 500.000

---

[1]) *„Dokumenty i Materialy z czasow okupacji niemieckiej w Polsce. I Obozy". Herausgeber: N. Blumental.*
Zentrale Jüdische Historische Kommission. Lodz 1946, Seite 82.

Aufträge Himmlers an Kaltenbrunner[1)]

Der Reichsführer-SS
Tgb. Kr.
RF/V

Feld-Kommandostelle. Mai 1943
GEHEIM

An den

Chef der Sicherheitspolizei und des SD.

SS-Gruppenführer Dr. Kaltenbrunner

Berlin

Lieber Kaltenbrunner!

Von dem Buch „Die jüdischen Ritualmorde" habe ich eine größere Anzahl bestellt und lasse es bis zum Standartenführer verteilen. Ich übersende Ihnen mehrere 100 Stück, damit Sie diese an Ihre Einsatz-Kommandos, vor allem aber an die Männer, die mit der Judenfrage zu tun haben, verteilen können.

Ich gebe im Zusammenhang mit diesem Buch folgende Aufträge:

1. Es sind sofort überall Untersuchungen anzustellen über Ritualmorde der Juden, soweit sie noch nicht evakuiert sind. Derartige Fälle sind herauszuziehen und mir vorzulegen. Wir müssen in dieser Richtung dann mehrere Prozesse machen.

2. Die ganze Ritualmord-Frage ist von Sachverständigen in den Ländern Rumänien, Ungarn und Bulgarien aufzugreifen. Ich denke daran, daß wir diese Ritualmord-Fälle dann in unserer Presse bringen, um damit die Herausnahme der Juden aus den Ländern zu erleichtern. Diese Dinge können selbstverständlich dann nur im Einvernehmen mit dem Auswärtigen Amt vor sich gehen.

3. Überlegen Sie einmal, ob wir nicht in Zusammenarbeit mit dem Auswärtigen Amt einen rein antisemitischen illegalen Sender für England und Amerika machen können. Er müßte gespeist werden mit Material, das — so wie es der Stürmer in der Kampf-

---

[1)] *Dokument No. 2527.*

zeit gemacht hat — den Engländern und Amerikanern serviert wird. Ich halte hier eine sensationelle Aufmachung geradezu für wichtig. Ich bitte, sich mit SS-Gruppenführer Dr. Martin einmal in Verbindung zu setzen, um den einen oder anderen Mitarbeiter des „Stürmer“ zu gewinnen.

Außerdem sind sofort Leute einzusetzen, die in England die Gerichtsnachrichten, die Polizei-Ausschreibungen, daß ein Kind vermißt wird, verfolgen und kontrollieren, sodaß wir dann in unseren Sendern entsprechende Kurznachrichten geben können, daß in dem Ort X ein Kind vermißt wurde und es sich wahrscheinlich um einen jüdischen Ritualmord handele.

Insgesamt glaube ich, könnten wir mit einer großen antisemitischen Propaganda, in englischer, vielleicht auch sogar in russischer Sprache auf einer sehr starken Ritualmord-Propaganda den Antisemitismus in der Welt ungeheuer aktivieren.

Ich bitte Sie, diese Dinge einmal mit Ihren Mitarbeitern zu besprechen und schon gewisse Vorbeitungen zu treffen, um mir dann einen Vorschlag zu machen.

Heil Hitler
Ihr
gez. H. Himmler

PS.
Ich bitte ferner, den
Verfasser des Buches
mit hereinzuziehen.
2) Major
Oberstleutnant Suchanek z. Ktsn.

Die Aufgaben der Waffen-SS[1]

. . . Die Waffen-SS ist eine bewaffnete Truppe, die einen Teil der SS bildet und dem Reichsführer SS untersteht. Sie besteht aus der SS-Verfügungstruppe, welche ausschließlich dem Führer für besondere Aufgaben im Frieden und im Kriege zur Verfügung steht, und aus den SS-Totenkopfstandarten, denen die Sonderaufgaben der Bewachung der Konzentrationslager für bestimmte Zwecke der Staatssicherung gestellt sind. . . .

---

[1]) *Dr. jur. Werner Best: „Die Deutsche Polizei“, L. C. Wittich Verlag, Darmstadt, 1940, Seite 87.*

Auswärtiges Amt

Inf. XIV

Antijüdische Auslandsaktion

-Nr. 73/44 -

Berlin W 8, den 4. März 1944

Betreff: Arbeitstagung der Judenreferenten und Arisierungsberater.

Anfang April findet auf Weisung des Herrn RAM. in Krummhübel i.Regbg. eine Arbeitstagung der Judenreferenten und Arisierungsberater statt. An diejenigen Missionen, welchen kein Arisierungsberater des Reichssicherheitshauptamtes zugeteilt ist, sind folgende Drahterlasse ergangen:

Am 17.2.44:

"Auf besondere Weisung soll antijüdische Auslandsinformation mit allen Mitteln verstärkt werden. Zur Klärung aller mit Materialbeschaffung und Nachrichtenverwertung zusammenhängenden Fragen ist Durchführung Arbeitsbesprechung angeordnet worden. Diese stattfindet gemeinsam mit Reichssicherheitshauptamt voraussichtlich 3. und 4. April. Tagungsort folgt.

Erbitte Drahtbericht, welcher dortige Sachbearbeiter, der mit Judenfrage in dortigem Land vertraut ist, zur Tagung entsandt werden wird.

Schleier."

Und am 26.2.44:

"Unter Bezugnahme auf Drahterlaß vom 17.2.,
Multex Nr. 196.

Sachbearbeiter für Judenfragen muß sich vorbereiten auf Tagung in Kurzreferat von höchstens 10 bis 12 Minuten zu berichten über Wirkung bisheriger antijüdischer Auslandsinformation und Möglichkeiten für deren Intensivierung, Möglichkeiten der Materialbeschaffung und Materialverteilung, sowie Anregungen und Vorschläge für die Weitere Arbeit zu unterbreiten.

Es ist beabsichtigt, während der Arbeitstagung vom 4 3. bis 4. April eine möglichst vollständige Schau des antijüdischen Propagandamaterials aus allen europäischen Ländern zu zeigen. Es wird deshalb um eine vollständige Einsendung allen im dortigen Land vorhandenen Propagandamaterials landeseigenen, deutschen oder anderen Ursprungs bis zum 25.3. an Inf. XIV gebeten. Darunter fallen Bücher, Zeitschriften, Broschüren, Plakate, Flugblätter, Klebezettel, Postkarten u.a.

Schleier."

Der

An

die ...

Das Auswärtige Amt betätigt sich

Der bei der dortigen Mission tätige Arisierungsberater wird unmittelbar vom Reichssicherheitshauptamt zur Teilnahme an der Tagung aufgefordert werden.

Es wird gebeten, dem Arisierungsberater Kenntnis von dem Inhalt der beiden vorstehenden Drahterlasse zu geben, ihm alles dort befindliche Material zur Judenfrage zur Verfügung zu stellen und ihm alle Wünsche, Vorschläge und Anregungen für die Intensivierung des antijüdischen Auslandsinformationsdienstes bekanntzugeben, damit er in der Lage ist, auf der Tagung in einem Kurzreferat zu berichten.

Das für die beid der Tagung geplante Schau benötigte an jüdische Propagandamaterial bitte ich so rechtzeitig abzusenden daß es spätestens am 25. März d.J. bei der Informations-Stelle XIV vorliegt.

Im Auftrag

Fehler[1]

Ghettoverwaltung
027/2/Ri/Mey.

Litzmannstadt, den 13. November 1941

An die

Buchhaltung.

Betrifft: Rechnungen und Abrechnungen für die Juden.

Bei Durchsicht der letzten Post des Ältesten der Juden ist mir aufgefallen, daß unverhältnismäßig viele Schreiben dabei waren, die uns auf Fehler in der Berechnung hinweisen. Ich bitte, doch unter allen Umständen für die Folge dafür zu sorgen, daß bei der Judenberechnung äußerst sorgfältig gearbeitet und vor allen Dingen jede Abrechnung nachgerechnet wird, damit wir uns nicht von dem Ältesten der Juden auf Fehler aufmerksam machen lassen müssen.

Ribbe

---

[1]) *N. Blumental: „Slowa Niewinne".*
Zentrale Jüdische Historische Kommission in Polen. 1947, Seite 197.

Rassenschande[1)]

Die wichtigste und in ihren Auswirkungen grauenhafteste Seite der Judenfrage blieb in meinen bisherigen Ausführungen unberührt. Sie geht insbesondere jene Erzieher und Erzieherinnen an, die in den Berufs- und höheren Schulen unsere reifere weibliche Jugend zu betreuen haben. Sie verlangt mit der gleichen Eindringlichkeit aber auch vom BdM., von der Deutschen Arbeitsfront, kurz von allen außerschulischen Organisationen, die mit unserer weiblichen Jugend im Zusammenhang stehen, ein immer wiederkehrendes Eingehen und Vertiefen. Wir alle, Eltern und Erzieher, tragen Schuld daran, daß ungezählte unserer Mädchen und Frauen am Juden zugrunde gingen. Wir wollen und dürfen über sie nicht richten. Weder Eltern, Lehrer noch Geistliche waren ihnen Aufklärer und Warner gewesen. Niemand hat sie eingeweiht in die gottgewollten Geheimnisse und Gesetze von Blut und Rasse. Mit allem möglichen wurden sie in Schule und Kirche traktiert und gefüttert. Das tiefste Wissen, das sie davor bewahrt hätte, körperlich und seelisch zu verkommen, gab ihnen niemand mit auf den Lebensweg. So konnte das Gift jüdischen Blutes in abertausend Fällen in den Blutstrom unseres Volkes sich ergießen. Bis unser Volk es wieder abstößt, werden viele Jahrzehnte vergehen. An dem Problem „Der Jude und die deutsche Frau" kann heute kein deutscher Erzieher mehr vorbeigehen. Er würde sich sonst einer verbrecherischen Unterlassung schuldig machen. Das Thema ist nicht heikel, wie feige Frömmler einwenden werden. Warum sollen wir aus dummer, sündhafter Scheu heraus unseren reiferen Mädchen in der Schule das verheimlichen, was ihnen fünf Minuten später auf der Straße, im Geschäft, im Kontor mit aller Brutalität begegnen kann, oder was ihnen vielleicht am Abend des gleichen Tages ein verbrecherischer Jude in grauenhafter Weise offenbart?

---

1) *„Die Judenfrage im Unterricht" von Stadtschulrat Fritz Fink, Nürnberg 1937, Seite 41.*

Hochpolitische Angelegenheit[1]

Die Lösung der Judenfrage ist eine hochpolitische Angelegenheit, die ausschließlich und allein von den vom Führer dazu berufenen Männern entschieden und gelöst wird ... Es ist die höchste Pflicht jedes hier Tätigen, dafür zu sorgen, daß alles, was mit der Behandlung des Judenproblems zusammenhängt, aus allgemein politischem Interesse streng geheim gehalten wird.

Die Gleichberechtigung und Dr. Magnus Hirschfeld[2]

Das jüdische Volk hat den Ruhm, den großen Vorkämpfer für die gesellschaftliche Gleichberechtigung und politische Eigenberechtigung der Homosexuellen und sonstigen Vertreter perverser Neigungen (Sadisten, Masochisten) hervorgebracht zu haben, nämlich den Berliner Nervenarzt Dr. Magnus Hirschfeld! So ist es begreiflich, daß es im Bereiche der jüdischen Unterwelt auch an Vertretern des gleichgeschlechtlichen Liebesgewerbes nicht fehlt.

---

[1]) *Aus einem Umlauf an alle Gefolgschaftsmitglieder der Ghettoverwaltung — Litzmannstadt vom 20. 10. 1941.*

(N. Blumental: „Slowa Niewinne". Zentrale Jüdische Historische Kommission in Polen, 1947, Seite 45.)

[2]) *Aus dem Buche: „Das jüdische Gaunertum", von Herwig Hartner-Hnizdo, Verlag Hoheneichen, München 1939. Seite 326.*

„Das sind Dinge, die unmöglich sein müssen"[1]

. . . Wenn wir Verträge schließen, dann müssen wir sie halten. Wenn ich mit einem Agenten, selbst mit einem üblen Subjekt, einen Vertrag schließe, so halte ich den Vertrag. Für diese Auffassung trete ich bedingungslos ein. Wenn ich im Generalgouvernement ausschreibe, daß derjenige, der einen untergeschlüpften, versteckten Juden angibt, ein Drittel von dessen Vermögen bekommt, dann passiert es sehr oft, daß dann der Sekretär Huber, oder der Untersturmführer Huber, der — wenn es geht — Schwarzfahrten macht, schnell ein neues Telefon oder neue Bleistifte bestellt, der also nie spart, dann plötzlich für das Deutsche Reich zu sparen beginnt. Er sagt beispielsweise: Dieser Jude hat RM 12.000,—. Was, dann müßte ich dem Polen, der ihn angab, RM 4000,— aushändigen. Nein, die spare ich für Deutschland. Der Pole kriegt nur RM 400,—. Da geht also ein kleiner Mann hin und bricht das von einer Gesamtorganisation gegebene Wort. Das sind Dinge, die unmöglich sein müssen. . . .

---

[1]) *Dokument PS — 1919.*

Auszug aus einer Rede Himmlers bei der ϟϟ-Gruppenführer-Tagung in Posen am 4. Oktober 1943.

„Die verjüdelte vernegerte Jazzmusik"[1)]

Verbot des Jazz und ähnlich entarteter Musik in Sachsen.

Eine Anordnung von Gauleiter Mutschmann.

Gauleiter und Reichsstatthalter Martin Mutschmann gibt in seiner Eigenschaft als Reichs-Verteidigungskommissar für Sachsen bekannt: Im gegenwärtigen Zeitpunkt, wo das deutsche Volk alle geistigen und materiellen Kräfte anspannt, dem barbarischen Ansturm des jüdischen Bolschewismus und Amerikanismus zu begegnen, ist es unerträglich, wenn immer wieder durch einzelne Musikveranstalter versucht wird, deutschen Menschen die entarteten Jazzschlager amerikanischen Ursprungs vorzusetzen. Die deutsche Musik und die Musik befreundeter Nationen sind reich an alten und neuen Opern, Tanzweisen. Volksliedern u. s. w., es bedeutet Beleidigung und Schande für unser Volk, die Afterkultur der verjüdelten vernegerten Jazzmusik überhaupt anhören zu müssen. . . Man kann nur wünschen, daß aus dieser Anordnung für das Gebiet des Gaues Sachsen eine Reichsregelung werde.

---

1) *Musik im Kriege. Organ des Amtes Musik beim Beauftragten des Führers für die Überwachung der gesamten geistigen und Weltanschaulichen Schulung und Erziehung der NSDAP.*

Zugleich amtliche Musikzeitschrift des Amtes Feierabend in der NS-Gemeinschaft „Kraft durch Freude".

Herausgeber und Hauptschriftleiter Dr. Herbert Gerigk. Stellv. Hauptschriftleiter Gustav Bosse.

Heft 3/4. Juni/Juli 1943.

Musterbeispiele des jüdischen Hochstaplertums[1]

Es ist kein Zweifel, daß sich im Judentum stärker und häufiger alle jene Anlagen finden, die zu den Voraussetzungen des Hochstaplertums gehören: geistige Beweglichkeit, Schlagfertigkeit und Gewandtheit in der Rede, schauspielerische Fähigkeit, sittliche Vorurteilslosigkeit und Hemmungslosigkeit in Verbindung mit der talmudischen Gerissenheit.

Das Gleiche gilt für die äußeren Bedingungen: die Bevorzugung von Berufsarten, die große Beweglichkeit erfordern und vielfältige Einblicke in alle Wirtschafts- und Gesellschaftsschichten, namentlich auch in die führenden erschließen, wozu der ganze händlerische Umkreis mit seinen Agenten, „Kaufleuten", „Großkaufleuten", Spekulanten, Faiseuren und Finanziers samt den Advokaten gehört. Dazu kommt die Internationalität, sowohl was die mangelnde Verwurzelung des einzelnen Juden als auch die internationale Zerstreuung und Verbundenheit der ganzen Judenschaft betrifft.

Es ist daher nicht zu verwundern, daß das Hochstaplertum im Judentum eine grundsätzlich andere Bedeutung angenommen hat als im Bereiche der germanischen Völker. Während hier immer nur einzelne Begabungen in diese Richtung drängen, sehen wir bei den Juden, daß ganze Berufsarten ein hochstaplerisches Gepräge annehmen. Der größte Teil der jüdischen Geschäftemacher des obenerwähnten Umkreises hat irgendwie einen hochstaplerischen Einschlag, sei es, wie er seine Kunden bearbeitet, seine Geschäfte abwickelt oder seine Ware in der ladenmäßigen Aufmachung und in der Reklame darbietet. Auch die jüdischen Arbeiterführer, die durchwegs wohlhabenden Kreisen entstammten und ihrer Neigung nach „Bourgeois" blieben, nach außen aber den „Proletarier" mimten, tragen mehr oder weniger die Züge des Hochstaplertums — dafür ist in Deutschland Ferdinand Lasalle und in Österreich Victor Adler das Musterbeispiel.

---

[1]) *Aus dem Buche: „Das jüdische Gaunertum" von Herwig Hartner-Hnizdo, Seite 226/27, Hoheneichen-Verlag, München 1939.*

Das Wort „Antisemitismus" wird nebbich beseitigt[1]

Copie

Der Leiter
des Aufgabengebietes
„Überstaatliche Mächte"

Berlin, den 17. Mai 1943
Hg/Rose

Aktennotiz für Dr. Koeppen

mit der Bitte, sie dem Reichsleiter zur weiteren Veranlassung vorzulegen.

Beim Besuch des Großmufti beim Reichsleiter Rosenberg versprach dieser, an die Presse einen Hinweis zu geben, wonach in Zukunft die Bezeichnung „Antisemitismus" zu unterbleiben hat. Mit der Verwendung dieses Wortes wird immer die arabische Welt getroffen, die nach Aussagen des Großmufti überwiegend deutschfreundlich ist. Das feindliche Ausland benutzt den Hinweis, daß wir mit dem Wort „Antisemitismus" arbeiten und damit auch bekunden wollen, daß wir die Araber mit den Juden in einen Topf werfen.

gez. Hans Hagemeyer

(Dienstleiter)

---

[1]) *Dokument XCII — 28.*

Auch das Wort „Deportation" wird beseitigt[1]

Abschrift
Geheim.
SSD-Fernschreiben. 13. Mai 1942

Von Mil. Bef. in Frankreich Kdo.Stb.Abt. Ic/i 2
An Bez. Chef A — B — C
Kdt. v. Groß-Paris
gltd.: C. B. West

Zufolge einer Anweisung von OKH Qu sind in allen Bekanntmachungen, die den Zwangsabschub von Landeseinwohnern betreffen, die Worte „nach dem Osten" nicht zu gebrauchen, um eine Diffamierung der besetzten Ostgebiete zu vermeiden.

Das gleiche gilt für den Ausdruck „Deportation", weil dieser noch aus der zaristischen Zeit mit dem Abschub nach Sibirien unmittelbar verbunden ist.

Es ist in allen Bekanntmachungen und im gesamten Schriftverkehr die Wendung „Verschickung zur Zwangsarbeit" zu gebrauchen.

Nachrichtlich.
C. B. West
SD
Deutsche Botschaft Paris
Alst. Frankreich
Vju
Vpol
Leit. Feldpolizeidirektor

Für den Militärbefehlshaber
Der Chef des Generalstabes
gez. Unterschrift.
Nr. 2286/42 geh
Für die Richtigkeit d. Abschrift
Zeileug
Kanzleiangestellte.

---

[1]) *Dokument XXVI — 21.*

Gottfried Vetter

Das „Unternehmen Bernhard"[1]

(Geldfälscherwerkstatt im KL Sachsenhausen)

Auf Anordnung des Reichssicherheitshauptamtes (RSHA) wurde im Spätsommer des Jahres 1942 damit begonnen, den Block 19 des KZ Sachsenhausen in eine moderne Druckwerkstatt umzuwandeln. Zu den Arbeiten wurden ausschließlich jüdische Häftlinge herangezogen, die zum überwiegenden Teil aus dem graphischen Gewerbe stammten. Im Laufe des Winters und der ersten Monate des Jahres 1943 wurde auch der Block 18 in ähnlicher Weise hergerichtet. Das Territorium der Blocks 19 und 18 wurde streng vom übrigen Lager abgetrennt, den Häftlingen war es streng verboten, irgendwelche Beziehungen zu den Häftlingen des allgemeinen Lagers aufzunehmen. Im Frühjahr 1943 erreichte die Zahl der in den Blocks 19 und 18 Beschäftigten, sie waren vornehmlich aus den KZs Buchenwald, Ravensbrück und aus dem Ghetto von Lodz nach Sachsenhausen gebracht worden, den Höchststand von etwa 130 Personen.

Die Aktion lief unter der Bezeichnung „Unternehmen Bernhard". Sie wurde gesteuert von der Abteilung VI F 4 des Reichssicherheitshauptamtes (Obersturmbannführer Fritz Doerner). Seine Leitung war dem SS-Sturmbannführer Bernhard Krüger übertragen, der als Ingenieur ausgebildet war und aus Chemnitz (Sachsen) stammte. Als Betriebsleiter war ein ehemaliger Druckereibesitzer aus Berlin, August Petrich, Träger des Goldenen Parteiabzeichens, und als Bewachungsmannschaft die SS-Oberscharführer Herbert Marock und Heinz Weber eingesetzt. Petrich wurde jedoch bald entfernt. Nach seinem Verschwinden ereilte auch Marock und Weber das Schicksal. Von einem SS-Kriegsgericht, das unter dem Vorsitz von SS-Oberkriegsgerichtsrat Stein in Sachsenhausen tagte, wurden Marock wegen Verrates militärischer Geheimnisse zum Tode und Weber zu 18 Jahren Zuchthaus verurteilt. An ihre Stelle trat ein Bewachungskommando unter der Leitung von SS-Oberscharführer Beckmann.

---

[1]) *Dieser Bericht stützt sich auf Aussagen der ehemaligen Häftlinge des KL's Sachsenhausen, Max Bober und Georg Kohn, beide wohnhaft in Berlin, die dem „Unternehmen Bernhard" zugeteilt waren.*

Die Druckwerkstatt verdankte ihr Entstehen der Absicht, Pfundnoten der verschiedenen Serien in großer Menge zu fälschen. Nach ausgedehnten Versuchsdrucken, von denen Proben jeweils nach Berlin zur Begutachtung geschickt wurden, waren die Falsifikate (sie wurden im Vierernutzen gedruckt) im Frühjahr 1943 zu solcher Perfektion gediehen, daß die Falschgeldproduktion in großem Umfange anlief.

Von Häftlingen mußten u. a. Sortiments zwischen 6000 und 10 000 Stück falscher Pfundnoten der verschiedenen Werte zusammengestellt, in grüne Papirolin-Taschen verpackt und mit Anschriften versehen werden. Als Empfänger wurden u. a. die Handelsattachés der deutschen Botschaften in Rom, Ankara, Lausanne, Bern, Madrid und Lissabon angegeben.

Die Produktivität der Werkstatt war unterschiedlich. Sie erreichte eine Höchstleistung von 400 000 Stück falscher Pfundnoten im Monat, gelegentlich aber wurde die Produktion gedrosselt oder gänzlich eingestellt, dann aber wieder aufgenommen. Sie lief bis zum Februar 1945.

Eine präzise Angabe über die Gesamtproduktion an Falschgeldnoten liegt nicht vor, jedoch wird sie übereinstimmend auf eine Summe geschätzt, die dem Gegenwert von 2½ bis 3 Milliarden Reichsmark entspricht. Je nach Güte der Fälschungen wurden die Falsifikate in drei Gruppen eingeteilt. Die Druckplatten entstanden nicht in der von den Häftlingen betriebenen Werkstatt des KZ Sachsenhausen, sondern in einer Werkstatt in Friedenthal bei Sachsenhausen, die ausschließlich von fachlich qualifizierten SS-Angehörigen besetzt war.

Es ist auch der Versuch unternommen worden, Dollarnoten zu fälschen. Um diese Absicht zu verwirklichen, holte Krüger den Häftling Salomon Smolianoff aus dem Lager Mauthausen. Smolianoff war wegen Geldfälschungen vorbestraft (alle anderen in der Falschgeldwerkstatt beschäftigten Häftlinge waren nur ihrer jüdischen Abstammung wegen in das KZ gekommen). Trotz zahlreicher Versuche mißlang die Fälschung von Dollarnoten.

Das „Unternehmen Bernhard" hatte neben Geldfälschungen noch verschiedene Sonderaufträge zu erfüllen. So wurden u. a. englische Briefmarken mit dem Aufdruck „This war is a jewish war" in großer Menge hergestellt. Auch Paßfälschungen gehörten zum Aufgabenbereich der Werkstatt.

Im Februar 1945 wurde das „Unternehmen Bernhard" — Häftlinge, Bewachungsmannschaften, Maschinen, Falschgeld- und Papiervorräte usf. — nach Mauthausen verlagert. Zu einer Produktion ist es dort nicht gekommen. Nach etwa vierwöchentlichem Aufenthalt in Mauthausen erfolgte eine neue Verlagerung nach dem Flecken Redl-Zipf in den österreichischen Alpen. Hier wurde das „Unternehmen Bernhard" in zwei Baracken eines Lagers untergebracht, in dem sich von der „Legion Condor" gefangene Spanier befanden. Auch hier ist es zu einer nennenswerten Produktion nicht mehr gekommen. In den letzten Tagen des April befahl Krüger, die noch vorhandenen Falschgeld- und Papiervorräte zu verbrennen. Die Aktion dauerte bis zum 2. Mai. Während dieser Zeit beobachteten Häftlinge, wie auf Lastkraftwagen Kisten mit Falschgeld und Druckplatten von der SS abgefahren wurden. Am 2. Mai verschwand Krüger von Redl-Zipf. Die Häftlinge, die jetzt dem

Befehl des SS-Obersturmführers Hansch unterstanden, wurden zum Teil auf Lkws verladen und in das Lager Ebensee gebracht, zum Teil mußten sie das Lager Ebensee im Fußmarsch erreichen. Hier wurden sie mit anderen Häftlingen am 6. Mai von amerikanischen Truppen befreit.

Von den gefälschten Pfund-Noten sind riesige Mengen in das neutrale Ausland gelangt, ein Teil davon ist von dort nach England gekommen. Da die Fälschungen — sie wurden häufig als „Himmler-Pfunde" bezeichnet — den ganzen Pfund-Markt zu verseuchen drohten, sah sich die Bank von England 1945 zu dem sensationellen Schritt genötigt, alle umlaufenden Pfund-Noten aus dem Verkehr zu ziehen und durch neue, fälschungssichere Fünf-Pfund-Noten zu ersetzen.

Diversa

Geschichte der Stadt Lüneburg

„Nach einer amtlichen Mitteilung ist die kürzlich erschienene Geschichte der Stadt Lüneburg von Professor Dr. Reinecke auf Veranlassung des Geheimen Staatspolizeiamts Harburg-Wilhelmsburg beschlagnahmt worden und zwar wegen der Ausführungen über die Judenfrage am Schluß des zweiten Bandes."

„Frankfurter Zeitung", Frankfurt/Main, 24. 2. 34

Blinde

§ 3 führt den Ariergrundsatz für die ordentlichen und außerordentlichen Mitglieder ein. Es wird unter blinden und fördernden Mitgliedern unterschieden ...

Aus dem „Jahresbericht des Vereins der blinden Akademiker Deutschlands e. V. für das Jahr 1933"

Nachrichten

„Die Ortsgruppe der NS-Volkswohlfahrt in Parchim gibt bekannt, daß sie von jetzt ab die Unterstützung von Leuten ablehne, die in jüdischen Geschäften kaufen.

In Wismar war zu einer Hochzeitsfeier auch ein Jude mit seiner arischen Frau geladen worden. Die empörten Volksgenossen sammelten sich vor dem Hochzeitshaus und verlangten stürmisch die Entfernung des Juden von der Feier. Die Polizei forderte schließlich den jüdischen Gast auf, die Hochzeit zu verlassen."

„Forster Tageblatt", Forst/Lausitz, 13. 8. 35

50 M. Geldstrafe

„Eine jüdische Frau in München hatte ein 23 Jahre altes deutschblütiges Dienstmädchen eingestellt, das neben den üblichen Dienstleistungen im Haushalt auch die Bedienung des Untermieters, bzw. eines Juden, zu besorgen hatte. Der Fall wurde angezeigt und kam als Vergehen gegen die Blutschutzverordnung vor das Strafgericht in München-Au. In der Verhandlung wurde festgestellt, daß die Bedienung nur darin bestand, daß das Mädchen dem Mieter das Frühstück zu bringen und das Zimmer in Ordnung zu halten hatte, daß aber irgendwelche weiteren Beziehungen zwischen dem Untermieter und dem Dienstmädchen nicht bestanden hätten. Die Angeklagte machte geltend, daß dem Mädchen keinerlei Familienzugehörigkeit eingeräumt worden sei. Das Gericht entschied, daß in solchem Dienstverhältnis immer ein gewisser Familienanschluß zu erblicken sei, und verurteilte die Angeklagte zu 50 M. Geldstrafe, ersatzweise zehn Tage Gefängnis." *„Frankfurter Zeitung", Frankfurt/Main, 29. 9. 36*

Ein Dorn im Auge

„Der Hamburgische Senat hat beschlossen, das Heinrich-Heine-Denkmal, weil es vielen ein Dorn im Auge sei, aus dem Stadtpark zu entfernen und, wie mitgeteilt wurde, in irgendeinen Schuppen zu lagern." *„Frankfurter Zeitung", Frankfurt/Main, 5. 8. 33*

Mit der arischen Dirne

„Die Große Strafkammer verurteilte wegen Rassenschändung einen 39jährigen Juden zu zwei Jahren Gefängnis. Der Angeklagte verkehrte nach Inkrafttreten der Rassegesetze mit einer in der Altstadt wohnenden arischen Dirne. Das Gericht, das auch auf drei Jahre Ehrverlust erkannte, betonte, daß das Gesetz keine Ausnahme kenne."

„Frankfurter General-Anzeiger", Frankfurt/Main, 1. 4. 36

Magdeburger Straßenbahn

„An den Wagen der Magdeburger Straßenbahnen sind von der N.S. Hago zur Verfügung gestellte Transparente angebracht worden, die sich gegen das Judentum wenden. Ferner wurden sämtliche Eingänge der Straßenbahnwagen mit Schildern »Hier sind Juden unerwünscht« versehen."

„Würzburger General-Anzeiger", Würzburg, 27. 8. 35

Vernunftsgrundsätze

„In der letzten Zeit häufen sich die Klagen aus Österreich, Ungarn, Süd-Slawien. Rumänien, Bulgarien und anderen Ländern darüber, daß deutsche Firmen — es sind sogar solche von Weltruf dabei — sich vorwiegend jüdischer Vertreter bedienen ... Was früher als ein nicht abzuänderndes Übel hingenommen wurde, kann im Zeichen des Nationalsozialismus n i c h t m e h r geduldet werden. Abgesehen davon, daß es auch Prestigegründe in dieser Frage gibt, so sprechen allein reine Vernunftsgrundsätze ihre eigene Sprache ... Hebung der deutschen Ausfuhr und Reinigung der deutschen Vertretungen von unzuverlässigen jüdischen Elementen sind in diesem Falle dasselbe."

„Die deutsche Volkswirtschaft", Berlin, Jhg. 1936, S. 395

Nazi-Spitzfindigkeit

Durch Urteil vom 22. November 1935, das in der „Zeitungswissenschaft" veröffentlicht wird, hat das Landgericht Berlin die Klage eines n i c h t a r i s c h e n Z e i t u n g s - h ä n d l e r s gegen die Reichspressekammer wegen seines Ausschlusses aus der R e i c h s - k u l t u r k a m m e r kostenpflichtig abgewiesen. In der Begründung wird gesagt:

Die Feststellung, ob der Kläger die erforderliche Zuverlässigkeit und Eignung zur Aufnahme in die zuständige Reichsfachschaft besitze, sei Sache pflichtmäßigen Ermessens des Kammerpräsidenten. Es sei auch nicht richtig, wenn der Kläger meine, eine sachlich nicht zu rechtfertigende Handhabung dieses Ermessens liege schon darin, daß der Präsident der Reichspressekammer seine Entscheidung entgegen klaren Grundsätzen des Gesetzes, das keinen Arierparagraphen enthalte, lediglich auf die nichtarische Abstammung des Klägers abgestellt habe. Eine Amtspflichtverletzung des Präsidenten, die einen Anspruch gegen die Kammer entstehen ließe, könne vielmehr nach ständiger Rechtsprechung nur dann angenommen werden, wenn sein Verhalten so fehlsam gewesen wäre, daß es mit den Grundsätzen ordnungsmäßiger Verwaltung schlechterdings unvereinbar wäre. Davon aber könne keine Rede sein, wenn auf Grund der Einstellung des heutigen Staates „die kompromißlose Durchführung des Arierparagraphen für den Bereich der Reichspressekammer" für maßgebend erklärt und zugleich zum Ausdruck gebracht werde, „daß auf Grund einer durch die Reichskulturkammer zugeleiteten Entscheidung Personen nichtarischer Herkunft als nicht geeignet und zuverlässig im Sinne der Durchführungsverordnung zum Reichskulturkammergesetz anzusehen sind". *„Frankfurter Zeitung", Frankfurt/Main, 7. 5. 36*

Herbstpferdemarkt ohne Juden

Giessen (Wolff). Am 27. September findet hier der Herbstpferdemarkt statt. Auf diesem Markt werden keine Juden mehr teilnehmen, da nach den Anordnungen der Bürgermeisterei N i c h t a r i e r a u s d r ü c k l i c h vom Besuch des Marktes ausgeschlossen sind.

„Frankfurter Zeitung", Frankfurt/Main, 17. 9. 33

Der Bürgermeister von Königsdorf

B e k a n n t m a c h u n g

Gemeinde Königsdorf

Zur Regelung der gemeindlichen Bullenhaltung und zur Abwendung der Seuchengefahr ergeht folgende Anordnung:

1. Kühe und Rinder, welche von Juden direkt oder indirekt gekauft wurden, sind vom Z u t r i e b z u m g e m e i n d l i c h e n B u l l e n a u s g e s c h l o s s e n.

2. Kühe und Rinder aus Stallungen, in welchen von Juden gekauftes Vieh steht, unterliegen einer Beobachtung auf die Dauer von 1 Jahr. Sie sind während dieser Zeit vom Zutrieb zum gemeindlichen Bullen ausgeschlossen.

3. Die Anordnung gilt ab 1. Oktober 1935.

Königsdorf, den 28. September 1935

Der Bürgermeister der Gemeinde Königsdorf
gez. Ernst Schreyer: 1. komm. Bürgermeister

„Tegernseer Zeitung", Tegernsee/Bayern, 3. 10. 35

Sammlungen

I.

Skelette ...[1])

XI a 56

An „Ahnenerbe"
Inst. f. wehrwissenschaftl. Zweckforschung
G/H/6 S2/He

Berlin-Dahlem, 21. Juni 42
Pücklerstr. 16

Geheime Reichssache
G.R.Z.I. A.H. Sk. Nr. 10
5 Ausfertigg. 2. Ausfertigg.
ohne Anlagen.
Abl. Be.

An das
Reichssicherheitshauptamt
Amt IV B 4
z. Hdn. ϟϟ-Obersturmbannführer Eichmann
Berlin SW 11
Prinz-Albrecht-Str. 8

Betrifft: Aufbau einer Sammlung von Skeletten.

Unter Bezugnahme auf dortiges Schreiben vom 25. September 1942 IV B 4 3576/42 g 1488 und die zwischenzeitlich in obiger Angelegenheit geführten persönlichen Besprechungen wird mitgeteilt, daß der mit der Ausführung obigen Sonderauftrages beauftragte Mitarbeiter der hiesigen Dienststelle, ϟϟ-Hauptsturmführer Dr. Bruno Beger, die Arbeiten am 15. Juni 1943 im KL Auschwitz wegen der bestehenden Seuchengefahr beendet hat.

Insgesamt wurden 115 Personen, davon 79 Juden, 2 Polen, 4 Innerasiaten und 30 Jüdinnen bearbeitet. Diese Häftlinge sind z. Zt. getrennt nach Männern und Frauen in je einem Krankenbau des MKL. Auschwitz untergebracht und befinden sich in Quarantäne. Zur weiteren Bearbeitung der ausgesuchten Personen ist nunmehr eine sofortige Überweisung an das KL. Natzweiler erforderlich, was mit Rücksicht auf die Seuchengefahr in Auschwitz beschleunigt durchgeführt werden müßte. Ein namentliches Verzeichnis der ausgesuchten Personen ist beigefügt.

---

[1]) *Dokument No. 087.*

Es wird gebeten, die entsprechenden Anweisungen zu erteilen. Da bei der Überweisung der Häftlinge nach Natzweiler die Gefahr der Seucheneinschleppung besteht, wird gebeten, umgehend zu veranlassen, daß seuchenfreie und saubere Häftlingskleidung für 80 Männer und 30 Frauen von Natzweiler nach Auschwitz gesandt wird.

Gleichzeitig müßte dafür Sorge getragen werden, für die 30 Frauen kurzfristig im MKL. Natzweiler Unterbringungsmöglichkeiten zu schaffen.

Sievers

ϟϟ-Standartenführer

Durchschriften an:

a) ϟϟ-H'Stuf. Dr. Beger,

b) ϟϟ-H'Stuf. Prof. Dr. Hirt,

ϟϟ-Obersturmbannführer Dr. Brandt.

II.

Schädel ...[1])

Betr.: Sicherstellung der Schädel von jüdisch-bolschewistischen Kommissaren zu wissenschaftlichen Forschungen in der Reichs-Universität Straßburg.

Nahezu von allen Rassen und Völkern sind umfangreiche Schädelsammlungen vorhanden. Nur von den Juden stehen der Wissenschaft so wenig Schädel zur Verfügung, daß ihre Bearbeitung keine gesicherten Ergebnisse zuläßt. Der Krieg im Osten bietet uns jetzt Gelegenheit, diesem Mangel abzuhelfen. In den jüdisch-bolschewistischen Kommissaren, die ein widerliches aber charakteristisches Untermenschentum verkörpern, haben wir die Möglichkeit, ein greifbares wissenschaftliches Dokument zu erwerben, indem wir ihre Schädel sichern.

Die praktische Durchführung der reibungslosen Beschaffung und Sicherstellung dieses Schädelmaterials geschieht am zweckmäßigsten in Form einer Anweisung an die Wehrmacht, sämtliche jüdisch-bolschewistischen Kommissare in Zukunft lebend sofort der Feldpolizei zu übergeben. Die Feldpolizei wiederum erhält Sonderanweisung, einer bestimmten Stelle laufend den Bestand und Aufenthaltsort dieser gefangenen Juden zu melden

[1]) *Dokument No. 185. Bericht vom ehemaligen Ordinarius für Anatomie an der Universität Straßburg, Prof. Dr. August Hirt, an Himmler. („Das Diktat der Menschenverachtung", Verlag Lambert Schneider, Heidelberg.)*

und sie bis zum Eintreffen eines besonderen Beauftragten wohl zu behüten. Der zur Sicherstellung des Materials Beauftragte (ein der Wehrmacht oder sogar der Feldpolizei angehörender Jungarzt oder Medizinstudent, zugerüstet mit einem PKW nebst Fahrer) hat eine vorher festgelegte Reihe photographischer und anthropologischer Messungen zu machen und, soweit möglich, Herkunft, Geburtsdatum und andere Personalangaben festzustellen.

Nach dem danach herbeigeführten Tode des Juden, dessen Kopf nicht verletzt werden darf, trennt er den Kopf vom Rumpf und sendet ihn, in eine Konservierungsflüssigkeit gebettet, in eigens zu diesem Zwecke geschaffenen und gut verschließbaren Blechbehältern zum Bestimmungsort. An Hand der Lichtbildaufnahmen, der Maße und sonstigen Angaben des Kopfes und schließlich des Schädels können dort nun die vergleichenden anatomischen Forschungen, die Forschungen über Rassenzugehörigkeit, über pathologische Erscheinungen der Schädelform, über Gehirnform und -größe und über vieles andere mehr beginnen.

Für die Aufbewahrung und die Erforschung des so gewonnenen Schädelmaterials wäre die neue Reichsuniversität Straßburg ihrer Bestimmung und ihrer Aufgabe gemäß die geeignetste Stätte.

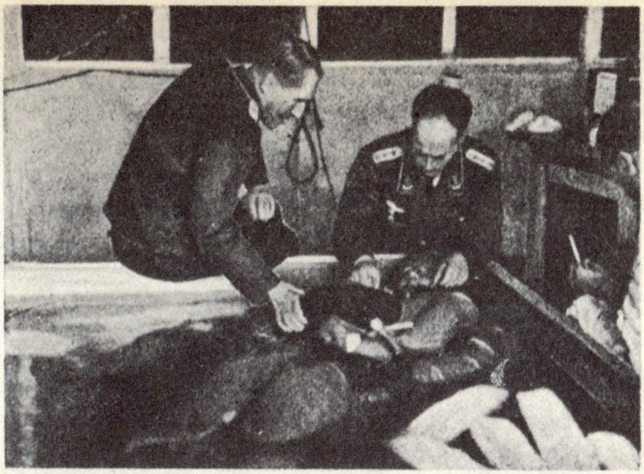

Prof. Holzlöhner (links) und Dr. Rascher bei einem Unterkühlungsversuch

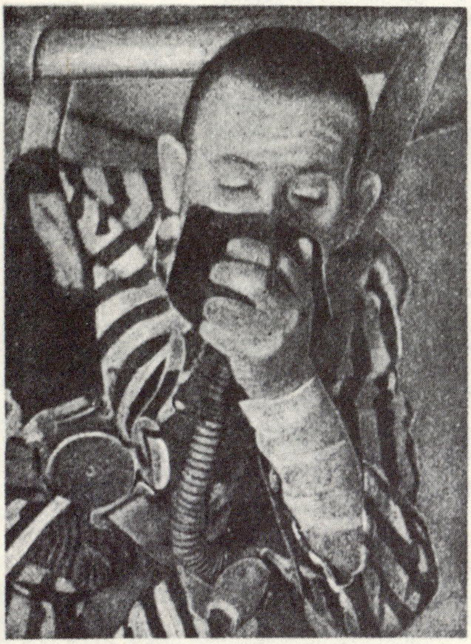

Bei sinkendem Luftdruck in der Unterdruckkammer

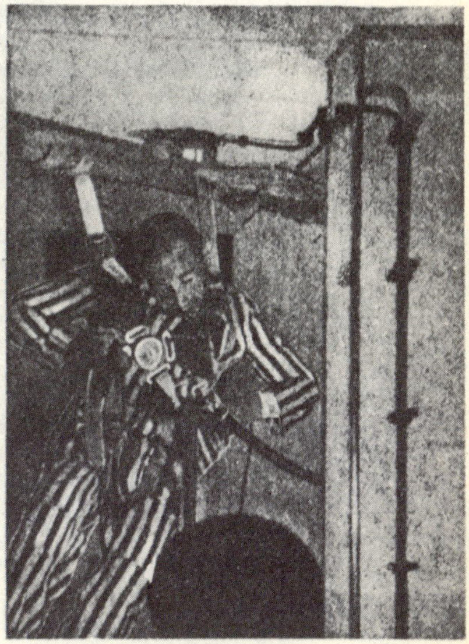

Übergang zur schlaffen Lähmung

Die Abbildungen sind einem fortlaufenden Filmstreifen entnommen. Der Filmstreifen wurde durch den Abteilungsleiter an der Deutschen Versuchsanstalt für Luftfahrt, Dr. Hans Wolfgang Romberg, identifiziert. (Dokument NO 610 – Prozeß gegen SS-Ärzte in Nürnberg am 9. Dezember 1946)

DOCUMENT No. NO - 213

Der Reichsführer - SS
Persönlicher Stab
Tgb. Nr. 66/42
Bra/Dr.

Führer-Hauptquartier, 10.VII.4

Geheime Reichssache.

6. Ausfertigungen
6. Ausfertigung

Herrn

1.) Professor G L A U B E R G

Königshütte.

Sehr geehrter Herr Professor!

Der Reichsführer SS hat mich heute beauftragt, an Sie zu schreiben und Ihnen seinen Wunsch zu übermitteln, doch einmal nach voriger Absprache mit SS-Obergruppenführer P O H L und dem Lagerarzt des Frauen-Konzentrationslager in Ravensbrück nach Ravensbrück zu fahren, um dort die Sterilisierung von Jüdinen nach Ihrem Verfahren durchzuführen.

Bevor Sie mit Ihrer Arbeit beginnen, würde der Reichsführer-SS noch Wert darauf legen, von Ihnen zu erfahren, welche Zeit etwa für die Sterilisierung von 1000 Jüdinnen in Frage käme. Die Jüdinnen selbst sollen nichts wissen. Im Rahmen einer allgemeinen Untersuchung könnten Sie nach Ansicht des Reichsführers-SS die entsprechende Spritze verabreichen

Über die Wirksamkeit der erfolgten Sterilisierung müssten dann auch eingehende Versuche durchgeführt werden, grösstenteils in der Art, dass nach einer bestimmten Zeit, die Sie dann bestimmen müssten, vielleicht durch Röntgenaufnahmen, festgestellt wird, welche Veränderungen eingetreten sind. In dem einen oder anderen Fall dürfte aber auch ein praktischer Versuch in der Weise durchgeführt werden, dass man eine Jüdin mit einem Juden für eine gewisse Zeit zusammensperrt und dann sieht welcher Erfolg dabei auftritt.

Ich darf Sie bitten, mir zur Unterrichtung des Reichsführers - SS Ihre Äusserung zu meinem Brief mitzuteilen.

H e i l H i t l e r !

gez. Brandt
SS-Obersturmbannführer.

- 1 -

„Die Jüdinnen selbst sollen nichts wissen"

Mischehen[1]

... Zur Durchführung des Vorschlages von Staatssekretär Dr. Stuckart, alle Mischehen aufzulösen, wurden zwei Wege besprochen.

1. Gesetzlicher Anspruch der Zwangsscheidung in allen Fällen. Hiergegen wurden seitens des Propagandaministeriums aus politischen Gründen, insbesondere in Anbetracht der zu erwartenden Stellungnahme des Vatikans, Bedenken erhoben. Weiter wurde geltend gemacht, daß hierbei der Vielgestalt der vorkommenden Einzelfälle schlecht Rechnung getragen werden kann. Schließlich wurde darauf hingewiesen, daß eine Ehescheidung doch aus grundsätzlichen Erwägungen im Einzelfall ausgesprochen werden müßte und dem Gericht, wenn auch im vereinfachten Verfahren, obliegen sollte.

2. Es herrschte Einigkeit darüber, daß bei einer Scheidung im Einzelfall dafür Sorge getragen werden müsse, daß die Verfahren schnell vor sich gehen und daß ungerechtfertigten Einwendungen der jüdischen Seite ein Riegel vorgeschoben werden müsse. Nachstehendes Verfahren erschien allgemein zweckmäßig.

Es wird gesetzlich festgelegt, daß die Gerichte auf Antrag des deutschblütigen Teiles oder des Staatsanwaltes rassenmäßige Mischehen zu scheiden haben. Der Antrag soll vorgesehen werden, um nach außen hin den Eindruck einer Zwangsscheidung abzuschwächen. Die Durchführung soll so erfolgen, daß durch interne Dienstanweisungen den beteiligten Deutschblütigen ein gewisser Zeitraum zur Beantragung zur Verfügung stehen soll. Nach diesem Zeitpunkt werden die Staatsanwaltschaften angewiesen, Scheidungsanträge zu stellen. Der Scheidungsausspruch hängt dann nur von der Feststellung ab, daß ein Eheteil volljüdisch bzw. Mischling 1. Grades ist. Diese Feststellung trifft der Chef der Sicherheits-

---

[1]) *Dokument NG 2586. Auszug aus der Besprechungsniederschrift vom 6. 3. 1942 im RSHA, Referat IV B 4.*

polizei und des SD. Die Staatsanwaltschaften und Gerichte sind an die Feststellung des SD gebunden. Angewandt werden soll das Gesetz:

1. Bei Ehen zwischen Volljuden und Deutschen in jedem Fall ohne Ausnahme.

2. Bei Ehen zwischen Mischlingen 1. Grades und Deutschblütigen dann, wenn die Ehe kinderlos ist und der Mischlingsteil nicht eine Ausnahme erfährt, auf Grund deren er unbehelligt im Reich verbleiben darf. (Hierbei sollen die Grundsätze des Arbeitskreises gelten.)

3. Stimmen die rechtliche Anordnung und die rassenmäßige Abstammung des jüdischen bzw. Mischlingsteiles nicht überein, so soll das Gesetz in folgenden Fällen nicht angewandt werden, auch wenn der Teil gesetzlich als Jude gilt:

   a) wenn der Geltungsjude weniger als zwei rassenmäßig volljüdische Großelternteile besitzt.

   b) Wenn der Geltungsjude zwei rassenmäßig volljüdische Großelternteile besitzt und aus der Mischehe Abkömmlinge, die als deutschblütige oder Mischlinge 2. Grades gelten, hervorgegangen sind.

Dabei werden nur die Abkömmlinge berücksichtigt, die bei Inkrafttreten des Gesetzes bereits geboren waren.

Das vorstehende Besprechungsergebnis soll den beteiligten Dienststellen zur beschleunigten abschließenden Stellungsnahme innerhalb von zwei Wochen zugeleitet werden.

Nach Abgabe dieser Stellungnahme wird, soweit noch erforderlich, eine weitere Besprechung zur abschließenden Formulierung im Reichssicherheitshauptamt stattfinden.

Die Sterilisierung der Mischlinge[1)]

I.

Abschrift

Geheime Reichssache!

Besprechungsniederschrift

20 Ausfertigungen

3. Ausfertigung

An der am 6. März 1942 im Reichssicherheitshauptamt, Referat IV, B 4, stattgefundenen Besprechung über die „Endlösung der Judenfrage" haben teilgenommen:

Oberregierungsrat Carstensen, Reichsministerium für Volksaufklärung und Propaganda

Dr. Schmidt-Burgh, Reichsministerium für Volksaufklärung und Propaganda

O.L.-Rat Massfelder, Reichsministerium für Justiz

Regierungsrat Dr. Feldscher, Reichsministerium des Innern

Oberregierungsrat Dr. Boley, Reichskanzlei

Amtsgerichtsrat Dr. Wetzel, Reichsministerium für die besetzten Ostgebiete

O.R.R. Reischauer und O.R.R. Ancker, Parteikanzlei

Stadtrechtsrat Dr. Hammerl, Amt des Generalgouverneurs

O.R.R. Dr. Bilfinger, Reichssicherheitshauptamt

Amtsgerichtsrat Liegener und Rechtsanwalt u. Notar Pegler, Beauftragte für den Vierjahresplan

SS-Sturmführer Preusch und SS-Obersturmführer Dr. Grohmann, Rasse- und Siedlungshauptamt

Legationsrat Rademacher, Auswärtiges Amt.

---

1) *Dokument NG 2586.*

Die Besprechung zeitigte nachstehendes Ergebnis.

1. Mischlinge

Eingangs der Besprechung wurde der Vertreter des Reichsinnenministeriums gebeten, den Vorschlag des Staatssekretärs Dr. Stuckart in der Staatssekretärbesprechung vom 20. Januar 1942 alle Mischlinge zu sterilisieren, näher zu erläutern und insbesondere zu den folgenden Fragen Stellung zu nehmen:

1. Personenkreis, der unter die Sterilisierung fällt;
2. Rechtsgrundlage der Sterilisierung;
3. Rechtliche Stellung der Mischlinge nach erfolgter Sterilisierung;
4. Verwaltungsmäßige Durchführung der Sterilisierung.

Die einzelnen Punkte wurden dann jeweils eingehend durchgesprochen. Dabei ergab sich folgendes:

Zu 1.

Nach Mitteilung von Reg.Rat Dr. Feldscher hat sich Staatssekretär Stuckart eindeutig dahin ausgesprochen, daß eine Zwangssterilisierung nur der Mischlinge 1. Grades beabsichtigt sei. Hierüber herrschte Einigkeit, wenn auch eine biologisch völlige Lösung des Mischlingsproblems nur bei einer Sterilisierung der Judenmischlinge aller Grade erfolgen würde. Ebenfalls herrschte Einmütigkeit darüber, daß innerhalb der Mischlinge 1. Grades irgendwelche Ausnahmen nicht gemacht werden sollen.

Zu 2.

Eine Sterilisierung nur im Verwaltungswege wurde allseitig nicht als tragbar erkannt. Ebenso erschien es aber unmöglich, etwa gesetzlich ausdrücklich und ausgesprochenermaßen die Sterilisierung anzuordnen. Es wurde vorgeschlagen, einen Rechtssatz des Inhaltes zu schaffen, daß eine bestimmte Stelle ermächtigt werde, „die Lebensverhältnisse der Mischlinge zu regeln". Es bliebe aber zweifelhaft, ob dies als Rechtsgrundlage ausreiche.

Zu 3.

Nach Vorschlag von Staatssekretär Dr. Stuckart sollen die Mischlinge 1. Grades nach Sterilisierung im Reich verbleiben. Die ihr Leben einengenden Bestimmungen sollen — außer etwa der Erleichterungen auf einigen nebensächlichen Gebieten — bestehen bleiben. Es herrschte Einigkeit darüber, daß einer derartigen Regelung das grundsätzliche Bedenken entgegenstehe, daß eine tatsächliche Lösung des Mischlingsproblems, das nicht ausschließlich ein rassenbiologisches ist, hierdurch nicht erfolgen werde. Es würde vielmehr durch die Sterilisierung ausschließlich die bisher — wenigstens ehelich — nur rechtliche Verhinderung von Nachkommenschaft in eine tatsächliche verwandelt. Bestehen blieben mit den Beschränkungen die Unzahl von Ausnahmegesuchen jedes einzelnen Mischlings auf allen Lebensgebieten. Bestehen blieben die politische Belastung durch das Vorhandensein einer Personengruppe minderen Rechts, erschwert gegenüber der bisherigen Stellung dadurch, daß dieser Personenkreis sterilisiert ist. Auf der anderen Seite herrschte aber auch Einigkeit darüber, daß eine weitergehende Freistellung der Mischlinge 1. Grades aus politischen Gründen untragbar wäre.

Zu 4.

Auf Grund der zu 3. erörterten Gesichtspunkte war man sich allgemein darüber klar, daß die Sterilisierung eine verwaltungsmäßige Entlastung gegenüber der augenblicklichen Lage nicht mit sich bringt, vielmehr lediglich durch die Sterilisierung zu den bisherigen Verwaltungsaufgaben eine weitere hinzutrete, deren Aufwand nicht zu unterschätzen ist, und deren Durchführung schon allein wegen des Ärzte- und Krankenbettmangels nicht möglich erscheint. Es ist weiter zu berücksichtigen, daß bei einer Belassung der Mischlinge „als Zwischenrasse" im Reichsgebiet ständig auch in Zukunft neue verwaltungsmäßige Probleme für die Partei- und Staatsstellen auftauchen, da bereits heute sämtlichen Dienststellen ungezählte Einzelanregungen zum Mischlingsproblem vorliegen, die wegen der bevorstehenden Endlösung zur Zeit zurückgestellt, bei einem Belassen der Mischlinge im Reich jedoch nunmehr unbedingt einer Entscheidung zugeführt werden müssen. (Mischlinge im Sport, Mischlinge in der Wirtschaft, Mischlinge in Organisationen allgemein, Mischlinge als Betriebsführer, Mischlinge als Rechtsanwalt, Sorgerechtsregelung für Mischlinge aus geschiedenen Ehen usw.)

Aus allen diesen Gesichtspunkten war man übereinstimmend der Auffassung, daß eine zwangsmäßige Sterilisierung für sich allein weder das Mischlingsproblem lösen, noch zu einer verwaltungsmäßigen Entlastung führen werde, sondern eher die augenblickliche Lage noch erschweren würde. Sollte der Führer gleichwohl aus politischen Gründen eine allgemeine Zwangssterilisierung für den geeigneten Weg halten, so wäre vorzusehen, daß nach der Sterilisierung die Mischlinge 1. Grades ähnlich wie heute alte Juden in einem Gebiet in einer besonderen Stadt zusammengefaßt würden. Die Auswahl der dieser „Mischlingssiedlung" zuzuweisenden Mischlinge müßte nach der übereinstimmenden Auffassung der Beteiligten nach den Grundsätzen der seinerzeitigen Vorbesprechung des Arbeitskreises erfolgen. Für die Siedlung käme, um den Bedenken Rechnung zu tragen, die gegen eine Abschiebung teilweise deutschen Blutes über die Reichsgrenze von Staatssekretär Dr. Stuckart vorgebracht wurden, ein Ort innerhalb des unmittelbaren Einflußbereiches des deutschen Reiches in Betracht.

Dem Gesamtvorschlag der Zwangssterilisierung gegenüber wurde allseitig auf die Vorteile des Vorschlages des seinerzeitigen Arbeitskreises hingewiesen.

1. Nach Mitteilung des Vertreters der Parteikanzlei wurde von höchster Stelle anläßlich der Erörterung von Mischlingsfragen in der Wehrmacht zum Ausdruck gebracht, daß es notwendig sei, die Mischlinge auf Juden und Deutsche aufzuteilen und daß es keinesfalls tragbar sei, die Mischlinge als dritte kleine Rasse auf die Dauer am Leben zu erhalten. Dieser Forderung würde bei einer Sterilisierung aller Mischlinge und ihrer Belassung im Reichsgebiet nicht Rechnung getragen.

2. Die vom Arbeitskreis vorgeschlagene Überprüfung des einzelnen Mischlings — die im übrigen nach Mitteilung des Vertreters der Parteikanzlei auch von höchster Stelle für notwendig erachtet wird — würde einen einmaligen Verwaltungsaufwand erfordern.

   Erleichtert würde die Aussiebung durch die zahlreichen bereits vorhandenen Unterlagen über den einzelnen Mischling. Nach Durchführung der Aussiebung würde jedoch nur ein relativ kleiner Teil der Mischlinge im Reich verbleiben, für die die einschränkenden Bestimmungen nicht aufrechterhalten bleiben müßten. Damit würde im Gegensatz zu dem Vorschlag der einheitlichen Allgemeinsterilisierung jede weitere Verwaltungsarbeit in Zukunft entfallen. Es bliebe lediglich noch die freiwillige Sterilisierung der verbleibenden Mischlinge als Gegenleistung für ihre gnadenweise Belassung im Reich vorbehalten.

3. Der Vorschlag des Arbeitskreises ist beweglich und läßt eine Berücksichtigung des Einzelfalles durch gnadenweise Belassung im Reichsgebiet zu. Das Opfer der Sterilisierung kann in jedem Fall verlangt werden. Bei allgemeiner einheitlicher Sterilisierung könnte ein Ausnahmetatbestand nur dadurch berücksichtigt werden, daß von der Sterilisierung abgesehen wird, dies aber würde der ganzen Maßnahme ihren Sinn nehmen.

4. In einer Besprechung im Ostministerium war für die besetzten Ostgebiete ein Judenbegriff festgelegt worden, der die Mischlinge 1. Grades mit einschließt. Diese Regelung würde für das Reichsgebiet dem Vorschlag des Arbeitskreises entsprechen.

5. Seitens der vertretenen politischen Dienststellen wurde darauf hingewiesen, daß eine wirklich klare Lösung der Mischlingsfragen von der Masse der deutschen Volksgenossen für dringend erforderlich gehalten wird. Eine klare Lösung aber sieht in erster Linie der Vorschlag des Arbeitskreises vor.

Zusammenfassend wurde vorgeschlagen, neben dem Vorschlag der allgemeinen Zwangssterilisierung an höchster Stelle auch den Vorschlag des Arbeitskreises vorzulegen. Dabei soll auch hier der Möglichkeit gedacht werden, die Evakuierung der nicht einzeln im Reich bleibenden Mischlinge nicht gemeinsam mit den Juden vorzunehmen, sondern sie an anderen Orten ähnlich den alten Juden zusammenzufassen. Innerhalb der Siedlung müßten die Geschlechter getrennt werden, solange nicht auch dort eine Sterilisation in Betracht kommt.

II.

Abschrift

. . . . Zu IV B 4 P. Nr. 1456/41 gRs (1344)

Geheime Reichssache!

1. Ausfertigung

Besprechungsniederschrift

An der am 27. Oktober 1942 im Reichssicherheitshauptamt, Referat IV B 4 stattgefundenen Besprechung über die Endlösung der Judenfrage haben teilgenommen:

Oberregierungsrat Dr. Boley
SS-H'Stuf. Preusch
SS-O'Stuf. Harders

Referent Dr. Schmid-Burgh
Oberlandesgerichtsrat Massfelder
Reichsamtsleiter Kaps
Regierungsrat Raudies
Bereichsleiter Leuschner
Oberregierungsrat Dr. Wetzel
Gesandtschaftsrat Dr. Klingenfuß
Amtsgerichtsrat Diegener
Regierungsrat Dr. Feldscher
Landesoberverwaltungsrat Weirauch
SS-Sturmbannführer Dr. Stier
SS-O'Stubaf. ORR Dr. Bilfinger
SS-Stubaf. Reg.-Rat Naifeind
SS-Stubaf. Dr. Rodenberg
SS-O'Stubaf. Eichmann
SS-Stubaf. Günther
SS-Stubaf. Reg.-Rat Suhr
Regierungsrat Hunsche

Reichskanzlei
Rasse- und Siedlungshauptamt
Rasse- und Siedlungshauptamt
Reichsministerium für Volksaufklärung und Propaganda
Reichsjustizministerium
Parteikanzlei
Parteikanzlei
Rassenpolitisches Amt der NSDAP
Reichsministerium für die besetzten Ostgebiete
Auswärtiges Amt
Beauftragter für den Vierjahresplan
Abt. I des Reichsministerium des Innern
Regierung des Generalgouvernements
Reichskommissar für die Festigung deutschen Volkstums
Reichssicherheitshauptamt II A
Reichssicherheitshauptamt II A 2
Reichssicherheitshauptamt III A
Reichssicherheitshauptamt IV B 4
Reichssicherheitshauptamt IV B 4
Reichssicherheitshauptamt IV B 4
Reichssicherheitshauptamt IV B 4

Die Besprechung zeigte nachstehendes Ergebnis:

I. Mischlinge.

a) Mischlinge 1. Grades:

Eingangs der Besprechung wurde mitgeteilt, daß neue Erkenntnisse und Erfahrungen auf dem Gebiet der Unfruchtbarmachung es wahrscheinlich ermöglichen werden, die Sterilisation in vereinfachter Form und in einem verkürzten Verfahren schon während des Krieges durchzuführen. Mit Rücksicht hierauf wurde dem Vorschlag, sämtliche fortpflanzungsfähigen Mischlinge ersten Grades unfruchtbar zu machen, zugestimmt. Die Sterilisierung soll freiwillig erfolgen. Sie ist aber Voraussetzung des Verbleibens im Reichsgebiet und stellt sich somit als eine freiwillige Gegenleistung des Mischlings 1. Grades für seine gnadenweise Belassung im Reichsgebiet dar. Dementsprechend soll der Mischling ersten Grades vor die Wahl gestellt werden, sich für eine Abschiebung, worunter gegebenenfalls auch eine Verbringung in eine „Mischlingssiedlung" im Sinne der Besprechungsergebnisse vom 6. März 1942 verstanden werden kann, oder für eine Unfruchtbarmachung zu entscheiden. Bei dieser Wahl wird zweckmäßigerweise die Abschiebung als die schärfere Maßnahme gegenüber der Unfruchtbarmachung an die Spitze gestellt. Dadurch soll erreicht werden, daß in den wenigsten Fällen, in denen eine an und für sich nicht vorgesehene Ausnahme unbedingt gemacht werden muß, dann immer noch die Möglichkeit der zwangsweisen Sterilisierung gegeben ist. Aus diesem Grunde ist die Unfruchtbarmachung als eine gnadenweise Vergünstigung zu bewerten, die auch als solche empfunden und sich dahingehend auswirken wird, daß die Zahl der Gesuche um Befreiung von den vorgesehenen Maßnahmen nicht allzu groß werden dürfte. Da sich nahezu sämtliche Mischlinge 1. Grades für das kleinere Übel der Sterilisierung entscheiden werden, steht damit bei dieser Wahl die angestrebte Unfruchtbarmachung eindeutig im Vordergrund. Würde umgekehrt die Sterilisation an die Spitze gestellt (bei der Wahl), so würde der Mischling 1. Grades, bei dem entgegen den Richtlinien dennoch eine Ausnahme zugestanden werden muß, keinen weiteren Beschränkungen als den bisher bestehenden unterworfen sein, was auf keinen Fall zugelassen werden kann, weil dadurch die beabsichtigte Sterilisation unmöglich gemacht würde. Die Möglichkeit der Wahl nimmt weiterhin den vorgesehenen Maßnahmen den Anschein des Zwanges und bietet darüber hinaus noch den Vorteil, daß unter Umständen auf die Schaffung einer gesetzlichen Grundlage zur Durchführung der Sterilisation verzichtet werden kann, da der Mischling ersten Grades sich freiwillig bereit findet, sich unfruchtbar machen zu lassen. Um schlechten psychologischen Rückwirkungen vorzubeugen, sollen die Sterilisationsteilnehmer möglichst ohne viel Aufhebens und unter Verwendung einer Tarnungsbezeichnung in einem vereinfachten Verfahren durchgeführt werden. Die Mischlinge ersten Grades bleiben, wie bereits früher festgelegt worden ist, mit wenigen Erleichterungen den bisherigen einschränkenden Maßnahmen im Reichsgebiet unterworfen.

Sollten sich die Mischlinge ersten Grades vereinzelt für die Abschiebung entscheiden, so ist dafür Sorge zu tragen, daß ihnen durch eine Trennung vom anderen Geschlecht jedwede Möglichkeit der Fortpflanzung genommen wird . . .

2–3 Millionen Juden sterilisieren ...

Notwendige Ärzte und sonstiges Personal stehen zur Verfügung ...[1])

... Bei ca. 10 Millionen europäischen Juden sind nach meinem Gefühl mindestens 2—3 Millionen sehr gut arbeitsfähige Männer und Frauen enthalten. Ich stehe in Anbetracht der außerordentlichen Schwierigkeiten, die uns die Arbeiterfrage bereitet, auf dem Standpunkt, diese 2—3 Millionen auf jeden Fall herauszuziehen und zu erhalten. Allerdings geht das nur, wenn man sie gleichzeitig fortpflanzungsunfähig macht. Ich habe Ihnen vor ca. einem Jahr bereits berichtet, daß Beauftragte von mir die notwendigen Versuche für diesen Zweck abschließend bearbeitet haben. Ich möchte diese Tatsache nochmals in Erinnerung bringen. Eine Sterilisation, wie sie normalerweise bei Erbkranken durchgeführt wird, kommt in diesem Falle nicht in Frage, da sie zu zeitraubend und kostspielig ist.

Eine Röntgenkastration jedoch ist nicht nur relativ billig, sondern läßt sich bei vielen Tausenden in kürzester Zeit durchführen.

Ich glaube, daß es auch im Augenblick schon unerheblich geworden ist, ob die Betroffenen dann nach einigen Wochen bzw. Monaten an den Auswirkungen merken, daß sie kastriert sind.

Sollten Sie, Reichsführer, sich im Interesse der Erhaltung von Arbeitermaterial dazu entschließen, diesen Weg zu wählen, so ist Reichsleiter Bouhler bereit, die für die Durchführung dieser Arbeit notwendigen Ärzte und sonstiges Personal Ihnen zur Verfügung zu stellen.

---

[1]) *Dokument No. 205. Brief des Oberdienstleiters in Hitlers Kanzlei — Viktor Brack — an Himmler.*

Der Schalter[1]

I.

Viktor B r a c k
Oberdienstleiter

Berlin, den 28. März 1941

An den

Reichsführer ᛋᛋ und Chef der
Deutschen Polizei

B e r l i n SW 11
Prinz-Albrecht-Str. 8

GEHEIME REICHSSACHE

Sehr verehrter Reichsführer!

Anliegend überreiche ich Ihnen mit der Bitte um Kenntnisnahme das Ergebnis der Untersuchungen über die Möglichkeit einer Röntgensterilisation bezw. -kastration.

Ich bitte um Anweisung, ob und was weiterhin in der Angelegenheit theoretisch oder praktisch geschehen soll.

Heil Hitler
BRACK

---

[1]) *Dokumente No. 203.*

II.

Geheime Reichssache

Bericht über die Versuche betr. Röntgenkastration

Die Versuche auf diesem Gebiet sind abgeschlossen. Folgendes Ergebnis kann als sicher und wissenschaftlich entsprechend unterbaut festgestellt werden.

Sollen irgendwelche Personen für dauernd unfruchtbar gemacht werden, so gelingt dies nur unter Anwendung so hoher Röntgendosen, daß mit ihnen eine Kastration mit allen ihren Folgen eintritt. Die hohen Röntgendosen vernichten nämlich die innere Sekretion des Eierstocks bzw. des Hodens. Geringere Dosen würden nur auf eine gewisse Zeit die Zeugungsfähigkeit unterbinden. Die infragekommenden Folgen sind z. B. das Ausbleiben der Periode, klimakterische Erscheinungen, Veränderung der Behaarung, Änderung des Stoffwechsels usw. Auf diese Nachteile muß auf jeden Fall hingewiesen werden.

Die Dosierung selbst kann auf verschiedene Weise gestaltet werden, und die Bestrahlung völlig unmerklich vor sich gehen. Für Männer ist eine Herddosis von 500—600 r, für Frauen eine solche von 300—350 notwendig. Grundsätzlich kann man bei stärkster Spannung und dünnem Filter sowie geringem Abstand mit einer Bestrahlungszeit von 2 Min. für Männer bzw. 3 Min. für Frauen auskommen. Dabei muß jedoch der Nachteil in Kauf genommen werden, daß, da eine unmerkliche Abdeckung der übrigen Körperteile mit Blei nicht durchzuführen ist, das übrige Körpergewebe geschädigt wird und dadurch der sogenannte Röntgenkater auftritt. Bei zu großer Strahlenintensität zeigen sich dann in den folgenden Tagen oder Wochen an den von den Strahlen erreichten Hautteilen individuell verschieden starke Verbrennungserscheinungen.

Ein Weg der praktischen Durchführung wäre z. B. die abzufertigenden Personen vor einen Schalter treten zu lassen, an dem sie Fragen gestellt erhalten oder Formulare auszufüllen haben, was ungefähr 2—3 Min. aufhalten soll. Der Beamte, der hinter dem Schalter sitzt, kann die Apparatur bedienen, und zwar dergestalt, daß er einen Schalter bedient, mit dem gleichzeitig beide Röhren (da ja die Bestrahlung von beiden Seiten erfolgen muß) in Tätigkeit gesetzt werden. In einer Anlage mit zwei Röhren könnten also demgemäß pro Tag ca. 150—200 Personen sterilisiert werden, mit 20 Anlagen also bereits 3000 bis 4000 pro Tag. Eine höhere Anzahl von täglichen Verschickungen kommt meiner Schätzung nach sowieso nicht in Frage.

Die Kosten einer solchen Anlage kann ich nur grob mit RM 20 000—30 000 pro Röhrensystem schätzen. Es kommen jedoch die Kosten der Neuaufführung eines Gebäudes dazu, da ja für die diensttuenden Beamten entsprechend umfangreiche Sicherungen eingebaut werden müssen.

Zusammenfassend darf also gesagt werden, daß nach dem augenblicklichen Stand der Röntgentechnik und -forschung es ohne weiteres möglich ist, eine Massensterilisation durch Röntgenstrahlen durchzuführen. Unmöglich erscheint es jedoch, diese Maßnahme durchzuführen, ohne daß die davon Betroffenen über kurz oder lang mit Sicherheit feststellen können, daß sie durch Röntgenstrahlen sterilisiert bzw. kastriert sind. Brack

Animalische Wärme

I.

„Sehr neugierig bin ich auf ...“[1])

Reichsführer-SS
Nr. 1397/42

Feldkommandostelle, 24. Oktober 1942
Dr. Sigmund Rascher
München
Trogerstr. 56

Geheime Reichssache
3 Ausfertigungen
2. Ausfertigung

Lieber Rascher!

Ich bestätige den Empfang Ihrer Briefe vom 9. 10. und Ihrer beiden Schreiben vom 16. 10. 1942.

Ihren Bericht über Abkühlungsversuche am Menschen habe ich mit großem Interesse gelesen. SS-Obersturmbannführer Sievers soll Ihnen die Möglichkeit bei Instituten, die uns nahe stehen, die Auswertung zu ermöglichen, verschaffen.

Leute, die heute noch diese Menschenversuche ablehnen, lieber dafür aber tapfere deutsche Soldaten an den Folgen dieser Unterkühlung sterben lassen, sehe ich auch als Hoch- und Landesverräter an, und ich werde mich nicht scheuen, die Namen dieser Herren an den in Frage kommenden Stellen zu nennen. Ich ermächtige Sie, von dieser meiner Ansicht die betreffenden Stellen zu verständigen.

Zu einem mündlichen Vortrag werde ich Sie im November bitten, da ich vorher leider, trotz des großen Interesses, nicht dazu komme.

---

[1]) *Dokument PS — 1609.*

ᛋᛋ-Obergruppenführer Wolff wird mit Generalfeldmarschall Milch noch einmal Fühlung aufnehmen. Sie sind ermächtigt, von den Nichtärzten nur Generalfeldmarschall Milch und selbstverständlich dem Reichsmarschall, falls dieser dazu Zeit hat, Bericht zu erstatten.

Für die Erwärmung für in Seenot Befindliche, die in Booten oder auf kleinen Schiffen aufgenommen werden, bei denen keine Möglichkeit besteht, die unterkühlten Menschen in ein heißes Bad zu tun, halte ich Decken, in denen in das Futter Wärmepakete oder etwas Ähnliches eingenäht ist, für am besten. Ich nehme an, daß Sie die Wärmepakete, die wir auch in der ᛋᛋ haben und die die Russen sehr viel verwandten, kennen. Sie bestehen aus einer Masse, die nach einem Zusatz von Wasser 70 bis 80° Wärme entwickelt und diese stundenlang anhält.

Sehr neugierig bin ich auf die Versuche mit animalischer Wärme. Persönlich nehme ich an, daß diese Versuche vielleicht den besten und nachhaltigsten Erfolg bringen werden. Es kann natürlich sein, daß ich mich täusche.

Halten Sie mich weiter über die Forschungen auf dem laufenden. Im November werden wir uns ja sehen.

Heil Hitler!
Ihr
gez. H. Himmler

2.) ᛋᛋ-Obergruppenführer Wolff

durchschriftlich mit der Bitte um Kenntnisnahme übersandt. Den Bericht füge ich mit der Bitte um Kenntnisnahme und Rückgabe bei, da der Reichsführer-ᛋᛋ in München die Unterlagen wieder vorgelegt bekommen will.

I. A.
Brandt
ᛋᛋ-Obersturmbannführer

II.

„Die Versuchspersonen brüllen, wenn sie sehr frieren"[1]

Dr. med. S. Rascher
ᛋᛋ-Hauptsturmführer

München, den 17. Februar 1943

An den Reichsführer ᛋᛋ
und Chef der Deutschen Polizei
Herrn Heinrich Himmler
Berlin SW 11
Prinz-Albrecht-Str. 8

Hochverehrter Reichsführer!

In der Anlage überreiche ich, in kurze Form gebracht, eine Zusammenstellung der Resultate, welche bei den Erwärmungsversuchen an ausgekühlten Menschen durch animalische Wärme gewonnen wurden.

---

[1]) *Dokumente PS — 400.*

Zur Zeit arbeite ich daran, durch Menschenversuche nachzuweisen, daß Menschen, welche durch trockene Kälte ausgekühlt wurden, ebenso schnell wieder erwärmt werden können als solche, welche durch Verweilen im kalten Wasser auskühlten. Der Reichsarzt SS, SS-Gruppenführer Dr. Gravitz, bezweifelte diese Möglichkeit allerdings stärkstens und meinte, daß ich dies erst durch 100 Versuche beweisen müsse. Bis jetzt habe ich etwa 30 Menschen unbekleidet im Freien innerhalb 9—14 Stunden auf 27°—29° abgekühlt. Nach einer Zeit, welche einem Transport von einer Stunde entsprach, habe ich die Versuchspersonen in ein heißes Vollbad gelegt. Bis jetzt war in jedem Fall, trotz teilweise weißgefrorener Hände und Füße, der Patient innerhalb längstens einer Stunde wieder völlig aufgewärmt. Bei einigen Versuchspersonen trat am Tage nach dem Versuch eine geringe Mattigkeit mit leichtem Temperaturanstieg auf. Tödlichen Ausgang dieser außerordentlich schnellen Erwärmung konnte ich noch nicht beobachten. Die von Ihnen, hochverehrter Reichsführer, befohlene Aufwärmung durch Sauna konnte ich noch nicht durchführen, da im Dezember und Januar für Versuche im Freien zu warmes Wetter war und jetzt Lagersperre wegen Typhus ist, und ich daher die Versuchspersonen nicht in die SS-Sauna bringen darf. Ich habe mich mehrmals impfen lassen und führe die Versuche im Lager, trotz Typhus im Lager, selber weiter durch. Am einfachsten wäre es, wenn ich, bald zur Waffen-SS überstellt, mit Neff nach Auschwitz fahren würde und dort die Frage der Wiedererwärmung an Land Erfrorener schnell in einem großen Reihenversuch klären würde. Auschwitz ist für einen derartigen Reihenversuch in jeder Beziehung besser geeignet als Dachau, da es dort kälter ist und durch die Größe des Geländes im Lager selbst weniger Aufsehen erregt wird (die Versuchspersonen brüllen (!), wenn sie sehr frieren).

Wenn es, hochverehrter Reichsführer, in Ihrem Sinne ist, diese für das Landheer wichtigen Versuche in Auschwitz (oder Lublin oder sonst einem Lager im Osten) beschleunigt durchzuführen, so bitte ich gehorsamst, mir bald einen entsprechenden Befehl zu geben, damit die letzte Winterkälte noch genützt werden kann.

Mit gehorsamsten Grüßen
bin ich in aufrichtiger Dankbarkeit
mit Heil Hitler
Ihr, Ihnen stets ergebener

S. Rascher

III.

Versuche zur Erwärmung unterkühlter Menschen durch animalische Wärme

Geheim

A. Aufgabenstellung.

Es ist zu untersuchen, ob die Erwärmung unterkühlter Menschen durch animalische Wärme, d. h. durch tierische oder menschliche Wärme, ebensogut oder besser ist als die Erwärmung durch physikalische oder medikamentöse Maßnahmen.

B. Versuchsanordnung.

Die Versuchspersonen wurden in der üblichen Weise — bekleidet oder unbekleidet — in kaltem Wasser verschiedener Temperatur (zwischen 4 und 9 Grad) abgekühlt. Die Messung der Temperatur der Versuchspersonen wurde in jedem Falle thermo-elektrisch rektal vorgenommen. Die Abkühlung auf niedere Werte erfolgte in der üblichen Zeit, schwankend nach dem allgemeinen Körperzustand der Versuchspersonen und der Temperatur des Wassers. Die Herausnahme aus dem Wasser geschah bei 30 Grad Rektal-Temperatur. Bei dieser Temperatur waren die Versuchspersonen stets bewußtlos. In acht Fällen kamen die Versuchspersonen zwischen zwei nackte Frauen in ein breites Bett zu liegen. Die Frauen hatten sich möglichst nahe an den abgekühlten Menschen anzuschmiegen. Dann wurden die drei Personen mit Decken zugedeckt. Eine Beschleunigung der Erwärmung durch Lichtbogen oder durch medikamentöse Maßnahmen wurde nicht versucht.

C. Ergebnisse.

1. Bei der Temperaturmessung der Versuchspersonen fiel in jedem Falle auf, daß ein Temperaturnachsturz bis zu 3 Grad eintrat (siehe Kurve 1), d. h. ein stärkeres Nachfallen als bei jeder anderen Erwärmungsart. Es konnte beobachtet werden, daß das Bewußtsein zu einem früheren Zeitpunkt, d. h. bei schon einer niedrigeren Temperatur wieder eintrat als bei anderen Erwärmungsarten. Waren die Versuchspersonen erst einmal bei Bewußtsein, so verloren sie dieses nicht mehr, sondern erfaßten sehr schnell ihre Situation und schmiegten sich eng an die nackten Frauenkörper an.

Der Körpertemperaturanstieg erfolgte dann ungefähr in derselben Geschwindigkeit wie bei Versuchspersonen, welche durch Einhüllung in Decken erwärmt wurden (siehe Kurve 2). Eine Ausnahme machten vier Versuchspersonen, welche zwischen 30 und 32 Grad den Beischlaf ausübten. Bei diesen Versuchspersonen trat nach dem Coitus ein sehr schneller Temperaturanstieg ein, welcher verglichen werden kann mit der Erwärmung in heißem Bad (siehe Kurve 2 und 3).

2. Ein weiterer Versuch betrifft die Erwärmung unterkühlter Menschen mit einer Frau. Hier zeigte sich in jedem Falle eine wesentlich schnellere Erwärmung als diese durch zwei Frauen möglich war. Ich führe dies darauf zurück, daß bei Erwärmung durch eine Frau die persönlichen Hemmungen wegfallen und sich die Frau viel inniger an den Ausgekühlten anschmiegt (siehe Kurve 4). Die Wiederkehr des vollen Bewußtseins trat auch hier auffällig schnell ein, lediglich bei einer Versuchsperson kehrte kein Bewußtsein wieder, es war nur eine geringe Erwärmung zu verzeichnen. Unter den Erscheinungen einer Gehirnblutung, wie durch spätere Sektion bestätigt wurde, kam die Versuchsperson ad exitum.

D. Zusammenfassung.

Bei den Wiedererwärmungsversuchen stark abgekühlter Versuchspersonen zeigte es sich, daß die Erwärmung mit animalischer Wärme sehr langsam vor sich geht. Lediglich solche Versuchspersonen, deren körperlicher Zustand den Coitus erlaubte, erwärmten sich auffallend schnell und zeigten ebenso auffallend schnell eine Wiederkehr des völligen körperlichen Wohlbefindens. Da bei zu langem Verbleiben des Körpers in niedrigen Temperaturen die Gefahr einer zentralen Schädigung vorhanden ist, muß zur Wiedererwärmung jene Methode gewählt werden, welche die schnellste Überwindung der gefährlichen tiefen Temperaturen verbürgt. Diese Methode ist erfahrungsgemäß die massive Wärmezufuhr durch ein heißes Vollbad.

Die Wiedererwärmung stark abgekühlter Menschen durch menschliche oder tierische Wärme kann somit nur in solchen Fällen empfohlen werden, bei denen andere Erwärmungsmöglichkeiten nicht zur Verfügung stehen oder bei welchen es sich um zarte Individuen handelt, welche eine massive Wärmezufuhr vielleicht nicht gut vertragen. Als Beispiel denke ich an abgekühlte Kleinkinder, welche am besten am Mutterleib, unter Zuhilfenahme von Wärmeflaschen erwärmt werden.

Dachau, den 12. Februar 1943

Dr. S. Rascher

ϟϟ-Hauptsturmführer

Dr. Raschers nordische Sensibilität[1]

Zu den vom Reichsführer-SS mit animalischer Wärme befohlenen Aufwärmungsversuchen nach erfolgter Unterkühlung wurden mir aus dem Frauen-KL Ravensbrück vier Frauen zugewiesen.

Eine der zugewiesenen Frauen zeigte einwandfrei nordische Rassenmerkmale: blondes Haar, blaue Augen, entsprechende Kopfform und Körperbau, 21¾ Jahre. Ich stellte an dieses Mädchen die Frage, wieso es sich ins Bordell gemeldet habe. Ich bekam die Antwort: „Um aus dem KL herauszukommen, denn es wurde versprochen, daß alle diejenigen, die sich für ein halbes Jahr Bordell verpflichteten, dafür aus dem KL entlassen werden."

Auf meine Einwendung, daß es doch eine ungeheure Schmach sei, sich freiwillig als Bordellmädchen zu melden, wurde mir mitgeteilt: „Immer noch besser ein halbes Jahr Bordell, als ein halbes Jahr KL." Es folgte dann die Aufzählung einer Reihe seltsamster Zustände aus dem Lager R. Die geschilderten Zustände wurden zum größten Teil von den drei anderen Bordellmädchen und der aus Ravensbrück mitgekommenen Aufseherin bestätigt.

Es widerstrebt meinem rassischen Empfinden, ein Mädchen, das dem Äußeren nach rein nordisch ist und durch einen entsprechenden Arbeitseinsatz vielleicht auf den rechten Weg geführt werden könnte, als Bordellmädchen rassisch minderwertigen KL-Elementen zu überlassen.

Aus diesem Grunde lehne ich die Verwendung dieses Mädchens für meine Versuchszwecke ab und machte entsprechende Meldung an den Kommandanten des Lagers und an den Adjudanten Reichsführer-SS.

Dr. S. Rascher.

---

[1]) *Dokument Nr. 323 (5. Nov. 1943).*
(„Das Diktat der Menschenverachtung", Verlag Lambert Schneider, Heidelberg, Seite 44.)

Benötigt werden 40 gesunde Versuchspersonen[1]

Hochverehrter Herr Reichsminister.

Sie gaben bereits früher der Luftwaffe die Möglichkeit, dringende ärztliche Fragen im Versuch an Menschen zu klären.

Ich stehe heute wieder vor einer Entscheidung, die nach zahlreichen Tier- und auch Menschenversuchen an freiwilligen Versuchspersonen eine endgültige Lösung verlangt.

Die Luftwaffe hat gleichzeitig zwei Verfahren zum Trinkbarmachen von Meerwasser entwickelt. Das eine, von einem Sanitätsoffizier entwickelte Verfahren, entsalzt das Meerwasser und macht es zu einem wirklichen Trinkwasser; das zweite, von einem Ingenieur angegebene Verfahren, läßt den Salzgehalt unverändert, es nimmt dem Seewasser nur den unangenehmen Geschmack. Das letzte Verfahren benötigt im Gegensatz zum ersten keine Engpaßrohstoffe. Ärztlicherseits muß dieses Verfahren nach unseren heutigen Kenntnissen als bedenklich angesehen werden, da die Zufuhr konzentrierter Salzlösungen schwere Vergiftungserscheinungen hervorrufen kann. Da die Versuche an Menschen bisher nur bis zu einer Dauer von vier Tagen durchgeführt werden konnten, die praktischen Forderungen aber eine Versorgung in Seenot Geratener bis zu zwölf Tagen verlangen, sind entsprechende Versuche erforderlich. Benötigt werden 40 gesunde Versuchspersonen, die für vier Wochen voll zur Verfügung stehen müssen. Da von früheren Versuchen bekannt ist, daß im KL Dachau die notwendigen Laboratorien sind, wäre dieses Lager sehr geeignet.

Die Leitung der Versuche soll Stabsarzt Dozent Dr. Beiglboeck übernehmen, Friedensstellung Oberarzt der Medizinischen Universitätsklinik Wien (Professor Dr. Eppinger). Die anderen an den Untersuchungen beteiligten Ärzte werde ich nach Eingang der grundsätzlichen Genehmigung namhaft machen.

Bei der außerordentlichen Bedeutung, die eine Klärung dieser Frage für in Seenot geratene Soldaten der Luftwaffe und Kriegsmarine hat, wäre ich Ihnen, hochverehrter Reichsminister, zu großem Dank verpflichtet, wenn Sie sich entschließen könnten, meiner Bitte zu entsprechen.

---

[1]) *Dokument Nr. 185 (7. 6. 1944).*

Brief von Dr. Oskar Schröder — Chef des Sanitätswesens der Luftwaffe, Inspekteur des Luftwaffen-Sanitätswesens, Generaloberstabsarzt — an Himmler. („Das Diktat der Menschenverachtung“, Verlag Lambert Schneider, Heidelberg, Seite 54—55.)

„Ich bedanke mich gehorsamst

namens der deutschen Luftfahrtmedizinischen Forschung . . .“[1])

Sehr verehrter Herr Reichsführer-SS!

Ich bedanke mich gehorsamst namens der deutschen Luftfahrtmedizinischen Forschung für die große Hilfe und alles Interesse an den Dachauer Versuchen; diese Versuche stellen für uns eine sehr wertvolle und wichtige Ergänzung dar.

Die Tatsache, daß derartig hoher Sauerstoffmangel überhaupt einige Zeit lebend ertragen wird, ist sehr ermutigend für weitere Forschungen.

Schlußfolgerung für die Praxis des Fallschirmabsprunges läßt sich allerdings vorläufig noch nicht ziehen, da ein sehr wesentlicher Faktor nicht mit berücksichtigt ist, nämlich die Kälte; sie stellt eine außerordentliche Mehrbelastung für den Gesamtkörper und seine Lebensvorgänge dar, so daß die Ergebnisse in der Praxis wahrscheinlich erheblich ungünstiger sein werden als in den vorliegenden Versuchen. Die jetzt erforderlichen Ergänzungsarbeiten sind inzwischen in Angriff genommen worden, z. T. werden sie erst zu beenden sein nach Fertigstellung des neuen Luftfahrtmedizinischen Forschungsinstituts des Reichsluftfahrtministeriums in Tempelhof, dessen Unterdruckkammer über alle Kälteeinrichtungen und auch über eine Nennhöhe von 30 km verfügen wird.

Unterkühlungsversuche in anderen Richtungen sind z. Z. noch in Dachau im Gange.

Sobald die Arbeiten auch weiter Ihre gütige Unterstützung benötigen, bitte ich, mich durch Stabsarzt Dr. Rascher erneut an Sie wenden zu dürfen.

Mit Heil Hitler! gez.: Prof. Dr. Hippke

---

[1]) *Dokument Nr. 289 (10. Oktober 1942).*
(„Diktat der Menschenverachtung“, Verlag Lambert Schneider, Heidelberg, Seite 34.)
Prof. Dr. Hippke war Inspekteur der Luftwaffe und Generaloberstabsarzt.
Bemerkenswert: Prof. Hippke bedankt sich so großzügig, obwohl er noch keineswegs von dem Erfolg der Versuche überzeugt war ...

KAPITEL V

Solidarität und Hilfe

INHALTSVERZEICHNIS

Vorwort

Vom Nordkap bis Tunis, von Brest bis zum Kaukasus — überall dort, wo der Marschtritt der Legionen Hitlers erscholl, entwickelte sich in bewundernswertem Elan menschliche Solidarität, die ohne Rücksicht auf Gefahren das Leben unzähliger Juden rettete.

In jedem Lande organisierte sich die Form des Widerstandes gegenüber dem Unterdrücker. Man ist geneigt zu sagen, daß dabei entsprechend dem Nationalcharakter die Tollkühnheit der alten Wikinger wiederaufstand, der unvergängliche Sinn der Niederländer für Moral, das heiße Blut und die beißende Ironie der lateinischen Völker mobilisiert wurden.

Auch Deutschland bildete keine Ausnahme, wie die folgenden Seiten beweisen. In allen Schichten der Bevölkerung zeichneten sich Menschen durch heldenhafte Gesinnung aus. Wir sehen das Beispiel eines Nazi-Blockwartes, der das Leben eines kleinen ostjüdischen Schneiders rettet, indem er ihn bei sich versteckte. Wie auch Rabbiner Leo Baeck feststellt, war in Deutschland menschliches Solidaritätsgefühl vor allem für zwei Pole der Gesellschaft charakteristisch: für die alte Aristokratie einerseits und für die organisierte Arbeiterschaft andererseits. Aber selbst gewisse zwielichtige Existenzen der Großstadt — obwohl jenseits der bürgerlichen Moral lebend — hatten keineswegs alle ethischen Begriffe verloren.

Auch sei auf das heldenhafte Verhalten einiger Persönlichkeiten des kirchlichen Lebens hingewiesen. Wer helfen wollte, konnte helfen. Leider war der weitaus größte Teil des deutschen Volkes mit anderen Dingen beschäftigt.

Josef Wulf

Finnland und Dänemark wahrten ihre Würde

I.

An Stelle eines Vorworts

Der Schweizer Publizist Karl von Schumacher bemerkte in einem seiner Artikel einmal, daß in jedem Land die Judenverfolgung jeweils als Maßstab dafür anzusehen sei, wie weit Hitler das betreffende Volk unterjocht habe.

In Polen, welches neben Rußland zu den von Hitler am meisten unterdrückten Ländern gehörte und zugleich Hauptschauplatz der antijüdischen Aktionen war, bewies sich die Wahrheit dieser Behauptung.

Von solchem Standpunkt aus betrachtet, gehörte Finnland unter die von Hitler am wenigsten unterjochten Nationen. Hierzu noch eine Bemerkung: Obwohl Hitler-Deutschland zum finnischen Volke an sich schon eine positive Einstellung hatte, bewirkte die Haltung Finnlands und seiner Politiker eine noch prägnantere Sonderstellung. Man darf wohl sagen, daß es hauptsächlich die Unabhängigkeitstaktik und Strategie der finnländischen Politik waren, die dort zum Retter der winzigen jüdischen Minorität (2000 Seelen) wurde. Allerdings dürften auch andere Einflüsse dazu beigetragen haben, auf die noch zurückzukommen sein wird.

II.

Marschall Mannerheim

Es ist unmöglich, über die finnische Unabhängigkeitspolitik zu sprechen, ohne Marschall Carl Gustav Mannerheim zu erwähnen. In ihm ist der Begründer und Organisator der finnischen Armee zu sehen — aus dem Nichts entstand ein Heer —, und er allein ist, seit Finnland unabhängig wurde (1917), die zentrale Figur des finnischen Volkes.

Ebenso ausgeschlossen ist es, von den Juden in Finnland während des letzten Krieges zu sprechen, ohne seinen Namen zu nennen; ganz sicher verhandelten die Politiker des Dritten Reiches bei jeder Konferenz mit ihm auch über die Juden und ihre Liquidation. Man braucht nur die Konferenz-Protokolle zu studieren, um zu erfahren, eine wie große Rolle die Judenfrage für die Minister Hitlers bei allen wichtigen militärischen und politischen Verhandlungen gespielt hat. Ohne diesen Sündenbock wäre eine Konferenz in ihren Augen unvollständig gewesen; auch bei seinem Treffen mit dem Duce am 25. Februar 1943 intervenierte Ribbentrop dahingehend, daß der Duce sich etwas intensiver mit den Juden befassen möchte; am 17. April 1943 belehrte Hitler wiederum Admiral Horthy darüber, wie das ungarische Judentum zu liquidieren sei[1]); Ribbentrop gab schon am 27. November 1941 dem bulgarischen Außenminister Popoff ähnliche Hinweise; auch von Felix Kersten, dem Leibarzt Himmlers, weiß man, daß dieser den Sonderauftrag erhielt, mit finnischen Politikern über die Judenfrage zu „unterhandeln".

Nun zum Hauptproblem: Weshalb rettete Mannerheim Finnlands Juden vor den Schergen Hitlers? Ausschließlich Sympathie für das Judentum dürfte hierzu kaum der Anlaß gewesen sein. Vertrautheit mit Mannerheims Biographie bewahrt vor solcher Mutmaßung. Um ein spezieller Freund der Juden zu sein, war der Marschall viel zu tief in der ganzen Atmosphäre am einstigen Zarenhof verankert. Schon mit 29 Jahren genoß der junge zaristische Offizier die hohe Ehre, einer der beiden Auserwählten zu sein, die den Zaren zur Krönung geleiteten. Auch in späteren Jahren gehörte Mannerheim zur nächsten Umgebung des Zaren. Es liegt nahe, daß sein Kampf gegen Sowjetrußland, psychologisch betrachtet, vermutlich noch einen Zweig-Aspekt enthält. Er erhielt Gelegenheit zur Abrechnung mit den Liquidatoren der Zarenmonarchie, ja, des ganzen — ihm einst so vertrauten — höfischen Lebens.

Aber in diesem Falle handelte Mannerheim nur als erfahrener, verantwortungsbewußter Politiker. Die gleiche harte Disziplin, welche er von seiner Armee forderte, charakterisiert auch seine politische Taktik. Ein Nachgeben, wie etwa die Auslieferung auch nur eines einzigen Juden, würde für den Politiker Mannerheim Schwäche bedeutet haben. Seine politische Reife vermittelte ihm die Erkenntnis, daß es bei der Preisgabe

---

[1]) Als Beispiel für die Art der Belehrungen ist folgendes zu zitieren:

„... Mit diesen Zuständen habe man in Polen gründlich aufgeräumt. Wenn die Juden dort nicht arbeiten wollten, würden sie erschossen. Wenn sie nicht arbeiten könnten, müßten sie verkommen. Sie wären wie Tuberkelbazillen zu behandeln, an denen sich ein gesunder Körper anstecken könne. Das wäre nicht grausam, wenn man bedenke, daß sogar unschuldige Naturgeschöpfe wie Hasen und Rehe getötet werden müßten, damit kein Schaden entstehe.

(„Aufzeichnung über die Unterredung zwischen dem Führer und dem ungarischen Reichsverweser Horthy im Schloß Klessheim am 17. April 1943 vormittags." Dokument Nr. 736 D Nürnberger Archiv.)

der Juden anfangen, jedoch beim finnischen Volk selbst enden würde. Mannerheim begriff sofort, was z. B. Mussolini übersah; denn als Mussolini die Nürnberger Gesetze nicht mehr ironisierte — seine Gespräche mit Emil Ludwig — begab er sich in Hitlers Gefangenschaft.

„Der ungekrönte König von Finnland", wie Mannerheim von manchen Journalisten genannt wurde, war ein wahrhaft unabhängiger Patriot. Auch dies geht aus seiner Biographie hervor. Als man ihm nämlich während des Bürgerkrieges 1918 vorschlug, deutsche Hilfe zur Befreiung vom russischen Joch zu erbitten, lehnte er dies kategorisch ab. Noch mehr: Auch die Hilfe einiger Hundert zaristischer Offiziere nahm er nicht an, als diese ihm anboten, unter ihm gegen das bolschewistische Rußland zu kämpfen. Der ehemalige Offizier des Zaren — Mannerheim — wollte ihre Hilfe nicht in Anspruch nehmen. Schon aus diesen beiden Tatsachen geht seine unabhängige Politik hervor.

Sein Vorbild allein veranlaßte Finnlands Bürger, den Juden gegenüber eine ähnlich unabhängige Stellung einzunehmen.

Allerdings finden wir in der Geschichte des letzten Krieges auch andere derartige Erscheinungen. Die beiden nicht judenfreundlichen Metropoliten Simedrea und Balan retteten z. B. in Rumänien ganze jüdische Gemeinden vor dem Untergang, indem sie bei Marschall Antonescu zu deren Gunsten intervenierten. Vielleicht spielten jedoch hier menschliches Erbarmen im allgemeinen oder religiöse Gefühlsmomente im besonderen ebenfalls eine Rolle.

Bei Mannerheim jedenfalls handelte es sich ausschließlich um feste Überzeugung und eiskalte Vernunft. Ohne Rücksicht auf Religion und „Rasse" gab es für ihn nur finnische Bürger. Er fühlte sich a l l e n gegenüber verantwortlich[1]).

Wie weiterhin zu ersehen ist, stand Mannerheims Taktik den Juden gegenüber in vollem Einklang mit den allgemeinen Richtlinien der finnischen Politik.

---

[1]) „... Ich habe zwei Stunden mit Außenminister Witting geluncht. Er ist sehr glücklich, daß es gelungen ist, Himmler zu beruhigen ...

... In derselben Form äußerte er sich über die Zumutung in der Judenfrage. „Finnland ist eine anständige Nation. Lieber gehen wir mit den Juden zugrunde! Wir werden niemals Juden ausliefern!" Ich fragte, ob es keine Möglichkeit für Finnland gäbe, über Amerika zum Frieden zu gelangen. Witting meinte, das ginge jetzt nicht. Deutschland habe starke militärische Kräfte in Finnland stehen. „Wir sind ja, praktisch gesehen, besetzt! Deutschland wird sich bestimmt nicht kampflos aus Finnland zurückziehen."

(„Totenkopf und Treue", Heinrich Himmler ohne Uniform. Aus den Tagebuchblättern des finnischen Medizinalrats Felix Kersten, Robert Mölich Verlag, Hamburg.)

III.

Finnlands „Separatkrieg"

Im Zusammenhang mit der Judenfrage in Finnland während des zweiten Weltkrieges, erscheint es unumgänglich notwendig, sich eingehender mit der finnischen Politik dieser Epoche zu befassen. In ihr allein liegt die Erklärung für den im letzten Krieg einmaligen Zustand, daß Hitlers Heer mit einer Armee verbündet war, in deren Reihen Juden kämpften, 17 jüdische Soldaten sogar zu Offizieren und eine Anzahl jüdischer Ärzte zu Oberstabsärzten befördert wurden; ein Zustand also, daß deutsche „arische" Soldaten vor finnisch-jüdischen Offizieren zu salutieren hatten!

Der Schlüssel zu diesem Paradoxon ist Finnlands Politik, ihr „Separatkrieg", wie die Finnen selbst es definieren.

Selbstverständlich ist dies alles noch keine Rechtfertigung für ein Land, das mit Hitler gemeinsame Sache machte. Hier werden nur finnische Gedankengänge verfolgt, weil nur diese die eigenartige Situation erklären können, in der sich die Juden Finnlands während der Jahre 1941 bis 1944 befanden.

Man muß sich selbstverständlich auch von vornherein darüber klar sein, daß im Gegensatz zu den meisten, mit Hitler verbündeten Ländern, die finnischen Politiker während des zweiten Weltkrieges keine Neulinge waren. Sie gehörten vielmehr größtenteils zu den Begründern und Erbauern ihrer Republik und Armee (Tanner, Ritti, Mannerheim usw.) und garantierten somit eine permanente, einheitliche und zielbewußte Politik in Finnland.

Ferner betrachtete Finnland sich weder als einen politischen, noch weniger aber als einen ideologischen Verbündeten Deutschlands, sondern als rein militärischen. Man muß nur einmal einen Blick in die neutrale schwedische oder Schweizer Presse werfen, um in den Jahren 1941—1945 immer wieder betont zu finden, daß Finnland zwar auf seiten der faschistischen Mächte kämpfe, dabei jedoch ideologisch nur der freien, westlichen Welt verbunden sei.

Folgende Tatsachen bestätigen dies ebenfalls:

Am 4. Juli 1941 erklärte Ritti dem amerikanischen Botschafter, daß Finnland politisch keineswegs hinter Hitler stehe und allein das finnische Militär gemeinsam mit der Wehrmacht operiere.

Am 6. Oktober 1941 besagt ein finnisches Memorandum England gegenüber das Gleiche.

Es wäre zu beweisen, daß Finnland auch rein militärisch seine Handlungsfreiheit bewahrte.

Am 24. August 1941 lehnten Ritti und Mannerheim es ab, die finnische Armee in Karelien beim Kampf um Leningrad einzusetzen.

Im Januar 1942 weigerten sich die gleichen Politiker Generalfeldmarschall Keitel gegenüber, den deutschen Angriff auf Soroko (Murmanskbahn) militärisch zu unterstützen.

Im Juli und August 1942 lehnten die Finnen jede Waffenhilfe beim deutschen Angriff auf Leningrad ab.

Auch der Oberbefehlshaber der deutschen Truppen in Finnland — General Waldemar Erfurth — erwähnt in seinem Buch „Der finnische Krieg 1941/44", daß Mannerheim häufig seine Hilfe versagt habe.

Um diesen ganzen Komplex noch gründlicher zu illustrieren, erscheint es wichtig, folgendes anzuführen:

Am 3. Februar 1942 erklärte Ritti im finnischen Parlament: „Wir halten es für selbstverständlich, daß keine auswärtige Macht sich in unsere internen Angelegenheiten einmischt und daß niemand dies von uns geschaffene Staatswesen, das wir weiter zu entwickeln gedenken, ändern kann."

Im Juli 1942 teilte die finnische Regierung dem amerikanischen Botschafter mit, daß der sozialdemokratische Parteiführer Finnlands — Tanner — in die Regierung berufen werden solle, um den westeuropäischen, demokratischen Charakter Finnlands zu garantieren.

Im Herbst 1943 verweigerte die finnische Regierung der neofaschistischen Regierung Mussolinis die Anerkennung, obwohl Hitler in einem eigenhändigen Brief darum ersucht hatte.

Zuletzt wäre noch zu erwähnen, daß der finnische Minister Paasikivi bereits mit Moskau unterhandelt hatte, als Finnland 1944 den „Ribbentrop-Vertrag" unterzeichnete.

Aus all diesem, was doch wohl als markanter Ausdruck eines selbständigen politischen und auch militärischen Standpunkts anzusehen ist, wird erst ersichtlich, weshalb Finnland imstande war, eine derartige Quadratur des Kreises — jüdische Offiziere als Vorgesetzte deutscher Soldaten — zu lösen.

Wichtig und nicht vergessen werden darf dabei, daß Finnland auf dem Gebiet der Lebensmittelversorgung nicht autark, sondern in dieser Beziehung zum großen Teil von Deutschland abhängig war. Auch hierin unterwarf Finnland sich nicht; der früher erwähnte Felix Kersten berichtet in seinen Memoiren, Hitler habe bezüglich der Judenfrage versucht, Finnland mit den Getreidelieferungen aus Deutschland, die für das Land lebenswichtig waren, unter Druck zu setzen.

Selbst bei unwichtigeren Angelegenheiten wußte Finnland die selbständige Linie zu wahren; als einziger Verbündeter Deutschlands führte es bis zum Schluß amerikanische Filme vor, und die neutrale Schweizer Presse schrieb, daß deutsche Feldgendarmerie Hitlers Soldaten, die in Zivil derartige Vorstellungen besuchten, aus den Lichtspielhäusern herausholte ...

Während der Konferenz in Helsingfors (1. Juni 1944) beklagte sich Ribbentrop darüber, daß Finnland die amerikanische Botschaft — seiner Ansicht nach handelte es sich hier um eine Spionagezentrale — weiterhin toleriere.

General Erfurth berichtet in seinem Buch, das bereits erwähnt wurde, er habe der in der finnischen Presse erscheinenden unfreundlichen Äußerungen gegen Deutschland wegen, bei Mannerheim intervenieren müssen, doch dieser hätte lediglich darauf hingewiesen, daß in Finnland Pressefreiheit herrsche ...

Es entbehrt nicht einer gewissen Tragik, daß innerhalb der finnischen Armee Juden auf seiten Deutschlands kämpften, doch ist dies zugleich auch ein Beweis für die Einstellung Finnlands den Juden gegenüber.

IV.

Ein politischer Komplex

Es dürfte wichtig sein, einmal zu erklären, was diesen so demokratischen Staat Finnland dazu bewog, auf seiten Hitlers zu kämpfen.

Zunächst wäre festzustellen, daß Tanner bestimmt ein Gegner des faschistischen Deutschlands war. Didier de Rousillon stellt in seinem Buch „Die Wahrheit über Finnland" jedoch auch bezüglich Mannerheim fest, daß dieser keineswegs ein ausgesprochener Freund Deutschlands gewesen sei. „Alle Historiker und Biographen stellen dies ebenfalls fest", sagt er in seinem Buch.

Die Einstellung Tanners und überhaupt der sozialdemokratischen Partei Finnlands ist in diesem Krieg nur schwer zu verstehen, denn die Sozialdemokraten, die Gewerkschaften, ja, die gesamte Arbeiterschaft, waren für d i e s e n Krieg[1]); d. h. für den Krieg an der Seite Hitlers war auch Tanner, über den der finnische Botschafter in den Vereinigten Staaten, Procopé, sich folgendermaßen ausläßt: „Ohne Tanner könnte man sich das politische Leben Finnlands während der letzten zwei Jahrzehnte kaum vorstellen" und „er gehört zu den Kräften, die Finnlands Demokratie untermauerten".

Zu dieser Einstellung kam es, weil im historischen Sinne Rußland das ewig über Finnland hängende Damoklesschwert ist.

Die Finnen schlossen mit Rußland eine große Anzahl von Verträgen. Die Reihe begann am 4. Januar 1918 mit der Anerkennung der finnischen Unabhängigkeit, wurde mit Nichtangriffs- und Freundschaftspakten in den Jahren 1920, 1922, 1928, 1932 bis zum „Litwinow-Pakt" 1934 fortgesetzt und beendet. Letzterer sollte bis 1945 in Kraft bleiben.

Obwohl Finnland diese Verträge mit Rußland geschlossen, und es 1939 abgelehnt hatte, mit Hitler einen Nichtangriffs-Pakt zu unterzeichnen, scheute Rußland sich nicht, 1939 in Finnland einzufallen. In der demokratischen Welt rief diese sowjetische Aggression einen Sturm der Empörung hervor, der schließlich — am 14. Dezember 1939 — im Ausschluß Rußlands aus dem Völkerbund gipfelte.

Die Ursachen dieser Einstellung sind also in der Erzfeindschaft Finnlands gegen Rußland zu suchen — Konsequenz langjähriger Knechtschaft, sowie der sowjetischen Aggres-

---

[1]) Die Sozialdemokratische Partei Finnlands schickte gemeinsam mit der Gewerkschaftsleitung eine Denkschrift an die englische Zentralorganisation, in der es u. a. heißt: „Die Arbeiterschaft Finnlands zögerte keine Minute. Sie kämpft für die Unabhängigkeit ihres Landes und ihre Staatsform." Einen ähnlichen Text richteten sie an die American Federation of Labour.

sion 1939 — verbunden mit der nicht berechtigten These (nicht berechtigt **nur** aus der Verbindung mit Hitler heraus) von einem „Separatkrieg". So kam es dazu, daß ein demokratischer Staat[1]) gemeinsam mit Hitler kämpfte.

V.

Das freie Skandinavien

Wenn man schon die Veranlassung und die verschiedenen Gründe berührt, die dazu führten, die finnisch-jüdische Minorität am Leben zu erhalten – **und noch dazu als vollkommen gleichberechtigte Bürger** —, muß man in diesem Zusammenhang auch über Skandinaviens freiheitliche Prädisposition sprechen.

Obwohl Finnland geographisch nicht zur skandinavischen Halbinsel gehört und „rassisch" eher den Magyaren zuneigt, so gehört es doch zur skandinavischen Zone; an den finnischen Küsten wohnte stets eine schwedische Bevölkerung (auch heute spricht ein großer Teil der Finnen schwedisch); sechshundert Jahre lang war Finnland eine Provinz des schwedischen Königreichs. Hieraus ergibt sich schon eine gewisse Veranlassung, über die Zugehörigkeit Finnlands zu Skandinavien und von skandinavischer Zivilisation in Finnland selbst zu sprechen.

Auch die Repräsentanten Hitler-Deutschlands mußten dem Klima skandinavischer Zivilisation Rechnung tragen, und es existieren viele Dokumente der Hitlerzeit, die daran herumknobeln, wie antisemitische Aktionen Skandinavien gegenüber zu vertuschen seien.

So hat in einem zweiten skandinavischen Land, das bereits besetzt war und in welchem antisemitische Maßnahmen in Aussicht genommen wurden, nämlich in Dänemark, der Bevollmächtigte Deutschlands — Dr. Best — wiederholt daran erinnert, daß eine „Umsiedlung" der Juden sich sehr ungünstig auf die öffentliche Meinung in Dänemark auswirken würde. Die Repräsentanten Hitlers haben nur allzuoft erfahren, was die Dänen unter

---

[1]) In Finnland existierte eine Nazigruppe, die IKL; acht Abgeordnete der IKL-Gruppe protestierten im finnischen Parlament scharf gegen die liberale Haltung ihrer Regierung gegen die Juden. Einer dieser Abgeordneten, Prof. Salmiala, veröffentlichte einen bissigen Artikel über die Angelegenheit.

Am 1. Mai 1942 veranstaltete die Sozialdemokratische Partei Finnlands eine große Protestkundgebung gegen eventuelle antijüdische Gesetze. Der sozialistische Protest fand außerordentlich starke Anteilnahme und erregte bei der finnischen Bevölkerung großes Interesse.

Im April 1942 schlugen drei hitlerfreundliche Abgeordnete der Stadtverwaltung in Helsingfors vor, daß jüdische Geschäfte hinfort zu kennzeichnen seien. Alle übrigen Abgeordneten stimmten einmütig dagegen und der Antrag wurde daher abgelehnt.

Schließlich wäre hier nochmals der kompetente General Waldemar Erfurth zu erwähnen, welcher feststellt, das finnische Volk bewies keinerlei Interesse für die nationalsozialistische Weltanschauung, sondern stellt sich ganz im Gegenteil feindlich dazu ein.

Menschenrecht und Brüderlichkeit verstanden; der König[1]) und sein Hof, Professoren und Studenten, Bankiers und Beamte, Pfarrer und Kaufleute, die Arbeiter und das ganze Volk schützten ihre jüdischen Mitbürger[2]). Mit außerordentlicher Beredsamkeit schlug Dr. Werner Best Ribbentrop brieflich vor, die dänischen Gefangenen in die Heimat zu entlassen, um durch dieses freudige und aufsehenerregende Ereignis die dänische Öffentlichkeit von antijüdischen Aktionen abzulenken. Im gleichen Brief (1. Oktober 1943) bemerkte der Schreiber noch, er müsse dringend davon abraten, jüdisches Vermögen zu beschlagnahmen, damit dadurch nicht der Eindruck erweckt würde, Deutschland wolle sich hieran bereichern.

Es darf hier keineswegs übersehen werden, daß in den übrigen besetzten Gebieten — u. a. Polen und Frankreich — ohne zu überlegen, hemmungslos der Raub jüdischen Vermögens durchgeführt wurde und an der Tagesordnung war. In historischen Archiven befinden sich gedruckte Bekanntmachungen, in denen die „arische" Bevölkerung der besetzten Gebiete darauf hingewiesen wird, daß ihnen aus dem enteigneten Vermögen jüdischer „Umsiedler" Zuwendungen gemacht werden sollten.

Charakteristisch für den Einfluß des skandinavischen Fluidums, sogar auf die Besatzungsbehörden, ist der Wandel in der Einstellung des Dr. Best. Bevor er nach Dänemark kam, wirkte dieser nämlich als Verwaltungschef beim deutschen Militärbefehlshaber in Frankreich. Bei gründlichem Studium der dort zurückgebliebenen Gestapoakten läßt sich feststellen, daß Dr. Best zu jener Zeit irgendwelche derartigen Bedenken fernlagen[3]).

Andere Dokumente illustrieren, wie sehr man Rücksicht auf die öffentliche Meinung in Skandinavien genommen hat:

Auf dem Kongreß antijüdischer Experten, der am 3. und 4. April 1944 in Krummhübel stattfand, klagte der schwedische Delegierte Dellbrück darüber, daß es seit der Kopenhagener Aktion fast unmöglich sei, in Schweden aktive, judenfeindliche Propaganda zu betreiben. Jede nazistische Propaganda — erklärte er weiter — stoße überhaupt auf Ablehnung.

Um die humanitären Bestrebungen, das Gefühl für Gleichheit und Brüderlichkeit, der skandinavischen Völker in ganzer Tiefe und Breite zum Ausdruck zu bringen, erscheint es dringend erforderlich, hier auf das dänische Beispiel hinzuweisen und es anzuführen.

---

[1]) Sobald der König erfuhr, daß der Judenstern eingeführt werden sollte, erklärte er den deutschen Besatzungsbehörden, diesen mit seiner gesamten Familie ebenfalls tragen zu wollen. Die geplante Maßnahme unterblieb daraufhin.

[2]) Sobald die dänische Widerstandsbewegung von den Vorbereitungen einer „Umsiedlung" der Juden erfuhr, schaffte sie unter größten Schwierigkeiten und in allerkürzester Zeit die meisten dänischen Juden nach Schweden hinüber in Sicherheit.

[3]) Hier darf nicht unerwähnt bleiben, daß der Chef der Deutschen Sicherheitspolizei — Rudolf Münzer — vor dem Nürnberger Gerichtshof aussagte, daß Dr. Bests Verhalten viel dazu beigetragen habe, daß die dänischen Juden durch die Untergrundbewegung gerettet werden konnten.

Aus anderem Material ergibt sich, daß Georg Ferdinand Duckwitz, ein Angehöriger der Besatzungsmacht, der dänischen Untergrundbewegung sämtliche Einzelheiten — ja, sogar das genaue Datum der geplanten Aktion — mitgeteilt hat.

VI.

Nachwort

Im Jahre 1947 befand ich mich für längere Zeit in Schweden, Finnland und Dänemark. Für einen Menschen, der das Ghetto und Auschwitz kennengelernt hatte, war dies ein gewaltiger Eindruck!

Ich hielt mich in Finnland in den Städten Helsingfors und Abo auf und traf dort Juden, die während des ganzen Krieges ihr normales Leben geruhsam weiterführen durften. Mannerheims Bilder hingen in den jüdischen Wohnungen und auch in den Klubs auf dem Ehrenplatz.

Während meines Aufenthaltes in Dänemark wurde mir erzählt, daß große Teile der dänischen Bevölkerung die überlebenden, wieder heimkehrenden Juden (sage und schreibe!) mit Musik willkommen hießen. Ebenfalls aus jüdischem Munde erfuhr ich, daß in manchen jüdischen Wohnungen kein Glas gefehlt haben soll! So hüteten dänische Nachbarn den Besitz ihrer abwesenden, jüdischen Landsleute!

All dies zwang mich zum Nachdenken, zum Forschen und zum Vergleich!

Eines aber steht für mich fest und ich bin vollkommen davon überzeugt: in Europa sind die skandinavischen Völker Träger einer sehr hohen Zivilisation.

Quellen-Verzeichnis

Blauweißbuch der Finnischen Regierung, 1939.
Chesnais, La guerre civile en Finlande, Paris, 1919.
Enckell, La démocratie en Finlande, Paris, 1947.
Erfurth, Der finnische Krieg 1941—1944, Wiesbaden, 1950.
Finnland im Anfang des XX. Jahrhunderts, Helsingfors, 1919.
Finlande, Paris, 1940.
Finnlands Eherechtsreform, Leipzig, 1921.
Johanssen, Wir wollten nicht sterben, Zürich, 1942.
Kersten, Klerk en Beul: Himmler von nabij, Amsterdam, 1948.
Krieck, Das Ende von Versailles, Berlin, 1934.
Lange, Kleine und große Völker, Berlin, 1943.
Laporte, Le premier échec des Rouges, Paris, 1929.
Les Juifs en Europe, Paris, 1948.
Mayer, Das Geisteserbe Finnlands, Basel, 1940.
Mozane, Finlande et Caucase, Paris, 1900.
Pantenburg, Finnland, Leipzig, 1941.
Perret, La Finlande en guerre, Paris, 1940.
Perret, La Finlande, Paris, 1937.
Perret, Portrait de la Finlande, Paris, 1937.
La persécution des Juifs en France et dans les autres pays de l'Ouest, Paris, 1947.
La persécution des Juifs dans les pays de l'est, Paris, 1949.
Procopé, Sowjetjustiz über Finnland, Zürich, 1947.
Das Reich und Europa, Berlin, 1943.
Rousillon, Verités sur la Finlande, Paris, 1946.
Winterberg, Un été sans nuits, Paris, 1935.

Das tragische Epos Raoul Wallenbergs[1]

(Ein schwedischer Held im letzten Krieg)

Der schlanke, etwa dreißigjährige Mann, der im zerdrückten Regenmantel am 9. Juli 1944 in Budapest aus dem Berliner Zug sprang, wurde von Mitgliedern der schwedischen Delegation als Attaché Raoul Wallenberg begrüßt. Der junge Diplomat entstammte einer reichen Bankierfamilie, studierte Architektur in Amerika und wurde kurz vor Ausbruch des Krieges Direktor einer Stockholmer Exportfirma, wc er sich mit seinem Partner, dem ungarischen Juden Koloman Lauer, und dessen Frau anfreundete. Die Besorgnis der Ungarn um die in der Heimat lebende und mit Deportation bedrohte Familie wuchs im Laufe des Krieges und Raoul Wallenberg, der sich bis dahin nie um diplomatische und kaum um jüdische Dinge gekümmert hatte, erfuhr, daß die ungarischen Behörden Schwierigkeiten machten und die von Schweden ausgestellten Schutzbriefe der Juden in Ungarn nicht mehr anerkennen wollen.

Wallenberg war in Palästina gewesen und bot nun seinem Freund und Partner an, dessen Familie aus Ungarn herauszuholen. Er begann, sich brennend für das jüdische Problem zu interessieren. Als Außenstehender einen schwedischen Diplomatenpaß zu bekommen, war unmöglich, doch gelang es Wallenberg, mit Hilfe des amerikanischen Diplomaten Olsen, der von Roosevelt speziell mit der Rettung von Juden aus den von Hitler terrorisierten Ländern beauftragt war, und zu diesem Zweck riesige Summen zur Verfügung hatte. Auf ausdrücklichen Wunsch der Vereinigten Staaten wurde Raoul Wallenberg zum Attaché an der schwedischen Gesandtschaft in Budapest ernannt und beauftragt, sich mit den Juden Ungarns in Verbindung zu setzen und so viele zu retten, wie nur irgend möglich.

Bald wurde für über 250 000 Juden die Tür von Wallenbergs Büro in Budapest zu einem Tor der Hoffnung. Im März 1944 hatte Hitler mit der Judenverfolgung in Ungarn

---

[1]) *Dem Artikel „La tragique épopée de Raoul Wallenberg, héros suédois de la dernière guerre“ von Jacques Sabille im „Le Figaro Litteraire“ vom 22. September 1951 in großen Zügen entnommen.*

begonnen und von Horthy die Deportation sämtlicher Juden verlangt. König Gustav von Schweden hatte sich dieserhalb schon an den greisen Admiral gewandt, doch dieser mußte zugeben, nicht mehr Herr im eigenen Hause zu sein. Horthy konnte nicht verhindern, daß schon im Frühjahr 1944 die meisten Juden aus den ungarischen Provinzen den Weg in die Vernichtungslager antreten mußten. Unter ihnen hatte sich auch die Familie von Frau Lauer in Stockholm befunden, welche zu retten Wallenberg ursprünglich ausgezogen war.

Bei der feindseligen Haltung der Großstadtbevölkerung genossen die Budapester Juden bessere Bedingungen, denn hier wagten die Deutschen nicht, rigoros mit Massendeportationen durchzugreifen. Außerdem sollten die vielen ausländischen Diplomaten nicht Zeugen ihrer Entmenschtheit werden.

Bei Ankunft Wallenbergs wollten nun die ungarischen Behörden — unter deutschem Druck — die Schutzbriefe Schwedens nicht mehr anerkennen. Bisher hatten die betreffenden Juden auch schon unter Schutz gestanden, bevor die regulären Repatriierungspapiere ausgestellt werden konnten. Da auch die Schweiz, Spanien und Portugal dem schwedischen Beispiel gefolgt waren, ließen die Behörden jedoch immerhin noch eine gewisse Vorsicht walten. Übrigens schützte auch die päpstliche Nuntiatur zahlreiche Katholiken jüdischer Abstammung.

Wallenberg entwickelte eine fieberhafte Tätigkeit. Er versprach Admiral von Horthy Streichung von der Kriegsverbrecherliste der Alliierten, wenn er sich der Deportation der Juden widersetzte. Dem Premierminister Sztojai — als Parteigänger der Nazis bekannt — versprach er für seine Hilfe Wiederherstellung der guten schwedisch-ungarischen Beziehungen. Das von Amerika großzügig zur Verfügung gestellte Geld floß in unzählige Kanäle.

Dokumente, die sich heute im „Centre de documentation juive contemporaine" in Paris befinden, beweisen, daß Wallenberg auch mit den Deutschen selbst fertigzuwerden verstand, obwohl diese ihn gar zu gern unschädlich gemacht hätten. Sie ließen den jungen Schweden seine Schutzbriefe und Pässe verteilen, hofften jedoch, die Deportation eines Tages durchführen zu können, während sie einstweilen unauffällige kleine Verschleppungen veranstalteten.

Als die Deutschen eines Tages auf dem Bahnhof Josefvarosy einen ziemlich großen Deportationszug in aller Stille zusammengestellt hatten, erschien Wallenberg und holte 12 seiner Schützlinge aus dem Zug, ohne daß der wutschnaubende Adjutant des Transportführers Einspruch zu erheben wagte. Ebenso gelang es ihm, ein paar Dutzend andere zu retten, nachdem er den verblüfften Offizier auf die Mißachtung international gültiger Übereinkommen hingewiesen und außerdem erwähnt hatte, daß ausgerechnet Schweden so viel für Verwundete und Kranke der deutschen Armee getan habe und noch tue. Wallenberg forderte nämlich einfach alle diejenigen auf, auszusteigen, die im Besitz provisorischer „ungarischer Papiere über ihre schwedische Staatsbürgerschaft" seien. Die Unglücklichen begriffen schnell und zeigten dem, des Ungarischen nicht mächtigen, Deutschen ihre Personalausweise, Führerscheine oder Postausweise, deren Rechtmäßigkeit Wallenberg mit todernstem Gesicht bestätigte. In Wirklichkeit hatten derartige ungarische Papiere nie bestanden. Wallenberg aber konnte so triumphierend sein Häuflein Geretteter den Deutschen entführen. Ganz Budapest unterhielt sich flüsternd über das Bravourstück des jungen Schweden.

Wallenbergs erfinderischer Kopf hatte aber schon einen neuen Plan. Es gelang ihm, 32 jüdische Häuser als schwedischen Besitz und damit exterritoriales Gebiet zu tarnen. Außerdem organisierte er Lastzüge, die Lebensmittel vom Lande in die Stadt holten, denn die Front rückte näher und Budapest begann unter der Lebensmittelverknappung zu leiden. Mit dem Transportsystem der Fouragierung hatte Wallenbergs Aktivität wiederum ein weites Feld. Er beschaffte sich Uniformen von Deserteuren, Waffen und Munition. Ein Sondertrupp — ausschließlich arisch-aussehender, junger Juden — operierte sogar in SS-Uniformen und veranstaltete Razzien in ungarischen Gefängnissen, um dort Juden zu befreien.

Premierminister Sztojai war inzwischen — angeblich auf Wallenbergs Rat — durch General Lakatos ersetzt worden, der am 15. Oktober 1944 gemeinsam mit dem Regenten im Radio Budapest erklärte, daß Ungarn bereit sei, die Waffen zu strecken. Ungeheure Freude über das Kriegsende ergriff von der Metropole Besitz, und die Juden rissen ihre gelben Sterne ab, um sie auf der Straße zu verbrennen; aber schon zwei Stunden später holten die Deutschen – von ihrem Gesandten Veesenmayer lange vorbereitet – zum großen Schlag aus. Regent und Minister wurden abgesetzt und fortgeschafft, während der Pfeilkreuz-Führer Szalassy die Regierung übernahm. Mord, Verhaftungen und Plündern waren die Folge. Jüdische Leichen lagen auf den Gassen. Um das Schlachtfest zu erleichtern, untersagte die Regierung den Juden, zehn Tage lang ihre Wohnungen zu verlassen.

Wallenberg warf sich auch diesem Chaos entgegen und mit ihm seine junge Judengarde in SS-Uniform. Die Angreifer ließen von ihren Opfern trotz deutscher Ermutigungen ab, weil sie zu starke Verluste hatten. Obwohl Wallenberg der alleinige Initiator des Widerstandes war — das wußten die Deutschen —, blieb er doch nach außen hin der Repräsentant eines neutralen Staates, den man sich in einem so heiklen Augenblick nicht gern zum Feinde machte. Heimlich jedoch wurde wiederholt versucht, ihn durch einen kleinen Unfall um die Ecke zu bringen. Wallenberg befand sich ständig in Lebensgefahr. Unbekannte schossen aus dem Hinterhalt, Tanks versuchten, seinen kleinen Wagen zu zermalmen. Sämtliche Schutzbriefe wurden für ungültig erklärt, und die Situation schien unhaltbar, als Wallenberg feststellte, daß die Frau des Außenministers, Baron Gabor Kemenyi, Jüdin war. Er sagte ihr im Falle eines Sieges der Alliierten Schwedens Schutz und die Unantastbarkeit ihres Mannes zu und erreichte damit die Gültigkeit der Schutzbriefe —, und zwar ganz offiziell. Trotzdem wurden nachts jüdische Wohnungen überfallen und Verhaftungen vorgenommen.

Da die meisten unter schwedischem Schutz stehenden Häuser der Juden in Pest lagen, die Gesandtschaft hingegen im eleganten Diplomatenviertel Buda, erhielt Wallenberg von seinem Minister — Danielson — die Erlaubnis, während der kritischen Zeit ein Büro in Pest zu unterhalten. Alle neutralen Staaten und das Rote Kreuz folgten seinem Beispiel, was der Regierung ein Dorn im Auge war, aber geduldet wurde, weil Szalassy von den neutralen Staaten anerkannt werden wollte.

Die Deutschen aber schlugen jetzt zu, obwohl der Russe die Verbindung nach Polen schon unterbrochen hatte. Eichmann, der Herr der Gaskammern, schlug einen Fußmarsch in den Tod vor. Bei eisiger Kälte marschierten Zehntausende 240 Kilometer in den Tod. Leichen säumten ihren Weg. Wallenberg fuhr den Todgeweihten nach und konnte 4000 seiner Schützlinge befreien. Für die anderen Unglücklichen organisierte er im Verein mit dem Roten Kreuz und den übrigen neutralen Nationen Lastzüge, die Lebensmittel, warme Kleidung und Medikamente an die Weitermarschierenden verteilten. Auch die Katholische Kirche beteiligte sich an dieser Aktion.

Die Deutschen beschlossen, sich nun endlich von dem unbequemen Schweden zu befreien, doch dieser verschwand plötzlich spurlos und wirkte im Geheimen. Inzwischen näherten sich die Russen Budapest, und die Deutschen konnten die Juden nur noch in die sogenannten Gärten von Saint Etienne einsperren, bevor sie selbst sich auf die Flucht begaben. Die ungarische Regierung zog sich nach Sopron zurück, als die Russen am 23. Dezember 1944 Budapest umzingelten. Wallenberg tauchte wieder auf und organisierte mit der inzwischen gewonnenen ungarischen Polizei eine erfolgreiche Verteidigung des „Ghettos" gegen Plünderer. Mit Einverständnis seines Vorgesetzten begab er sich sodann in Begleitung seines getreuen Ingenieurs Langfelder am 10. Januar 1945 im Auto des Roten Kreuzes in das Kampfgebiet und erhielt die Erlaubnis, Schwedens Fahne neben dem Roten Kreuz zu hissen. Drei Tage später erschienen die ersten Russen, und Wallenberg, der fließend Russisch sprach, stellte sich als schwedischer Diplomat vor und erbat den Schutz der Roten Armee, der ihm von Major Demtschenko zugesagt wurde. Am 17. Januar 1945 sahen seine Schützlinge ihn zum letztenmal in Begleitung von drei Rotarmisten. Er wollte sich ins Hauptquartier Marschall Malinowskis begeben, aber ob als Gefangener oder Gast, wußte er selbst nicht, wie er leise sagte. Dann senkte sich der Eiserne Vorhang hinter ihm.

Wallenbergs Schicksal ist auch heute noch nicht geklärt. Sowjetgeneral Tschernichew meldete, ihn am 14. Januar 1945 mit seinem Besitz unter Schutz genommen zu haben. Dies teilte man in Moskau auch am 17. Januar 1945 dem dortigen schwedischen Gesandten Söderblom mit. Acht Wochen später bestätigte Madame Kolontai es auch Wallenbergs Mutter in Stockholm. Von ihm selbst kam jedoch kein Lebenszeichen. Gerüchte wollten wissen, daß die NKWD seine Mitarbeiter verhörte, ob Wallenberg nicht Agent der Nazis oder der Pfeilkreuzler gewesen sei. Alle schwedischen und amerikanischen Nachforschungen und Eingaben blieben erfolglos. Im Sommer 1946 versprach Stalin persönlich dem schwedischen Gesandten, sich der Sache anzunehmen, und im August 1947 teilte Wyschinsky mit, man könne den Offizier, der am 17. Januar 1945 den Bericht verfaßt habe, nicht auffinden. Immerhin war es General Tschernichew!

Die sowjetische Zeitschrift „Nowoje Wremia" sagte in einem „Wallenberg-Legende" betitelten Aufsatz, daß der Schwede wahrscheinlich von Nazis oder Pfeilkreuzlern umgebracht wurde.

In Schweden erschienen zwei Wallenberg-Biographien. Der Kommunist Jenö Levai nimmt die sowjetische Version an, während Rudolf Philipp die Sowjets beschuldigt, den jungen Helden in ein Zwangsarbeitslager verschleppt zu haben. Hinter dem Eisernen Vorhang glaubt man an seinen Tod, während eine Million Schweden die Eingabe an Stalin unterzeichneten, in der sie baten, den Helden freizulassen. Namhafte Wissenschaftler schlossen sich zu einer Wallenberggesellschaft zusammen, und im schwedischen Reichstag wurde er — leider erfolglos — zum Friedensnobelpreis vorgeschlagen.

Ungarns Juden benannten ein Krankenhaus nach Wallenberg und brachten eine Gedenktafel an, auf der sie ihm und der schwedischen Nation, deren Flagge sie schützte, ihren Dank aussprechen.

Ob nun Gerüchte, die Wallenberg in einem rumänischen Lager oder in Sibirien wissen wollen, auf Wahrheit beruhen oder nicht, alle Nachforschungen blieben jedenfalls erfolglos.

Combat

N° 35 - OCTOBRE 1942 Prix : 2 frs.

PÉTAIN REGNE . . . .
et
HITLER GOUVERNE

Dans la guerre comme dans la paix le dernier mot est à ceux qui ne se rendent jamais - Clemenceau.

ORGANE DU MOUVEMENT DE LIBERATION FRANÇAISE

Il faut dire: NON

La mobilisation des ouvriers français pour le compte de l'industrie de guerre allemande est décrétée ; femmes et hommes vont être par dizaines de mille livrés à l'ennemi.

On a commencé par les Juifs. On continue par les Alsaciens et les ouvriers. Le projet du nazi Darré est devenu réalité. "Les peuples soumis fourniront les contingents d'esclaves du national-socialisme triomphant".

L'heure est venue de « céder » au vainqueur les dernières réserves humaines du pays. Voilà ce que coûte l'armistice de Pétain.

Allez-vous accepter comptant de mourir d'une mort lente?

Vichy vous impose à la fois la faim et le déshonneur. Vichy qui a livré aux boches 1.500.000 prisonniers, qui fait incarcérer dans les camps et les prisons 400.000 bons citoyens, Vichy accepte d'un cœur allègre de fournir aux bourreaux nazis les meilleurs ouvriers de France.

En mobilisant pour les boches Vichy fait une bonne affaire. Car on sait que gronde la colère dans les villes affamées, car on sait que les poings se serrent devant l'abominable scandale du marché noir, car on sait que seront bientôt punis les privilégiés qui, parce que l'argent de la trahison coule entre leurs doigts, accaparent à coups de billets de mille les denrées disponibles.

Allez-vous longtemps courber la tête? Non, n'est-ce pas, vous avez repoussé le mensonge de la « grande relève » en refusant de vous rendre de votre plein gré dans les bureaux d'embauche allemands.

Devant la menace qui pèse sur vous et sur la France, recourez à l'action individuelle. Formez dans chaque entreprise, aux les chantiers, à l'atelier et au bureau des Comités de résistance.

Préparez-vous à vous opposer par la force au départ du premier train d'esclaves.

N'acceptez pas de partir pour l'Allemagne d'où vous ne reviendrez jamais plus. Refusez ! Résistez ! Combattez avec nous.

Plutôt mourir sur les barricades que de consentir au honteux esclavage. Peuple français debout ! Pour ta vie, pour ta dignité, pour tes enfants et pour la France.

Militants et Sympathisants

Dans tout le pays, des patriotes souffrent pour la libération de la France. Dans les prisons et les camps de représailles, ces hommes et ces femmes manquent de la nourriture strictement nécessaire. Souvent, malgré nos efforts, leurs familles sont dans le dénuement, car les charges des Mouvements de résistance s'accroissent en ce moment d'une manière démesurée. Il faut absolument nous aider et les aider, en versant dans chaque secteur votre contribution au fonds de solidarité.

CEUX QUI SOUFFRENT, SOUFFRENT POUR VOUS
IL FAUT VOUS PRIVER POUR EUX
DEMAIN VOUS SEREZ PARMI EUX.

COMBAT

LES JUIFS, nos frères....

« Un des moyens qui réussissent le mieux parmi les innombrables moyens de l'éternelle démagogie consiste à lancer le populaire préalablement entraîné, sur une minorité habilement circonscrite. Il ne demande qu'à se ruer sur des minorités déterminées ; mais son bonheur est sans égal si on peut lui fournir en outre cette apparence qu'en se ruant ainsi sur des minorités, il se sacrifie noblement pour quelque grande cause. Telle fut la double opération tentée par la démagogie antisémitique ».

(scélératesse et imbécillité antisémite)

PEGUY

Au moment où la France est soulevée d'horreur par la rafle monstrueuse des Juifs que Vichy livre comme du bétail aux autorités allemandes.

Au moment où des hommes innocents vont à la mort, où leurs femmes sont envoyées aux bordels et leurs enfants abandonnés.

Au moment où les meilleurs des français ouvrent tout grand leurs portes à ces enfants qui ne reverront jamais leurs parents.

Au moment où les plus belles figures de la chrétienté française font entendre du haut de leur chaire des appels à la fraternité et ordonnent des prières pour les Juifs.

Au moment où Mgr. Valéri, Nonce apostolique, proteste à Vichy au nom de Pie XII et de la conscience humaine.

Au moment où des prêtres sont jetés en prison pour avoir soustrait à la brute allemande des petits enfants dont le seul crime était d'être né juif.

COMBAT élève une protestation véhémente. Une fois de plus Vichy trahit la conscience nationale et nos traditions les plus sacrées. Une fois de plus il est voué au mépris et à la haine de la nation.

« Je suis seul responsable, l'Histoire me jugera ».

Pétain, Maréchal de Vichy, le peuple vous a jugé . . . . . et condamné avant l'histoire.

„Les Juifs nos frères . . .“ „Unsere Brüder, die Juden.“
(Aus dem illegal erscheinenden „Combat“ im besetzten Frankreich)

R.F. SS

Sicherheits-Dienst

Nachrichten-Uebermittlung

Aufgenommen	Befördert	Raum für Eingangsstempel
Tag Monat Jahr Zeit	Tag Monat Jahr Zeit	
von durch	an durch	
Nr.	Verzögerungsvermerk	
Telegramm — Funkspruch — Fernschreiben — Fernspruch		

Wenn diese Forderung nicht durchgesetzt werden kann, so muß heute schon darauf hingewiesen werden, daß die Endlösung des Judenproblems in Frankreich in Frage gestellt ist. Gerade aber in dem von den Italienern besetzten Gebiet Frankreichs haben sich die Juden ganz besonders nach der Flucht aus dem altbesetzten Gebiet zusammengeballt. So ist insbesondere Lyon und die Côte d'Azur geradzu von reicher und einflusreichen Juden überschwemmt. Die Flucht der Juden aus dem von Deutschland besetzten Gebiet in das von Italien besetzte Gebiet nimmt ständig zu. Nach mir zugegangenen Gerüchten sollen die Italiener dazu übergegangen sein, die Juden nicht nur illegal in die Schweiz, sondern auch in italienisches Gebiet einwandern zu lassen.

SS-Standartenführer

Die Italiener bereiten der SS Sorgen

Der letzte Teil eines Briefes aus Paris am 22. Februar 1943 an das Reichssicherheitsamt z. Hdn. von SS-Gruppenführer Müller, Berlin

Französische „Arier" tragen den Judenstern[1]

Am 29. Mai 1942 erließen die deutschen Besatzungsbehörden in Frankreich ihre 8. Verordnung, welche die Maßnahmen gegen die Juden betraf und am 7. Juni 1942 in Kraft treten sollte, nachdem im Reich selbst das Tragen des „Judensterns" bereits seit dem Oktober 1941 obligatorisch war.

Frankreichs Bevölkerung reagierte sofort unmißverständlich, und die Besatzungsbehörden machten sich auf Schwierigkeiten gefaßt. Schon am Vorabend des Inkrafttretens — am 5. Juni 1942 — jagten sich alarmierende Meldungen, die von der Propagandaabteilung pausenlos beim SD einliefen. Es heißt da z. B.:

> „Nach stündlich einlaufenden Berichten betreiben gaullistische und kommunistische Kreise eine massive Propaganda, um am kommenden Sonntag Unruhen zu erzeugen. Es sind Richtlinien ausgegeben worden, daß vor allem auf den großen Boulevards die mit Judensternen gekennzeichneten Juden mit Sympathiekundgebungen begrüßt werden sollen.

---

[1]) *Die folgenden Seiten sind auszugsweise einem Buch Léon Poliakovs „L'Etoile jaune", Editions du Centre, Paris 1949, entnommen und sollen einen kleinen Überblick jener Reaktion der „a r i s c h e n" Pariser Bevölkerung geben, mit der diese spontan auf das Gesetz hinsichtlich des Tragens eines Judensterns reagierte.*

Von Anfang an dürften sich die Nazibehörden darüber klar gewesen sein, daß ihre antisemitischen Maßnahmen auch bei der „arischen" französischen Bevölkerung auf Feindseligkeiten und Empörung stoßen würden, denn schon vor dem Inkrafttreten der Verordnung trugen viele Juden den befohlenen Stern und riefen dadurch gewisse Reaktionen unter der übrigen Bevölkerung hervor.

Paris reagierte genau so wie man es von der Stadt erwarten konnte, in der ein altes Sprichwort sagt: „Le ridicule tue."

Weiterhin ist geplant ..., daß gaullistisch und kommunistisch eingestellte Nichtjuden ebenfalls mit gelben Sternen auf den Straßen erscheinen sollen, die nicht mit der Bezeichnung „Jude", sondern mit dem Namen französischer Provinzen versehen sind. Angeblich werden in gaullistischen Familien eifrig entsprechende gelbe Sterne genäht ... Auf Grund der einlaufenden Meldungen erscheint es notwendig, daß für den kommenden Sonntag weitgehende polizeiliche Sicherheitsmaßnahmen getroffen werden."

Am nächsten Morgen, also am 6. Juni, gab die Propagandaabeitlung schon nähere Einzelheiten und ließ dieselben durch Extraboten mit dem Vermerk „Eilt sehr!" überbringen. In diesen Berichten hieß es u. a.:

„Wie mitgeteilt wird, sollen gaullistische und kommunistische Demonstrationen am Sonntag folgendermaßen gegen die Einführung des Judensterns demonstrieren:

1. durch das Tragen gelber Blumen,
2. durch das Tragen eines gelben Taschentuches in der Brusttasche,
3. durch Judensterne aus Papier (in der Usine d'opique, rue Surcouf, sollen sich in den letzten Tagen 50 Arbeiter damit vergnügt haben, gelbe Judensterne aus Papier in Massen herzustellen).

Von den Juden selbst wird verbreitet, daß es heute die Juden und morgen die Katholiken seien, die von den Deutschen zwangsweise gekennzeichnet würden."

Wie schon erwähnt, hatten die Nazis mit gutem Recht derartige Gegenmaßnahmen erwartet, fühlten sich jedoch trotzdem etwas unbehaglich. Wir möchten hier einige kleine Auszüge aus dem sogenannten „gelben Dossier" zitieren, um im einzelnen festzustellen, wie die französische Öffentlichkeit reagierte. „Agenten" und „Vertrauensleute" verdoppelten ihre Aufmerksamkeit und daher auch die Berichte. Diese hatten fast ausnahmslos den gleichen Inhalt.

Am 12. Juni überreichte die Informationsabteilung (VI N) des SD eine kleine Sammlung der erwähnten Meldungen an die Abteilung IV J. Wir geben hier einige Berichte wieder:

„N 7 meldet:

Große Verstimmung hat die Handhabung des Gesetzes über das Tragen des Judensterns hervorgerufen.

P 8 berichtet:

Im allgemeinen ist zu sagen, daß die Stimmung eher die eines gewissen sentimentalen Mitleides für die Juden ist ...

Dabei mischt sich in das Mitleid das Gefühl der eigenen moralischen Überlegenheit über die barbarischen Deutschen, die die in Frage kommenden Maßnahmen getroffen haben. Man bemüht sich offenbar allgemein, die Juden nicht zu fixieren, obwohl der Stern äußerst auffällig ist. Sehr selten sieht man Franzosen, die spöttische Bemerkungen machen; es handelt sich dabei ausschließlich um junge Leute ...

AG 31 c meldet:

... Der Judenstern ... stößt allgemein auf Ablehnung ...

„L" meldet:

Die Verordnung über das Tragen des Davidsterns ist von der Bevölkerung überall unwillig aufgenommen worden.

P 11 ist besonders offenherzig:

Große einmütige Empörung herrscht über die Judensterne. Auch von Antisemiten wird diese Maßnahme verurteilt, besonders, daß Kinder die Sterne tragen müssen."

ϟϟ-Hauptsturmführer Dannecker[1]) schrieb an den Rand dieses letzten Berichts: „Schöne Antisemiten!"

Diese Meldungen legen um so besser Zeugnis ab, als Agenten und „Vertrauensleute" offensichtlich nicht das geringste Interesse daran hatten, ihren deutschen Herren und Meistern gegenüber das Bild allzu schwarz zu schildern. Die Meldungen beziehen sich hauptsächlich auf Paris selbst, doch folgen auch einige Berichte aus der Provinz, die wir nachstehend wiedergeben:

„Nach hier vorliegenden Meldungen der Ag. Bx 103, 105, 117, 125 und 126 kann über die Auswirkung der Einführung des Judensterns als Kenntlichmachung der im besetzten Gebiet lebenden Juden folgendes berichtet werden:

1. Die Maßnahme wird in Kreisen kleiner Geschäftsleute und Handwerker begrüßt, was darauf zurückzuführen ist, daß sie vor dem Kriege durch den immer steigenden Einfluß der Juden im Geschäftsleben (Gründung von Groß-Kaufhäusern usw.) am meisten zu leiden hatten.
2. Die breite Masse dagegen nimmt fast durchweg Stellung für die Juden, indem sie »die armen Juden« bedauert und die Maßnahmen mit der Begründung, sie seien ebenso achtbare Leute wie die Protestanten und Katholiken, ablehnt. Diese Einstellung gilt auch für die französische Arbeiterschaft. Das Mitleid mit Juden geht sogar so weit, daß man auf den Straßen vermeidet, sie durch auffälliges Ansehen zu provozieren. In den Universitäten steht man der Maßnahme zum Teil ablehnend, zum Teil gleichgültig gegenüber.
3. Wie bereits berichtet, ist die Ablehnung einer Anwendung der Maßnahme auf jüdische Kinder allgemein. Eine Ausnahme bilden lediglich die Schulen, wo es bereits zu Zwischenfällen zwischen französischen und jüdischen Schülern gekommen ist.
4. Übereinstimmend berichten drei Agenten, daß man in Kreisen der Gaullisten die Maßnahmen nicht nur ablehnt, sondern sich mit der Absicht trägt, deren Wirkung durch Einführung ähnlicher Abzeichen mit Monogramm herabzumindern.
5. In Kreisen der verschiedenen politischen Gruppen, wie P.P.F., R.N.P. und M.S.R.[2])

---

[1]) *Judenreferent beim SD in Frankreich.*

[2]) *P.P.F. heißt: Parti Populaire Francais,*
R.N.P. heißt: Rassemblement National Populaire,
M.S.R. heißt: Mouvement Social Revolutionaire;
es handelt sich hier bei allen dreien um während der deutschen Besatzungszeit entstandene „kollaborierende" Parteien.

begrüßt man die Maßnahme, bedauert aber, daß sie das Ergebnis einer deutschen und nicht einer französischen Initiative ist. Abschließend ist zu bemerken, daß ein Teil der Juden das Abzeichen nicht trägt.

Bordeaux, den 11. Juni 1942. gez. Luther,

ꞨꞨ-Hauptsturmführer.

Nancy, den 30. Juni 1942

Die im vorigen Lagebericht gemeldete stimmungsmäßige Ablehnung der Maßnahmen gegen die Juden (Judenstern) kann fast in allen Bevölkerungskreisen festgestellt werden. In Nancy sind neue Fälle des unberechtigten Tragens von Judensternen nicht weiter bekannt geworden.

Aus Vittel (Vosges) wurde jedoch gemeldet, daß vier junge Leute, die einen Papierjudenstern trugen, von der französischen Polizei festgenommen wurden.

Unterschrift unleserlich."

Diese deutschen Berichte und Meldungen dürften wohl die einschlägigste Quelle darstellen. Wir wollen hier einmal festhalten, daß in allen Bezirken und allen Kreisen die Verordnung 8 auf allgemeinen Widerstand und Feindseligkeiten stieß.

Wie sich dieser Widerstand, die Empörung und Feindseligkeit im einzelnen äußerten, werden wir durch Wiedergabe diesbezüglicher Protokolle und Berichte näher erläutern. Die nachstehenden Protokolle etc., bei denen es sich um Berichte von freiwilligen Zuträgern, Soldaten, Beamten und Zivilangestellten handelt, die der SD aufgenommen hat, wurden für uns zur unschätzbaren Quelle der Information. Nachstehend einige Meldungen:

„Paris, den 6. Juni 1942.

Der Kraftfahrer Theo von Tschernitza, beschäftigt bei Abt. IV A, meldet am Abend des 4. Juni 1942 folgendes:

Seine Frau sei am Nachmittag des gleichen Tages einkaufen gegangen und habe vor einem Lebensmittelgeschäft anstehen müssen. Während dieser Zeit, etwa zwei Stunden, seien mehrere Juden gekommen, die den durch die bekannte Verordnung eingeführten Judenstern getragen hätten. Es sei jedoch auffällig gewesen, daß diese Juden alle Festtagskleidung trugen und den Stern mit zynischer und frecher Geste allen dort stehenden Personen zeigten. Ein Teil der dort wartenden Franzosen, bzw. auch zufällig Vorübergehende, haben diesen Juden als Ausdruck des Bedauerns die Hand gedrückt und ihnen ihre Sympathie versichert. Dabei ist den Juden noch folgendes gesagt worden:

> »Wartet noch kurze Zeit. Heute müßt ihr den Stern tragen. Aber es dauert nicht mehr lange, dann werden die wenigen Deutschen, die es noch überleben, für ewig das Hakenkreuz tragen müssen.«

Diese Sympathiekundgebungen dauerten eine ganze Zeit an, und die Juden zeigten sich ob dieses Erfolges ihres Auftretens äußerst zufrieden und stolz.

gez. Becke

ꞨꞨ-Sturmscharführer."

„Abwehrleitstelle Frankreich Paris, den 17. Juni 1942

An den

Befehlshaber der Sicherheitspolizei und SD
beim Militärbefehlshaber in Frankreich
Paris

Heeresabnahmeinspizient Frankreich teilt mit Schreiben vom 10. Juni 1942, AZ 1 5 10 (Adj) mit, daß am 9. Juni 1942 bei der Firma Société des Automobiles, Paris XIII, 10 rue du Banquier, drei bis vier Arbeiterinnen gelbe Schleifen in Form von sechzackigen Sternen tragen, um damit den Juden ihre Sympathie zu bekunden.

Aktennotiz Paris, den 5. Juni 1942

Betrifft: Einführung des Judensterns.

Nach Meldungen einer hiesigen AG wurden die Schüler der Gemeindeschulen des 18. Arrondissements von ihren Lehrern aufgefordert, am kommenden Montag, dem 8. Juni 1942, mit einem Abzeichen irgendwelcher Art zu erscheinen.

Es wird vermutet, daß diese Aktion im Zusammenhang mit der Einführung des Judensterns steht und als Sympathiekundgebung für die Juden gedacht ist.

Unterschrift unleserlich
Obersturmführer

O.U., den 5. Juni 1942

Meldung

Betr.: Judenabzeichen.

Am heutigen Tage gegen 7.30 Uhr hörte der Unterzeichnete in der Untergrundbahn einem Gespräche von zwei jungen Franzosen (Studenten) zu. Sie unterhielten sich über das Tragen des Judenabzeichens. Einer davon ließ folgende Bemerkung fallen: »Am kommenden Sonntag werden wir noch großen Spaß haben, auch die Nichtjuden unter uns werden den gelben Stern tragen.«

Unterschrift unleserlich
Kriegsdolmetscher."

Aus Vorstehendem ist klar zu ersehen, welch spontaner Natur die Reaktion der französischen Bevölkerung in Paris war. In einer Schule des 18. und einer Fabrik des 13. Bezirks, auf der Straße und in der Untergrundbahn, überall herrschte die gleiche Stimmung. Man fühlte sich verpflichtet, den Juden Solidarität zu beweisen, und man verspottete die Deutschen, indem man „imitierte" Judensterne trug.

Auch die Juristen entschlossen sich zur Auflehnung. Nach einer Besprechung mit SS-Hauptsturmführer Dannecker machte sich Legationsrat Carltheo Zeitschel nachstehend wiedergegebenen Aktenvermerk, welcher zwar kein Datum trägt, aber am 5. Juni 1942 niedergeschrieben sein muß.

„... Staatssekretär Graf de Brinon[1]) ist zu Ohren gekommen, daß französische Anwälte und Notare beabsichtigen, ein Manifest aufzustellen und zahlreiche Unterschriften dazu zu sammeln mit dem Zweck, jüdische Anwälte vom Tragen des Judensterns auszunehmen.

Darquier de Prellepoix[2]) beabsichtigt, sämtliche Anwälte, die sich an dieser Aktion beteiligen, festnehmen zu lassen. Die Botschaft hat keine Bedenken. Der SD wird gebeten, seinerseits Darquier de Prellepoix bei diesem energischen Vorgehen im Interesse deutscher Verordnungen jegliche Unterstützung zu gewähren."

Am Rande dieser Aktennotiz steht von Danneckers Hand geschrieben: „Nach Drancy!"[3])

Dannecker sieht sich nun zu Gegenmaßnahmen veranlaßt. Er entscheidet: Nach Drancy! Nachstehend wird sein Bericht vom 5. Juni 1942 wiedergegeben:

„Am 5. Juni 1942 sprach der Stabsoffizier der Feldgendarmerie beim Kommandanten von Groß-Paris, Major Weigert, hier vor und teilte mit, daß am 4. Juni 1942 auf dem Bld. des Italiens (Nähe Bld. Haussmann) ca. 10 betont nicht jüdisch aussehende junge Leute eine Nachahmung des Judensterns getragen haben. Leider konnten sie infolge Fehlens eines Kraftfahrzeugs durch die Feldgendarmerie nicht festgenommen werden.

Ich habe — um künftigen Fällen vorzubeugen — mit Major Weigert folgendes vereinbart:

a) Ab sofort werden die Streifen der Feldgendarmerie in Groß-Paris angewiesen, auf etwaige Sympathiekundgebungen für Juden zu achten und die Teilnehmer sofort festzunehmen.

b) Nach dem 7. Juni 1942 wird die Feldgendarmerie in großem Umfange alle Personen kontrollieren, die den Stern tragen, und jene, deren Identitätskarte nicht mit dem Judenstempel versehen ist, ebenfalls festnehmen."

Dannecker hatte die Absicht, alle Judenfreunde in das Lager Drancy schaffen zu lassen und ihre Inhaftierung durch Radio und Presse bekanntzugeben.

Länger als zwei Monate waren auf Danneckers Befehl hin 20 Personen inhaftiert. Die Namen dieser Leute wurden später im Archiv des Generalkommissariats für Judenfragen aufgefunden. Es heißt da etwa wie folgt:

„Auf Befehl der Besatzungsbehörden in Drancy internierte Nicht-Juden, welche parodistische Imitationen des Judensterns getragen haben.

---

[1]) *Graf de Brinon war Vertreter der Pétain-Regierung bei den deutschen Besatzungsbehörden.*

[2]) *Darquier de Prellepoix war Generalkommissar für Judenfragen bei der Pétain-Regierung.*

[3]) *Drancy bei Paris war das Sammellager für Juden, wo die Deportationstransporte nach Auschwitz zusammengestellt wurden.*

Borivant, Roland (7—2—1922), Bäcker, Franzose, trug am 8. Juni 1942 den Judenstern.

Muratet, Henri (24—10—1903), Architekt, Franzose, trug am 8. Juni 1942 ein Abzeichen in Form eines Sterns, das die Inschrift „Augergnat" hatte.

Plard, Henri (16—8—1910), Dijon, Schüler im E.N.S., Franzose, trug am 8. Juni 1942 in der oberen Jackentasche gelbes Papier ohne Inschrift, aber in Form eines Sterns geschnitten.

Reyssat, Michel, Student, Franzose, trug am 11. Juni 1942 ein Abzeichen mit der Inschrift „Swing".

Augier, Emile, Französin, Angestellte im Finanzministerium, trug am 11. Juni 1942 ein dem Judenstern ähnliches Abzeichen mit der Inschrift „Swing".

Ravet, Michel (19—10—1921), Franzose, kaufmännischer Angestellter, trug am 10. Juni 1942 ein Abzeichen mit der Inschrift „Goi".

Cardin, Josèphe (10—5—1923), La Plaine Haute (C.-du-N.), Französin, Studentin, trug am 9. Juni 1942 einen imitierten Judenstern und 8 Sterne am Gürtel. Auf jedem Stern stand ein Buchstabe des Wortes „Victoire" (Sieg).

Decise, Simone (6—4—1919), Französin, trug am 8. Juni 1942 ein gelbes Abzeichen in Form einer Rose.

Lang, Marie (4—11—1914), Paris, Zeitungsverkäuferin, Französin, hatte am 8. Juni 1942 am Nacken ihres Hundes einen Judenstern befestigt.

Lemeunier, Marie, geb. Bordat (27—5—1884), Pont St. Vincent (M. et M.), Französin, ohne Beruf, trug am 8. Juni 1942 ein gelbes Abzeichen in Sternform, auf dem ein Kreuz gestickt war.

Le Pennec, Jeanne (13—6—1910), Paris, Aufwartefrau, trug am 8. Juni 1942 einen imitierten Judenstern, auf den sie „S. P." gestickt hatte.

Recouvrot, Denise (23—2—1921), Stenotypistin, Französin, trug am 8. Juni 1942 ein weißes Abzeichen in Sternform, auf welches „Danny" gestickt war.

Siefridt, Francoise (20—10—1922), Französin, Studentin, Le Havre, trug am 8. Juni 1942 ein Abzeichen in Sternform mit der Inschrift „Papou".

Voisin, Paulette (6—9—1923), Tours, Studentin, Französin, trug am 8. Juni 1942 Ein Phantasieabzeichen in Sternform, in dessen Mitte „130" zu lesen war.

Wion, Jenny, geb. Dheilly (20—4—1921), Sérilfontaine, Stenotypistin, Französin, trug am 8. Juni 1942 ein weißes Abzeichen in Sternform, auf welches „Jenny" geschrieben war."

Eine der Heldinnen dieses Widerstandes, Alice Courouble, hat ihre Erinnerungen an die Gefangenschaft unter dem Titel „Judenfreund" veröffentlicht (Editeurs Bloud & Gay, Paris). Sie berichtet alle Einzelheiten der gemeinen Behandlungsweise, der sie als mutige Gegnerin des Judensterns ausgesetzt waren. Sie erwähnt auch — und das dürfte hier ganz besonders bemerkenswert sein —, daß alle inhaftierten „Arier" seitens der mitgefangenen Juden größter Hilfsbereitschaft teilhaftig wurden.

Sie schreibt, wie beschämt sie stets über die Anerkennung gewesen sei, die alle Juden ihr zollten. Sie spricht über die unzähligen ausländischen Juden, die in französischer Uniform gefallen sind, über die Juden in den Stalag-Lagern, die des „Maquis". Sie alle seien doch auch nicht dazu gezwungen worden, auf eine oder die andere Weise Partei zu ergreifen, denn viele unter ihnen hätten sich doch mit Leichtigkeit irgendwo verborgen halten können, um in Ruhe ihr Leben zu leben, ohne es riskieren zu müssen.

Am 1. September 1942 wurden endlich auch die 20 Gefangenen in Drancy wieder frei. Sicherlich ist die Liste der Namen unvollständig, und es dürfte ausgeschlossen sein, die wirkliche Zahl der im Zusammenhang mit Gegenmaßnahmen wider den Judenstern Inhaftierten je festzustellen oder auch nur annähernd richtig zu beziffern. Glücklicherweise läßt sich aber einwandfrei behaupten, daß die meisten, welche ähnliche Solidaritätsbezeugungen demonstrierten, nicht inhaftiert wurden.

Wir möchten hier nur noch einige Polizeiprotokolle wiedergeben, die von dieser an den SD weitergereicht wurden.

> „Madeleine Eugénie Bonnaire, geb. Auerbach, am 26. August 1919 in Paris geboren, Kunstmalerin, wohnhaft im 6. Bezirk von Paris, rue Serpente 23, französische Staatsbürgerin, trug auf ihrem Mantel ostentativ den Judenstern und stellte sich noch, nachdem sie festgenommen worden war, vor einer Gruppe von etwa 10 deutschen Soldaten auf, um ihnen eine lange Nase zu machen, obwohl ihr Posten dabeistand. Der anwesende Offizier veranlaßte den Posten, die Frau schnellstens fortzuschaffen und ihr vor allem den Judenstern abzureißen."

Ein anderes Protokoll lautet:

> „10—6—42 16,55 Uhr
>
> Polizei-Kommissariat
>
> Fbg. Montmartre
>
> Der am 19. Februar 1926 in Damas/Syrien geborene Schüler Tony Basset wurde in der rue Châteaudun verhaftet, weil er herausfordernd einen aus Pappe gefertigten gelben Judenstern mit der Aufschrift »Zoulou« trug. Bezüglich des Genannten wird weitere Anweisung abgewartet.
>
> gez. Dubeloy
>
> 18,30 Uhr."

Oder:

„10. Juni 1942 18,10 Uhr

Kommissariat

Notre Dame des Champs à Dion P. J.

Geschäftszimmer

Fräulein Solange Henriette de Lipkowski, geb. am 20. September 1924 in Paris XV, Schülerin der elsässischen Schule auf dem Bld. St. Germain 191, wurde öffentlich festgenommen, weil sie zwei Pappabzeichen trug, auf denen »Bouddhiste« und »Budhist« geschrieben stand. Anweisungen erbeten.

gez. Bucchini, 18 Uhr"

Der Einlieferungsbescheinigung ins Untersuchungsgefängnis wurde für die junge Renée Mignot nachstehender Zettel angeheftet:

„Die erst siebzehnjährige Renée Mignot antwortete beim Verhör: »Ich habe den Davidstern in der Schule während des Zeichenunterrichts selbst gebastelt und ihn aus Spaß angesteckt. Ich wußte nicht, was ich damit tat.«

Ihre Freundin, Fräulein Camille Galliot jedoch antwortete beim Verhör verwegen: »Ich habe mir den Davidstern selbst fabriziert und ihn an die Bluse gesteckt, um damit gegen die antijüdischen Maßnahmen zu protestieren."

Die Namen aller dieser Arbeiter, Angestellten und Studenten sollten nicht in Vergessenheit geraten. Deshalb wurde auch am 4. Dezember 1946 ihnen zu Ehren von der Vereinigung der Internierten, Gefangenen und Deportierten zusammen mit der Internationalen Union gegen Racisme eine Versammlung abgehalten. Außer anderen sprachen bei diesem Treffen auch die Herren Justin Godart, Edouard Herriot, Paul Rivet und Maurice Schumann. Sie alle hoben die großartige Haltung der Pariser Studenten während der Junitage 1942 hervor und Herr Trouvat, der Präsident der Nationalunion französischer Studenten, sprach voll Bescheidenheit über das Wenige, was durch seine Kameraden und ihn selbst hatte unternommen werden können. Er schloß: „Wir dürfen nicht vergessen, daß wir schließlich nur dem Beispiel der Älteren in unserem Kampf für Freiheit des Geistes gefolgt sind, der gleichzeitig ein Kampf gegen jede Tyrannei und jeglichen Racismus war."

„Lasset uns nun beten für die Juden . . .“

(Prälat Bernhard Lichtenberg)[1])

„. . . Am Tage, nachdem dieser Brief geschrieben war, betete Lichtenberg beim Abendgebet in der Kathedrale wieder in gewohnter Weise: »Lasset uns nun beten für die Juden und für die armen Gefangenen in den Konzentrationslagern, vor allem für meine Amtsbrüder.« Zwei rheinische Studentinnen, die gerade in der Kirche anwesend waren, erstatteten Anzeige. Bisher hatte die Gestapo wegen der hohen kirchlichen Stellung und des zu erwartenden großen Aufsehens ein Einschreiten gegen den Dompropst immer wieder hinausgeschoben. Nun war es so weit. Am 23. Oktober wurde der alte Prälat verhaftet. Bei der gleichzeitigen Haussuchung fanden die Schergen den Entwurf einer für den nächsten Sonntag vorgesehenen Kanzelverkündigung gegen die Judenhetze, die gerade in jenen Tagen auf Antrieb des Propagandaministeriums bis aufs höchste gesteigert worden war. Als der Dompropst abgeführt wurde, zwang ihn die Gestapo, seine lange Soutane auszuziehen. Es war das erstemal seit vielen Jahren, daß er ohne sie sein Haus verließ . . .

»Du Pfaffenschwein«, titulierte der begleitende SS-Mann den ehrwürdigen Priester, als er im Verlauf des Ermittlungsverfahrens ins Auto stieg, um zur Vernehmung zum Alexanderplatz gebracht zu werden. Furchtlos und aufrecht stand Lichtenberg der Gestapo bei den Vernehmungen gegenüber . . .“

„. . . Als Prälat Lichtenberg den Weg ins Gefängnis antrat, war er körperlich ein gebrochener Mann. Im Verlaufe der Untersuchungshaft verschlimmerte sich sein Gesundheitszustand zusehends; die Herzanfälle wurden immer schwerer. Sein Bischof, Graf von Preysing, der den Leidensweg seines Dompropstes von Anfang bis Ende mit liebevollster Sorge begleitet und nichts unterlassen hat, ihm zu Hilfe zu kommen, ersuchte um Verlegung des Gefangenen in ein zur Spezialbehandlung geeignetes Privatkrankenhaus. Der Gefängnisarzt und der Staatsanwalt sprachen sich für den Antrag aus, das Justizministe-

[1]) *Auszüge aus dem Buch von Alfons Erb: „Bernhard Lichtenberg“, Dompropst von St. Hedwig zu Berlin.*

rium lehnte ihn ab. Der Staatsanwalt ließ den Gefangenen vorführen und las ihm den Wortlaut des ablehnenden Bescheides vor. In diesem Bescheid, der auf ein ganzes Labyrinth von Paragraphen und Ziffern verwies, hieß es zum Schluß: »Der Häftling Lichtenberg hat während seiner Haft weder Reue noch Anzeichen der Gesinnungsänderung gezeigt.« Es bestehe bei Verlegung in ein Privatkrankenhaus die Gefahr, daß der Häftling sich genau so verhalten werde wie vor der Verhaftung. Lichtenberg hört sich das alles mit gesenktem Kopf an. »Haben Sie etwas darauf zu erwidern?« fragte der Staatsanwalt. Der Gefangene hebt den Kopf, schaut den Staatsanwalt von unten herauf an und sagt mit seiner tiefen, volltönenden Stimme: »Was Sie mir da vorgelesen haben, Herr Staatsanwalt, mit den vielen Paragraphen, das interessiert mich nicht, absolut nicht; aber« — und seine Stimme wird heller und kräftiger zugleich — »aber das Letzte, daß ich mich nicht geändert habe und genau so reden und handeln würde wie vorher, — das, Herr Staatsanwalt, ist — akkurat richtig.« ..."

„... Die dreistündige, unter Ausschluß der Öffentlichkeit stattfindende Hauptverhandlung vor dem Sondergericht I beim Landgericht Berlin fand am 22. Mai 1942 statt. Die Anklage lautete auf Kanzelmißbrauch und Vergehen gegen das Heimtückegesetz. Sie enthielt zwei Hauptpunkte:

Der erste Punkt: Der Angeklagte habe in Ausübung seines Berufes als Geistlicher am 29. August 1941 in einer Kirche auf der Kanzel in einer Abendpredigt Angelegenheiten des Staates in einer den öffentlichen Frieden gefährdenden Weise vor mehreren Personen öffentlich zum Gegenstand einer Verkündigung gemacht, indem er für die christlichen Nichtarier, für die Juden sowie für die Häftlinge in Gefängnissen und Konzentrationslagern, insbesondere für seine Amtsbrüder, gebetet habe.

Auf die Frage des Vorsitzenden, wie er zu dem Gebet für die Juden gekommen sei, antwortete der Dompropst, der würdevoll, bleichen Angesichts und von zwei scharfen Furchen gezeichnet im Abbé-Rock in der Anklagebank stand, ruhig, aber dann immer erregter werdend[1]): »Das kann ich genau angeben. Es war im November 1938, als die Schaufenster in den Geschäften zerstört wurden und die Synagogen brannten; da ging ich an einem Morgen vor meiner Messe, d. h. zwischen 5 und 6 Uhr, durch die Straßen meiner Pfarrei. Als ich die Zerstörungen erlebte, bei der die Polizei untätig zusah, war ich empört über den Vandalismus und ich fragte mich, was da noch helfen könne, wo so etwas möglich sei in einem geordneten Staat.« Dann Wort für Wort betonend: »Und ich sagte mir, da kann nur noch eines helfen, das Gebet. Und an diesem Abend betete ich zum erstenmal: ,Lasset uns beten für die verfolgten n i c h t a r i s c h e n C h r i s t e n[2]) und für die Juden!'«

---

[1]) Die Zitate in direkter Rede beruhen auf zuverlässigen Aufzeichnungen, die kurz nach der Verhandlung gemacht wurden.

[2]) Das Wort „nichtarisch" gehört zum Sprachgebrauch des „Dritten Reiches": in dieser geschichtlichen Darstellung muß es an den entsprechenden Stellen beibehalten werden.

(Bemerk. des A. Erb in seinem Buche „Bernhard Lichtenberg".)

Zu diesem Punkt der Anklage heißt es in der Urteilsbegründung: »Indem der Angeklagte in seinem Gebet ausdrücklich für die Juden und die Gefangenen in den Konzentrationslagern eintrat, befaßte er sich öffentlich mit den gegen die genannten Personengruppen eingeleiteten staatlichen Maßnahmen; denn der Grund dafür, daß er sie in seine Fürbitte aufnahm, lag nach seiner eigenen Einlassung allein darin, daß er sie um ihrer Rassenzugehörigkeit oder ihrer Weltanschauung willen für von den staatlichen Behörden verfolgt ansah. Er hat also in Ausübung seines Berufes in einer Kirche vor mehreren Personen Angelegenheiten des Staates zum Gegenstand einer Verkündigung gemacht. Dies geschah in einer den öffentlichen Frieden gefährdenden Weise. Sowohl die Regelung der Judenfrage wie auch die Bekämpfung staatsfeindlicher Elemente durch Anordnung der Vorbeugungshaft in Konzentrationslagern sind Maßnahmen des nationalsozialistischen Staates, an denen die gesamte deutsche Bevölkerung Anteil nimmt. Ihre Erörterung findet deshalb allgemein starke Beachtung, zumal wenn sie — wie vorliegend — von einem hochgestellten Priester ausgeht, während des Gottesdienstes geschieht und in einer Form erfolgt, welche keinen Zweifel aufkommen läßt, daß die von den staatlichen Maßnahmen Betroffenen als bedauernswert, die Maßnahmen selbst also als ungerecht hingestellt werden sollen. Die Gefahr einer Beeinträchtigung des öffentlichen Friedens läßt sich bei dieser Sachlage ersichtlich nicht von der Hand weisen. Das alles hat der Angeklagte auch erkannt. Er wußte wie jeder andere Volksgenosse, daß die Regelung der Judenfrage und die Einrichtung von Konzentrationslagern zu dem Aufgabenkreis des heutigen Staates gehören, daß er sich also mit Staatsangelegenheiten befaßte, wenn er in der geschehenen Form für die Juden und Konzentrationslagerinsassen eintrat. Er hat aber auch — daran ist bei seinem Bildungsgrad kein Zweifel möglich — erkannt, daß die von ihm gewählten Worte — bezeichnend ist die Wendung ‚die armen Gefangenen in den Konzentrationslagern' — geeignet waren, bei seinen Zuhörern Mißstimmung gegen die staatlichen Maßnahmen zu erzeugen und damit eine Gefährdung des öffentlichen Friedens herbeizuführen. Selbst wenn er diesen Erfolg nicht beabsichtigt haben sollte, so stellt er ihn doch jedenfalls in Rechnung, handelt also mit bedingtem Vorsatz. Daß sich gegen seine Abendandachten bisher niemand beschwert hatte, besagt demgegenüber nichts; die Tatsache zeigt vielmehr nur, wie sehr seine Zuhörer durch ihn schon beeinflußt waren.«

Der zweite Punkt: Der Angeklagte habe in einer gehässigen, hetzerischen und aufreizenden Art und Weise leitende Persönlichkeiten der Partei und des Staates angegriffen sowie ihr Ansehen und die Rechtssicherheit in der Öffentlichkeit gefährdet.

Mitte Oktober 1941 hatte Dompropst Lichtenberg auf seinem Schreibtisch ein Flugblatt vorgefunden, das auf Anordnung des Propagandaministeriums hergestellt und von den Ortsgruppen der NSDAP in ganz Deutschland in den Häusern verteilt worden war. Auf Befragen erfuhr er, daß das Flugblatt von der Partei zugestellt worden sei. Es handelte sich um eine ganz üble, um eine mörderische Hetze gegen die Juden, wobei u. a. behauptet wurde, der amerikanische Jude Theodor Nathan Kaufmann habe als Sprecher des Weltjudentums offen die Forderung auf Ausrottung von »80 Millionen kulturell hochstehender, fleißiger und anständiger deutscher Frauen, Männer und Kinder« erhoben. Lichtenberg entwarf nach der Lektüre des Flugbattes eine Vermeldung, die am kommenden Sonntag in allen heiligen Messen auf der Kanzel der Kathedrale verlesen werden sollte. Er las den Text des Entwurfes, sich eventuelle redaktionelle Änderungen vorbehaltend, seinen Kaplänen und den beiden in seiner Hausgemeinschaft lebenden geistlichen Gästen beim Mittagstisch vor. Dieser Text lautete:

Vermeldung

In Berliner Häusern wird ein anonymes Hetzblatt gegen die Juden verbreitet. Darin wird behauptet, daß jeder Deutsche, der aus angeblicher falscher Sentimentalität die Juden irgendwie unterstützt, und sei es auch nur durch ein freundliches Entgegenkommen, Verrat an seinem Volke übt. Laßt euch durch diese unchristliche Gesinnung nicht beirren, sondern handelt nach dem strengen Gebot Jesu Christi: »Du sollst deinen Nächsten lieben wie dich selbst.«

Infolge der Verhaftung des Dompropstes ist es zur Verlesung dieser Vermeldung in der Kathedrale nicht mehr gekommen.

Die Urteilsbegründung zum zweiten Punkt lautet: »Er hat sich damit über den Herrn Reichspropagandaminister, also eine leitende Persönlichkeit des Staates und der NSDAP, sowie über eine seine Anordnungen in einer Weise ausgelassen, welche geeignet war, das Vertrauen des Volkes zur politischen Führung zu untergraben; denn er bezeichnete das auf Anordnung des Herrn Reichspropagandaministers verbreitete Flugblatt als ein ‚anonymes Hetzblatt', warf dem Verfasser ‚unchristliche Gesinnung' vor und forderte durch die Mahnung: ‚Laßt euch nicht beirren, sondern handelt nach dem strengen Gebot Jesu Christi ...' zum Ungehorsam gegen die in dem Flugblatt niedergelegten Richtlinien über das Verhalten gegenüber den Juden auf. Die Schwere der erhobenen Vorwürfe, namentlich die Bezeichnung des Flugblattes als ‚anonymes Hetzblatt', und die damit verbundene Aufforderung zum Ungehorsam kennzeichnet sein Vorgehen ohne weiteres als böswillig. Wenn der Inhalt der Vermeldung auch noch nicht an die Öffentlichkeit gelangt war, so mußte der Angeklagte, welcher sie sowohl seiner Pfarrschwester zugänglich gemacht wie auch seinen Tischgenossen vorgelesen hatte, doch damit rechnen, daß sie von diesen weiterverbreitet und damit in die Öffentlichkeit gebracht wurde. ...“

„... In der Urteilsbegründung wird zugunsten des Angeklagten angeführt, er genieße innerhalb seiner Gemeinde allseitige Verehrung und könne auf viele Jahre segensreichen Wirkens als Pfarrer zurückblicken. Auch vor Gericht habe er seine Tat zugegeben und sei offen für sie eingetreten. Gleich anschließend heißt es dann: »Gerade aber dieser letzte Umstand zeigt zugleich, welche Gefahr er für die öffentliche Sicherheit darstellt. Er hat auch nach der Durchführung der Hauptverhandlung, wie sein Schlußwort zeigte, noch nicht eingesehen, daß sein Verhalten strafwürdig ist. Er vertritt auch jetzt noch die Meinung, gegen Maßnahmen des Staates, welche seiner Ansicht nach den Geboten der christlichen Lehre zuwiderlaufen, auftreten zu dürfen, weil die Obrigkeit nur eine ‚Dienerin Gottes' sei. So mißbilligt er nach wie vor die Stellung, welche der nationalsozialistische Staat zur Judenfrage einnimmt, indem er behauptet, daß sie dem christlichen Gebot der Nächstenliebe widerspreche, und den Satz verficht, daß aus der deutschfeindlichen Einstellung e i n e s Juden (wie des in dem oben wiedergegebenen Flugblatt erwähnten Kaufmann) noch nicht folge, daß das gesamte jüdische Volk ein Feind des Deutschtums sei.

Bei seinem Alter und dem Fanatismus, mit dem er für seine Ansichten eintritt, ist nicht zu erwarten, daß er noch eines Besseren belehrt werden kann. Es muß sogar damit gerechnet werden, daß er auch in Zukunft seine Stellung als Priester dazu mißbraucht, sich in Fällen, wo es nach seiner Überzeugung geboten erscheint, von der Kanzel aus gegen Maßnahmen des Staates zu wenden und möglicherweise sogar seine Gemeinde zum Ungehorsam aufzurufen. Hierin liegt eine Gefahr, die nicht unterschätzt werden darf. Ihr muß mit Nachdruck begegnet werden.«

Das Sondergericht I hat in »Strafsache gegen den Dompropst und Prälat Bernhard Lichtenberg aus Berlin« »im Namen des deutschen Volkes« »für Recht erkannt«: »Der Angeklagte wird wegen Kanzelmißbrauchs in einem Falle und wegen Vergehens gegen § 2 des Heimtückegesetzes in einem weiteren Falle zu einer Gesamtstrafe von zwei Jahren Gefängnis, auf welche die erlittene Polizei- und Untersuchungshaft angerechnet wird, und zu den Kosten des Verfahrens verurteilt. . . ."

„. . . Bei aller Kraft und bei allem Trost, die er im Glauben fand, ist auch dem Dompropst die Zeit in Tegel, menschlich gesehen, oft schwer genug geworden, besonders zuletzt, da sein Gesundheitszustand derart sank und schließlich so hinfällig wurde, daß er wochenlang bettlägrig war und beim Gehen gestützt werden mußte. Die Beine waren durch Wasser geschwollen; Herzasthma machte ihm so zu schaffen, daß er ganze Nächte auf einem Stuhl oder auf seinem Lager sitzend, gegen die an der Wand aufgerichtete Matratze gelehnt, zubrachte. Fragte man, wie es ihm gehe, antwortete er bescheiden: »Es geht mir ganz gut. Ich habe ja heute Nacht sogar etwas geschlafen.« Dann meinte er wieder, freudig aufatmend: »Bald komme ich heraus, und dann fahre ich aber erst mal nach Schlesien, um mich zu erholen!« Der politische Mitgefangene, der in Tegel Krankendienste tat, berichtet, daß Lichtenberg auch auf seinem schweren Krankenlager nie daran gedacht habe, seine kompromißlose Haltung zu revidieren. Wenn man mit ihm darüber gesprochen habe, ob er nicht doch sein Kontra irgendwie mildern, etwa ein Predigtverbot annehmen könne, habe er erregt erklärt: »Was, ich soll Kompromisse schließen? Hat das Christus auch getan? Was ein Niemöller konnte, kann ein katholischer Dompropst auch.« . . ."

„. . . Am 23. Oktober 1943 sollte Dompropst Lichtenberg aus dem Gefängnis entlassen werden. Vier Wochen vorher machte Schwester Stephana in Tegel ihren letzten Besuch. »Wie würde ich mich freuen«, sagte der Gefangene, »wenn ich nach Hause dürfte, wie würde ich mich freuen! Aber wenn der liebe Gott will, daß ich nach Dachau kommen soll, wenn das noch notwendig ist, dann will ich es auch.« Ein Zucken um die Mundwinkel verriet, wie schwer dem Schwerkranken der Gang nach Dachau fallen würde. Freiwillig aber hatte er sich schon längst zu einem anderen Gang, der nicht minder schwer gewesen wäre, angeboten, und zwar schon am Anfang seiner Haft, in der Schlußverhandlung vor der Gestapo: Er wollte als JUDENSEELSORGER INS GHETTO nach Litzmannstadt (Lodz) gehen. Was das bedeutet hätte, wird Lichtenberg gewußt haben. Die Gestapo, die diese Absicht nach seiner Aussage damals gebilligt hatte, wird es nicht weniger gewußt haben: Dompropst Lichtenberg wäre in dem vernichtenden Ghetto-Elend umgekommen. Er wollte ein letztes tun: In höchstem priesterlichem Heldentum, selbst schon fast sterbenskrank, sein Leben inmitten der Verstoßenen und Geächteten im Dienste sühnender Liebe opfern. In einem Briefe vom 15. März 1943 kommt er auf den Plan zurück und äußert, es sei ihm »außerordentlich wertvoll zu wissen, wie der Heilige Vater darüber denkt«. Als Bischof Konrad seinen gefangenen Dompropst etwa 14 Tage vor Ablauf der Gefängnishaft zum letztenmal besuchte, machte er seine Absicht, ins Ghetto zu gehen, wieder geltend; wenn ihm dies verweigert würde, wollte er der Gestapo den Vorwurf des Wortbruchs machen. Der Bischof riet ihm ab, sich in einen Wortwechsel einzulassen, weil er fürchtete, der Dompropst könnte auf Grund urämischer Störungen sich zu Äußerungen hinreißen lassen, die für eine Bestrafung einen Schein von Berechtigung hätten abgeben können. ..."

„... Am 23. Oktober empfing der zu entlassende Strafgefangene Lichtenberg in Tegel seine Sachen. Der ersehnte Weg in die Freiheit aber wurde zum Todesgang nach Dachau.

Bischof Konrad hatte bei seinen Besuchen in Tegel klar erkannt, daß Bernhard Lichtenberg vom Tode gezeichnet sei. Er ließ nichts unversucht, seine Freilassung zu erreichen. Die Gestapo lehnte die mündlichen und schriftlichen Vorstellungen und Anträge ab und ordnete wegen »Gefährdung der Öffentlichkeit die Überführung nach Dachau an.« ..."

„... Nach dem Begräbnis trat inmitten der Volksmenge ein Unbekannter, ein Nichtkatholik, der mit Lichtenberg im Gefängnis war, auf einen katholischen Mann zu und sagte: »Sie haben heute einen Heiligen begraben.« ..."

Eine Erklärung Yorck von Wartenburgs[1]

„... Yorck von Wartenburg: Herr Präsident, ich habe bereits bei meiner Vernehmung angegeben, daß ich mit der Entwicklung, die die nationalsozialistische Weltanschauung genommen hatte — —

Freisler (unterbrechend): ... nicht einverstanden war! Sie haben, um es konkret zu sagen, erklärt: In der Judenfrage passe Ihnen die Judenausrottung nicht, die nationalsozialistische Auffassung vom Recht hätte Ihnen nicht gepaßt.

Yorck von Wartenburg: Das Wesentliche ist, was alle diese Fragen verbindet, der Totalitätsanspruch des Staates gegenüber dem Staatsbürger unter Ausschaltung seiner religiösen und sittlichen Verpflichtungen Gott gegenüber." ...

---

[1]) *Angeklagter in der Verhandlung gegen die Attentäter des 20. Juli 1944.*

Aus der stenographischen Niederschrift der Verhandlung vor dem deutschen Volksgerichtshof am 7. und 8. August 1944.

Dokument PS—3881.

Rabbiner Leo Baeck

Die Namenlosen[1]

... Aus der Berliner Bevölkerung zeichneten sich hauptsächlich zwei Gruppen durch ihren Widerstand gegen die Judenverfolgungen der Nazis aus. Einesteils viele Angehörige des Uradels und der Beamtenschaft, andererseits die sozialistische Arbeiterschaft Berlins. Ohne die moralische Unterstützung, die so ein Verhalten bedeutete, wäre das Leben weit schwieriger zu ertragen gewesen. Den Juden zu helfen war manchmal die einzige Art, auf die ein Deutscher den Nazis gegenüber seine Opposition auszudrücken vermochte. Während der letzten Jahre besuchte mich eine Gräfin jeden Freitag in meiner Wohnung, um mir Gemüse, das es auf jüdische Lebensmittelkarten nicht gab, zu bringen. Gelegentlich fand ich vor meiner Tür auch einen Korb Obst von namenlosen Spendern. In der überfüllten S-Bahn trat eines Sonntags ein Unbekannter ganz dicht an mich heran und fragte: „Kommt jetzt Tiergarten?" Dann fügte er im Flüsterton hinzu: „Ich bin vom Lande und habe ein paar Eier in Ihre Tasche gesteckt." Ein andermal ließ ein Mann auf der Straße einen Umschlag fallen, hob ihn auf und reichte ihn mir mit den Worten: „Sie haben etwas verloren." Der Umschlag enthielt ein Päckchen Lebensmittelkarten.

Mir sind auch Fälle bekannt, daß die Juden, nachdem sie den Stern tragen mußten, auf der Straße belästigt wurden. Aber die Berliner und Hamburger behandelten die Juden weit anständiger als die Bevölkerung kleinerer Städte, weil diese mehr vom Nationalsozialismus durchsetzt waren ...

---

[1]) *Dem Buche „We survived" von Eric H. Boehm (Yale University Press, New Haven 1949) entnommen.*

Der Blockwart und der ostjüdische Schneider[1]

Ich stamme aus Grodek in Polen und kam nach dem ersten Weltkrieg nach Berlin, um dort meinem Beruf — dem Schneiderhandwerk — nachzugehen. Da ich von Kindheit an gelähmt war, ging ich nur mühsam an zwei Stöcken, heiratete aber doch 1922 meine gute Henriette, die mir ein Jahr später meinen Sohn Siegfried schenkte. Wir waren überglücklich, bis 1938 unser Elend begann. Man wollte meine Arbeitserlaubnis nicht verlängern und gestattete es dann nur, weil ich für Juden arbeiten sollte. Als im November des gleichen Jahres die Judenverfolgungen begannen, wollte man auch mich deportieren. Das erstemal entging ich meinem Schicksal, weil ich in der Synagoge war, aber beim zweitenmal, einen Tag vor dem jüdischen Neujahr, holte man mich ab. Ein anständiger Kerl auf der Polizei erklärte mich für haftunfähig. Doch das Glück währte nicht lange, denn sechs Tage später mußten sich alle Juden zwischen 15 und 60 Jahren stellen, und diesmal kam mein fünfzehnjähriger Siegfried nach Sachsenhausen. Man riet uns, einen Antrag zu stellen, daß polnische Verwandte den Jungen aufnehmen wollten, doch dieser Antrag wurde abgelehnt. Am 30. August 1940 stand der Junge vor der Tür und wir dankten Gott für seine Rettung. Zwei Monate später wurde Siegfried nach Tarnow geschickt, wo er beim Judenrat Arbeit finden und dann sogar mit „arischen" Papieren als polnischer Volksdeutscher nach Lemberg gehen konnte. Wir hörten zuletzt aus dem Gestapogefängnis Lemberg von ihm. Ein Bekannter hatte ihn verraten.

Meine Frau war vollkommen verzweifelt, aber ich ging weiter zur Synagoge und betete für den Jungen. Im Dezember 1942 wurden unsere Nachbarn nach Polen deportiert, und auch mich wollte man abholen. Nachdem wir nicht geöffnet hatten, verhielten wir uns stundenlang ganz still, bis wir das verabredete Zeichen von Frau Schwarze hörten und die Tür zu öffnen wagten. Sie brachte uns Brötchen, Tee und sogar Wein. Dann packte sie mit meiner Frau und versteckte mich in einer Bodenkammer, während meine Frau zu Verwandten aufs Land fuhr, wo sie für die Bauersfrauen schneiderte und als „Arierin" galt.

---

[1]) *Eine Zusammenfassung des Berichts von Moritz Mandelkern im Buche „We survived" von Eric H. Boehm, Yale University Press, New Haven 1949.*

In meiner Mansarde war es bitter kalt, und ich mußte im Bett bleiben. Eine Kerze war meine einzige Beleuchtung. Frau Schwarze versteckte und verpflegte mich 18 Monate lang. Ich hatte doch keine Lebensmittelkarten mehr. Am Freitagabend kam immer der kleine Sohn der Schwarzes — Bruno — mit Weißbrot und Marmelade zu mir. Er war dann warm angezogen, damit er mir ein wenig Gesellschaft leisten konnte. Der Blockführer Schwarze erlaubte mir auch, bei Fliegeralarm, wenn alle im Keller waren, in seinem Wohnzimmer zu sitzen. Als das Haus zerstört wurde, gelangte ich wie durch ein Wunder heraus. Da mein Mantel mit dem Stern und allen Papieren zurückgeblieben war, gab ich mich auf der Rettungsstelle als Krüppel des ersten Weltkriegs aus und nannte mich „Schwarze". Niemand kümmerte sich um mich, und so gelangte ich zu meiner Frau nach Schönebeck bei Berlin, wo ihre Kusine mit einem „Arier" verheiratet war. Aber dort konnte ich nicht bleiben und mietete mich in der Brunnenstraße als Thüringer ein, der zur Behandlung nach Berlin kam. Die Wohnungsinhaber — eine Mischlingsehe — nahmen mich mit in den Luftschutzkeller, wo man mir Platz machte, weil man mich für einen Kriegsversehrten hielt. Nach ein paar Tagen bekam mein Hauswirt Angst und ich sollte ausziehen. Mir war sehr elend, und ich beschloß zu sterben, doch bevor ich dies ausführen konnte, holte meine Frau mich nach Schönebeck, wo ich für die Bauern schneiderte, bis am 25. April die Russen kamen.

Ich spreche russisch und machte den Dolmetscher, bis wir uns in Berlin wieder zwei Räume gesucht hatten und ich meine Arbeit aufnehmen konnte. Immer noch hoffe ich, daß Gott ein zweites Wunder tun und unseren Sohn doch zurückkehren lassen möchte. Ohne Hoffnung kann ein Mensch nicht leben. Deshalb hoffen wir immer noch.

Der Solidaritätsstreik holländischer Arbeiter

am 25. und 26. Februar 1941[1])

Im Oktober 1940 begannen die deutschen Besatzungsbehörden mit den ersten Maßnahmen gegen die holländischen Juden. Die Verordnung, daß Juden und Judenstämmige in Zukunft nicht mehr Beamte sein durften, stieß auf stärksten Widerstand der niederländischen Bevölkerung und erregte überall Unzufriedenheit. Die sechs größten protestantischen Kirchen der Niederlande protestierten beim Reichskommissar energisch dagegen, hatten jedoch leider keinen Erfolg, denn schon im November d. J. wurden elf jüdische Beamte ihres Dienstes enthoben. Zufolge der Verordnung hatten auch die jüdischen Professoren ihre Lehrstühle zur Verfügung zu stellen und sowohl die Studenten der Technischen Hochschule in Delft wie auch diejenigen der Universität Leyden veranstalteten deswegen einen Proteststreik.

Am 15. Dezember 1940 kam es zum erstenmal in einem Lokal zu einer antijüdischen Aktion, als ein Angehöriger der holländischen Nationalsozialistischen Partei in Uniform das Café Savoy auf dem Leidseplein in Amsterdam betrat, wo schon vierzig seiner Parteigenossen anwesend waren, und die Juden aufforderte, innerhalb von zehn Minuten das Lokal verlassen zu haben, falls sie nicht hinausgeprügelt sein wollten.

Daraufhin veranlaßte die Besatzungsmacht die niederländischen Nationalsozialisten, in allen Cafés und anderen Lokalen Zettel anzukleben, auf denen zu lesen stand, daß Juden unerwünscht seien. Der Kinobesuch wurde ihnen ebenfalls untersagt, und im Januar 1941 mußten sich die Juden dann einer Registrierung unterziehen.

Alle diese antijüdischen Maßnahmen erregten die nichtjüdische Bevölkerung der Niederlande ungeheuer. Sie fühlte sich genau so empört und verletzt wie die Betroffenen selbst, denn aus der holländischen Geschichte, wie auch aus dem ganzen Wirtschaftsleben ist das jüdische Element einfach nicht fortzudenken. Die Empörung über die Maßnahmen gegen ihre jüdischen Mitbürger dürfte die Haltung der Niederländer gegen die Besatzungsmacht nicht unerheblich beeinflußt haben.

---

[1]) *Entnommen dem Werk: De Februari-Staking, 25—26 Februari 1941, von B. A. Sijes, s'Gravenhage, Martinus Nijhoff 1954.*

In der ersten Februarwoche 1941 kam es dann wiederholt zu heftigen Ausschreitungen, Saalschlachten und Straßenkämpfen zwischen den holländischen Nationalsozialisten im Verein mit den Deutschen gegen die Bewohner Jordaans — des Amsterdamer Arbeiterviertels —, welche sich mit den Juden verbündet hatten und sie in jeder Weise zu unterstützen und zu schützen versuchten. Die Jordaaner Arbeiter mußten auf dem Weg zur Arbeit täglich durch das Judenviertel hindurch und wurden so öfter zu Zeugen der unmenschlichen Ausschreitungen gegen ihre jüdischen Landsleute als andere Bewohner Amsterdams. Sie hatten es auch verstanden, die Juden mit Waffen zu versehen, und halfen ihnen durch ständig patrouillierende Hilfstrupps.

Am 11. Februar 1941 riegelte die Besatzungsbehörde das Judenviertel plötzlich ab und stellte auf den Brücken Posten auf. Diese neue Schikane reizte die Arbeiter Jordaans bis zum äußersten, nachdem sie schon am 3. Februar 1941 einen Proteststreik veranstaltet hatten, weil man Metallarbeiter nach Deutschland dienstverpflichten wollte. Als die Besatzungsbehörde am 15. Februar die betreffenden Arbeiter durch das Los bestimmte, da niemand freiwillig zu gehen bereit war, traten 2200 Arbeiter in den Streik.

Am 18. Februar überfielen holländische Nationalsozialisten einen jüdischen Eissalon, und als der Besitzer die Angreifer mit Ammoniakgas in die Flucht schlug, erfolgten die ersten Massenverhaftungen von Juden. Am 22. Februar rasten plötzlich deutsche Lastwagen durch die Straßen Amsterdams und riegelten das Judenviertel, dessen Bewohner sich verzweifelt in Sicherheit zu bringen versuchten, was jedoch nur den wenigsten gelang, hermetisch ab. Die Unglücklichen wurden aus ihren Wohnungen und Geschäften gezerrt, mit Kolben geschlagen, hin- und hergehetzt und mußten sogar oft mit dem Gesicht auf der Erde liegen, bis sie mit erhobenen Händen zur Portugiesen-Synagoge — einem aus dem 17. Jahrhundert stammenden Wahrzeichen Amsterdams — getrieben und von dort abtransportiert wurden. Die Einrichtung der Wohnungen wurde zertrümmert und auf die Straße geworfen. Etwa 425 Juden zwischen 20 und 35 verhaftete man.

Jeder rechtlich denkende Niederländer war empört, und überall in den Straßen Amsterdams wurden die entsetzlichen Vorgänge im Judenviertel diskutiert. Die Untergrundbewegung verteilte Flugzettel, hielt Versammlungen ab und forderte den Generalstreik.

Und so kam es, neun Monate nachdem deutsche Truppen in Holland einmarschiert waren, in Amsterdam und benachbarten Industriestädten zu dem großen Streik der holländischen Arbeiter und Angestellten, weil diese sich das unmenschliche Vorgehen gegen ihre jüdischen Landsleute ebensowenig gefallen lassen wollten, wie eine Dienstverpflichtung der Metallarbeiter nach Deutschland.

Den Zentralbahnhof in Amsterdam ausgenommen, gingen am 25. Februar fast alle öffentlichen Betriebe, Angestellten, sogar Beamte und sämtliche Werftarbeiter in den Streik.

Am nächsten Tage wurde das Kriegsrecht über die Stadt verhängt und der Ausnahmezustand erklärt. In den Straßen herrschte der Terror. Amsterdams Bürgermeister mußte die Bürger zur Ruhe auffordern und schwere Strafen androhen, wenn der Streik nicht sofort beendet würde. Sozialisten und Gewerkschaftler wurden verhaftet, ebenso alle bekannten Kommunisten und die am Streik beteiligten Beamten. Drei Kommunisten und 15 Mitglieder bürgerlicher Widerstandsgruppen wurden erschossen, eine Reihe zu langen Freiheitsstrafen oder Konzentrationslager verurteilt, alle anderen jedoch mußten freigelassen werden, da man ihnen keinerlei Aktivität an der Vorbereitung des Streiks nachweisen konnte. Aus den Konzentrationslagern kehrten nur drei nicht zurück.

Amsterdam mußte eine Geldstrafe von 15 Millionen, Hilversum von 2½ Millionen und Zaandam von ½ Million zahlen, welche von den Bürgern, die über 10 000 Gulden verdienten, aufzubringen war. Die Bürgermeister der betreffenden Städte wurden durch zuverlässigere Personen ersetzt. Am 8. März konnte der Ausnahmezustand aufgehoben werden. Die holländische Polizei erhielt Weisung, die geflüchteten Juden wieder an ihren Wohnort zurückzuschaffen. Gerüchte wollten wissen, daß 700 Juden ermordet wurden und 6000 nach Lodz geschafft werden sollten, um ein Exempel zu statuieren. Kersten, der Leibarzt Himmlers, erzählt in seinem Buch „Kerk en Beul", daß Hitler bei der Meldung vom Amsterdamer Streik beschloß, alle holländischen Juden nach dem Osten zu schaffen. Er gab Himmler den Befehl hierzu, doch dieser — auf Anraten seines Leibarztes — verschob die Ausführung auf einen späteren Zeitpunkt, an welchem er wieder gesund und vor allem bessere Transportmittel verfügbar sein würden.

Die Zeitung „Parool" schrieb über den Streik, daß zum erstenmal in der Geschichte der Menschheit Juden und Nichtjuden Schulter an Schulter gegen die Greuel des Antisemitismus gekämpft und damit ein unauslöschliches Ruhmesblatt der vaterländischen Geschichte geschrieben hätten. Die „Wahrheit" nannte den Streik einen Beweis für die Freiheitsliebe und Einheit des gesamten niederländischen Volkes. Die „Vrij Nederland" sah im Streik einen Protest der sich um ihre international verbürgten Rechte betrogen fühlenden Arbeitermassen.

Aber nicht nur der Streik und seine Hintergründe, sondern die ihm folgenden Exekutionen und Verhaftungen machten tiefsten Eindruck auf die holländische Bevölkerung. Mutlosigkeit bemächtigte sich aller Schichten, denn die Juden kamen nicht zurück. Im Gegenteil, von Mitte 1942 ab wurden sie immer häufiger und in stets größeren Transporten verschleppt.

Die bei der ersten Razzia verhafteten Juden wurden schon einen Tag nach dem Solidaritätsstreik der Arbeiter nach Deutschland verladen und aus Buchenwald und Mauthausen ist keiner von ihnen zurückgekehrt.

Wenn nun dieser Streik auch den Juden nicht geholfen hatte, so legte er doch ein unmißverständliches Zeugnis von der Einstellung des niederländischen Volkes ab, die Jahrhunderte überdauert hatte und auch durch die Besatzungsmaßnahmen nicht geändert werden konnte. Ohne Führer und ohne lange Vorbereitungen gelang es der Arbeiterschaft, einen Generalstreik durchzuführen. Wahrscheinlich spürten die Menschen in den wenigen Stunden des Streiks sogar ein gewisses Gefühl der Freiheit, gelang es ihnen doch, aus eigenem freien Willen Büros und Fabriken zu verlassen und dem Bedrücker dadurch die Stirn zu bieten.

Die Antwort Seyss-Inquarts auf den Solidaritätsstreik[1])

Ich erkläre, daß mein Wort „Wir wollen das niederländische Volkstum nicht bedrücken und ihm unsere Überzeugung nicht aufdrängen" nach wie vor gilt, aber es gilt nur für das niederländische Volk. Dic Juden werden von uns nicht als ein Bestandteil des niederländischen Volkes angesehen. Die Juden sind für den Nationalsozialismus und das nationalsozialistische Reich der Feind. Vom Augenblick ihrer Emanzipation an war ihr Wirken darauf gerichtet, die völkischen und moralischen Werte im deutschen Volk zu vernichten und an Stelle einer national bewußten und verantwortlichen Weltanschauung einen internationalen Nihilismus zu setzen. Vollends klar wurde die verhängnisvolle Bedeutung des Judentums für das deutsche Volk in den Jahren des Weltkrieges. Sie eigentlich waren es ja, die jenen Dolch schliffen, dessen Stoß in den Rücken der deutschen Heere dann den Widerstand der Deutschen brach, und vom Jahr 1918 an waren sie es, die alle traditionellen völkischen und religiösen Glaubenswerte im deutschen Volk auflösen und zersetzen wollten. Die Juden sind für uns nicht Niederländer. Sie sind jene Feinde, mit denen wir weder zu einem Waffenstillstand noch zu einem Frieden kommen können. Dies gilt hier, wenn sie wollen, für die Zeit der Besatzung. Erwarten Sie von mir keine Verordnung, die dies festsetzt, außer Regelungen polizeilicher Natur. Wir werden die Juden schlagen, wo wir sie treffen, und wer mit ihnen geht, hat die Folgen zu tragen. Der Führer hat erklärt, daß die Juden in Europa ihre Rolle ausgespielt haben, und daher haben sie ihre Rolle ausgespielt. Das einzige, worüber wir reden können, ist die Schaffung eines erträglichen Übergangszustandes unter Wahrung des Standpunktes, daß die Juden Feinde sind, also unter Beobachtung aller Vorsichten, die man Feinden gegenüber anwendet. Was aber die Zeit anlangt, in der einmal Deutschland nicht als Besatzungsmacht hier für die Aufrechterhaltung der Ordnung und des öffentlichen Lebens zu sorgen hat, so wird das niederländische Volk vor die Wahl gestellt sein, ob es das kameradschaftliche Zusammengehen mit dem deutschen Volk den Juden zuliebe auf das Spiel setzen will.

---

[1]) *Rede Seyss-Inquarts auf einer Versammlung des Arbeitsbereiches der NSDAP. (Seyss-Inquart: Vier Jahre in den Niederlanden. Gesammelte Reden. Volk und Reich Verlag, Amsterdam 1944. Seite 57.)*

Zwei Aufrufe der Leitung des Zivilen Widerstandes in Polen[1)]

I.

Neben der Tragödie, die die vom Feind dezimierte polnische Bevölkerung erlebt, hält in unserer Heimat ein schreckliches, planmäßiges Abschlachten der Juden an. In der Weltgeschichte ist dieser Massenmord ohne Beispiel, und alle geschichtlich bekannten Greueltaten verblassen neben ihm. Säuglinge, Kinder, Halbwüchsige, Erwachsene, Greise, Krüppel, Kranke, Gesunde, Männer und Frauen, katholische und mosaische Juden werden erbarmungslos gemordet, vergast, lebendig begraben und aus Fenstern gestürzt aus keinem anderen Grunde als dem ihrer Zugehörigkeit zum jüdischen Volk. Vor dem Tode aber gilt es, als zusätzliche Qual einen langsamen Todeskampf, die Hölle des Herumgestoßen- und Gepeinigtwerdens, wie auch zynisches Foltern der Henker durchzumachen. Die Zahl der auf diese Weise getöteten Opfer übersteigt eine Million und wächst mit jedem Tag.

Ohne sich dagegen wehren zu können, protestiert die Leitung des Zivilen Widerstandes im Namen der gesamten polnischen Bevölkerung gegen diese an den Juden begangene Verbrechen. Alle polnischen politischen und sozialen Gruppen sind an diesem Protest beteiligt. Die physische Verantwortung für diese Verbrechen tragen — genau wie bei den polnischen Opfern — die Henker und ihre Helfershelfer.

(Im September 1942) Die Leitung des Zivilen Widerstandes.

II.

Die Leitung des Zivilen Widerstandes berichtet:

Obwohl selbst ein Opfer schrecklichen Terrors, sieht die polnische Bevölkerung mit Entsetzen und tiefstem Mitgefühl auf den Mord der Deutschen am Rest der jüdischen Ein-

---

[1)] *Stefan Korbonski: „W Imieniu Rzeczypospolitey ...“ Instytut Literacki, Paris 1954, Seite 255 bis 256.*

wohner Polens. Sie hat gegen dies Verbrechen protestiert, und ihr Protest wurde in der gesamten freien Welt gehört. Juden, die aus den Ghettos entflohen oder den Vernichtungslagern entkommen konnten, ließ die polnische Bevölkerung eine so umfassende Hilfe angedeihen, daß die Besatzungsmacht eine Bekanntmachung veröffentlichte, in der jedem Polen, der versteckten Juden hilft, der Tod angedroht wird. Leider haben sich einige ehrvergessene, gewissenlose — aus der Verbrecherwelt hervorgegangene — Personen gefunden, die sich dadurch eine frevlerische Einnahmequelle schafften, daß sie nicht nur die Juden selbst, sondern auch ihre polnischen Landsleute, die Juden versteckt hielten, erpreßten.

Die Leitung des Zivilen Widerstandes droht an, jede dieser Erpressungen zu registrieren und im Rahmen des Möglichen schon jetzt, aber auf jeden Fall in der Zukunft, mit der ganzen Strenge des Gesetzes zu bestrafen.

(Im März 1943) Die Leitung des Zivilen Widerstandes.

Italien rettet die Juden in seinem Besatzungsgebiet[1]

Wenn auch in der Regel die faschistischen Regierungen im unterworfenen Europa sich dem Fangnetz der Deportationen nur sehr matt zu widersetzen wagten, so nahm die Wiege des Faschismus selbst in dieser Frage eine ganz andere Haltung ein. Wo italienische Truppen einmarschierten, schob sich gleichzeitig überall eine schützende Wand vor die Juden, die sie gleicherweise gegen IV b wie gegen die Vernichtung oder Verfolgung durch die örtlichen Quislinge bewahrte. Zwischen Rom und Berlin kam es der Judenfrage wegen fast zu einem Konflikt. Übrigens war diese Haltung keinesfalls auf Mussolini selbst zurückzuführen. Dieser mußte sich, wenn auch widerstrebend, damit einverstanden erklären, um sich seiner Haut zu wehren. Tiefe Logik einer Regel, derzufolge eine so zugespitzte Frage nur scheinbar durch einen einfachen Federstrich zu lösen ist, über die aber in letzter Konsequenz von einer ganzen Nation, entsprechend ihrer Weisheit und Kultur, abgestimmt werden muß.

Das Paradoxon — ein faschistisches Regime steht auf, um die Juden zu schützen — wird noch dadurch vergrößert, daß Italien, wie man sich erinnert, seit 1938 bestrebt war seine mit dieser Materie verknüpfte Gesetzgebung und die antijüdischen Maßnahmen auf diejenigen Deutschlands abzustimmen. Rom stand in manchen übertriebenen Kundgebungen Berlin nicht nach. In einer Diktatur kann der Führer ruchlose oder sakrale Maßnahmen treffen. Wenn aber die tatsächliche Zustimmung der Allgemeinheit fehlt, kann die Géonicide, die tiefste Tiefen der Volksseele aufrührt, nicht zur Durchführung gelangen.

Es ist bezeichnend, daß die Frage der italienischen Juden von den Deutschen niemals angeschnitten wurde. Ohne Zweifel fürchteten sie, Italien damit zu verletzen und wollten erst nach dem Kriege auf diese Sache zurückkommen. Anlaß zum Konflikt gaben Frankreich und Kroatien, denn — wie man sich erinnern wird — war seit November 1942 eine italienische Besatzungsarmee in Frankreich (Nizza und die Alpen) und in Kroatien. Die Satellitenregierungen Pavelitch und Petain, die zwar theoretisch souverän waren, gestatteten

[1]) *Dem Buche „Bréviaire de la Haine" von Léon Poliakov (Calman-Levy, Editeur, 1951) entnommen.*

Deutschland vollste Handlungsfreiheit. In beiden Fällen war der Ablauf der Ereignisse offensichtlich gleich. Vom Augenblick ihres Einmarsches an annullierten die italienischen Militärdienststellen in ihrem Bereich sämtliche in Zagreb und Vichy erlassenen Verordnungen. Eiligst strömten die Juden aller anderen Landesteile herbei, um sich in den Schutz Italiens zu begeben. Auf diese Weise wurde in den betreffenden Ländern die Endlösung sabotiert. Deutschland reagierte, indem es zäh und entschlossen einen Druck ausübte, der durch die Instanzen Eichmanns ausgelöst wurde. Wir haben in der deutschen Aktion ein Beispiel für den erstaunlichen Einfluß dieses einfachen SS-Offiziers. Während Ribbentrop und seine Botschafter auf diplomatischem Wege intervenierten, protestierten die Beauftragten Vichys und die Minister Pavelitchs, indem sie sich auf ihre Souveränität beriefen, bei den italienischen Militärbefehlshabern. Himmler veranlaßte seine Unterhändler in Rom, endlich bei Regierung und Polizei direkt zu intervenieren. Doch alle diese Anstrengungen blieben ohne Erfolg. Mussolini versprach zweimal bei diese Sache betreffenden Verhandlungen, die sentimentalen Anwandlungen seiner Generale zu zerstreuen und diese zur Vernunft zu bringen, aber die Zustände blieben bis zum italienischen Zusammenbruch unverändert die gleichen. Auch im wilden Aufruhr Europas gab es auf diese Weise zwei Zufluchtsorte für die Juden, in denen sie nicht nur dem Zugriff der Deutschen entzogen waren, sondern auch den diskriminierenden internen Maßnahmen entgingen, da Pavelitch und die Vichy-Regierung dieser unaussprechlichen Schande mit allen Anstrengungen zu entgehen trachteten. Welch sonderbare Situation, daß ein Jude nicht einmal eine Demarkationslinie oder die Grenze zu überschreiten brauchte, sondern kaum eine Stunde weit reisen mußte, um sich von Lyon nach Grenoble zu begeben oder von Marseille nach Nizza, damit er wieder frei atmen konnte. Über die Juden, welche auf diese Weise in der italienischen Zone Kroatiens Zuflucht fanden, besitzen wir keine zuverlässigen Zahlen. In Frankreich waren es wenigstens 30 000. Doch auch in anderen Ländern rief allein das Vorhandensein solcher Zufluchtsorte überall Widerstand gegen deutsche Maßnahmen hervor und ermutigte die Bevölkerung.

„Die französische Regierung, die sich nur mit Widerwillen um die Lösung der Judenfrage kümmert, wird durch die italienischen Maßnahmen noch entschlossener in ihrem Widerstreben ..." teilte Knochen, der SD-Chef in Frankreich, mit. Um hier auch die Ausdrucksweise eines italienischen Diplomaten wiederzugeben, sei zitiert: „Die Ereignisse haben einen absurden Zustand geschaffen. Der italienische Außenminister ist auf diese Weise dazu gezwungen, gegen die kollaborierende Regierung Laval zu handeln, weil er auf Frankreichs eigenem Boden das Leben und Wohlergehen französischer Bürger gegen ihre Regierung in Schutz nimmt."

Wie konnte es zu diesem Zustand kommen? Die Initiative kam aus dem italienischen Außenministerium, wurde vom Grafen Ciano ermutigt und profitierte an der engen Zusammenarbeit mit dem italienischen Militärbefehlshaber. Selbst die Anstrengungen des Duce, die wohl auch nicht recht überzeugend waren, blieben erfolglos. Diplomaten und Generäle stimmten ihr Vorgehen aufeinander ab und vermieden es dabei geschickt, Deutschland vor den Kopf zu stoßen. Sie umgingen die Forderungen einfach. In Kroatien hatte angeblich eine genaue Überprüfung den verlangten Maßnahmen voranzugehen. Diese Überprüfungen wurden dann jedoch niemals abgeschlossen. In Frankreich war die Sicherheit des betreffenden Gebietes vordringlich. Es hieß u. a.: „Aus Gründen der militärischen Sicherheit müssen sich die Besatzungsbehörden jede Maßnahme bezüglich der Juden selbst vorbehalten, ohne dabei auf die Nationalität achten zu können." (Einem Schreiben des italienischen Oberbefehlshabers an die Regierung in Vichy entnommen.) Wir können dieses Kapitel nicht schließen, ohne auch der zahlreichen Spitzfindigkeiten und der Durchtriebenheit zu gedenken, dank derer es während langer Monate möglich war, die italienische Aktion überhaupt durchzuführen. Nebenbei erfahren wir auch, daß man in den Kanzleien und Stäben der deutschen Verbündeten nicht so leichtgläubig war, wenn es sich um die eigentliche Bedeutung der „Endlösung" handelte.

„Man muß vermeiden, daß sich die italienische Armee die Hände an dieser Sache beschmutzt", schrieb ein italienischer Stabsoffizier in Kroatien. „Wollen die Kroaten die Juden wirklich ausliefern, so sollen sie es tun, aber selbst die Auslieferung an die Deutschen vornehmen, ohne daß wir dabei die Rolle des Unterhändlers zu spielen haben. Selbst wenn man nicht daran teilnimmt, ist es für das Heer eines großen Landes unangenehm genug, derartige Verbrechen geschehen zu lassen."

Nach Mussolinis Sturz bemühte sich die Eintagsregierung Badoglios, die alte Richtung beizubehalten, und die Schutzpolitik Italiens noch auszudehnen. Der Zusammenbruch, der dem italienischen Waffenstillstand folgte, machte diese Anstrengungen leider zunichte. Die italienische Besatzungsarmee mußte den Truppen der Wehrmacht Platz machen, und Italien selbst wurde besetzt. Eichmann hetzte seine besten Leute in das sich ihm jetzt endlich eröffnende Jagdgebiet. Abromeit kehrte nach Kroatien zurück; Danecker wurde von Sofia nach Rom versetzt, während Alois Brunner sich in Nizza installierte. Aber die Solidarität der Bevölkerung, ihr wachsender Widerstand und vor allem die Erkenntnis der Juden selbst — endlich waren sie sich des Schicksals, das ihrer harrte, bewußt geworden — verhinderten, daß die Leute der IV b verlorene Zeit wieder aufholen konnten.

Von den 45 000 italienischen Juden verhaftete man ungefähr 10 000, und Danecker sorgte dafür, daß sie deportiert wurden. Brunner wandte Maßnahmen von in Westeuropa bis dahin unbekannter Grausamkeit an, die sich nur mit den unmenschlichen „Aktionen" in Polen vergleichen lassen, konnte die Hand jedoch nur auf einen Bruchteil der Juden in jener — früher italienischen — Zone Frankreichs legen. In Kroatien hatten die Unternehmungen noch weit geringere Resultate.

Das Schutzunternehmen Italiens, durch das wertvolle Monate gewonnen waren, hatte also — obwohl es zuletzt eine Niederlage erleben mußte — positive und konkrete Erfolge zu verzeichnen.

In Griechenland half man den Juden[1)]

Als in Saloniki das Gesetz erschien, daß Juden den Davidstern zu tragen hatten, bat eine Delegation der Vereinigung griechischer Invaliden die deutschen Behörden, davon Abstand zu nehmen. Sie wurden jedoch kurzerhand hinausgeworfen, und man drohte ihnen Unannehmlichkeiten an, falls sie derartige Interventionen in Zukunft nicht unterlassen würden.

Der Metropolit Salonikis protestierte offiziell gegen die Deportation der Juden und auch 150 „arische" griechische Rechtsanwälte nahmen in einem offiziellen Memorandum energisch dagegen Stellung.

Der griechische Premierminister Logothephulus protestierte am 22. März 1943 beim deutschen Botschafter Altenberg schärfstens gegen die antijüdischen Maßnahmen in Griechenland, und einen Tag später legten sowohl der Erzbischof von Athen — Damaskinos — wie auch 29 Präsidenten verschiedener griechischer Organisationen energisch Protest gegen die Machenschaften der Besatzungsbehörden bezüglich der griechischen Juden ein.

Der Polizeipräsident Athens — Ebert — stellte sogar 1200 falsche Pässe für die in Gefahr geratenen Juden aus.

In der Stadt Volo lebten zur Kriegszeit etwa 882 Juden. Mit Hilfe des Polizeichefs von Volo gelang es dem Metropoliten Joachim, ein paar hundert Juden das Leben zu retten.

Laut Aussage von Professor Tasartes haben sich sogar leitende Angestellte des italienischen Konsulats in Athen erfolgreich an der Rettung von Juden beteiligt und sich rückhaltlos dafür eingesetzt. Der Professor besitzt eine Liste mit unzähligen Namen jüdischer Frauen, die durch italienische Offiziere als angebliche Bräute derselben aus dem von Deutschen besetzten Gebiet gerettet wurden. Professor Tasartes erzählt ferner, daß in Larissa auf der italienischen Kommandantur jedem sofort Hilfe zuteil wurde, sobald er nur sagte, daß er Jude sei.

Der italienische Kommandant von Athen bekam im Herbst 1943 von seiner Regierung ausdrückliche Instruktionen, überall wo italienisches Militär stationiert sei, die Juden zu schützen.

---

1) *Vorstehendes ist dem Werk „In Memoriam" entnommen. (Hommages aux victimes des nazis en Grèce — Band 1 und 2 — 1948 und 1949.)*

NAMENSVERZEICHNIS

Namensverzeichnis: Diplomvolkswirt Margot Schwager